U0875041

中小学教师教学技能实训系列教材

丛书主编　章苏静

数学教师专业技能实训

主　编　巩子坤　陈碧芬　章勤琼

副主编　李国强　朱　哲　唐恒钧

科学出版社

北　京

内 容 简 介

本书是基于《中小学和幼儿园教师资格考试标准（试行）》和《数学学科知识与教学能力（笔试部分）》等教育部文件，以及大学数学与应用数学专业（师范）的培养目标，为满足数学与应用数学专业教学技能实训、数学教师专业技能提升而开发、撰写的.

本书可以作为数学教师资格考试参考书、大学数学与应用数学专业学生的教学技能实训教材、教师培训教材.

图书在版编目（CIP）数据

数学教师专业技能实训／巩子坤，陈碧芬，章勤琼主编. —北京：科学出版社，2018.2

中小学教师教学技能实训系列教材

ISBN 978-7-03-056556-3

Ⅰ. ①数…　Ⅱ.①巩…　②陈…　③章…　Ⅲ. ①中小学-数学教学-教学研究-师范大学-教学参考资料　Ⅳ. ①G633.602

中国版本图书馆 CIP 数据核字（2018）第 028248 号

责任编辑：任俊红　李淑丽　孙翠勤／责任校对：桂伟利
责任印制：霍　兵／封面设计：华路天然工作室

科学出版社 出版
北京东黄城根北街 16 号
邮政编码：100717
http：//www. sciencep. com

北京密东印刷有限公司 印刷

科学出版社发行　各地新华书店经销

*

2018 年 2 月第　一　版　开本：787×1092　1/16
2018 年 2 月第一次印刷　印张：20
字数：486 000

定价：45. 00 元

（如有印装质量问题，我社负责调换）

前　言

知与行的关系被先哲们辩论了很多年：或曰“知易行难”，或曰“行易知难”，或曰“知行合一”．谁不知“知行合一”好，只是做起来十分困难罢了．本书从萌意到成稿的艰辛历程，再一次验证了这个恒久不变的真理．

2012 年伊始，浙江省等成为第一批先行先试的省份：取消师范生的身份，所有大学生，即便是传统意义上的师范生，即便是在大学里学习了教育学、心理学、学科教学论，即便是参加了教育实习，即便是上述所有的课程都获得了优秀的成绩，也并不能够必然地获得教师资格证；要获得教师资格证，必须参加全国统一组织的“教师资格考试”，先笔试，再面试，两者都过关了，才能够获得证书．教师资格证制度热情地扑面而来：准备好也罢，不欢迎也罢，它就这样地呼啸而来了．

2013 年初，来自吴越大地的一批数学教育同仁，汇聚西子湖畔，研讨数学教育的诸多话题：或曰数学课程改革，或曰教师专业发展，或曰师范生培养．他们是浙江师范大学的唐恒钧博士、朱哲博士、陈碧芬博士、俞向军博士，温州大学的章勤琼博士，杭州师范大学的李国强博士、巩子坤博士等．因为均从事数学教育研究，因为均给本科生开设“数学教育学”“数学课堂教学技能实训”等课程，又都承担着辅导学生参加“教师资格证”考试的任务，面临着教材空缺这样一个实际，于是大家不约而同地提出，自己动手，编写一本数学课堂教学技能实训的教材．这就是编写教材的最初动机了．既然是好的想法，那就付诸实施吧．然而，个中辛苦，一言难尽，不一而足．

比如，为了提出一个较为完善的教材框架，大家就讨论了多次，也讨论了较长的时间，有半年左右吧．我们觉得这是值得的．比如，为了找到好的案例，大家反复推敲，一再改变．比如，完成初稿后，我们交换作者通读，提出修改建议，这又花费了近半年的时间．比如，如何处理“案例”的事情，也让我们颇费脑筋．这个过程说明，好的想法要有好的结果，就需要好好地付出．这 4 年的历程历历在目，这 4 年的桩桩件件告诉我们：我们是在好好地付出了，我们已经做出了最大努力．是否是好的结果，请读者评判．

本书分为基础篇、设计篇、实训篇．基础篇侧重数学课程与教学的基础知识；设计篇侧重数学教学设计的理论、过程与方法，以及上述理论的具体应用；实训篇侧重课堂教学技能的训练．这三篇是层层递进的：数学、数学课程知识、数学教学知识是开展教学设计的理论指导；教学设计则为开展课堂教学技能实训提供了方法论指导．基础篇侧重理论，技能篇侧重实践，设计篇作为中介，搭建了从理论到实践的桥梁，为理论到实践的转化提供了方法论的基础．我们反对脱离理论的盲目的技能实训，也反对不能指导实践的空洞的理论．我们试图通过设计来构建理论与实践之间的联系，密切理论与实践之间的关系，因而，“走向实践的理论与理论指导下的实践”成为我们的诉求，也成为本书的鲜明特色．

“基础篇”按照数学课程知识、学科知识、学习知识、教学知识展开．但是，考虑到与“设计篇”内容可能重复，故去掉了学习知识，而在设计篇中，有关不同数学内容的教学设计，再来介绍诸如概念学习、命题学习、技能学习等数学学习知识．

数学课程知识一章，首先简要回顾了中华人民共和国成立以来，我国数学课程改革发展的历程，以期对数学课程的发展有一个概貌性的了解；然后通过比较《全日制义务教育数学课程标准（实验稿）》与《义务教育数学课程标准（2011 年版）》的变化，揭示了数学课程改革的理念与目标，梳理了数学课程设计、课程实施所发生的变化；最后，基于比较研究，概括了数学课程改革的国际趋势.

数学学科知识简要介绍了数学学科的特点，着重介绍了基础教育阶段数学课程内容中，"双基""四基"的内涵，以及从"双基"到"四基"的变化.

数学教学知识这一章，首先对数学教学进行了概述，然后分别概括性地介绍了数与代数、图形与几何、统计与概率、综合与实践四个内容模块的教学，每一个模块，均包含两个方面，一是内容主线，二是教学中应该注意的几个问题.

"设计篇"主要包括教学设计的理论、过程、方法，以及上述理论的具体应用. 教学设计理论的具体应用，从两个方面展开：一是按照数学知识的类型分类，分为概念、命题、技能等知识的教学设计. 在介绍不同类型知识的教学设计时，均介绍了这些知识的学习过程，这就弥补了第一篇中数学学习方面内容的不足；二是按照教学模式分类，分为讲授课、活动课等.

第 5 章、第 6 章是教学设计概述，分别介绍了教学设计的理论基础与基本内容. 教学设计的理论基础，主要介绍的是学习的理论基础，因为我们认为教以学为基础，明白了学习的过程、学习的规律、学习的内部条件，才能够通过教学设计，规划合理的外部条件，进而促进学生的学习. 这里，设计理论的介绍没有涉及，是一个遗憾. 我们比较详细地介绍了教学设计的内容，包括需求分析、目标确定、活动（任务）设计、策略选择、过程安排、评价设计等. 我们建议，作为数学专业的学生，应该好好读读这两章的内容，避免一谈教学设计，就马上落入经验主义的泥潭. 仅就目标确定来说，就值得我们思考从教学设计的角度出发，目标是怎样确立的，是怎样表述的.

第 7 章、第 8 章是教学设计理论、原则、方法的具体运用. "不同数学内容的教学设计"针对不同的内容，从两个方面展开：一是该内容的学习过程（学习心理），二是基于学习过程与教学设计理论、原则的教学设计. "不同教学模式的设计"这一章选取了几种经典的教学模式，分别从以下两个方面展开：一是该模式的基本结构，二是例说该模式的结构.

如果说，前面两篇侧重于教学设计的理论、服务于教师资格证考试的"笔试"的话，那么，"实训篇"内容则侧重于教学的课堂实践、着力于技能的训练与掌握、服务于考试的"面试". 本篇又可以分为两个部分：第 9 章至第 12 章为宏观实训；第 13 章至第 19 章为微观实训. 实训的所有篇章是按照这样一个顺序来安排的：首先呈现一个具体案例，以期读者能够对该技能有一个直观的了解与感受；然后，介绍该技能是什么，比如模拟上课的内容与环节、说课的内容、说题的内容、指导学生的内容、观察与倾听的内容等；再后，阐明怎样做，也就是该技能的操作程序是什么，注意事项是什么，"是什么"是相对静态的陈述性知识，"怎样做"是动态的程序性知识；最后，提供实训的项目，明确了实训的目的，以期通过实训达到掌握该技能的目标.

宏观实训，是从课堂教学的整体来设计的，包括模拟上课、说课、说题、评课等，这是目前比较常用的考试与应聘技能.

微观实训，主要是从一堂完整的课堂教学来展开的，是从一堂课铺排的先后顺序来安排的：先创设情境；然后展开讲解，间或提问启发，适时指导，细心观察与倾听；最后，进行总结与拓展. 这是课堂教学的具体技能，这是课堂教学的一个个片段，就是这些片段构成了完整的课堂，就是这些技能塑造了课堂的灵与魂. 这些技能是教学理论、教学设计理论的具体体现，也是课程理念、课程知识的折射，因而，踏踏实实地训练、掌握这些技能，是职初教师走向专业化的敲门砖与必经之路.

具体分工如下：第 1 章由巩子坤、汪清、林永伟编写，第 2 章由巩子坤、杨婷、肖春和、林永伟编写，第 3 章、第 9 章由李国强编写，第 4 章、第 8 章由章勤琼编写，第 5 章由巩子坤、范建辉编写，第 6 章、第 19 章由唐恒钧编写，第 7 章由巩子坤、李宁宁、谢欢碧、林永伟编写，第 10 章、第 11 章、第 14 章由陈碧芬编写，第 12 章、第 15 章、第 16 章、第 18 章由朱哲、胡静、叶玲菊编写，第 13 章由刘光林编写，第 17 章由李津、王云剑、林永伟编写. 我的研究生李硕鑫、汪恋一、王梦佳、王莉莉、徐丽、滕林林、李冬冬、陈冬冬、殷文娣通读了书稿，在此对他们的工作表示感谢.

感谢这个团结的、富有奉献精神的团队. 写书是一件十分劳神的工作；大家不计付出，不计功利，为了数学教育，承一份担当，尽一些绵薄. 有了这样一个好的开头，相信我们接下来会走得更远、更好.

感谢杭州师范大学教育学院的章苏静教授，她最初的鼓励，她提供的经费支持，才使得本书由设想变成了现实.

2017 年 7 月 1 日于新安嘉苑

目　　录

一、基　础　篇

第 1 章　绪言 …… 3
第 2 章　数学课程知识 …… 10
　2.1　我国数学课程改革概述 …… 10
　2.2　数学课程的理念与目标 …… 15
　2.3　数学课程的设计与实施 …… 21
　2.4　数学课程改革的国际趋势 …… 23
第 3 章　数学学科知识 …… 26
　3.1　数学学科的特点 …… 26
　3.2　从“双基”到“四基” …… 30
第 4 章　数学教学知识 …… 43
　4.1　数学教学概述 …… 43
　4.2　数与代数的学与教 …… 48
　4.3　图形与几何的学与教 …… 52
　4.4　统计与概率的学与教 …… 55
　4.5　综合与实践的学与教 …… 59

二、设　计　篇

第 5 章　教学设计概述 …… 63
　5.1　教学设计的理论依据 …… 63
　5.2　教学设计的原则与方法 …… 69
第 6 章　教学设计的内容 …… 72
　6.1　任务分析 …… 72
　6.2　教学目标确定 …… 77
　6.3　教学策略与方法选择 …… 79
　6.4　教学过程设计 …… 81
　6.5　教学活动设计 …… 88
　6.6　教学评价设计 …… 90
　6.7　教学设计的书写规范 …… 101
第 7 章　不同数学内容的教学设计 …… 103
　7.1　概念的教学设计 …… 103
　7.2　命题的教学设计 …… 110
　7.3　技能的教学设计 …… 116
　7.4　问题解决的教学设计 …… 125

第 8 章 不同教学模式的设计 …… 132
8.1 讲授式教学模式 …… 132
8.2 讨论式教学模式 …… 138
8.3 活动式教学模式 …… 143
8.4 探究式教学模式 …… 148
8.5 复习课教学模式 …… 153

三、实 训 篇

实训篇之一：宏观实训 …… 161
第 9 章 模拟上课 …… 161
9.1 模拟上课案例呈现 …… 161
9.2 何谓模拟上课 …… 162
9.3 模拟上课的实施 …… 164
9.4 模拟上课实训 …… 169
第 10 章 说课 …… 173
10.1 说课案例呈现 …… 173
10.2 何谓说课 …… 183
10.3 说课的实施 …… 185
10.4 说课实训 …… 194
第 11 章 说题 …… 196
11.1 说题案例呈现 …… 196
11.2 何谓说题 …… 200
11.3 说题说什么：内容 …… 201
11.4 说题怎样说：模式 …… 203
11.5 说题实训 …… 205
第 12 章 评课 …… 206
12.1 评课案例呈现 …… 206
12.2 评课概述 …… 208
12.3 如何评课 …… 210
12.4 评课技能实践 …… 220
12.5 评课实训 …… 220
实训篇之二：微观实训 …… 222
第 13 章 情境创设 …… 222
13.1 情境创设案例呈现 …… 222
13.2 情境创设的原则、类型与方法 …… 225
13.3 情境创设实训 …… 233
第 14 章 讲解 …… 239
14.1 讲解案例呈现 …… 239
14.2 讲解的基本要求 …… 241
14.3 讲解技能实训 …… 249

第 15 章　提问与启发 …… 252
15.1　提问案例呈现 …… 252
15.2　基于认知水平的提问类型 …… 253
15.3　基于 SOLO 模式的学生回答类型 …… 255
15.4　问与答的互动性与有效性 …… 256
15.5　提问技能实训 …… 260
第 16 章　数学学习指导 …… 261
16.1　指导案例呈现 …… 261
16.2　数学学习指导 …… 265
16.3　作业指导 …… 271
16.4　指导技能实训 …… 273
第 17 章　观察与倾听 …… 274
17.1　观察与倾听案例呈现 …… 274
17.2　课堂观察的内容与方法 …… 275
17.3　倾听的内容与方法 …… 280
17.4　观察与倾听技能实训 …… 285
第 18 章　总结 …… 286
18.1　总结案例呈现 …… 286
18.2　课堂总结介绍 …… 287
18.3　总结技能实训 …… 293
第 19 章　教学板书 …… 296
19.1　教学板书案例呈现 …… 296
19.2　何谓教学板书 …… 297
19.3　教学板书的设计 …… 300
19.4　教学板书的技能实训 …… 305
参考文献 …… 307

一、基 础 篇

第1章 绪　　言

学习目标

（1）了解何谓教师的专业技能；
（2）了解在国际比较研究中显示出来的中国学生的优势与不足；
（3）了解教师专业方面的优势与不足，理解数学课程的理念与目标；
（4）清楚本书的结构与框架.

什么是教师专业技能？如何提升教师的专业技能？这是我们开展教师专业技能实训首先需要清楚的问题. 本章将首先基于《中学教师专业标准》来廓清“教师专业技能”这个核心概念，解说教师专业技能的含义与包含的基本内容. 在清楚了这个概念后，为了有针对性地提升教师的专业技能，我们又从国际比较的视角，分析了中国学生数学学习的优势与不足、中国数学教师的优势与不足，从而明白哪些是我们的优势、哪些是国外的优势. 我们的优势需要保持、发扬与学习，而不足则需要改善与弥补. 这样，在开展教师技能实训的时候，就能够用国际视野看问题，做到扬长补短，有的放矢.

1. 教师专业技能

21世纪的竞争实质上是人才的竞争，是一个民族素质的竞争. 人才从何而来？民族的素质又从何提升？归根到底源自教育. 拥有一支高素质的教师队伍，才能真正提高教育教学质量，从而提高民族的素质. 那么，如何提高教师的专业素质呢？这就要从提高教师的专业技能说起.

《中学教师专业标准》提出中学教师必须秉持的四个基本理念：学生为本、师德为先、能力为重、终身学习. 这四大理念也作为教师专业标准的根本出发点. 首先，最重要的就是学生为本，这完全契合新课标提出的以人为本的理念，也就是说，从关注课本转向关注学生，在教学中需要突出学生的主体地位，关注每一位学生的全面发展. 其次，师德为先. 以身作则，为人师表，教书更育人，育人在育德，从古至今，教师高尚的师德都为教师赢得了社会的认可和尊重. 可以认为师德是教师安身立命之本，是教师专业的中流砥柱. 能力为重和终身学习，强调教师对于教与学孜孜不倦的态度，不断完善自己，丰富教学经验.

整个标准从3个维度，14个领域对中学教师提出61项要求. “3个维度”分别是：“专业理念与师德”“专业知识”和“专业能力”. 每个维度下都有若干个领域，在每个领域之下，又提出了若干个基本要求. 这61项具体要求涵盖了教师技能的各个方面. 在专业理念与师德维度下，除了包括一些教师所必须具备的教学理念，还包括教师的个人修养与行为规范，强调个人修养对于教师职业的重要性，强调师德对于教师职业的不可或缺性；在专业知识维度下，所分的领域类似于学科教学知识理论对于教师知识的分类，有常见的教育知识、学科知识、学科教学知识. 值得注意的是教师要具备通识性知识. 比如说需要具备相应的自然科学和人文社会科学知识，具有相应的艺术欣赏与表现知识等，这对于教师的知识结构又提出了新的要求，也促进教师不断学习，拓宽知识领域. 在专业能力维度下，可以概括为教师应该具备四种能力，一是教学能力，这是教师职业最基本的能力，也是教师工作的核心；二是开展班级管理和其他教育活动的能力——师生关系、班风学风等因素都会潜在影响教师的工作质量；三是人际交往能力，知识总是在交流中传授的，想法也是在交流中获得的，教师的交际对象不仅仅是学生、同事，也有家长、社会等，教学工作的顺利开展需要各方面合作协调，因此教师需要具备一定的交流合作能力；四是自我发展能力，终身学习，更新知识与观念，适应工作的需要. 教育是国家发展的基石，教师专业发展是教育的基石. 21 世纪，教师扮演的角色越来越多，比如班级管理者、课程研究者、学习合作者、家长代理人等，集多重身份于一体. 学校即社会，社会即学校，多重身份对教师所掌握的知识提出更高的要求，多种角色间的转换对教师所具备的能力提出了巨大的挑战，不仅存在教学上的挑战，还有教学理念上的挑战，更有师生沟通上的挑战，正是艰巨的挑战任务促使教师不断发展，从理念到技能，全方面武装起来，才能从容应对新时代带来的挑战.

2. 我国学生数学学习的优势与不足

中华民族拥有博大精深的文化传统，中国的数学教育就植根于这片沃土中. 我国的数学教育，最早出现在夏商时期，已经走过了 3000 多个春秋. 在古代学堂“必修”的六艺中，已经有了数学的影子，礼、乐、射、御、书、数，“书”与“数”为小艺，都作为基础文化课，在古人眼里，“数”就是一种艺术，这也充分说明了数学在古代教育中的地位. 在数学著作方面，《九章算术》代表了中国古代数学的极高成就，成为中华民族灿烂文化的缩影.

20 世纪 90 年代以来，我国学生参加了国际数学竞赛与数学教育测试，均取得了较为优秀的成绩，2009 年中国上海的学生首次参加 PISA（国际学生评估项目）数学项目就勇夺冠军，2012 年又成功卫冕，这引起了国际数学界的高度重视. “两连冠”是否能够说明我国的数学教育已经达到了世界领先水平？我国学生到底在哪些方面强于国外学生，又在哪些方面表现得不够优秀？针对这些问题，许多学者都进行了很有价值的研究.

1995 年，蔡金法运用了 3 类任务去检测美国学生和中国学生的数学表现，内容包括 3 部分：①20 个多项选择题，以检测计算技能；②18 个多项选择题，以检测简单的问题解决技能；③7 个开放性问题，以检测复杂的问题解决技能. 研究表明，中国学生在计算和解决简单问题上的表现优于美国学生，在解决复杂的、开放性问题方面，则不如美国学生.

5 年之后，蔡金法又做了一份相关的研究，比较中美学生在解决 4 种类型的任务的表现，实验结果如表 1-1 所示.

表 1-1　中美学生在解决 4 种类型的任务的表现

国家	计算	简单问题解决	过程受限的 复杂问题解决	过程开放的 复杂问题解决
美国	48%	57%	54%	61%
中国	88%	77%	75%	57%

（简单问题举例：哪一个表达式是正确的：赵民比周祥多了 5 个弹子. ①赵民的弹子数=5+周祥的弹子数；②赵民的弹子数+5=周祥的弹子数；③赵民的弹子数+周祥的弹子数=5；④赵

民的弹子数=5. 过程受限的复杂问题举例：见下面的“比萨饼问题”. 过程开放的复杂问题举例：见下面的“门铃问题”.）

研究发现，中国学生在3类任务中表现优于美国学生，尤其在计算问题中，完全压倒美国学生；在简单问题解决和过程受限的复杂问题解决中，也大幅度领先于美国学生. 只有在过程开放的复杂问题解决中，美国学生的表现要好于中国学生，而这一任务具有新奇性，需要足够的创意. 这一结果与5年前的研究结果，具有一致性.

华人学者做过一项称作“门铃问题”的研究：在一次聚会中，客人随门铃声进入会场. 第1次铃声，1个客人进入会场. 第2次铃声，3个客人进入会场. 第3次铃声，5个客人进入会场. 第4次铃声，7个客人进入会场. 这样继续下去，后一次铃响时进入的客人总是比前一次铃响时进入的客人多2个人. ①在第10声铃响时，多少客人进入会场？解释你的解答过程. ②写出一个公式或者文字描述怎样找出每次铃响时进入会场的人数. ③在第几次铃响时，有99位客人进入会场？结果表明，中美两国的学生采用了不同的解决问题策略，中国学生更加喜欢运用抽象策略，而美国学生更加倾向于运用具体策略. 考虑到门铃问题本身的性质，采用具体策略更易于产生解答上的错误，而正是因为中国学生采用了合适的策略使得他们在解答上优于美国学生.

蔡金法做了一项“比萨饼问题”研究. “有3块同样大小的比萨饼（提供3个比萨饼的图，见图1-1），7个女孩平均分两块比萨饼，3个男孩平均分一块比萨饼. 每个男孩和每个女孩是否得到同样多的比萨饼？如果不同，谁得到的多？解释你的解答过程. ”研究表明，超过90%的中国学生直接比较$\frac{1}{3}$与$\frac{2}{7}$，通过通分比较两个分数的大小，或者化成小数比较大小. 而只有20%的美国学生采用了这种常规方法. 绝大部分的美国学生采用了3种方法.

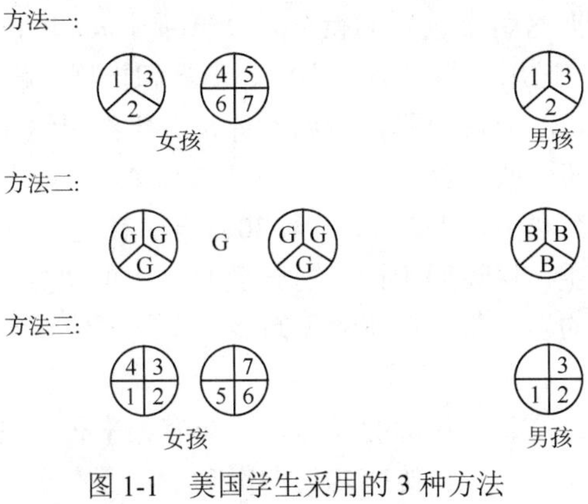

图1-1　美国学生采用的3种方法

G—女孩；B—男孩

从两国学生对于$\frac{1}{3}$与$\frac{2}{7}$的比较中发现，尽管常规方法能够更加有效地解决类似问题，但是并没有显示出足够的创造性，我国学生受教学中思维定式影响明显；相反，美国学生表现出足够的创造力，但是这些方法未必就能解决其他类似的问题. 这也说明了中国课堂教学在培养学生常规策略上的有效性，美国课堂教学在培养学生创造性思维上的有效性. 中国学生在问题解决中不愿意冒风险，容易根据思维定式来解决问题，习惯应用更加常规的解决方法，当老师提出要多种解决方法时候，中国学生能够拿出多种方案.

以上是从华人学者的研究来看中国学生数学学习的优势和短板，之后我们再从大型的国际性教学评价中来看中国学生的表现.

从大型国际比较研究中我们发现，中国学生总体上是名列前茅的，但是我们还是存在一些方面的不足，比如说国际教育进展评价（IEAP），学生分成9岁组和13岁组，主要考查5个领域的知识：数与运算、测量、几何、数据分析和统计与概率、代数与函数. 值得注意的是在13岁组中，我国学生在数与运算、测量、几何方面、代数与函数方面都是第一，但是在数据分析和统计与概率方面就表现不佳，仅仅是第十位，与其他内容的排名形成强烈的对比.

在2011年，来自全球的63个国家和地区以及14个基准教育实体参加了TIMSS，中国香港、中国台北的4年级、8年级的学生也参加了，结果表明，无论是哪个年级组，香港、台北的学生都进入了前五名. 值得关注的是亚洲的学生表现抢眼，两个年级段的前五名都是由亚洲人包揽：新加坡、韩国、中国香港、中国台北、日本. 中国学生在内容领域和认知领域的总体表现都非常好，但是其中几何方面的表现不太好.

中国学生虽然在TIMSS的成绩非常优异，但是所表现出来的数学学习态度相对负面. 按照正常的教学规律，积极正面的学习态度对取得好的成绩有着重要影响，而中国学生却呈现出了一种不对称现象. TIMSS的结果显示，台湾只有23%的学生对学习是一种积极的态度，香港只有28%，而国际平均水平达到了37%. 台湾只有11%的学生有信心学好数学，香港是14%，而国际平均水平达到了 18%. 从这些数据对比中我们发现，中国学生在情感态度价值观方面有所欠缺，对于数学学习的态度比较消极，信心明显不足.

而在PISA2012中，上海学生在数学方面的测试成绩领先第二名新加坡多达40分，以绝对的优势夺冠. 通过分析具体数据我们发现，在内容维度上，上海学生在空间和图形、变化和关系、数量、不确定性和数据等四个内容上的平均成绩都名列第一. 但相对而言，上海学生在数量、不确定性和数据这两个领域的得分，要低于空间和图形、变化和关系. 在过程维度上，数学化的情境表述，运用数学概念、事实、步骤和推理，解释、应用和评价数学结果，上海学生得分也都名列第一，但在解释、应用和评价数学结果这个过程部分的得分，明显低于其他两个数学思维过程部分的得分.

在国际奥林匹克数学竞赛中，从2000年到2015年，在这16年中，我们只让冠军旁落了4次，当之无愧的IMO霸主，这说明中国具有一整套完善的奥赛冠军培养体系，包括苗子的选拔，教练的指导，有效的训练等. 的确，我们盛产学霸，应试能力出众，但这并不能说明中国盛产英才.

在东亚地区，各国都比较重视基础的学习，不会有人来否认基础的重要性，中国则更加强调双基的数学教学，在几千年中国传统文化的影响下，逐渐形成了以“双基”为核心的中国数学教育. 双基就是基础知识和基本技能. 双基的教学目标就是使学生能够快速、准确地解答数学问题，而考试则顺理成章地成了双基落实的试金石，因此我们经常可以在课本中见到这样的话“看谁做得又快又好”. 其实就是一种变相的“最优化原则”，用最少的时间解答出最多的问题，在这“高效率”的背后就需要获得最大的解题能力. 而解题能力正是双基教学明确要求的.

张奠宙先生对双基教学进行了研究，归纳出双基教学有4个特征，非常具有代表性：记忆通向理解、速度赢得效率、严谨形成理性、重复依靠变式. 正是由于注重操练，注重变式，使得中国学生在计算能力中表现了足够的强势，在解决常规问题时表现出足够的“高效率”，可以说这两方面中国学生在世界上已经是绝对的领先地位. 针对题目选择合适的解题策略方面，中国学生也比美国学生表现更加出色. 但是，中国学生也有不足. 在解决非常规化的问题，诸如一些开放性问题时，中国学生就开始表现出弱势了，思维缺乏足够的创造性. 在学习态度上，中国学生的表现也不如国外学生，缺少自信、态度消极等，这都将阻碍中国学生更进一步.

正是因为双基存在问题，抑或是因为中国学生在国际测试中表现了的劣势（主要有两个原因：一个是没有开放性、创新性，另一个是负面的学习态度，我们过于功利的教育与学习，并没有真正地激发起学习数学的兴趣与热情），所以，提出了“四基”. 四基的基本思想，就是要进一步提升大家对数学的理解；提出活动经验，就是要让学生经历知识发生发展的过程，一方面是为了更好地理解知识，而更为重要的是要在这样一个经历过程中，积累活动的经验，进而积累创造的经验，同时也可以增进学生学习的积极性.

在2011版的义务教育阶段新课程标准中，将原有的“双基”扩展为“四基”，要求教育要关注到学生的数学思想和数学活动经验.

我们不缺计算，不缺方法，我们缺少的是天马行空的想象，是给人惊喜的创新意识. 虽然数学建模已经是数学课程标准的核心概念之一，但是我们的建模能力还比较薄弱. 而没有关注到数学思想、数学经验的数学教学只不过是培养解题机器，希望在今后的数学教育中，继续保持我们的优势项目，同时尽快补上我们的短板，只有这样中国学生才真正地独领风骚.

3. 我国数学教师的优势与不足

我国数学教师与国外的教师相比，到底优势在何处？还存在哪些不足？

2009年在美国南加利福尼亚州召开的一次关于中美两国数学教师发展的研讨会上，两国的教育工作者畅所欲言，各抒己见，最终关于中国数学教师的特点达成以下共识.

①通常数学教师就是专家，不论各个学段；②中国的数学教学是公开的、促进合作的实际活动，而美国则是私人化的；③教师具有竞争体制，从新教师到优秀教师都有一个明确的、正式的职称体系；④优秀教师会继续在教学岗位上，并以课堂为基地，终生奉献于教育事业；而美国教师到达“master teacher”后会往往会被提拔到一些非教学的岗位上去；⑤教师专业发展往往嵌入在学校的日常工作中；⑥国家课程能够让教师拥有更多的时间在备课中持续地加以改进；⑦教师非常积极地积累教学经验，改善教学过程.

无独有偶，20世纪90年代，马立平博士在深入研究后发现，中国学生在数学能力国际评比中明显优于美国学生，但是大部分中国的中小学教师接受的数学教育远远少于美国教师. 一般中国教师接受数学教育为15年左右，而美国教师将近19年. 在马立平一个针对中美数学教师的研究中，揭示了中美两国教师的差异.

测试题目：人们会用不同的方法做分数除法. 以下问题你会如何解决.

$$1\frac{3}{4}\div\frac{1}{2}.$$

设想你正在教分数的除法. 为了使学生理解它的意义，许多教师尝试把数学和现实世界的情境联系起来，来说明具体知识的应用. 你能为$1\frac{3}{4}\div\frac{1}{2}$编一个好的情境题，或者建立一个恰当的模型吗？

在计算方面，美国的23位教师中，有21人计算了$1\frac{3}{4}\div\frac{1}{2}$，只有9人（43%）完成了计算，并得到了正确的答案. 他们的计算过程清楚明了：把带分数化成假分数，取除数的倒数，然后与被除数相乘，对结果$\frac{14}{4}$约分，把它转化成真分数$3\frac{1}{2}$. 有 19%的人过程不清晰，有教师提出要考虑相乘和相加就要先把它们化成公分母，转换成$\frac{7}{4}\div\frac{2}{4}$再交叉相乘得到$\frac{28}{8}$，他将分数除法的标准算法与需要通分的分数加法混淆起来了. 其他 5 人（24%）的知识更加支离破碎，他们只模糊地记得“应该把它倒过来再相乘”但不确定是$\frac{7}{4}$变成$\frac{4}{7}$，还是$\frac{1}{2}$变成$\frac{2}{1}$. 余下的教师看了一眼问题后就承认不懂怎么计算.

所有 72 名中国教师计算都正确，并且给出了问题的完整答案，大多数中国教师用了“除以一个数等于乘以这个数的倒数”的说法，而不是说“倒过来相乘”. 在描述意义方面，23 位美国教师中有 6 位不会编情景题，而 16 位编出的情景中有概念性错误，只有 1 人给出了概念上的正确的表示，而从教学角度看仍存在问题. 这些教师表现出了各种各样的关于分数除法的误解.

90%的中国教师都能正确描述，72 名中国教师中有 65 名一共给出了 80 多个情景故事，而且都清楚地表达了分数除法的含义.

该研究在当时引起了广泛关注，该研究得到了一个主要的结论：中国数学教师具有丰厚的学科知识，对数学基础知识有深刻的理解；中国数学教师在学历低的背景下是如何实现对数学基础知识的深刻理解的呢？原因在于“钻研教材，向同事学习，向学生学习，在做数学中学习数学，一轮轮地开展教学实践”. 上海学生参加 PISA2012 并取得了优异的成绩，引起国外学者的关注，70 多位英国教师来上海学习，并在平时的学习中记录日常所见，最后讨论上海教师的特点，最后他们归纳出教师的六大优势. 作者认为有三个优势最为重要.

第一个优势就是相信与期望. 他们发现上海的教师相信每一个孩子都可以学好数学，对于每个孩子都抱有期望. 虽然每个孩子在数学上的发展不会一样，但是教师还是尽力使得孩子们不掉队，尤其对差生特别关注，以至于上海的学生数学程度差距很小. 而英国教师强调学生的个性发展，更加尊重个体差异，因此往往有任由学生荒废数学学习的现象存在.

第二个优势就是教师足够专业. 绝大部分教师拥有本科数学学位，并且经历了师范教育，即大都从师范大学的数学专业毕业. 教师都是专注数学教育的，不需要教授其他科目. 而英国教师不仅要包班，还要教授其他课目. 在术业专攻方面，中国教师要更胜一筹.

第三个优势就是重视教师培训和资源共享. 英国教师认为较多的教师培训进修的机会将有助于教师更好地发展自己、完善自己. 而中国教师非常乐意分享彼此的经验，老教师对于新教师都是倾囊相授，帮助新教师快速成长，在一个共享合作的气氛下进行教学讨论，集体备课等，而在国外教学是一个私人化的活动，因此不存在资源共享的情况.

我国的教师有着得天独厚的优势，不能妄自菲薄，盲目学习国外的新概念. 我们的教师队伍高度专业化：他们大学主修的专业往往就是职后教学的学科，绝大部分教师将教学作为自己终生的职业. 我们的教师数学知识扎实，讲述概念性知识时候，采用联系的观点来看待教材，注重知识间相互联系，串成一个知识网，利用多种方式来讲授运算定理的合理性. 而在程序性知识方面，我们的教师更是表现出彩，在解题时情绪高涨，充满自信，喜欢采用多种方式解题，擅长变式教学. 我们的教师培养有一整套完善的机制与路径：职前一般在师范院校学习，大都学习了系统的教师教育课程，辅以教育心理学课程，再经过平时师范生技能的锤炼，比如常见的说课、模拟课堂等训练方式，然后大都通过国家考试获得教师资格证书；职后大都有很多的机会参加不同层次的在职培训学习，比如浙江省从2012年开始，进行每五年一轮的不低于360学时的在职培训；而在学校中，又大力提倡集体备课，资源共享，推门听课，新老教师“师徒结对”，中生代教师群策群力，使得教师之间拥有很多互相学习互相借鉴的机会. 我们有着完善的“三级教研体制”——省级教研室、地市级教研室、校级教研室，这些教研室是专门的教学研究机构，常规性地针对教学中存在的问题，开展教学研究，解决教学问题，推广教学经验，开展教学评奖，为教师的专业发展提供了行政保障、制度支持、智力支撑. 所有这些机制确保了教师的专业发展沿着既定的路线前行.

但我们的教师同样存在不足. 教师过分看重教科书，忽略学生的真实需求，视教科书为圣经. 在中考高考的压力下，教师往往过分看重学生的分数，而忽视了学生的全面发展、个性发展. 教师往往热衷于教授基础知识、基本技能，忽略对于学生数学思想的培养、数学经验的积累，虽然在2011版的课标中已经明确提出来，但是在具体实践过程中，教师做得还不够好. 而且中国教师队伍的素质参差不齐，城市中各学校之间等级差异明显，导致教师资源分布不合理，也在很大程度上影响了教学.

问题与思考

1. 教师专业技能可以分为哪些类型？
2. 如何理解教师专业技能特征？
3. 如何理解教师职业能力与教师专业技能的区别？
4. 举例说明我国数学教师的优势与不足.

第2章　数学课程知识

学习目标

（1）了解我国数学课程发展与改革的历程;

（2）理解数学课程的理念与目标;

（3）了解由“双基”到“四基”、由“双能”变“四能”的变化过程，理解课标中的十个核心概念词;

（4）了解新旧课标设计实施的差异;

（5）了解数学课程改革的国际趋势.

2.1　我国数学课程改革概述

课程是实现教育目的的重要途径，是组织教育教学活动的最主要依据，是集中体现和反映教育思想和教育观念的载体，因此，课程居于教育的核心地位. 社会不断进步，科技日益发展，学科不断更新，义务教育全面实施，数学课程同样需要与时俱进，不断改革.

白月桥把我国当代课程的发展分为五个时期：①社会主义改造时期的课程（1949—1957）；②开始全面建设社会主义时期的课程（1958—1965）；③“文化大革命”时期的课程（1966—1976）；④拨乱反正，全面恢复时期的课程（1977—1984）；⑤改革开放，高速发展时期的课程（1985—）. 黄甫又将中国当代课程发展的历史划分为五个阶段：①改造阶段（1949—1952）；②苏化阶段（1953—1956）；③革命阶段（1957—1976）；④恢复阶段（1977—1984）；⑤改革阶段（1985—）. 马忠林，王鸿钧，孙宏安等把中国1949年以后的数学教育分为六个时期：①中华人民共和国成立初期的中学数学教育；②1952—1957年的数学教育；③1958—1961年的数学教育；④1961—1966年的数学教育；⑤1966—1976年的数学教育；⑥1976年以后的数学教育. 由于他们是以数学教学大纲和数学教材的变革为线索来叙述中国数学教育发展的史实的，所以这个分期实际上是对数学课程发展历史的一个分期. 吕世虎又以数学教学大纲（数学课程标准）、数学教材为线索，将中国当代数学课程的发展分为3个阶段：选择数学课程发展道路时期（1949—1957），探索中国数学课程体系时期（1958—1991），建立中国数学课程体系时期（1992—2000）. 本节将从1949—2000年和2001—2016年这两个时间段分别对数学课程的改革进行阐述说明.

2.1.1　1949—2000年期间的数学课程改革

从1949年至2000年这50多年间，经历了多次数学课程改革. 按照我国中学数学课程改革的发展脉络和主要历史事件，我们大致可以把这50多年划分为三个阶段：1966年之前，1966—1976年和1976—2000年.

1. 1966 年之前的数学课程改革

1966 年之前，在这期间我国主要经历了三次数学课程改革.

1）继承和改造原有中学数学课程时期（1949—1951）

在中华人民共和国成立后，我国中学数学课程的发展面临继承原有数学课程体系还是重新建立一套数学课程体系的选择. 受当时政治形势的影响，在经历短暂的继承和改造原有的数学课程的过渡阶段后，抛弃了原有的数学课程，选择了全面学习苏联数学课程的发展道路. 1949 年 12 月，教育部召开第一次全国教育工作会议，确定教育工作必须为国家建设服务，学校必须为工农开门的方针. 会议具体讨论了教育改革的步骤，提出教育改革的基本方针是“以老解放区新教育经验为基础，吸收旧教育有用经验，借助苏联经验，建设新民主主义教育.”1950 年 8 月中央人民政府教育部颁布了《中学暂行教学计划（草案）》，这是中华人民共和国历史上第一份教学计划，该草案规定了初中、高中数学科目的周课时与中学六年的总课时. 中华人民共和国成立之初，各地使用中学数学教材的情况比较混乱. 为了解决这一问题，1950 年 2 月，教育部中等教育司召开普通中学数理化教材精简座谈会，会上指出对于现有的数学教材，主要有以下两个问题：一是有些课本内容过多、要求过高，有些地方艰深繁难，难于理解，如流行的《范氏大代数》；二是有些内容在几种课本中重复出现，如“对数”，在初中代数、高中代数、高中平面三角课本中都有所涉及，给教学带来了不必要的麻烦. 通过讨论，关于数学教材，大家达成精简原则：①数学教材应尽可能与实际结合，首先要与理化两科的学习结合，又要与经济建设需要的科学知识相结合；②教科书上存在的太过抽象而不切实际，且为学生所不易接受的材料应该精简或删除；③数学课程仍规定为：初中有算术、代数、平面几何；高中有三角、平面几何及立体几何、高等代数、解析几何. 1950 年 7 月，教育部中等教育司印发《数学精简纲要（草案）》（简称《纲要》），并发到全国各地，供教学参考.

2）全面学习苏联数学课程时期（1952—1957）

中华人民共和国成立后，依靠苏联的帮助来进行各方面的建设. 教育领域，进入全面学习苏联教育的阶段，自 1952 年下半年起，在“学习苏联全面进行教学改革”的号召下，全国推行统一的教学计划，以苏联十年制中小学教学计划为蓝本制定全国统一的教学计划、翻译和采用苏联教材、推广苏联的教学方法. 在各级学校移植苏联学校的管理模式、学习苏联的教育理论等过程后，学习苏联的教育经验，已经从中华人民共和国成立初期的“借助”“借鉴”到 1952 年后的“全面”“系统”的学习，达到了“为俄痴狂”的地步，以至于提出“学习苏联先进经验，先照搬过来，然后再中国化”.

为了适应“全面学习苏联”的需要，教育部对中学教学计划、各科教学大纲等作了系列的调整和修订. 1952 年 3 月教育部颁发了《中学暂行规程（草案）》（简称《规程》），首次提出中学教学目标之一是使学生获得“现代科学的基础知识和技能”，这是“双基”（基础知识、基本技能）的雏形. 随着《规程》的试行与实施，我国中学教育开始进入有章可循的新阶段.

1952 年下半年，以苏联十年制学校最新的中学数学教学大纲为蓝本，制定了我国中学数学教学大纲（简称“52 大纲”），随后在 1954 年和 1956 年又对此教学大纲作了两次修改，即“54 大纲”和“56 大纲”.“52 大纲”是苏联十年制学校最新的中学数学教学大纲的编译本，经教育部正式颁布后，就成为其后一个时期编修教材、开展教学的依据. 其中，中学数学教学的目的：教给学生以数学知识，并培养他们应用这种知识来解决各种实际问题所必需的技能和熟练技巧；形成学生辩证唯物主义的世界观，培养他们新的爱国主义以及民族自尊心，锻炼他们坚强的意志和性格；保证学生获得足够的数学知识，以便他们能够升入中等专业学校及高等学校或参加国家建设的一般工作．“54 大纲”相较于“52 大纲”来说，基本上没有变动，只是调整了个别年级的内容和授课时数，修改了一些字句．“56 大纲”的文本结构和每部分的内容结构与“52 大纲”“54 大纲”基本没有变化．“56 大纲”只是对中学数学教学目的作了修改，修改后的中学数学教学的目的：教给学生有关算术、代数、几何和三角的基础知识，培养他们应用这些知识解决各种实际问题的技能和技巧，发展他们的逻辑思维和空间想象力；培养学生成为积极参加社会主义建设和保卫祖国的全面发展的新人；培养学生的辩证唯物主义的世界观、爱国主义思想和民族自尊心，以及爱科学、爱劳动、爱集体、守纪律的美德，锻炼学生的坚强意志和性格．

3）探索和尝试建立中国数学课程体系时期（1958—1965）

1958 年，中学教育的发展也经历了一个曲折的过程．当时，中共中央和国务院在反思学习苏联教育的经验和中国教育的发展时认为，中小学教育主要存在着少慢差费现象，学制年限长而水平低，教学内容不切合国家培养社会主义建设人才的需要．1958 年 8 月，中共中央、国务院颁发《关于教育事业管理权力下放问题的规定》指出：今后教育部和中央各主管部门应该组织编写通用的基本教材、教科书，各地方根据因地制宜、因校制宜的原则，可以对教育部和中央各主管部门颁发的各级各类学校指导性教学计划、教学大纲和通用教材、教科书进行修订、补充，也可以自编教材和教科书．1958 年的“教育革命”，试图突破苏联教育经验的局限，走中国自己的教育改革之路．

1960 年下半年，“教育革命”给教育带来的危害明显暴露出来，革新教材在教学内容上要求过高、过急，大学教材下放中学、中学教材下放小学．忽视双基教学，违背教学规律，导致教学混乱、质量下降．1961 年 1 月，中共中央召开八届九中全会，针对国民经济提出“调整、巩固、充实、提高”的八字方针．1963 年 3 月，中共中央发布《全日制中学暂行工作条例（草案）》（简称《条例》），规定：“中学教育的任务，是为社会主义建设事业培养劳动后备力量和为高一级学校培养合格的新生．”教育部根据这个《条例》拟定了全日制 12 年制中小学新教学计划，并于 1963 年 7 月 31 发布《关于实行全日制中小学新教学计划（草案）的通知》（简称《新计划（草案）》）在新教学计划中规定：数学，要求在小学学完算术和学会珠算的加减乘除算法，在初中学好代数和平面几何，在高中学好代数、三角、立体几何和平面解析几何，在高三设立体解析几何、制图、逻辑等选修课，可任选一门或两门，不考试．

1963 年，人民教育出版社根据《条例》《新计划（草案）》以及此前所做的比较研究与专题研究的结果，在教学大纲征求意见稿的基础上，起草了《全日制中学数学教学大纲（草案）》（简称“63 大纲”）．“63 大纲”提出：使学生牢固掌握代数、平面几何、立体几何、三角和平面解析几何的基础知识，培养学生正确而且迅速的计算能力、逻辑思维能力和空间想象能力，以适应参加生产劳动和进一步学习的需要；为了保证学生牢固地掌握基础知识，具有上述的这些能力与空间观念，并且能够灵活运用；必须切实地加强练习．这是我国数学教学大纲第一次明确提出“三大能力”的要求，并且提出了加强“双基”的重要性．大纲开始把数学的“三大能力”作为双基教学的目标要求，在教材体系上开始摆脱外国教材的束缚，这为建立具有中国特色的教材体系迈出了重要的一步．该大纲中，数学教学内容的范围和深度都比

“52 大纲”有很大提高，在数学教学内容现代化方面向前迈进了一大步. 但是，根据“63 大纲”编写的数学教材正式使用不到 1 年，一些地区和学校就反映内容深、分量重，学生负担重.

2. 1966—1976 年期间的数学课程改革简介

1966 年 8 月，中共八届十一中全会通过了《关于无产阶级文化大革命的决定》，其中明确规定：改革旧的教育制度，改革旧的教学方针和方法，是这场无产阶级文化大革命的一个极其重要的任务；学制要缩短，课程设置要精简，教材要彻底改革，有的首先删繁就简. 在此期间，全盘否定之前 17 年的教学工作，把原来的教学设计、教学大纲、教科书污蔑为“修正主义黑货”. 此间，各地自编教材，加强政治挂帅、联系实际、开办学校、忽视双基、取消考试，导致学生的数学水平严重下降，这个时期的教育质量严重降低.

3. 1977 年恢复高考—2000 年的数学课程改革

1）继续探索中国数学课程体系时期（1977—1991）

1976 年 10 月，随着“文化大革命”的结束，全国进入了全面整顿时期. 这个时期的教育为我们现代的教育做了一个很好的铺垫，也是现代教育的新起点.

1977 年 9 月中小学数学编写组开始起草中小学数学教学大纲. 1978 年 2 月，教育部颁布《全日制十年制学校中学数学教学大纲（试行草案）》（简称“78 大纲”）. “78 大纲”的内容包括教学目的、教学内容的确定、教学内容的安排、教学中应注意的几点、教学要求和教学内容 5 部分.

第一部分“教学目的”中指出：中学数学的教学目的是使学生切实学好参加社会主义革命和建设，以及学习现代科学技术所必需的数学基础知识；具有正确迅速的运算能力、一定的逻辑思维能力和一定的空间想象能力，从而逐步培养学生分析问题和解决问题的能力. 通过数学教学，向学生进行思想政治教育，激励学生为实现四个现代化学好数学，培养学生的辩证唯物主义观点.

第三部分“教学内容的安排”中，阐述了安排数学教学内容的原则：有利于精简课程门类，有利于教学内容的现代化，有利于学生学好基础知识和掌握基本技能，有利于数学知识的综合运用. 在教学内容的编排上，提出混合编排：数学课程不再分科，把精选出来的代数、几何、三角等内容和新增加的微积分等内容综合成一门数学课.

“78 大纲”最大的特点是在“63 大纲”的基础上进行教材内容的更新，以中学数学为例，除了精简传统的中学数学内容外，又适当增加微积分以及概率统计、逻辑代数等的初步知识，并渗透集合、对应等现代数学思想. 实践证明，这种处理方法既适当提高了教学程度，又切实可行，避免了走国外“新数学运动”的弯路，强调加强双基的同时，既培养能力，又发展智力.

根据中共中央、国务院 1980 年 12 月提出的“中小学学制，逐步改为 12 年制”的精神，教育部 1981 年 4 月 17 日在发布颁发《全日制六年制重点中学教学计划试行草案》的通知中规定中学学制定为 6 年（初中、高中各 3 年）. 1982 年，人民教育出版社把“三三”制中学数学教学大纲（草稿）修订成《全日制六年制重点中学数学教学大纲（征求意见稿）》（简称“82 大纲”），作为编写全国全日制六年制重点中学数学教材的依据. 该大纲并未以教育部名义颁发.

“82 大纲”也分为五部分，第一部分“教学目的”中指出中学数学教学的目的是使学生切实学好从事现代化生产和进一步学习现代科学技术所必需的数学基础知识；培养学生正确迅速的运算能力、逻辑思维能力和空间想象能力，以逐步形成运用数学来分析和解决实际问题的能力. 在教学中，要结合教学内容向学生进行数学教育，激发学生为实现社会主义现代化学好数学的热情，培养学生的科学态度和辩证唯物主义世界观. “82 大纲”与“78 大纲”相比，数学教学目的更加完善，更加符合现代学生的发展. 第三部分“教学内容的安排”中，阐述了安排数学教学内容的原则：要考虑数学学科本身的内在联系，以及各科之间的相互联系；要注意由浅入深，从易到难，符合学生的认识过程和接受能力；要注意初、高中的分段和同物理、化学等学科的联系. 其余部分与“78 大纲”大体一致，只有少量改动.

由于目前中学生知识程度、中学师资水平和学校条件过于悬殊，多数学生不适应现行教材的要求，学习跟不上；还有相当多的学生学习负担过重，因此，教育部于 1983 年 11 月发布“关于颁发高中数学、物理、化学三科两种要求的教学纲要的通知”. 在教育部颁布的《高中数学教学纲要（草案）》中，规定了“基本要求”和“较高要求”两种要求的教学内容. 基本要求的课本称为“乙种本”，较高要求的课本称为“甲种本”. 学校采用哪种要求的教学纲要，要从实际出发，根据学生基础和学校条件确定. 在教学内容方面，基本要求和较高要求的差异在微积分初步、一元多项式和高次方程、多面角和正多面体、坐标的旋转变换等内容中.

1986 年 2 月国家教育委员会（国家教委）颁布《全日制中学数学教学大纲》（简称“86 大纲”），它是新中国成立以来第一个没有带“草案”两字的正式大纲. 该大纲把教学目的界定为“双基+三大能力+其他”的结构. “双基”是“三大能力”的前提，“三大能力”是“双基”的目标要求. 此后的数学教学大纲都沿用“数学的基础知识和基本技能”来表述“双基”. 在初中阶段，增加统计的初步知识，在高中阶段增加极限的简单应用和概率的初步知识作为选学内容，其余部分基本与“78 大纲”一致.

国家教委于 1990 年对“86 大纲”作了修订，颁布了《全日制中学数学教学大纲（修订本）》. 修订本中的教学内容、教学要求与“86 大纲”基本一致.

2）建立中国数学课程体系时期（1992—2000）

20 世纪 80 年代，科学技术迅猛发展，信息技术日新月异，对人才的素质提出了更高的要求——综合素质、创新精神和实践能力. 1996 年，中共中央、国务院提出了改革现行基础教育课程体系，加快构建适应时代发展要求的新的基础教育课程体系. 我国的基础教育课程改革进入尝试建立中国自己的课程体系的时期.

1992 年，国家教委正式颁布了《九年义务教育全日制初级中学数学教学大纲（试用）》（简称“92 大纲”）. “92 大纲”与“78 大纲”基本一致，但呈现程度不变、难度下降的趋势，这既符合国际教学发展的趋向，又有利于普及九年义务教育，使全体学生都能掌握基础的数学. “92 大纲”在“教学目的”中，对基础知识、基本技能、运算能力、逻辑思维能力、空间观念、解决简单实际问题、良好的个性品质和初步的辩证唯物主义观点等作了解释和说明. 这是我国数学课程发展史上首次在数学教学大纲（数学课程标准）中，对教学目的（课程目标）做精确的界定和说明.

1994 年，国家教委发布《九年义务教育全日制初级中学数学教学大纲（试用）》的调整意见，对“92 大纲”的内容作了调整，调整意见主要是：初中毕业后不准备升学的学生，可以只学“92 大纲”中列为必学的内容，不学“92 大纲”中带*的选学内容. 2000 年 3 月，教育部又颁布了《九年义务教育全日制初级中学数学教学大纲（试用修订版）》（简称“2000 初中大纲”）.

1949 年至 2000 年的 50 多年中，我国中学数学课程的发展经历了继承和改造原有中学数学课程时期，全面学习苏联数学课程时期，反思学习苏联的经验，探索和尝试建立中国数学课程体系时期，“文化大革命”期间数学课程发展遭遇挫折，纠正“文化大革命”期间数学课程发展的偏失，继续探索中国数学课程体系时期，尝试建立中国数学课程体系时期等发展阶段. 在不同阶段，以官方名义颁发了数学教学大纲，编写了数学教材. 这些大纲和教材是数学课程发展的标志性成果.

2.1.2 2001—2016 年期间的数学课程改革

进入 21 世纪，我国在 2001 年进行了新课程改革，其核心任务是转变学习方式. 新课程改革有三大基本理念，分别是关注学生发展，强调教师成长，重视以学定教，其中“一切为了学生的发展”是新课程改革的核心理念. 这次改革将我国沿用已久的“教学大纲”改为“课程标准”，反映了这次改革所倡导的基本理念，它努力将素质教育的理念切实地体现在课程标准的各个部分之中，力求在课程目标、内容目标、实施建议等方面，全面体现知识与技能、过程与方法以及情感态度与价值观三位一体的课程功能，从而促进学校教育重心的转移，使素质教育的理念切实贯彻到日常的教育教学过程中.

2001 年，教育部颁布了《全日制义务教育数学课程标准（实验稿）》（简称《标准（实验稿）》），该标准突破了原有课程的分科体系，取消了几何代数的分科，按数与代数、空间与图形、概率与统计、实践与综合应用这 4 大领域来设计课程内容. 《标准（实验稿）》自 2001 年实施以来，虽然取得了显著的成效，但同时也存在一些问题. 为了解决这些问题，教育部于 2005 年成立了“全日制义务教育数学课程标准修订组”，开始“标准”的修订工作. 2007 年底基本完成了“标准”的修订工作，形成了《全日制义务教育数学课程标准（修订稿）》的初稿，2010 年完成“标准（修订稿）”的修订，2011 年 12 月教育部正式公布了《义务教育数学课程标准（2011 年版）》（简称《标准（2011）》）.

《标准（2011）》是以《标准（实验稿）》为蓝本经过修改而成的. 与之相比，2011 版数学《课程标准》从基本理念、课程目标、课程内容到实施建议都更加准确、规范、明了和全面. 具体变化有十个方面，但最重要的变化是“双基”变“四基”，“两能”变“四能”（下面将详细介绍）.

近期，国家又对高中课程进行全面修订，提出了“核心素养”的概念. 可以预见这将是未来一段时期，课程改革的热词与核心理念.

2.2 数学课程的理念与目标

2.2.1 理念

1. 基本理念的整体变化

《标准（实验稿）》中基本理念主要有 6 个方面的内容，即“对数学课程的认知、对数学

的认知、对数学学习的认知、对数学教学活动的认知、对评价的认知以及对现代信息技术的认知”. 而在《标准（2011）》中基本理念修改后只有 5 个方面的内容，即“对数学课程的认知、对课程内容的认知、对教学活动的认知、对评价的认知以及对现代信息技术的认知”.

2. 基本理念的局部修改

《标准（2011）》基本理念的局部修改是对《标准（实验稿）》的进一步丰富和发展，主要体现在以下几个方面.

（1）数学观.《标准（实验稿）》是这样描述数学的：“数学是人们对客观世界定性把握和定量刻画、逐渐抽象概括、形成方法和理论，并进行广泛应用的过程.”将数学看作“过程”，“能引导教师注重数学教学活动，落实新课程所要求的过程性目标”. 简而言之，它的描述在一定意义上体现了一种动态的数学哲学观，但问题是，数学的设置就是作为一门学科，具有自己的学科性，而非仅仅是数学哲学观，因此，《标准（2011）》对此进行了修改，指明“数学是研究数量关系和空间形式的科学”，并用简洁明了的语句指明数学是科学的语言与工具，是人类文化的重要组成部分，而数学素养是公民应具备的基本素养，数学对培养人的思维能力、创新能力具有不可替代的重要作用.《标准（2011）》的修改有助于数学教育工作者从数学的研究对象、属性、功能、特点等多方面全方面地认识数学，并树立“数学是一种‘与人类活动紧密相关的文化’”的观念.

（2）课程观.《标准（2011）》对数学课程的认知：“数学课程应致力于实现义务教育阶段的培养目标，要面向全体学生，适应学生个性发展的需要，使得人人都能获得良好的数学教育，不同的人在数学上得到不同的发展.”“义务教育阶段的数学课程是培养公民素质的基础课程，具有基础性、普及性和发展性.”这样的表述凸显了课程理念“人人都能获得良好的数学教育，不同的人在数学上得到不同的发展”的丰富意义. 而《标准（实验稿）》对课程理念的表述为“人人学有价值的数学；人人都能获得必需的数学；不同的人在数学上得到不同的发展”. 虽然关键词“人人”“不同的人”没有变化，但新提出的“良好的数学教育”相较之前的“有价值的数学”“必需的数学”，将数学课程的核心理念由数学转向数学教育，更突出教育，呼应数学课程的基本属性.

（3）课程内容观. 选择的依据：《标准（2011）》指出“课程内容要反映社会的需要、数学的特点，要符合学生的认知规律”，即数学、社会和学生这三方面的平衡. 内容的内涵：包含数学结果、结果形成的过程和蕴涵的数学思想方法. 选择的内容要贴近学生实际，利于学生理解、体验、思考和探索. 组织时需要处理几个方面间的关系：课程内容的组织要重视过程，处理好过程与结果的关系；要重视直观，处理好直观与抽象的关系；要重视直接经验，处理好直接经验与间接经验的关系.

（4）教学观.《标准（2011）》从整体上对数学的教与学进行了阐述，揭示了数学“教学活动是师生积极参与、交往互动、共同发展的过程. 有效的教学活动是学生学与教师教的统一，学生是学习的主体，教师是学习的组织者、引导者与合作者.”《标准（2011）》增加了“处理好讲授与学生自主学习的关系”的表述. 这是从长期的教学实践中总结出来的，讲授法始终是一种在概念、命题教学中很有效的教学方法. 而这里的讲授并非是那种知识的灌输，应是能够启发学生思维、引导学生探索的.

因此，“注重启发式和因材施教”也被写进了《标准（2011）》中. 这不仅是我国教育的传统，也是长期积累下来的宝贵经验，值得数学教育工作者在数学教学中予以继承和发扬.

（5）评价观.《标准（2011）》依据义务教育阶段数学课程在实施中的实际情况，对学生的学习评价集中提出了要求.

具有正确的价值取向：《标准（2011）》指出的："学习评价的主要目的是为了全面了解学生数学学习的过程和结果，激励学生学习和改进教学."

评价目标多元、方法多样：评价全面反映学生的学习情况，帮助学生全面地发展；对多样化的学习方式、学习需求，形成多样的评价方法，有针对性地评价，全面评价.

处理好学习结果和学习过程、学习水平和情感态度的关系：《标准（2011）》指出："评价既要关注学生学习的结果，也要重视学习的过程；既要关注学生数学学习的水平，也要重视学生在数学活动中所表现出来的情感与态度，帮助学生认识自我，建立信心."《标准（2011）》中关联词"既要、也要"，可以看出这两对的关系是同等重要，谁离了谁都不行. 而不像《标准（实验稿）》中关联词"要、更要"造成理解上的误差——两对的关系必有一对更为重要.

（6）信息技术的运用."信息技术的发展对数学教育的价值、目标、内容以及教学方式产生了很大的影响. 数学课程的设计与实施应根据实际情况合理地运用现代信息技术，要注意信息技术与课程内容的整合，注重实效."

2.2.2　目标

"决定课程内容的因素不外乎是社会、数学自身的特点和学生."《标准（2011）》中，将"数学课程目标分为总目标和学段目标，从知识技能、数学思考、问题解决、情感态度等四个方面加以阐述"，"数学课程目标包括结果目标和过程目标，结果目标使用'了解''理解''掌握''运用'等行为动词表述，过程目标使用'经历''体验''探索'等行为动词表述"，其设计具有下面三个特点.

（1）结构. 课程目标的设计宗旨是"学生的全面发展和提高数学素养"，设计思路是"充分考虑本阶段学生数学学习的特点，符合学生的认知规律和心理特征，有利于激发学生的学习兴趣，引发学生的数学思考；充分考虑数学本身的特点，体现数学的实质；在呈现作为知识与技能的数学结果的同时，重视学生已有的经验，使学生体验从实际背景中抽象出数学问题、构建数学模型、寻求结果、解决问题的过程". 它的总体设计保持总目标和学段目标的结合，注重结果目标和过程目标的结合.

数学课程目标的总目标具体从四个方面着手，即知识技能、数学思考、问题解决、情感态度."总目标的这四个方面，不是相互独立和割裂的，而是一个密切联系、相互交融的有机整体. 在课程设计和教学活动组织中，应同时兼顾这四个方面的目标. 这些目标的整体实现，是学生受到良好数学教育的标志，它对学生的全面、持续、和谐发展有着重要的意义. 数学思考、问题解决、情感态度的发展离不开知识技能的学习，知识技能的学习必须有利于其他三个目标的实现."

（2）四基.《标准（实验稿）》提出双基，即"基础知识、基本技能"，《标准（2011）》提出了"四基"，即基础知识、基本技能、基本思想和基本活动经验，这是学生"获得适应社会生活和进一步发展所必需的". 基础知识和基本技能是我国数学教育中的传统优势，而在课程改革中不仅要保留，更要有创新，而基本思想和基本活动经验是《标准（2011）》中新提出的，是数学素养的重要标志，在数学教学中应予以重视.

（3）四能.《标准（2011）》在总目标中指出，通过义务教育阶段的数学学习，学生能

“体会数学知识之间、数学与其他学科之间、数学与生活之间的联系，运用数学的思维方式进行思考，增强发现和提出问题的能力、分析和解决问题的能力.”简而言之，即为“提高四能”.《标准（2011）》在原先“发现问题和解决问题”的“两能”基础上新增“提出问题和分析问题能力”，变为“四能”.

众所周知，解决问题是数学教育的核心，而培养学生解决问题的能力始终是数学教育重视的重要议题.《标准（2011）》将《标准（实验稿）》总目标中的“解决问题”修改为“问题解决”，凸显出对学生问题意识与解决问题的综合能力培养的重视. 在大力提倡培养学生创新意识的要求下，虽然分析问题和解决问题很重要，但发现问题和提出问题更有助于创新意识的培养，并且能够提高学生的数学素养.

2.2.3　十个核心概念

《标准（2011）》以近十年的课程改革的实践总结和反思为基础，通过广泛地听取各方意见和建议，对《标准（实验稿）》中提出的六个核心概念（或关键词），即“数感、符号感、空间观念、统计观念、应用意识和推理能力”，进行了调整和拓展，提出十个核心概念，即“数感、符号意识、空间观念、几何直观、数据分析观念、运算能力、推理能力、模型思想、应用意识和创新意识”.《标准（2011）》中的十个核心概念是数学课程内容的核心、教材的主线，也是数学课程的目标点. 对每一个核心概念来说，它们都有其特定的内涵. 无论是教师的教学，还是学生的学习，正确理解这十个核心概念都是极为重要的.

1. 内涵变化的核心概念

1）数感

《标准（2011）》指出：“数感主要是指关于数与数量、数量关系、运算结果估计等方面的感悟. 建立数感有助于学生理解现实生活中数的意义，理解或表述具体情境中的数量关系.”这就给“数感”下了一个定义，更给出了建立数感的意义所在. “感悟”一词是对“数感”这一概念较为明晰的界定，使其有了更为实在的意义，易于一线教师的理解和把握. 正所谓“‘感’是外界刺激作用于主体而产生的，是通过肢体（如感官等）而不是通过大脑思维，它含有原始的、经验性的成分.‘悟’是主体自身的，是通过大脑思维而产生的.‘感悟’是既通过肢体又通过大脑，因此，既有感知的成分又有思维的成分.”《标准（2011）》基于义务教育阶段数学课程内容，以及学生的实际要求，将“数感”集中概括为三方面：数与数量、数量关系、运算结果估计. 这样的修改有助于数学教育工作者在教学过程中更好地把握对数感的培养.

而《标准（实验稿）》指出：“数感主要表现在：理解数的意义；能用多种方法来表示数；能在具体的情境中把握数的相对大小关系；能用数来表达和交流信息；能为解决问题而选择适当的算法；能估计运算的结果，并对结果的合理性作出解释.”对数感的内涵未作具体解释，只是指出其所包含的内容，其所表现的内容.

2）空间观念

《标准（2011）》指出：空间观念主要是指根据物体特征抽象出几何图形，根据几何图形想象出所描述的实际物体；想象出物体的方位和相互之间的位置关系；描述图形的运动和变化；依据语言的描述画出图形等. 这其实是对空间观念提出了四点要求. 相较于《标准（实验稿）》中的空间观念主要表现在：能由实物的形状想象出几何图形，由几何图形想象出实物的形状，进行几何体与其三视图、展开图之间的转化；能根据条件作出立体模型或画出图形；能从较复杂的图形中分解出基本的图形，并能分析其中的基本元素及其关系；能描述实物或几何图形的运动和变化；能采用适当的方式描述物体间的位置关系；能运用图形形象地描述问题，利用直观来进行思考.《标准（2011）》语言更为简练、概括.

3）推理能力

《标准（2011）》指出，推理一般包括合情推理和演绎推理，合情推理是从已有的事实出发，凭借经验和直觉，通过归纳和类比等推断某些结果；演绎推理是从已有的事实（包括定义、公理、定理等）和确定的规则（包括运算的定义、法则、顺序等）出发，按照逻辑推理的法则证明和计算. 在解决问题的过程中，两种推理功能不同，相辅相成，合情推理用于探索思路，发现结论；演绎推理用于证明结论.

相较于《标准（实验稿）》，《标准（2011）》提出的推理能力具有以下几个特点. 凸显合情推理与演绎推理：合情推理用于探索思路，发现结论；演绎推理用于证明结论. 学生应多次经历“猜想到证明”或“猜想到验证”的问题探索过程. 这样才能有助于培养学生的推理能力. 强调培养推理能力的全程化：培养学生的推理能力，不仅要贯穿于整个数学课程的内容，包括数与代数、统计与概率、图形与几何等方面；也要贯穿于数学教学的整个活动过程，如问题解决的发现、提出、分析、解决、验证等的一系列过程；更要贯穿于数学学习的整个环节，包括预习、课堂学习、复习、测试等方面都应存在.

4）应用意识

应用意识有两方面的含义，一方面是“有意识利用数学的概念、原理和方法解释现实世界中的现象，解决现实世界中的问题.”这是数学知识现实化、实用化的体现. 另一方面是“认识到现实生活中蕴涵着大量与数量和图形有关的问题，这些问题可以抽象成数学问题，用数学的方法予以解决”，这是现实问题数学化的体现. 由这两个含义可以看出，培养应用意识要重视双向性，“由数学看现实，由现实看数学”的意识是学生应该在学习过程中逐步形成的. 而“在整个数学教育的过程中都应该培养学生的应用意识，综合实践活动是培养应用意识很好的载体”.

2. 名称改变的核心概念

1）符号意识

《标准（2011）》指出：“符号意识主要是指能够理解并且运用符号表示数、数量关系和变化规律；知道使用符号可以进行运算和推理，得到的结论具有一般性. 建立符号意识有助于学生理解符号的使用是数学表达和进行数学思考的重要形式.”

数学符号是数学抽象的结果，其最本质的特征是“像数一样参与运算”. 对学习者来说，数学符号也许不是潜意识，不是直觉，也不是感觉，而是一种主动的使用符号的心理倾向. 因此，《标准（2011）》将《标准（实验稿）》中的“符号感”修改为“符号意识”. 而对于符号意识来说，它的要求概括起来就具体体现于“符号理解、符号操作、符号表达、符号思考”四个维度.

2）数据分析观念

《标准（2011）》指出，“数据分析观念包括：了解在现实生活中有许多问题应当先做调查研究，收集数据，通过分析作出判断，体会数据中蕴涵着信息；了解对于同样的数据可以有多种分析的方法，需要根据问题的背景选择合适的方法；通过数据分析体验随机性，一方面对于同样的事情每次收集到的数据可能不同，另一方面只要有足够的数据就可能从中发现规律”.

相对于《标准（实验稿）》对“统计观念”内涵的阐述，《标准（2011）》对“数据分析观念”的界定更加清晰、条理，其中最大的变化是：通过数据处理、分析去体验随机性.

3. 新增核心概念

1）几何直观

《标准（2011）》指出：“几何直观主要是指利用图形描述和分析问题. 借助几何直观可以把复杂的数学问题变得简明、形象，有助于探索解决问题的思路，预测结果.”

“几何直观主要是指利用图形描述和分析问题”，说明图形表示和图形分析是今后数学教学中必做的两件事. 图形表示则是在教学中通过培养学生画图表示数学问题，这是需要培养，养成习惯的. 而图形分析则是借助图形将抽象、复杂的数学问题直观化、简单化，进而找到解决问题的思路、方式方法. 例如：教学中为了解释概念完全平方公式，可以通过绘画平面几何图形来解决.

2）运算能力

《标准（2011）》指出：“运算能力主要是指能够根据法则和运算律正确地进行运算的能力. 培养运算能力有助于学生理解运算的算理，寻求合理简洁的运算途径解决问题.”根据一定的数学概念、法则与定理，由一些已知量通过计算得出确定结果的过程，称为运算. 能够按照一定的程序与步骤进行运算，称为运算技能. 不仅能够根据法则、公式等正确地进行运算，而且能够理解运算的算理，能够根据题目条件寻求正确的运算途径，称为运算能力. 对于运算能力，正确地进行运算和理解运算的算理是核心.

3）模型思想

《标准（2011）》指出，“模型思想的建立是学生体会和理解数学与外部世界联系的基本途径. 建立和求解模型的过程包括：从现实生活或具体情境中抽象出数学问题，用数学符号建立方程、不等式、函数等表示数学问题中的数量关系和变化规律，求出结果、并讨论结果的意义”.《标准（2011）》新增了“基本思想”和“基本活动经验”，而“模型思想”的提出正是对“基本思想”的呼应，体现出它应有的重要意义.

4）创新意识

《标准（2011）》指出：“学生自己发现和提出问题是创新的基础；独立思考、学会思考是创新的核心；归纳概括得到猜想和规律，并加以验证，是创新的重要方法. 创新意识的培养应该从义务教育阶段做起，贯穿数学教育的始终.”创新意识的提出是为了更直接、更鲜明地体现主动去适应时代的要求——创新人才的培养. “创新”是一种意识，即“一种主动去探索、发现的心理倾向，一种积极的态度”.

2.2.4 数学素养

最新的普通高中数学课程标准提出了数学核心素养的概念. 数学核心素养是具有数学基本特征、适应个人终身发展和社会发展需要的必备品格与关键能力，是数学课程目标的集中体现. 它是在数学学习的过程中逐步形成的. 数学核心素养包括以下方面.

数学抽象. 数学抽象是指舍去事物的一切物理属性,得到数学研究对象的思维过程. 主要包括：从数量与数量关系、图形与图形关系中抽象出数学概念及概念之间的关系，从事物的具体背景中抽象出一般规律和结构，并且用数学符号或者数学术语予以表征. 通过数学抽象核心素养的培养，学生能够更好地理解数学的概念、命题、方法和体系，形成一般性思考问题的习惯；能够在其他学科的学习中化繁为简，理解该学科的知识结构和本质特征.

逻辑推理. 逻辑推理是指从一些事实和命题出发，依据逻辑规则推出一个命题的思维过程. 主要包括两类：一类是从小范围成立的命题推断更大范围内成立的命题的推理，推理形式主要有归纳、类比；一类是从大范围成立的命题推断小范围内也成立的推理，推理形式主要有演绎推理.

数学建模. 数学建模是对现实问题进行抽象,用数学语言表达和解决问题的过程. 数学模型构建了数学与外部世界的桥梁，是数学应用的重要形式.

数学运算. 数学运算是指在明晰运算对象的基础上,依据运算法则解决数学问题. 主要包括：理解运算对象，掌握运算法则，探究运算方向，选择运算方法，设计运算程序，求得运算结果.

直观想象. 直观想象是指借助空间想象感知事物的形态与变化，利用几何图形理解和解决数学问题. 主要包括：利用图形描述数学问题，建立形与数的联系，构建数学问题的直观模型，探索解决问题的思路.

数据分析. 数据分析是指从数据中获得有用信息，形成知识的过程. 主要包括：收集数据提取信息，利用图表展示数据，构建模型分析数据，解释数据蕴涵的结论.

2.3 数学课程的设计与实施

2.3.1 设计

《标准（2011）》的课程内容依旧分为四个部分，即“数与代数”“图形与几何”“统计与概率”和“综合与实践”，见表 2-1.

表 2-1　《标准（2011）》课程主要内容及解读

课程内容	主要内容	《标准（2011）》解读
数与代数	● 数的认识、数的表示、数的大小、数的运算、数量的估计； ● 字母表示数、代数式及其运算； ● 方程、方程组、不等式、函数等	内容结构上没有变化，但第二学段中“数的认识、数的运算、式与方程、正比例和反比例、探索规律”，新增了“正比例和反比例”

续表

课程内容	主要内容	《标准（2011）》解读
图形与几何	● 空间和平面基本图形的认识，图形的性质、分类和度量； ● 图形的平移、旋转、轴对称、相似和投影； ● 平面图形基本性质的证明； ● 运用坐标描述图形的位置和运动	内容结构上没有变化，但第三学段将原四部分，即“图形的认识”“图形与变换”“图形与坐标”和“图形与证明”，调整为三部分，即“图形的性质”“图形的变化”和“图形与坐标”
统计与概率	● 收集、整理和描述数据，包括简单抽样、整理调查数据、绘制统计图表等； ● 处理数据，包括计算平均数、中位数、众数、方差等； ● 从数据中提取信息并进行简单的推断； ● 简单随机事件及其发生的概率	部分内容作了较大的调整，各学段内容的层次性更加明确. 强调培养数据分析观念，与学生的现实生活联系得更加紧密. 第一学段减少内容，主要为“学会分类”和“学会进行简单地数据搜集和整理”；第二学段主要为“简单数据统计过程”和“随机现象发生的可能性”；第三学段主要为“抽样与数据分析”和“事件的概率”
综合与实践	● 一类以问题为载体、以学生自主参与为主的学习活动； ● 在学习活动中，学生将综合运用“数与代数”“图形与几何”“统计与概率”等知识和方法解决问题； ● 教学活动应当保证每学期至少一次，可以在课堂上完成，也可以课内外相结合	内容调整较大，进一步明确“综合与实践”的内涵与要求. “综合与实践”是一类以问题为载体、以学生自主参与为主的学习活动，其教学目标是帮助学生积累数学活动经验，培养学生应用意识和创新意识

2.3.2 实施

《标准（2011）》整体提出了“教学建议”“评价建议”“教材编写建议”以及“课程资源开发与利用建议”四部分内容（《标准（实验稿）》是分学段提出的）.

1. 教学建议

《标准（2011）》的“教学建议”如下，见表 2-2.

表 2-2 《标准（2011）》教学建议内容变动与目的

序号	《标准（2011）》教学建议	目的	
第一新增	数学教学活动要注重课程目标的整体实现.	课程目标整体实现	教学要真正落实课程目标，一切教学活动的落脚点均应是“数学教育”
第二	重视学生在学习活动中的主体地位	以人为本理念落实	体现“以人为本”的重要性，如：“能根据所教班级学生的实际情况，选择贴切的教学素材和教学流程”
第三新增	注重学生对基础知识、基本技能的理解和掌握.	继承双基巩固传统	新增的“双基”（基本思想和基本活动经验）固然重要，原先的“双基”（基础知识和基本技能）依然重要，即重视“四基”，不可顾此失彼
第四新增	感悟数学思想，积累数学活动经验	教学指导实现四基	“四基”中“基本思想和基本活动经验”的具体教学要求指导
第五新增	关注学生情感态度的发展	情感态度融入教学	教学要真正落实情感态度的目标，努力把情感态度目标有机地融合在数学教学过程之中
第六新增	合理把握“综合与实践”的实施	实现理念提出建议	实现核心理念的重要的、有效的载体建议
第七	教学中应当注意的几个关系	目标实现理念落实	实现“因材施教”，体现“基本理念”，符合“课程标准”

2. 评价建议

《标准（2011）》在“实施建议”这部分中，将评价建议由原先的五点变为七点，将原先的第一“注重对学生数学学习过程的评价”、第二“恰当评价学生的基础知识与基本技能”、第三“重视对学生发现问题、解决问题能力的评价”、第四“评价主体和方式要多样化”、第五“评价结果要采用定性与定量相结合的方式呈现”改写后分别融入新的第四“注重对学生数学学习过程的评价”、第一“基础知识和基本技能的评价”、第二“数学思考和问题解决的评价”、第五“体现评价主体的多元化和评价方式的多样化”、第六“恰当地呈现和利用评价结果”，并且新增第三“情感态度的评价”、第七“合理设计与实施书面测验”. 这部分的建议仍有“基本思想”的体现，“以人为本”理念的体现.

3. 课程资源开发与利用建议

《标准（2011）》新增的“文本资源”旨在提醒教师对文本（包括教科书、教师用书、学习辅助用书等）的重视. 把“文本资源”放在首位，一是说明有效的学习需要教学辅助用书，二是强调不是所谓的“课外书”等才是课程资源，只要能满足学生学习的需求，提高教师教学的质量，都是好的课程资源. 新增的“生成性资源”与“教学建议”中“预设与生成的关系”的内容遥相呼应（表 2-3）.

表 2-3　《标准（2011）》和《标准（实验稿）》课程资源开发与利用建议对比

<table>
<tr><th colspan="2">《标准（2011）》课程资源开发与利用建议</th><th colspan="2">《标准（实验稿）》课程资源开发与利用建议</th></tr>
<tr><td>第一
新增</td><td>文本资源</td><td>/</td><td>/</td></tr>
<tr><td>第二</td><td>信息技术资源</td><td>第二</td><td>音像资料与信息技术</td></tr>
<tr><td rowspan="5">第三</td><td rowspan="5">社会教育资源</td><td>第五</td><td>图书馆资源</td></tr>
<tr><td>第六</td><td>报纸杂志、电视广播等媒体</td></tr>
<tr><td>第七</td><td>社区、少年宫、博物馆等活动场所</td></tr>
<tr><td>第八</td><td>智力资源</td></tr>
<tr><td>第一</td><td>实践活动材料</td></tr>
<tr><td rowspan="2">第四</td><td rowspan="2">环境与工具</td><td>第三</td><td>其他学科的资源</td></tr>
<tr><td>第四</td><td>课外活动小组</td></tr>
<tr><td>第五
新增</td><td>生成性资源</td><td>/</td><td>/</td></tr>
</table>

2.4　数学课程改革的国际趋势

课程改革已成为当今世界各国教育改革的主要问题之一，如美国公布的《美国学校数学课程与评价标准》（1989 版）和《美国学校数学课程与评价标准》（2000 版），《美国州际核心数学课程标准》（2010）. 尽管不同国家的数学课程改革有其各自的特色，但它们概括起来又有以下几个共同的特点.

1. 课程理念趋于大众化

世界各国在教育实践中逐渐认识到，数学与人们的生活有着非常密切的联系，所以数学教育必须面向大众. 德国数学家达米洛夫在 1983 年的华沙国际数学家大会上提出“大众数学”的口号，也就是说数学教育必须要面向所有学生，“大众数学”的理念成为国际数学课程改革的重要特征. 人们也逐渐认同了最好的教育是使所有学生得到最大的发展的教育. 美国的全国数学教师理事会也提出了“平等性原则”，要求对所有学生给予教育期望和支持. 而在荷兰，“面向大众的数学教育”也是被普遍认同的概念. 大众数学意义下的数学课程追求的最终目标，就是让每个人都能够掌握有用的数学.

2. 课程目标趋于个性化与差别化

课程目标的差别化和弹性是目前国际数学课程设计的一个重要动向. 个性化的趋向主要通过选修课来实现. 例如，荷兰的数学课程从初中（12 岁）开始就根据职业预备教育、普通初中、普通高中、大学预科四个方向开始分流，数学教材兼顾统一性和差异性两方面的要求，使学生既要学习统一的课程，又有可能在不同方向之间作出选择. 而提倡选择性学习也是日本数学课程的一大特色：数学课程要安排多种可供学生选择的数学活动. 学习的程度也应有一定的弹性，使不同发展水平的学生都有收益，有助于照顾学生的个体差异. 英国中小学数学课程大纲、教材和教学方法等方面，也反映出多样性以及教学进度的灵活性等. 在教学活动的组织上，同一年龄段的学生按照其能力水平不同分班教学，即使同一班级，数学课也需创造各种条件使学生按照各自的进度安排学习活动.

3. 课程设置趋于多元化

大众数学认为，不同的人需要不同的数学，所以数学教学应该是分层次的. 在这个知识经济飞速发展的时代，每个学生都必须适应社会的需求，这就决定了学生毕业后的去向是各种各样的. 让这些去向不同的学生学习同一种数学，给出同一种要求，这不仅有悖于人的个性发展，也是教育的极大浪费. 现代社会发展的多元化，必然导致对人才的要求也是多元化. 数学课程必然向着多元化方向发展. 如日本就设计了六个系列的高中数学课程. 我国的新的高中数学课程标准提出高中数学课程分必修、选修Ⅰ、选修Ⅱ. 必修课程面向全体学生，是高中毕业的内容要求；选修Ⅰ课程面向准备进入普通高等院校学习的学生，必修课程与选修Ⅰ课程是普通高等院校入学考试的内容要求；选修Ⅱ课程为不同学生发展提供了不同的选择.

4. 课程内容趋于基础化与开放化

各个国家都在不同程度上强调基础知识的掌握. 如法国将“共同的基石”作为 20 世纪 90 年代中小学课程理念，认为课程的构建应该立足于共同基石的概念. 美国在《美国州际核心数学课程标准》提供了升入大学继续学习所必须掌握的数学知识. 同时，为适应科学技术高速发展的需要，各国不断拓宽数学课程来源，使课程内容呈现出“开放化”的特点，即数学课程内容选择当代社会普遍关注的课题，如环境、人口、和平、健康等方面的内容.

5. 课程结构趋于综合化

数学课程的综合化包含两个方面的内容：一是强调各学科之间的渗透与融合；二是强调

数学课程与社会的联系，突出数学课程结构的综合实践性趋势，具体如下.

（1）各学科课程综合化. 20 世纪末，随着科学技术的突飞猛进和信息来源的多样化，世界科学技术出现了新的综合化趋势，即各学科之间的分界线越来越模糊，解决大多数问题需要多学科知识的综合，在这当中，数学的思想方法往往至关重要. 这就决定了数学课程设计的综合性，即数学课程改革更注重与其他各学科之间的综合与渗透. 英国将纯粹数学、应用数学（包括力学、概率统计、数值方法等）结合成一门统一的数学学科，既体现出数学知识的内在联系，又体现出数学与其他学科的横向联系. 德国教学计划强调数学与其他各学科之间的联系，以弥补学科之间独立分割的状况，超越单一学科所造成的各种不便.

（2）社会与数学课程综合化. 近年，世界各国的数学课程改革十分强调数学课程与社会的联系. 美国 NCTM 数学课程标准中贯穿着一条始终不变的主线，即学习和应用数学. UCSMP 教材的特色之一是面向现实，“应用与模型化”成为教材的一条主线. 日本 1998 年公布并于 2002 年实施的《中小学数学学习指导要领》中确定的数学教学目标是：“通过与数量和图形有关的数学活动，掌握基础知识和技能，在培养学生全面地、有条理地思考日常生活事物的能力的同时，体会数学活动的愉快性和处理数据的优越性，培养学生在生活中有效地运用数学的意识. ”这里，将数学与现实生活的联系作为数学课程的重要目标，而且从小学三年级起更增加了“综合学习时间”，以便培养学生的社会生活能力和关心社会的习惯. 俄罗斯的数学教材中，也增加了与实际社会相联系的实用内容，着重培养学生在日常生活中自由运用数学知识的能力.

6. 课程手段趋于信息化

近年来，信息技术与数学的整合已经成为国际数学课程的发展趋势. 世界各国纷纷将信息技术应用于数学教育，十分重视计算机辅助教与学的研究与实施. 英国国家数学课程标准要求给学生提供适当的机会来发展应用信息技术学习数学的能力. 美国 2000 年标准明确提出了“技术原则”也反映出这种趋势：强调科学技术与数学教学过程相结合，并提供大量的形象化电子版的数学例子. 信息技术应用于数学课程使得数学变得更加现实了，数学模型思想也发展到了前所未有的水平. 一直以来，我国不少数学教育工作者总是存在一些担心，一旦计算机应用于数学课程就会削弱学生的运算能力. 国际课程改革的经验表明这种担心是不必要的，计算机是学生探索数学知识的有力工具，应该努力提高多媒体技术，更广泛地应用于数学课程.

问题与思考

1. 1949 年以来，我国数学课程改革的阶段以及特点是什么？
2. 数学课程的基本理念是什么？
3. 阐述数学课程的十个核心概念. 这些核心概念与“核心数学素养”的关系是什么？
4. 谈谈你对数学课程资源的理解.

第 3 章　数学学科知识

学习目标

（1）加深对数学的认识，提高对数学学科知识的理解；

（2）了解数学学科的特点，并结合数学课程改革的新理念、新趋势，了解基础教育阶段数学学科的内容及变化.

数学是研究数量关系和空间关系的科学，是描述、探索自然和社会规律的科学语言和研究工具. 数学与人类发展和社会进步息息相关，并在社会生产和日常生活中发挥越来越大的作用. 数学素养已成为现代社会每一个公民应该具备的基本素养，数学学科知识是数学素养的一个重要维度.

3.1　数学学科的特点

经过多年的数学学习，相信大家对数学一定有了或多或少的感悟，但是若有人问你，数学有哪些特点？相信很多人不一定能说出来. 这一节我们就来感受数学的特点. 一般认为，数学有三个显著特点，包括高度的抽象性，逻辑的严密性，应用的广泛性. 认识数学学科的这些特点，对于更深入认识数学学科，改进学习方法，提高学习效果，具有十分重要的指导意义.

1. 高度的抽象性

数学是从数量关系和空间关系或者一般结构方面来反映客观现实的，它舍弃了与此无关的其他一切物理属性，表现出高度抽象的特点.

数学的研究对象本身就是抽象的结果. 数学的抽象撇开了事物的具体属性，仅仅保留数量关系和空间关系. 在数学家看来，5 个石头、5 座大山、5 朵金花与 5 个人之间，并没有什么区别，数学家关心的只是“5”. 在简单的计算中，2+3 既可以理解成 2 棵树加 3 棵树，也可以理解成 2 台机床加 3 台机床，甚至 2 个人加 3 只兔子. 在数学里，我们撇开树、机床等具体内容，只是研究 2+3 的运算规律，掌握了这个规律，无论是树、机床，还是汽车或者别的什么事物都可以按加法的运算规律进行计算. 又如几何学中的“直线”这一概念，并不是指现实世界中的拉紧的线，而是把现实中线的质量、弹性、粗细等性质都撇开了，只留下了“向两方无限伸长”这一属性. 但是现实世界中是没有向两方无限伸长的线的. 另外，几何中的“点”没有大小；“面”则是向四面八方无限延展且没有厚度. 实际上，理论上的“点”“线”“面”在现实中是不存在的，只有充分发挥自己的空间想象力才能真正理解. 数学中的

“集合”“方程”“函数”等概念也都是抽象的研究对象.

数学的抽象是逐级提高的，并且抽象程度远超过其他学科. 例如，在小学阶段我们学习的数——整数、分数和小数，还是与现实生活联系密切的，进入初中后，数的范围扩展到了实数，增加了无理数，但是现实生活中却很少用到无理数. 例如，你可能会去买二斤苹果或者半斤糖果，但你恐怕不会买 $\sqrt{2}$ 斤花生. 测量身高时，记录的也是一个有理数，一般不会用无理数来表示身高. 进入高中，数的范围扩展至复数，增加了虚数，引入了“$a+b\mathrm{i}$”的形式，抽象性更高，学生感叹生活中没见过这种数呀，特别是还有向量等，这类数不能比较大小，运算中又不能沿用原来习以为常的交换律，更让学生深深地体会到数学的抽象. 函数概念的三个阶段：变量说——对应说——关系说的发展变化，都在让数学变得更加抽象. 由于数学不断抽象，所以数学并非仅仅研究那些直接来源于现实生活的东西.

2. 逻辑的严密性

数学的严密性，就是要求对于任何数学结论，必须严格按照正确的推理规则，根据数学中已经证明和确认正确的结论（公理、定理、定律、法则、公式等），经过逻辑推理得到. 这就要求得到的结论不能有丝毫的主观臆断性和片面性. 数学的严密性与数学的抽象性有紧密的联系，正因为数学有高度的抽象性，所以它的结论正确与否，就不能像物理、化学等学科那样可以用实验来检验结论，而是需要依靠严格的推理来证明；而且一旦由推理证明了结论，那么这个结论就是正确的. 数学的精确性表现在数学推理的逻辑严格性和数学结论的确定无疑性.

数学推理的逻辑严格性要求数学结论要经过逻辑的证明，离开这种逻辑的证明，结论将不能被认可. “对顶角相等”这一结论几乎是不言自明的，但作为数学上的一个结论，必须要经过证明才能获得承认. 其次是推理的过程需要足够的严谨. 一个数学问题的解决，一方面要符合数学规律，另一方面要合乎逻辑，问题的解决过程必须步步为营，言必有据，进行严谨的逻辑推理和论证. 例如，法国数学家费马观察了如下事实：

$$2^{2^0}+1=3 \qquad \text{是质数}$$

$$2^{2^1}+1=5 \qquad \text{是质数}$$

$$2^{2^2}+1=17 \qquad \text{是质数}$$

$$2^{2^3}+1=257 \qquad \text{是质数}$$

$$2^{2^4}+1=65537 \qquad \text{是质数}$$

费马试图把这种通过有限个特例得到的结论推广到一般情况，得出猜想：对任意的非负整数 n，形如 $F=2^{2^n}+1$ 的数都是质数. 在当时，很多人把它当作正确的结论. 但是，在数学上，猜想毕竟是猜想. 事隔 100 年后，大数学家欧拉举出一个反例：当 $n=5$ 时，$2^{2^5}+1=4294967297=641\times6700417$ 是个合数，从而否定了费马的这个猜想.

与此相对的也有一个著名的例子. 哥德巴赫于 1724 年致信欧拉请教，他问“任一偶数（2 除外）必可写成两个素数之和”可否证明？这难倒了欧拉. 二百年来，虽然苏联和我国数学家的努力把这个问题推进了一大步，但现在仍然是个谜. 虽然很多人认为这一结论是正确的，但是，只要没有得到严谨的证明，这个说法只能称为“哥德巴赫猜想”，而不能称为定理.

数学结论的确定性首先表现为数学语言的明晰、严谨、简洁、规范. 在平时生活中提到“垂直”时，往往等同于“竖直”，但在数学上，“竖直”仅仅是“垂直”的一种特例. 只要两条直线夹角为90°，不管是竖着放，还是斜着放，都是“垂直”；又如，平时生活中提到的对顶角，往往指的是顶点相对的两个角，所指含糊，但在数学上，对顶角有着严格的定义：两条直线相交，所成的四个角中，如果一个角的两边是另一个角两边的反向延长线，那么这样的两个角我们称为对顶角. 另外，平时生活中，为了描述某一事物的美，往往用一大串意义相近的词汇或并列的语句；为了形容一个人的聪明智慧，也常常用一大串意义相近的词汇或并列的语句. 但数学语言讲究简洁，尽可能用较少的字词表达一个确定的结论. 例如，直线公理：经过两点有且只有一条直线，甚至更简化为：两点确定一条直线. 定理的叙述是严谨的. 例如平行线的定义：在同一平面内，不相交的两条直线叫做平行线，若把条件“在同一平面内”去掉，则会产生歧义；再如算术基本定理叙述为：任一个大于 1 的自然数，都可以表示为有限个素数（可以重复）的乘积，并且如果不计次序的话，表法是唯一的. 这里，任何一个条件如“大于 1”“有限个”“（可以重复）”等都不可少，少了不仅欠严谨，而且会产生歧义. 一些数学语言中常用的词语，都有其特定的含义，长期以来形成了规范. 例如“任一个”“有一个”“没有一个”表达的是三种不同的意思；“最多”“至少”“全都”表达的也是不同的意思；“必定”“可能”“不可能”表达的也是不同的意思；“开区间”“闭区间”“左开右闭的区间” 表达的也是不同的意思. 再例如，“包含”是用来说明两个集合之间的关系，“属于”是用来说明元素与集合之间的关系，“包含”与“属于”不能混用.

3. 应用的广泛性

或许由于数学的抽象性特点，有些学生认为数学就是数字、符号的堆砌，远离生活现实；或许由于数学的严谨性特点，有些学生认为数学就是纯粹的逻辑游戏，在实际生活中没有什么用处.

实际上，如果静下心来，好好思考你周围的一切以及生活的细节，你就会发现，数学无处不在. 日常购物中运用数学知识；物理、化学等学科学习中运用数学知识；读书看报、打的出租、制订计划、餐饮消费、外出旅游等方方面面都离不开数学. 可以毫不夸张地说，离开数学，我们的生活将是一片混沌.

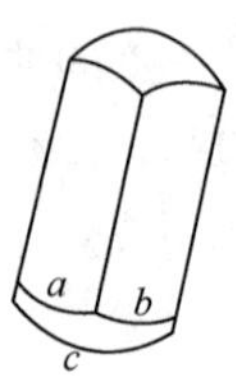

图 3-1

下面这个例子可以说明我们学过的数学知识在现实生活中的用处：一个中学毕业生在上海和平饭店做电工. 一天，饭店空调机出现问题，经检查发现，是由地下室到 10 楼的三根电线不一样长，电阻不一样导致的. 如何测量这三根电线的电阻呢？用 X，Y，Z 表示三根电线，其电阻分别是 x，y，z. 正在别人因为电线距离长、又埋在墙中而感到困惑时，他走到 10 楼把两根电线相连，再走到地下室，测量两根电线 X，Y 的电阻 a（图 3-1），以此类推得到 b，c.得到方程组：

$$\begin{cases}x+y=a,\\y+z=b,\\x+z=c.\end{cases}$$

数学不仅应用于我们的日常生活，几乎所有学科都在广泛地应用数学这一工具. 从医学上的 CT 技术到印刷排版的自动化，从飞行器的模拟设计到指纹的识别，从石油地震勘探的数据处理到信息安全技术等，在形形色色的技术背后，数学都扮演着十分重要的角色，常常成为解决问题的关键.

下面再举几个数学应用的光辉例子.

第一，海王星的发现. 1781 年发现天王星以后，观察到它的运行轨道总是和预测的结果有相当大的差异，有人怀疑在它周围有另一颗行星存在，影响了它的运行轨道. 1845 年，法国一个年轻的天文学家、数学家勒维烈（1811—1877）经过一年多的计算，于 1846 年 9 月写了一封信给德国柏林天文台助理员加勒（1812—1910），信中说："请你把望远镜对准黄道上的宝瓶星座，就是经度 326° 的地方，你将在那个地方 1° 之内见到一颗九等亮度的星. "加勒按勒维烈所指出的方位进行观察，果然在离所指出的位置相差不到 1° 的地方找到了一颗在星图上没有的星——海王星. 海王星的发现不仅是力学和天文学，特别是哥白尼日心学说的伟大胜利，更是数学计算的伟大胜利.

第二，计算机的发明. 无论是电子计算机的发明还是它的广泛使用，都是以数学为基础的. 在电子计算机的发明史上，里程碑式的人物图灵（1912—1954）和冯・诺依曼（1903—1957）都是数学家；而在当今计算机的重大应用中也无不包含着数学.

第三，期权定价模型. 1973 年，美国芝加哥大学学者 F・布莱克与 M・肖莱斯提出了布莱克-肖莱斯期权定价模型，对股票期权的定价作了详细的讨论. 此后，Merton 等又对该模型进行了修正、发展与推广，极大地推动了期权定价理论的研究. 该模型中用到了很多数学知识. 他们也因此获得了 1997 年的诺贝尔经济学奖. 另外，分析诺贝尔经济学奖的获得者的背景，发现数学家或有研究数学的经历的经济学家占了一半以上. 这也更说明了数学对于经济学的重要作用.

数学应用的例证不胜枚举. 毫不夸张地说，如果没有数学，就不可能有现代科学技术和现代社会文明. 关于数学应用的广泛性问题，哈佛大学数学物理教授阿瑟・杰佛（Arthur Jaffe）在著名的长篇论文《整理出宇宙的秩序——数学的作用》中作了精辟的论述："过去的四分之一世纪中，数学和数理技术已经渗透到科学技术和生产中去，并成为其中不可分割的组成部分. 人们可以把数学对于我们社会的贡献比喻成空气和食物对于生命的作用. 事实上，可以说，我们大家都生活在数学的时代——我们的文化已经数学化. ……若要把数学研究对我们社会的实用价值写出来，并说明一些具体的数学思想怎样影响这一世界，那就可以写出几部书来. "我国已故著名数学家华罗庚教授曾指出："宇宙之大，粒子之微，火箭之速，化工之巧，地球之变，生物之谜，日用之繁，无处不用数学. "这是对数学应用的广泛性的精辟概括.

数学的高度抽象性，决定了数学研究撇开了对象的颜色、温度、密度等具体特点，所得结论更少受到非本质特性的影响，使其结论更具确定性，逻辑推理更具严密性，应用也就更具有广泛性.

3.2 从“双基”到“四基”

多年来，我们强调数学“双基”，即基础知识、基本技能. “双基”教学是我国数学教育传统的优势，但在教学实践中，某些教师由于片面理解“双基”，在实施中“以本为本”，见物不见人，另外，“双基”只是培养创新性人才的一个基础，创新性人才不能仅靠熟练掌握已有的知识和技能来培养. 2011 年版课标把“双基”拓展为“四基”，即“基础知识、基本技能、基本思想、基本活动经验”. 有学者把这一变化称为《标准（2011）》的“神来之笔”. 把“双基”增为“四基”，有利于全面理解数学学习“基础”的内涵，有利于培养学生的创新意识和创新能力，有利于指导数学教育实践等. 如果我们在保持“数学双基教学”这个合理内核的前提下，添加上“基本思想”和“基本活动经验”，那么一定会培养出更多基础扎实、富有创新精神的优秀人才，必将大大提升我国数学教育质量. 下面将以“四基”为主线，借助具体例子，分析数学学科知识.

3.2.1 基础知识与基本技能

数学基础知识是数学学习的重要内容，基本技能是数学学习的重要目标. 基础知识与基本技能对促进学生在数学上获得全面、健康和可持续的发展具有不可估量的作用. 数学基础知识与基本技能密切相连，基础知识影响基本技能的形成，学生的各项数学能力都是在数学知识学习过程中逐步形成和发展的. 而技能的培养又促进了基础知识的理解与深化. 下面分别分析中小学的数学基础知识和基本技能.

1. 基础知识

中小学数学基础知识主要指数学的基本概念、基本公式、基本运算、基本性质、基本法则、基本定理等. 大致涉及数与代数、几何与图形、统计与概率等领域. 举例如下：

基本概念：自然数、整数、分数、小数、有理数、无理数、复数方程、函数、向量、内积；角、平行、垂直、三角形、四边形、相似；等于、大于、小于等等.

基本公式：$S_{\triangle}=\frac{1}{2}ah$；$V_{圆柱体}=\pi r^2 h$；$1米=10分米$；$1吨=1000千克$；

$1公顷=10000平方米$；$1元=10角$；$a^3-b^3=(a-b)(a^2+ab+b^2)$；

$1+2+3+\cdots+n=\frac{n(n+1)}{2}$; $ax^2+bx+c=0(a\neq 0)$.

求根公式：$x=\frac{-b\pm\sqrt{b^2-4ac}}{2a}(b^2-4ac\geqslant 0)$; $\log_a MN=\log_a M+\log_a N$；

$\sin(\alpha+\beta)=\sin\alpha\cos\beta+\cos\alpha\sin\beta;\cdots$.

基本运算：$\left[6\frac{1}{2}-\left(0.4+\frac{1}{3}\right)\times 15\right]\div 0.45$; 当$x=2, y=3$时，$5x^2-5y^2+x-y=$____；

$\sqrt{9}+\left(-\frac{1}{2}\right)^{-1}-\sqrt{2}\sin 45°+(\sqrt{3}-2)^0$；$\int x\mathrm{d}x=$____.

基本性质：两数相加交换加数的位置，和不变；分数的分子和分母同时乘以或除以同一个数（0 除外），分数的大小不变；三角形重心到顶点与到对边中点的距离之比为 2∶1；对顶角相等；三角形两边的和大于第三边；在角的平分线上的点到这个角的两边的距离相等；相似三角形周长的比等于相似比；三角形的内心为三角形内切圆的圆心，也是三角形内角平分线的交点；偶函数关于 y 轴对称，奇函数关于原点中心对称.

有理数加法基本法则：

（1）同号两数相加，取相同的符号，并把它们的绝对值相加；

（2）异号两数相加，取绝对值大的加数的符号，并用较大的绝对值减去较小的绝对值.

有理数减法基本法则：减去一个数等于加上这个数的相反数.

有理数乘法基本法则：两数相乘，同号取正，异号取负，并把绝对值相乘.

有理数除法基本法则：

（1）两数相除，同号得正，异号得负，并把绝对值相除；

（2）除以一个数等于乘以这个数的倒数；

（3）0 除以任何不等于 0 的数都等于 0.

向量的数量积运算基本法则：

（1）$a\cdot b=b\cdot a$;

（2）$(\lambda a)\cdot b=\lambda(a\cdot b)=\lambda a\cdot b=a\cdot(\lambda b)$;

（3）$(a+b)\cdot c=a\cdot c+b\cdot c;\cdots$.

基本定理：两直线平行，同位角相等；由两角和它们的夹边对应相等的两个三角形全等；在直角三角形中，如果一个锐角等于 30°，那么它所对的直角边等于斜边的一半；三角形的中位线平行于第三边，并且等于它的一半；如果一个平面经过另一个平面的一条垂线，那么这两个平面互相垂直.

实际上，数学基础知识的上述几部分是密切联系的，甚至是相互依存的，有些数学性质、运算法则、基本定理以数学公式的形式体现，而不少数学公式本身就是数学性质和基本定理.因此，上述几部分往往没有严格的界限，它们只是数学基础知识的不同表现形式而已.

2. 基本技能

数学技能可分为操作性数学技能和认知性数学技能. 操作性数学技能是指在数学活动中由一系列实际动作以合理、完善的程序构成的操作活动序列，如运用工具画图的技能，使用计算器的技能等；所谓认知性数学技能，是指借助内部言语在头脑中按一定的、合理的、完善的方式自动地进行数学认知活动的方式，如计算技能，推理论证技能等. 就中小学而言，数学基本技能主要包括运算技能、图形处理技能、推理论证技能、数学交流技能、运用信息技术的技能等. 大致介绍如下.

运算技能. 这是中小学数学的一项最基本的技能. 课标对不同学段的运算技能有着明确的要求. 以义务教育阶段为例，第一学段：能熟练地口算 20 以内的加减法和表内乘除法，能口算百以内的加减法和一位数乘除两位数，能计算三位数的加减法，一位数乘三位数、两位数乘两位数的乘法，三位数除以一位数的除法等；第二学段：能计算三位数乘两位数的乘法，三位数除以两位数的除法，能分别进行简单的小数、分数（不含带分数）加、减、乘、除运算及混合运算（以两步为主，不超过三步）等；第三学段：能进行简单的整式加法和减法运算，能进行简单的整式乘法运算（其中多项式相乘仅指一次式之间以及一次式与二次式相乘）等.

图形处理技能. 图形处理技能包括识图技能与画图技能. 这是学习几何知识、解决几何问题时应具备的一项基本技能. 课标对不同学段的图形处理技能也有着明确具体的要求. 以义务教育阶段为例，第一学段：能通过实物和模型辨认长方体、正方体、圆柱和球等几何体. 能根据具体事物、照片或直观图辨认从不同角度观察到的简单物体. 能辨认长方形、正方形、三角形、平行四边形、圆等简单图形等；第二学段：通过观察、操作，认识平行四边形、梯形和圆，知道扇形，会用圆规画圆. 能用量角器量指定角的度数，能画指定度数的角，会用三角尺画 30°，45°，60°，90° 的角. 能利用方格纸按一定比例将简单图形放大或缩小等；第三学段：能用三角尺和直尺过已知直线外一点画这条直线的平行线. 能用尺规完成基本作图，会用三角尺过圆上一点画圆的切线等.

推理论证技能. 推理论证技能在小学阶段虽有出现，但总体要求不高，在中学阶段体现明显. 如义务教育课标第三学段规定：探索并证明平行线的判定定理；探索并证明三角形的内角和定理；探索并证明角平分线的性质定理；探索并证明等腰三角形的性质定理；探索直角三角形的性质定理；探索勾股定理及其逆定理；探索多边形内角和与外角和公式；探索并证明平行四边形的性质定理；探索并证明矩形、菱形、正方形的性质定理；探索并证明垂径定理等.

数学交流技能. 数学交流技能就是学生能够清楚流畅地将自己在学习基础知识、掌握技能技巧过程中的思维过程、想法等说给别人听，能够对别人提出的问题发表自己的看法. 数学交流大体包括三个方面：①数学思想的表达，把自己的想法以某种形式（直观的或非直观的、口头的或书面的、普通语言或数学语言）表达出来. ②数学思想的接受，以某种方式（听、读、看等）接受来自他人的思想. ③数学思想载体的转换，把数学思想由一种表达方式转换成另一种表达方式. 课标中对数学交流技能提出要求. 如第一学段：能运用数表示日常生活中的一些事物，并能进行交流等；第二学段：经历与他人交流各自算法的过程，并能表达自己的想法，能根据结果作出简单的判断和预测，并能进行交流等；第三学段：能解释统计结果，根据结果作出简单的判断和预测，并能进行交流，会反思参与活动的全过程，将研究的过程和结果形成报告或小论文，并能进行交流等.

运用信息技术的技能. 信息技术可以形象再现数学知识发生发展的过程，可以具象化抽象的数学知识，可以提供在线学习交流的平台. 因此，微课、慕课等信息技术与课程学习结合的技术大量涌现. 运用信息技术的技能已成为数学学习过程中的一项基本技能. 课标对学生运用信息技术技能提出要求. 例如，第二学段：能借助计算器进行运算，解决简单的实际问题，探索简单的规律等. 第三学段：能用计算器进行近似计算，并会按问题的要求对结果取近似值，会用科学记数法表示数（包括在计算器上表示），能用计算器处理较为复杂的数据等. 高中阶段对学生的运用信息技术的能力提出了更高要求，如利用实物模型、计算机软件观察大量立体图形，能借助计算器或计算机画出 $y = A\sin(\omega x + f)$ 的图象等.

3.2.2　基本思想

数学思想是指现实世界的空间关系和数量关系反映到人的意识中，经过思维活动而产生的结果，它是对数学事实、概念、命题、规律、定理、公式、法则、方法和技巧等的本质认识和反映，是从某些具体的数学内容和对数学的认识过程中提炼出的数学观念. 数学思想是数学学科发展的根本，也是数学课程教学的精髓. 数学思想有助于学生更好地学习数学知识，培养学生的创造能力，为学生未来的发展奠定基础. 因此，数学课程固然应该教会学生许多必要的结论，但绝不仅仅以教会这些定理、公式和计算程序、解题方法为目标，更重要的是让学生在学习这些结论的过程中获得数学思想. 数学课程标准把“双基”扩展为“四基”，凸显了数学思想在义务教育数学课程中的重要地位. 中小学数学蕴涵的基本数学思想有抽象思想、归纳思想、转化（化归）思想、分类思想、类比思想、函数思想、方程思想、数形结合思想、符号与模型思想等. 限于篇幅，下面对抽象思想、分类思想、转化思想、数形结合思想、模型思想、推理思想逐一介绍.

1. 抽象思想

抽象是指舍弃事物的个别的、非本质的属性，抽取出本质属性的过程和方法. 数学抽象，是一种特殊抽象，是仅仅从事物的量的属性进行抽取的抽象. 即数学抽象的目的意向只是数量关系和空间关系. 这种特殊的抽象内容决定了数学抽象的特殊性. 可从下面著名的“哥尼斯堡七桥问题”的解决过程体会这一思想.

哥尼斯堡七桥问题　18 世纪，普莱格尔河横贯哥尼斯堡城中，它有两个支流，一条称新河，一条叫旧河，在城市中心汇成大河，中间是岛区，河中间有一个叫内福夫的小岛，是城中最繁华的商业中心，由于普莱格尔河把全城分为四个地区：岛区、北区、东区和南区，河上有 7 座桥，将河中的两个岛和河岸连接. 当地居民，特别是大学生经常到这附近散步. 有人提出“如何不重复地一次走遍这七座桥而返回出发地？”的问题，许多人做了种种尝试，但均未能成功. 这变成了历史上著名的“哥尼斯堡七桥问题”.

1735 年，一群执著好奇的大学生请教当时在圣彼得堡科学院担任教授的著名数学家欧拉. 欧拉通过图 3-2 所示的数学抽象过程成功地解决了这一问题.

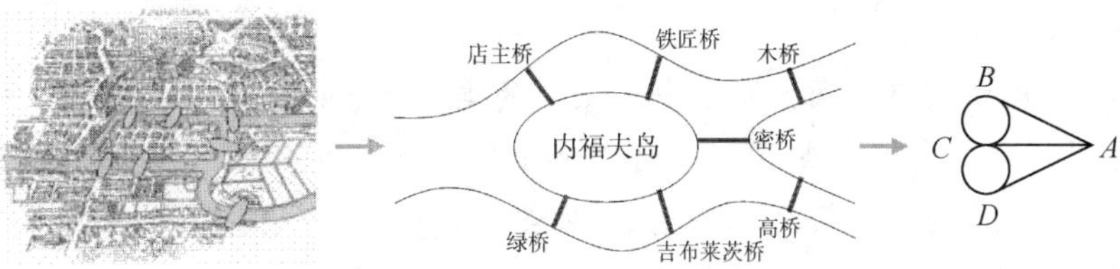

图 3-2　哥尼斯堡七桥问题解题思路

在这一过程中，起初繁杂具体的实际情景中不同建筑的特色，岛屿大小、桥的宽度、长度等与求解问题没有本质联系的方面被逐步舍弃，最后抽象成纯形式的连接四点的七条线，这样七桥问题就转化为“如何从一点出发不重复地经过所有线再返回到出发点”的问题，即纯数学的“一笔画”问题. 欧拉经过研究，不仅解决了这一难题，还开创了拓扑学这一新的学科.

再看一个常见题目：甲乙二人自 A，B 两地同时相向而行，在距 B 地 5 千米处相遇，各自到达对方出发地时立即返回，又在距 A 地 1 千米处相遇，求 A，B 两地的距离.

在思考解法时，我们往往不关注道路是否崎岖，两人的运行工具是什么，为什么到达对方出发地就立即返回而不做短暂的停留等，另外，头脑中还要对问题理想化，设想速度是均匀的、路线是直线、人视为质点，由此画出纯关系示意图. 在此基础上，列出方程，解方程，从而得到问题的答案. 实际上，大家在解决数学问题的过程中，可能无意识地就运用了数学的抽象思想.

2. 分类思想

当被研究的问题包含多种可能情况，不能一概而论时，按可能出现的所有情况来分别讨论，得出各种情况下相应的结论，这种处理问题的思维方法称为分类思想. 分类以比较为基础，比较是分类的前提，分类是比较的结果.

分类必须遵循一定的原则. ①同一性原则. 分类应该按照同一标准进行，即每次分类不能同时使用几个不同的分类依据，否则会出现重复的现象，例如有些同学认为正整数可分为偶数、奇数、质数、合数，这样的分类是错误的，不仅以是否被 2 整除，还以约数的个数来分类，标准不统一，造成分类结果混乱. ②互斥性原则. 分类后的每一个子类应该互不相容，即不能出现有一项既属于这一类又属于那一类. 如上面的分类中，有些数既是偶数，又是合数，就违背了互斥性原则. ③完整性原则. 分类后的每一个子类合并起来应该等于总类，否则会出现遗漏的现象. 例如有人将有理数分为正数和负数，就是不完整的，因为 0 既不是正数，也不是负数. ④多层性原则. 分类后的子类还可以继续分类，直到不能再分为止. 例如小数可以分有限小数和无限小数，无限小数又可以分为无限循环小数和无限不循环小数.

对数学对象的正确、合理分类有助于学生对知识的梳理和建构. 将复杂的问题恰当地分解成若干个简单的问题，可培养学生思维的条理性、缜密性、科学性，这种优良的思维品质对学生的未来必将产生深刻和久远的影响.

在数学学习中经常用到分类思想. 如有理数的分类，相反数，绝对值，方程的分类，一次函数、反比例函数、二次函数的图象性质，图形的分类，与圆有关的位置关系等.

案例 3-1

例 如图 3-3 所示，在直角坐标系中，点 A 的坐标为（1，0），点 B 在 y 轴正半轴上，且△AOB 是等腰直角三角形，点 C 与点 A 关于 y 轴对称，过点 C 的一条直线绕点 C 旋转，交 y 轴于点 D，交直线 AB 于点 P（x，y），且点 P 在第二象限内.

（1）求 B 点坐标及直线 AB 的解析式；

（2）设△BPD 的面积为 S，试用 x 表示△BPD 的面积 S.

解 （1）B（0，1）；$y=-x+1$.（过程略）

（2）如图 3-4 所示：

∵点 P 在直线 AB 上，则 $P(x,\ -x+1)$．

设过 P、C 两点的直线的解析式为 $y=kx+b$.

∵$C(-1,\ 0)$ 在直线 $y=kx+b$ 上，

∴$-k+b=0$. ∴$k=b$，$y=bx+b$.

∵点 $P(x,\ -x+1)$ 在直线 $y=bx+b$ 上，

∴$bx+b=-x+1$，解得 $b=\dfrac{-x+1}{x+1}$.

∴点 D 的坐标为 $\left(0,\dfrac{-x+1}{x+1}\right)$.

①当 $-1<x<0$ 时，如图 3-5 所示.

$$S=\frac{1}{2}BD\cdot\left|x_p\right|=\frac{1}{2}(b-1)(-x)=\frac{1}{2}\left(\frac{-x+1}{x+1}-1\right)(-x)$$

$$=\frac{1}{2}\cdot\frac{-2x}{x+1}\cdot(-x)=\frac{x^2}{x+1}.$$

②当 $x<-1$ 时，如图 3-6 所示.

$$S=\frac{1}{2}BD\cdot\left|x_p\right|=\frac{1}{2}(-b+1)(-x)=\frac{1}{2}\left(1-\frac{-x+1}{x+1}\right)(-x)$$

$$=\frac{1}{2}\cdot\frac{2x}{x+1}\cdot(-x)=-\frac{x^2}{x+1}.$$

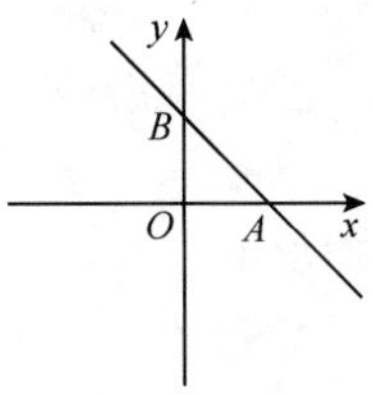

图 3-3

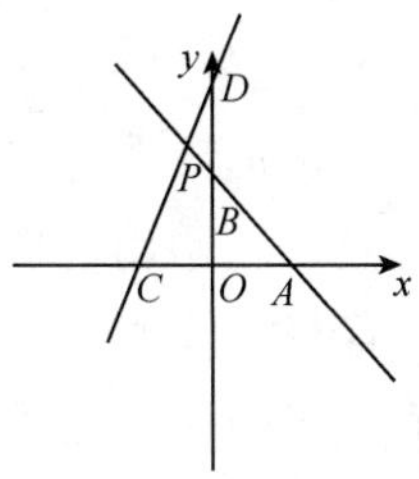

图 3-4

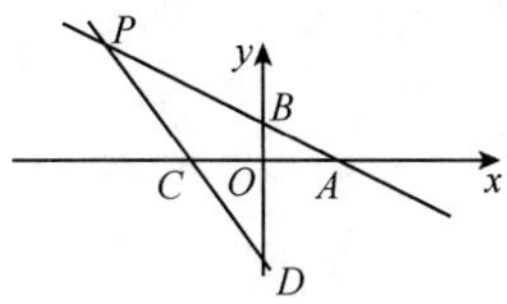

图 3-5

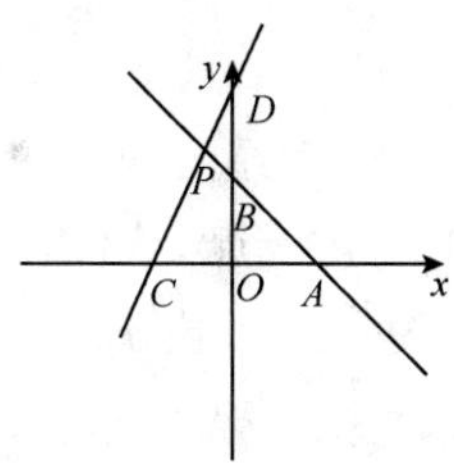

图 3-6

3. 转化思想

转化思想就是将未知解法或难以解决的问题，通过观察、分析、联想、类比等思维过程，划归为已经解决或容易解决的问题的数学思想. 常见的转化方式有：一般、特殊转化，等价转化，复杂、简单转化，数形转化，构造转化，联想转化，类比转化等.

转化思想作为中小学数学中一种重要的思想方法，无论在学习新知或是问题解决中都起着十分重要的作用. 培养学生的转化思想，不仅有助于问题的解决，而且对培养和发展学生创造性思维，提高分析问题、解决问题的能力也颇具意义.

转化思想是数学学习中常用的一种基本思想. 著名的数学家，莫斯科大学教授 C. A. 雅洁卡娅在一次演讲时提出：“解题就是把要解的题转化为已经解过的题. ”数学的解题过程，就是从未知向已知、从复杂到简单的划归转换过程. 通过不断的转化，把不熟悉、不规范、

复杂的问题转化为熟悉、规范甚至模式化、简单的问题.

转化思想在数学中比比皆是，我们经常把多位数的加减运算转化为20以内数的加减进行计算，如23+15可以转化成2+1和3+5两道10以内数的计算，64–38可以转化成14–8和5–3两道计算. 把除法运算转化为乘法运算，如$a \div b = a \times \frac{1}{b}$，把异分母分数的运算转化为同分母分数的加减法等. 在解决数学问题的过程中，很多时候要用到转化思想. 如下面两个问题的求解过程中，不管是数量的计算，还是图形的推理证明，都用到了转化思想.

案例 3-2

$\because x^2 + x - 1 = 0$，$\therefore$原式=6.

例　如图 3-7 所示，△ABC 中，AD=DB，DF 交 AC 于 E，交 BC 延长线于 F. 求证：$AE \cdot CF = EC \cdot BF$.

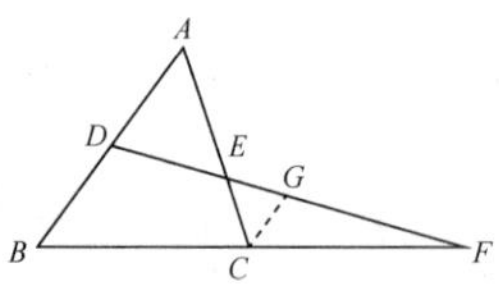

图 3-7

分析　我们把 $AE \cdot CF = EC \cdot BF$，改写成比例形式：$\frac{AE}{EC} = \frac{BF}{CF}$，找不出相似三角形，于是考虑做辅助线转化为相似三角形（或平行线分线段成比例定理）.作 $CG//AB$，交 DF 于 G，易得出两个比例式$\frac{AE}{EC} = \frac{AD}{CG}$，$\frac{BF}{CF} = \frac{BD}{CG}$，而 AD=BD，所以，即$\frac{AE}{EC} = \frac{BF}{CF}$，$AE \cdot CF$=$EC \cdot BF$（证明过程略）.

4. 数形结合思想

数形结合思想，简而言之就是把数学中“数”和“形”结合起来解决数学问题的一种数学思想. 数形结合思想是一种重要的数学思想，又是一种常用的数学方法. 著名数学家华罗庚说过：“数缺形时少直观，形少数时难入微. ”有些数量关系，借助于图形的性质，可以使抽象的概念和关系直观化、形象化、简单化；而图形的一些性质，借助于数量的计算和分析，得以严谨化. “数”与“形”就好比数学中的“左右腿”. 全面理解数形结合思想，就需要从“以数助形”和“以形助数”两个方面来体会.

数形结合的主要途径有：①“形”中觅“数”. 很多数学问题，需要根据图形寻找数量关系，将几何问题代数化，以数助形，使问题获解. ②“数”上构“形”. 很多数学问题，本身是代数方面的问题，但通过观察可以发现它具有某种几何特征，由于这种几何特征可以发现数与形之间的新关系，从而将代数问题化为几何问题，使问题获解. ③数形结合. 即用形研究数，用数研究形，相互结合，使问题变得直观、简洁. 下面通过以下题目体会这一数学思想.

案例 3-3

例 1（构造几何图形解决代数问题）

已知：$0 < a < 1$，$0 < b < 1$.

求证：$\sqrt{a^2+b^2} + \sqrt{(1-a)^2+b^2} + \sqrt{a^2+(1-b)^2} + \sqrt{(1-a)^2+(1-b)^2} \geqslant 2\sqrt{2}$.

证明　如图 3-8 所示，作边长为 1 的正方形 $ABCD$，在 AB 上取点 E，使 $AE=a$；在 AD 上取点 G，使 $AG=b$，过 E、G 分别作 $EF//AD$ 交 CD 于 F；作 $GH//AB$ 交 BC 于 H. 设 EF 与 GH 交于点 O，连接 AO，BO，CO，DO，AC，BD. 由题设作图知$\triangle AOG$，$\triangle BOE$，$\triangle COF$，$\triangle DOG$ 均为直角三角形，因此

$$OA=\sqrt{a^2+b^2},$$

$$OB=\sqrt{(1-a)^2+b^2},$$

$$OC=\sqrt{(1-a)^2+(1-b)^2},$$

$$OD=\sqrt{a^2+(1-b)^2},$$

且$AC=BD=\sqrt{2}$.

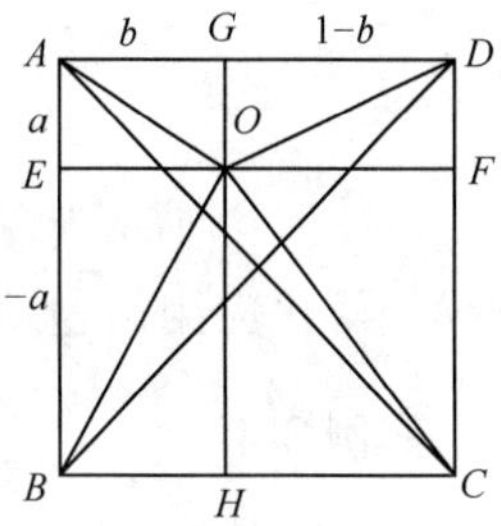

图 3-8

由于$OA+OC\geqslant AC$，$OB+OD\geqslant BD$，所以，

$$\sqrt{a^2+b^2}+\sqrt{(1-a)^2+b^2}+\sqrt{a^2+(1-b)^2}+\sqrt{(1-a)^2+(1-b)^2}\geqslant 2\sqrt{2}.$$

当且仅$a=b=\dfrac{1}{2}$时，等号成立。

例 2（用代数与三角方法解决几何问题）

如图 3-9 所示，$\triangle ABC$ 三边的长分别是 $BC=17$，$CA=18$，$AB=19$. 过$\triangle ABC$ 内的点 P 向$\triangle ABC$ 的三边分别作垂线 PD，PE，PF（D，E，F 为垂足）. 若 $BD+CE+AF=27$ 求：$BD+BF$ 的长.

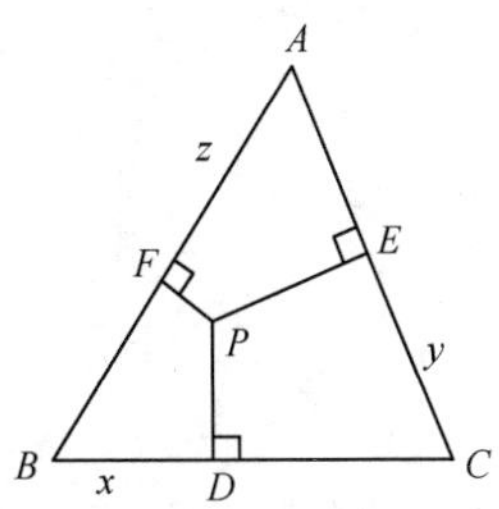

图 3-9

解　设 $BD=x$，$CE=y$，$AF=z$，则

$DC=17-x$，$AE=18-y$，$FB=19-z$

连接 PA，PB，PC.

在 Rt$\triangle PBD$ 和 Rt$\triangle PFB$ 中，

$$x^2+PD^2=(19-z)^2+PF^2.$$

同理

$$y^2+PE^2=(17-x)^2+PD^2,$$

$$z^2+PF^2=(18-y)^2+PE^2.$$

将以上三式相加，得

$$x^2+y^2+z^2=(17-x)^2+(18-y)^2+(19-z)^2$$

$$\therefore 17x+18y+19z=487 \qquad (1)$$

又已知：$x+y+z=27$. （2）

由（1）和（2）得：$x-z=-1$，即 $x+(19-z)=18$，即 $BD+BF=18$.

5. 模型思想

模型思想既是新课标的核心概念，也是中小学数学的核心思想之一. 模型思想是指借用某种数学模型解决实际问题或数学问题的思想方法. 这里的数学模型是指用数学语言概括地或近似地描述现实世界事物的特征、数量关系和空间关系的一种数学结构. 从广义角度讲，数学的概念、定理、规律、法则、公式、性质、数量关系式、图表等都是数学模型. 一般说

来，从现实生活或者具体情境中抽象出数学问题，是建立模型的出发点；用符号表示数量关系和变化规律，是建立模型的过程；求出模型的结果、并讨论结果的意义，是求解模型的过程. 数学模型的基本思路如图 3-10 所示.

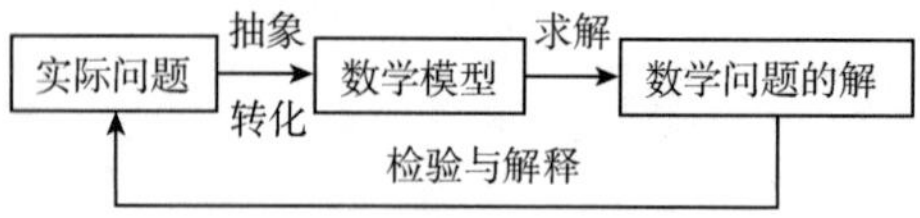

图 3-10

基于对中小学数学应用问题的分析，通常建立方程（组）、不等式（组）、函数等数学模型解决应用问题. 下面列举一个构建模型的例子来说明这一数学思想.

案例 3-4

例　某商店若将进货价为 8 元的商品按每件 10 元出售，每天可销售 200 件，现在采用提高售价，减少进货量的方法增加利润，已知这种商品每涨价 0.5 元，其销售量就减少 10 件，问应将售价定为多少时，才能使所赚利润最大，并求出最大利润.

分析　本题目中利润的大小是随着售价（或售价的提高量）的变化而变化的，可通过构建函数表达式，使问题得以解决.

解　设每件售价提高 x 元，则每件所得利润 $2+x$ 元，每天销售量变为 $200–20x$ 件，所获利润可表示为

$$y=(2+x)(200-20x)=-20(x-4)^2+720.$$

故当 $x=4$ 时，利润最大.

即售价定为 10+4=14 元时，每天可获最大利润 720 元.

6. 推理思想

推理思想应贯穿在整个数学学习过程中. 推理是数学的基本思维方式，也是人们学习和生活中经常使用的思维方式. 推理就是根据一个或者几个已知的事实（或假设）得出一个判断的思维方式. 推理一般包括合情推理和演绎推理，合情推理是从已有的事实出发，凭借经验和直觉，通过归纳和类比等来推断某些结果；演绎推理是从已有的事实（包括定义、公理、定理等）和确定的规则（包括运算的定义、法则、顺序等）出发，按照逻辑推理的法则证明和计算. 在解决问题的过程中，两种推理功能不同，相辅相成：合情推理用于探索思路，发现结论；演绎推理用于证明结论. 下面通过几个例子来体会数学学习过程中的推理思想.

案例 3-5

例 1（合情推理）　在等差数列 $\{a_n\}$ 中，若 $a_8+a_9=0$，则对于任意的 $n\in\mathbf{N}^*$，且当 $n\leqslant 15$ 时，等式 $a_1+a_2+a_3+\cdots+a_{16-n}=a_1+a_2+a_3+\cdots+a_n$ 恒成立.

在等比数列 $\{b_n\}$ 中，若 $b_9b_{10}=1$，则对于任意的 $n\in\mathbf{N}^*$，且________.（请你用类比的方法写出相应的正确结论）

分析　等差数列中项与项之间的加法，类比到等比数列中项与项之间就是乘法，然后利用等比数列性质得出下标的值和 n 的取值范围，最后得出结论.

解　由类比的方法可知当 $n \leqslant k-1$ 时，等式 $b_1b_2b_3\cdot\ldots\cdot b_{k-n}=b_1b_2b_3\ldots b_n$ 恒成立. 下面求 k 的值，不妨设 $n>k-n$，则 $k+1-n+n=9+10$，所以 $k=18$.

对于等差数列与等比数列之间的类比，一般是把等差数列中项与项（或公差）之间的加法、减法对应于等比数列中项与项（或公比）之间的乘法、除法；等差数列中项（或公差）的系数对应于等比数列中项（或公比）的指数.

例 2（演绎推理）　甲、乙、丙三位同学被问到是否去过 A，B，C 三个城市时，

甲说：我去过的城市比乙多，但没有去过 B 城市；

乙说：我没去过 C 城市；

丙说：我们三个人去过同一城市.

由此可判断乙去过的城市为________.

分析　演绎推理的本质就是利用一般性原理推出相应的结论，再用结论之间的联系推导出结论成立.

解　由于甲、乙、丙三人去过同一城市，而甲没有去过 B 城市，乙没有去过 C 城市，因此三人去过同一城市应为 A 城市，而甲去过的城市比乙多，但没有去过 B 城市，所以甲去过的城市数应为 2，乙去过的城市应为 A.

3.2.3　基本活动经验

在《标准（实验稿）》中，数学活动经验仅仅是数学知识的一个部分，而《标准（2011）》把基本数学活动经验置于和数学的基础知识、基本技能、基本思想并列的地位，成为数学课程的“四基”之一. 这一变化，引起了数学教育工作者和一线教师对数学活动经验的思考和探究.

有学者对数学活动经验研究后提出，数学基本活动经验可分为如下四种. 直接的活动经验：是与学生日常生活直接联系的数学活动中所获得的经验，如衣食住行、购买物品、与人交往等. 间接的活动经验：是学生在教师创设的情景、构建的模型中所获得的数学经验，如正负抵消、最优化策略、解决问题的技巧等. 设计的活动经验：是学生从教师特意设计的数学活动中所获得的经验，如随机摸球、地面拼图等. 思考的活动经验：是通过分析、归纳等思考获得的数学经验，如预测结果、探究成因等.

课标把基本活动经验作为“四基”之一，凸显了基本活动经验在数学学习和数学教学中的重要地位. 这提醒教师在数学教学中，既要关注学生已有的活动经验，又要重视学生数学学习基本活动经验的积累. 对于学生已有活动经验的重要性，荷兰数学教育家弗赖登塔尔有着精辟的论述. 他认为数学的根源在于普通常识. 对学生来说，学数学知识并不是“新知识”，在一定程度上是一种“旧知识”，在他们的生活中已经有许多数学知识的体验，学校数学学习是他们生活中有关数学现象经验的总结与升华，每一个学生都从他们的现实数学世界出发，与教材内容发生交互作用，建构他们自己的数学知识. 因此，数学学习离不开学生已有的现实生活经验. 弗赖登塔尔进一步提出，学生的学习活动，与其说是学习数学，倒还不如说是学习“数学化”. 这也进一步说明了学生已有活动经验在数学学习中的重要地位.

在数学学习过程中，有些精神“只能意会，难以言传”，必须要学生自己在亲身经历的过程中获得经验；有些内容虽能言传，但是如果没有学生在数学活动中亲身体会，理解也难以深刻. 所以，数学活动经验是构建个人理解、形成理解性掌握不可或缺的重要素材. 学生

在经历探究过程、思考过程、抽象过程、预测过程、推理过程以及反思过程等形成积极的数学活动经验是学生自觉开展数学学习的动力和源泉. 可以说，学生要真正理解数学知识，感悟数学的理性精神，形成智慧，不可能仅依靠掌握丰富的知识，一定还需要经历实践及在实践中取得经验. 苏联的数学教育学家斯托利亚尔曾经提出，数学教学是数学活动的教学. 建构主义更是把数学学习过程看作是一个“做数学”的过程. 在数学学习过程中，学生要有自主探索、合作交流、积极思考和操作实验等活动的机会. 学生只有积极参与数学课程的教学过程，经过独立思考，经过探索实践，合作交流，才有可能积累数学活动经验. 学生学习数学的目的之一就是在活动中从数学的角度思考问题，直观地、合情地获得一些结果. 因此，数学学习，既包括数学学习活动的结果，又包括数学学习活动的过程. 在活动中获得的数学活动经验不仅是学习的内容，也是数学课程的重要目标.

下面通过两个教学案例说明学生已有活动经验在数学学习中的作用与如何不断积累数学学习经验，进一步领悟数学基本活动经验的价值与内涵.

案例 3-6　有理数的加法教学片断.

师：在我们与同学、朋友的交往中，常会听到“扯平”的说法，你有这种经历吗？若有，请举例说明.

（这一问题接近学生的生活实际，立即引起了学生的表现欲望，发言热烈.）

生 1：昨天放学时我向同桌借了 2 元钱，今天早上我还他了 2 元钱，我们“扯平”了.

生 2：昨天活动课时，我们（1）班和（2）班进行拔河比赛，第一次我们赢了，第二次我们输了，这样，我们两个班“扯平”了.

生 3：上个星期，我校足球队与校外的一个足球队举行了两场比赛，第一场赢了 1 个球，第二场输了 1 个球，结果与对方“扯平”了.

……

师：同学们很善于思考！对于这些实例，我们能不能用其他的方式来表示“扯平”这一含义呢？以我们前面举的足球比赛为例，在两场比赛中，我校足球队的净胜球数是多少呢？为了解决这一问题，我们不妨把赢 1 球记为“+1”，输 1 球记为“–1”，此时我校足球队的净胜球数为 $(+1)+(-1)=0$（师生共同说出）.

师：谁能用这种方法解释第一个同学所说的“扯平”？

（学生回答略）

师：哪位同学能举出一个不能“扯平”的实例呢？

生 4：在两场足球比赛中，我们队第一场赢了 3 球，第二场输了 2 球，结果是我们赢了，这就不能“扯平”了！

师：我们算一下，两场足球比赛中，赢队净胜球是多少？

（师生共同完成，结果为：$(+3)+(-2)=+1$）

……

（在教师的引导与学生的尝试下，师生共同归纳总结出有理数加法的运算法则.）

案例中，教师不仅重视了传统基础知识和基本技能目标的达成，还关注了学生的基本活动经验（当然还包括基本数学思想）. 学生从熟知的“扯平”事例等生活经验出发，经历独立思考、合作交流等环节，逐步提升到抽象的算式、逻辑严谨的数学法则，这一过程在运用已有活动经验的同时，更何尝不是“基本活动经验”的积累！重视学生的生活经验，使学生在已有的知识和经验中学习新的知识，已成为当前国际上数学课程和教学改革的基本共识.《标准（2011）》强调数学教学应该以学生的认知水平和已有的经验为基础. 这就要求教师在组织教学活动之前，首先要了解学生已有的知识经验、生活经验与学习兴趣，把它们作为教学的出发点.

案例 3-7　表面涂色的小正方体（图 3-11）的块数教学片段.

师：这节课，我们研究表面涂色的小正方体的块数问题. 这里有一块正方体（用泡沫做的），它的表面已涂成了红色，下面我分别沿水平方向、前后方向、左右方向把它切开（边说边演示），同学们看，可以切成几块？表面涂有红色的小正方体的情况如何？

生 1（看着老师切好的小正方体）：8 块！都是 3 面涂了红色，另 3 面没有涂色.

师：你观察得很正确！现在你们每个小组里都放了一个表面涂了红色的正方体泡沫块，现在沿水平、前后、左右方向分别切两刀，试试可以切成几块？观察表面涂有红色的小正方体的情况？

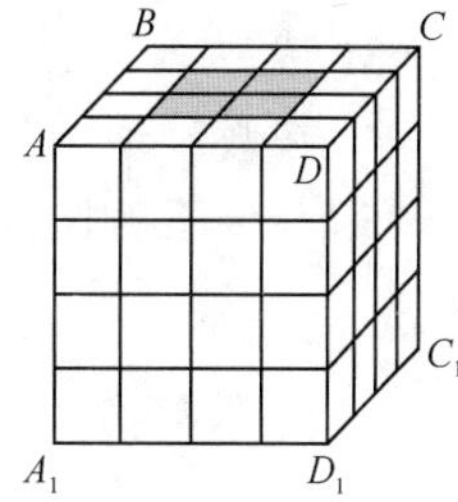

图 3-11

师（学生基本完成后）：哪位同学说一下你们的结果？

生 2：可以切成 27 块，其中 3 面涂红的有 8 块，在 8 个角上；两面涂色的有 12 块，处在原正方体每个棱的中间部分；一面涂色的有 6 块，处在原正方体每个面的中心部分.

师：非常正确！如果水平、前后、左右方向分别切 3 刀，可切成几块？表面涂成红色的小正方体的情况又是怎样的？这次我们不动手切了，试着画出切后的图形，得出表面涂有红色的小正方体的情况.

生 3（画图、分析后）：根据图形可以发现：水平、前后、左右方向分别切 3 刀，可以切成 64 块，其中 3 面涂色的仍有 8 块，还在 8 个角上；两面涂色的有 24 块，处在原正方体每个棱的中间两块；1 面涂色的有 24 块，处在正方体每个面中心的 4 块.

师：很好！下面思考一下，这一过程中是否有着什么规律性的结论吗？（学生思考，2 分钟后，部分学生举手，教师示意回答）

生 4：根据前面的经验，我发现，水平、前后、左右方向分别切 n 刀，可以切成 $(n+1)^3$ 块小正方体，其中 3 面涂色的总是 8 块，在原正方体的 8 个角上；2 面涂色的有 $12(n-1)$ 块，处在原正方体每个棱上的中间部分；1 面涂色的有 $6(n-1)^2$ 块，处在正方体每个面的中间.

案例中的教师首先向学生演示切正方体的过程，让学生观察一个正方体被切后的情况，这是一个“看数学”的层面，教师让学生动手亲自切正方体，通过实际操作真切感受到正方体是怎样切的？切后的情况又是如何？这是一个“做数学”的过程，这两个过程对于学生积累数学经验是十分必要的. 从本例中也可以看出，数学教学不能仅仅停留在学生的感性经验上，教学中要引导学生把在活动中获得的感性经验不断地提升为理性经验. 案例中让学生从“不动手切了，试着画出切后的图形”到“思考一下，这一过程是否有着什么规律性的结论？”一步一步地实现感性经验向理性经验的过渡，让学生展开想象的翅膀进行三维的模拟切割，实现不进行实际操作，也能想象出正方体被切后的状况，达到仅凭数学思维就能解决实际问题的层面. 这样的教学，学生获得的将不仅仅是数学知识，更重要的是一种经验，一个经历，一种分析问题和解决问题的能力，这对学生的终身发展是至关重要的.

上述对“四基”分别作了介绍. 但“四基”不应仅仅看作是四个方面简单的叠加或混合，

“四基”是一个有机的整体，是互相联系、互相促进的. 基础知识和基本技能是数学学习的显性内容和主要载体，需要花费较多的课堂时间；数学思想则是数学教学的精髓，是统领课堂教学的主线；数学活动是获得基础知识和基本技能，形成数学思想的过程中不可或缺的教学形式与历程. “双基”变“四基”，不仅丰富了数学学习的内涵，也对数学老师提出了更高的要求. 在教学中只有真正体现“四基”，认真贯彻“四基”，学生才能真正获得良好的数学素养，才能有效培养学生的创新意识和创新能力，实现健康成长，终身发展.

问题与思考

1. 数学学科有哪些特点?
2. 如何理解“双基”到“四基”的变化，试说明它们之间的关系.
3. 试举一个教学案例说明如何体现数学的模型思想.
4. 在教学过程中如何让学生获得数学活动经验?
5. 如何正确贯彻“四基”，让学生真正获得良好的数学素养?

第 4 章　数学教学知识

学习目标

（1）了解数学教学的含义以及数学观与数学教学观；

（2）理解数学教学的一些基本问题：如何确立目标，选择教学策略，关注学生的认知错误，进行恰当的评价；

（3）了解数学教学内容的结构，理解不同的教学内容（数与代数、图形与几何、统计与概率、综合与实践）的教学规律.

4.1　数学教学概述

数学作为人才培养的重要内容，不论在东方，还是西方，都有着非常悠久的历史. 数学教育成为一门学科，由专业人士对学校数学教育的有关现象开展研究却开始得较晚，大约始于 100 多年前. 1908 年，在第四届国际数学家大会上成立了国际数学教育委员会（International Commission on Mathematical Instruction，ICMI）. 自此，不少数学家、教育学家以及数学教育工作者陆续开始在数学的“教与学”领域进行研究. 但与其他学科的教学理论相比，数学教学理论还很年轻，且正处于形成发展的过程当中.

数学教学理论是一门交叉学科，从字面上理解，是数学与教育学的交叉学科，但又不能简单地将其等同于一般教学理论加上一些数学例子的拼凑，而应该是一般教学理论在数学教学这一特殊领域中的应用. 数学教学理论应该是在充分认识与理解教学理论和数学教学这两个领域的内涵实质的基础上，相互渗透、相互促进，由此综合而生成的结果.

张奠宙先生认为数学教学研究最主要的任务就是要将数学的“学术形态”转化为“教育形态”. 在总结十年数学课程改革时，他指出目前对课程改革的研究中过多关注课堂教学方式的转变，而在数学教学内容上的研究却有所缺失. 因此，需要更加关注数学教学内容的改革，将最核心、最本质的数学教学内容呈现出来，以便学生学习.

在数学教学中，我们必须要思考“数学教学是什么？”“为什么要进行数学教学？”“应怎样进行数学教学？”等问题. 鉴于此，数学教学理论研究的首要任务是对数学教学的本质有一定的认识，即需要对数学观与数学教学观有较为全面、正确的认识. 历史上，人们对数学与数学教学的认识经历了一个不断发展的过程.

著名数学教育哲学家欧内斯特（P. Ernest）曾根据数学哲学及数学教学的实验分析，提出了当时数学教师的三种数学观及其在数学教学上的表现.

（1）问题解决观点. 将数学看成是动态的、以问题为主导和核心的过程. 数学是人类创造发明的一个连续发展的领域，在发展过程中生成各种模式，并提取成为知识. 数学是一个不断探索、不断求知、不断扩大知识总体的过程. 数学不是一个已经完成的产品，其最终结果总是开放的，有待继续修正的. 在数学教学中的表现，则表现为强调数学教学是一种活动，主张“学数学就是做数学”，不仅注意知识的结果，而且更加重视获得知识的过程，其目的在于鼓励学生亲身经历数学的生成发展过程.

（2）柏拉图观点. 将数学看成是静态的、统一的知识实体. 数学是水晶般清澈的王国，其中包含相互联系的各种结构与真理，并由逻辑与内在含义形成的纤维，共同将其装订而成为一个整体. 因而，数学是如磐石般稳定的永远不变的产品. 数学只能被发现，而不能被创造. 在数学教学中的表现，则反映为强调数学作为严谨的形式体系的整体结构，以概念为主导，注重概念的内涵，尤其重视推理的逻辑，强调关系，突出“为什么”，容许学生自己构造算法，但必须考虑其可行性与相容性，以符合数学的纯粹的形式法则.

（3）工具主义观点. 将数学看成是一个工具袋，由各种事实、规则与技能累积而成，为了某些外部目标的追求，任由那些熟练的工匠加以运用. 因而，数学只是一些互不相关但却有用的规则与事实的集合. 在数学教学中的表现，则反映为教师按照传统的方式，突出规则、步骤、模式，强调操练程序，不重视证明，甚至不容许超出课本中列出的算法，只要求学生掌握教学目标规定的熟练技能.

在进入 21 世纪以来，数学课程改革从关注数学内容的现代化，到数学观念与方法的现代化，同时也关注文化传统观念下的现代化. 因此，很多学者与数学教育工作者转而开始关注文化视角下的数学教学. 这就要求将数学看成是一种文化，要求能从数学与人类文明的发展史等更多的角度来看待数学教学.

1. 三维目标的落实：知识，过程，情感

21 世纪开始实施的新一轮的课程改革，指出各学科的课程与教学需体现“对不同阶段的学生在知识与技能、过程与方法、情感态度与价值观等方面的基本要求”. 这些基本要求是各学科的课程与教学的体现，因而，在数学教学中也应如此，不仅需要重视数学知识的学习与掌握，更需要关注数学学习的过程，还需要注重学生在学习过程中的情感，形成对数学学习积极的态度与价值观.

1）重视知识的学习、技能的掌握

我国的数学教育经历了多次的课程与教学改革，从理念到教材都逐步与西方接轨，但“重视双基教学”的口号却一直不变，甚至已经成为我国数学教育的重要特征与优势. 在一些大型的国际教育成就比较与数学竞赛中，我国学生在数学上表现突出，给西方研究者留下了“数学基础知识扎实，基本技能熟练过硬”的印象. 一般认为，这是我国数学教育一直重视双基教学的结果.

我国的数学双基教学主要有以下四个理论特征：记忆通向理解；速度赢得效率；严谨形成理性以及重复依靠变式. 重视基础知识与基本技能的教学是中国数学教育的传统与优势，同时也具有明显的劣势，比如：难以发挥学生在学习数学过程中的主体性，也不利于创新思维的发展. 而数学双基教学的内容与方式也不是一成不变的，需要与时俱进地认识双基教学，并对其内容进行相应的调整与丰富，考虑将数学问题解决、数学建模教学、数学开放题教学、数学文化教学、计算机辅助教学等主题的关系进行有效结合. 因而，我国在新一轮的课程改革中提出了四基，增加了“基本思想和基本活动经验”. 这也是现今数学改革的必然趋势，真正做到与时俱进.

2）关注数学学习的过程

《义务教育数学课程标准（2011 年版）》（以下简称《标准（2011）》）中不仅设立了了解（认识）、理解、掌握、灵活运用等知识技能学习的结果性目标，更强调经历（感受）、体验（体会）、探索等体现数学活动水平的过程性目标，意在体现学生数学学习的过程与体验，使学生参与观察、试验、猜测、验证、推理与交流等多样化的数学活动. 这一目标使得教师在数学教学中，除了要重视学生数学知识的学习与技能的掌握外，还需关注学生学习过程的积极体验和科学方法的掌握与内化.

我国数学教学的特点是双基教学，这使得在实际的课堂教学中容易产生一种“掐头去尾烧中段”的现象. 所谓“掐头”，就是忽视数学问题或概念形成的实际背景，忽视这些数学问题是为了解决什么而产生的，抑或是怎样被提出来的. 所谓“去尾”，则是指忽视数学问题的应用，不考虑学了数学知识后能怎样与生活现实相联系. 因此，在教学中，直接把概念的定义以及相关的定理、性质直接抛给学生，忽视了人的一般认识规律，也忽视了数学的广泛价值. 相对应地，对学生和教师的评价也只注重结果性评价，即知识技能等达成性目标的评价，更关注学生的考试成绩，而忽视其他方面的评价. 这是因为过程性目标是一种隐性的目标，《标准（2011）》中对过程性目标阐述蕴含在知识技能等四个总目标中. 例如：知识技能目标包括知识技能目标和过程性目标，并且知识技能目标可以用明确的课程内容来规定，具有显性目标的特征；而过程性目标只能以理念的渗透方式反映在课程内容中，难以用具体的课程内容来规定，具有潜在性目标的特征.

关注学生数学学习的过程，需要在数学课堂中能体现学生的主体性，使得数学课堂凸显出以下一些特点. ①活动化. 《标准（2011）》指出，学生的数学学习内容应当是现实的、有意义的、富有挑战性的，这些内容要有利于学生主动地进行观察、试验、猜想、验证、推理与交流的数学活动. 所以，过程性教学首要的特征就是活动化. ②情境化. 数学知识来自于现实世界的实际需要，是现实世界的抽象反映和人类经验的总结，存在于现实，并应用于现实. 过程性教学注重数学与现实生活之间的联系，也即生活化，强调从现实问题中抽象出数学模型和应用模型解决实际问题. ③个性化. 数学“过程性目标”强调学生在经历特定的数学活动过程中获得的体验、体会或感受. 数学活动是基于学生主体的，带有明显的主体特性，即不同的学生获得的体验都是有所不同的，这就决定了“个性化”是过程性教学的另一特征. ④生成性. 对数学来说，过程性教学不仅要关注学生经历的数学活动，而且更应关注在经历过程中学生的变化，即学生参与数学活动中获得的知识和情感. 因此，过程性教学具有“生成性”的特征，而生成性的核心是发展与创造.

3）重视学生的主体地位，关注学生的情感、态度

《标准（实验稿）》与《标准（2011）》均把培养学生的情感与态度作为数学学习的四个总体目标之一，置于十分重要的地位. 在数学教学中，应准确把握数学学习情感与态度的内涵，具体分析数学学习情感与态度的培养目标，努力探索培养学生积极情感与态度的途径. 数学学习情感是指因学习数学而产生的种种内心体验. 学生在学习数学时，是带有一定的情感的. 例如：当回答问题后得到老师的赞扬，或解决了一道比较难的数学问题，又或考试得到高分时，会感到高兴、快乐，并有一种成就感；而当回答不出问题，或学习失败时，会产生害怕和厌倦情绪. 因此，教师在教学中应善于运用丰富的语言来对学生的思维、语言、解题策略和探究活动给予及时的肯定，如“你真肯动脑筋”“说得真好，说明你的思路很清晰”

“你的想法与众不同”“我发现某某同学在完成这个任务时用到了直尺，说明他善于利用工具”“某某小组采取小组分工合作的方法最快完成了任务”. 运用这些具体的语言对学生的探究活动给予及时的反馈，能够帮助学生形成对数学学习的积极情感.

数学学习的体验另一个重要的方面是数学学习的态度，数学学习态度是学生对数学学习的认识、情感与行为倾向. 学生对数学学习的认识与其价值观紧密相连. 当学生认识到数学对社会、对个人学习及能力发展有重要作用时，这种认识就会转变成一种态度倾向，直接影响着他们的数学学习. 在现实的教学实践中，许多学生在学习过程中所形成的反馈是：数学学习对我来说是“失败、失败、再失败，直至彻底失败”. 因而对数学学习丧失了信心，更谈不上具备解决学习过程中所遇到的困难的意志力. 事实上，成绩突出的学生并不必然意味着就拥有良好的数学学习体验，有不少获得国际数学竞赛金奖的选手，在获奖后竟说出“这辈子再也不学数学”这样的话.

因此，在数学教学中要让学生能感受学习成功的积极体验. 首先，需要给学生创造获得成功的机会. 要尊重个体差异，满足不同学生的学习需要，让所有学生都有在探究中学习数学的机会. 其次，重视学生在数学学习中的情感投入，提倡具有愉悦感、充实感的数学学习活动. 最后，要实施发展性评价. 将学生的学习活动与其积极情绪体验相结合，让学生看到辛勤劳动所带来的进步，从而使他们进一步体验成功的欢乐.

2. 感悟数学思想，积累活动经验

数学课程固然应该教会学生许多必要的结论，但绝不仅仅以教会这些定理、公式和计算程序、解题方法为目标，更重要的是让学生在学习这些结论的过程中获得数学思想. 数学思想的内涵和外延都很丰富，但是《标准（2011）》里并没有展开阐述有哪些数学基本思想. 一般认为，数学的基本思想，主要可以有数学抽象的思想、数学推理的思想、数学模型的思想、数学审美的思想（详见第 3 章）. 人类通过数学抽象，从客观世界中得到数学的概念和法则，建立了数学学科及其众多的分支；通过数学推理，进一步得到大量结论，数学学科得以丰富和发展；通过数学模型，把数学应用到客观世界中，产生巨大的社会效益，再反过来促进数学学科的发展；通过数学审美，看到数学“透过现象看本质”“和谐统一众多事物”中美的成分，感受到数学“以简驭繁”“天衣无缝”给我们带来的愉悦，并且从“美”的角度发现和创造新的数学.

使学生获得数学的基本活动经验，应该作为数学课程的另一个重要目标. 因为，其中有些数学精神只能意会，难以言传，必须要学生自己在亲身经历的过程中获得经验；有些内容虽能言传，但是如果学生没有在数学活动中亲身体会，理解也难以深刻. 同样地，《标准（2011）》并没有展开阐述“数学的基本活动经验”有哪些内涵和外延. 不过，有一点可以明确，“活动经验”与“活动”密不可分，需要有手动、口动和脑动. 基本活动经验既包括“实践的经验”，还包括“思维的经验”. “实践的经验” 主要是从外部世界抽象出数学，将形式化数学用于外部现实中获得的经验，包括设计、规划、组织、协调等的经验. “思维的经验”主要是进行数学符号化过程中获得的经验，日常学习学生主要获得思维的经验. 二者不是截然分开，而是各有侧重.

3. 学生数学学习的错误认知分析

奥苏贝尔指出，影响学习的最重要因素是学生已经知道了什么，我们应当根据学生原有

的知识状况去进行教学. 我国数学教学的传统观点也认为要“既备课，又‘备人’”，备人就是指应当深入地了解学生情况，包括真实的思维活动，这应当被看成是一切教学工作的实际出发点，尤其是对学生在数学学习中出现的错误，应对其认知进行深入的分析.

学生数学学习的错误的产生是多方面的，其表现形式也是多样的，而学生数学学习的错误多表现在对数学概念的理解上. 数学概念学习中的错误主要有两种类型. ①过程性错误. 包括用日常生活概念、概念原型、“形象描述”等代替数学概念，分类与比较不合理，概括与抽象不完善，概念定义与概念相脱离，概念运用僵化，建立不恰当的联系，对联系作不正确的推广或依据个人经验强行进行不正确的联系等错误. ②“合理性”错误. 包括用原来的思维审视新的概念，按过去的经验、结论、方法对概念作“合理”的推广，不自觉地对思维进行限制等错误.

学生数学学习产生错误的原因更是多方面的，主要有以下方面. ①粗心大意，思考不全面. 由于没有建立起良好的学习习惯，一些学生见到题目就急于解答，审题时往往走马观花，没有正确提取题中的有效信息与隐含信息，从而导致解题错误. ②混淆不同的数学概念. 概念是抽象的，学生对含义相近的概念容易混淆，从而在解题中出现错误. ③形成思维定式，思考不深入. 思维定式指的是先前的学习活动造成的对另一种学习活动的特殊心理准备状态. 当解题情境发生变化时，思维定式会妨碍人们采用新的方法去解决问题，束缚创造性思维的发展.

要减少学生数学学习的错误，需要注意认真思考学生已有的知识结构与学习习惯. 具体可以通过以下一些策略帮助学生. ①注意养成教育，形成良好的学习习惯. 在教学中还需要从学生的实际出发，培养学生认真审题、验算的学习习惯，良好的数学学习习惯可以使学生终身受益. ②深化概念学习，加强概念之间的联系. 教师在教学中需帮助学生加深对概念的理解和辨别，增强学生的概念分析能力和解题能力，加强概念之间的关联，形成对知识的正迁移. ③开展变式训练，培养学生的质疑能力与批判精神. 针对思维定式，教学中教师要培养学生质疑的精神，发展他们的求异思维，养成独立思考解决问题的习惯.

此外，对学生数学学习错误的分析，还应结合实际情况，从不同角度——如数学逻辑的角度、社会心理学的角度、语言学的角度等——进行综合的深入的分析，并作出相应的对策分析.

4. 选择恰当的教学方法与策略

对数学教学的研究除了关注相关理论的发展外，最终还需落实到具体的教学方法与策略上. 我国教师对于教学方法的说法比较熟悉，也有很多相关的研究. 相比而言，教学策略（teaching strategy）是近来才引起人们关注并研究的一个新课题. 加涅曾在 1985 年出版的《学校学习认知心理学》中指出，教学策略是指导教师如何改进自己的教学，指导学生如何改进自己的学习，以达到最佳效益的策略. 他认为教学策略指“管理策略”和“指导策略”两方面，有效的教学管理策略包括教学活动井井有条、坚持教学常规等；教学指导策略则包括清晰明确的教学目标、及时有效地反馈和复习巩固必要的知识等.

事实上，数学教学的根本任务就是要帮助学生形成良好的数学知识结构，提高解决问题的能力，培养数学思想与方法，为后续学习与未来生活打下坚实的基础. 因此，在数学教学中，应当选择恰当的教学方法与策略以达成上述任务.

首先，在数学教学中，应创设良好的问题情境. 不论是采用接受式学习或是发现式学习的方式，学生的数学学习都应该是有意义学习. 因此，学习者必须具有主动学习的意识与兴趣，即学习者积极主动地把符号所代表的新知识与他的认知结构中原有的适当观念加以联系的倾向性. 要使学习者具有这种意识与兴趣，教师就要创设良好的问题情境.

其次，教师应熟悉学生原有的数学知识结构与学习方式. 要使学生有效地接纳新知识，而其原有的知识结构中也必须具备适当的观念. 因此，要帮助学生形成良好的数学知识结构，必须熟悉学生原有的数学认知结构，这样才能知道选择教什么和怎样教. 在这里，还需加强学生对不同数学知识之间的联系，注意整体性教学.

最后，在数学教学中，除了数学知识的教学外，还需要注意数学思想方法的培养.

5. 恰当评价学生

评价是数学课程与教学的有机组成部分，与学生的学习过程贯穿始终，是数学教学有效进行的保证. 数学教学的评价是评估学生的学习与发展的质和量的过程，其根本目的是促进学生的发展，发挥教育评价的发展性功能. 新课标理念指导下的数学教学评价主要包括以下几个原则：第一是多维度原则，即评价观念的多元化，具体是指评价主体、评价内容和评价方法三个方面的多元化；第二是过程性原则，如前所述，数学教学不仅要关注学生数学学习的结果，还应注重学生学习的过程，因此评价应该贯穿数学教学的全过程；第三是交互性原则，数学教学的评价要体现评价和教与学之间的交互作用，它既能客观真实地反映教学和学习的效果，又能促进教学和学习的进步；第四是发展性原则，随着课程功能的转变，评价的功能也发生了根本性转变，数学教学的评价不仅有选拔和甄别的作用，要选拔适合数学学习的学生，还要发挥评价的激励作用，创造适合学生学习的数学教学.

数学教学的评价还可以从以下四个方面入手，来考察数学教学是否切实有效：有效的数学教学应引导学生积极、主动地参与学习；有效的数学教学应围绕数学问题展开，凸显数学本质；有效的数学教学应关注学生对自己及他人学习的反思，促进学生数学思考的发展；有效的数学教学应使学生获得对数学学习的积极的情感与态度.

进入 21 世纪以来，我国的数学课程标准将数学课程内容分为四个领域（义务教育阶段），即数与代数、图形与几何、统计与概率以及综合与实践. 本章接下来将分别对这四个内容领域的学与教进行阐述.

4.2　数与代数的学与教

1. 内容主线

有关“数与代数”的研究一直是数学教育中的热点，2001 年 12 月在澳大利亚墨尔本大学召开了第 12 届国际数学教育委员会大会（ICMI-12），作为 21 世纪的第一次国际数学教育委员会大会其主题为 “代数教与学的未来”，特别关注中小学的代数教学. 我国 2001 年颁布的《标准（实验稿）》中将“数与代数”作为四个内容领域之一，这是我国历史上首次将“数”与“代数”的学习统一为一个内容领域. “数与代数”的学习内容最主要的是“数与式”以及“数量关系”，其中“数与式”包括对数与式的认识与运算，“数量关系”包括相等关系与不等关系，还包括数量关系的变化. “数与式”刻画的是对现实世界中的数量信息的抽象，其中“数”的学习需经历数系的逐渐扩充，如自然数、分数、小数、有理数、实数乃至复数. 而“式”的学习主要是代数式，包含了整式与分式. 此外，“数与代数”还需要刻画现实世界中的数量信息之间的关系，方程描述相等关系，而不等式描述不等关系. 函数则是研究数量关系的变化以及变化规律，中小学阶段的内容中包含常用的一些函数关系，如一次函数、反比例函数、二次函数、幂函数、指数函数、对数函数等. “数与代数”第一学段的内容主要包括“数的认识”“数的运算”“常见的量”和“探索规律”；第二学段的内容主要包括“数的认识”“数的运算”“式与方程”“正比例、反比例”和“探索规律”；第三学段的内容主要包括“数与式”、“方程与不等式”和“函数”. 其中第三学段的主要内容的框架及具体安排如图 4-1 所示. 具体内容请参见《标准（2011）》.

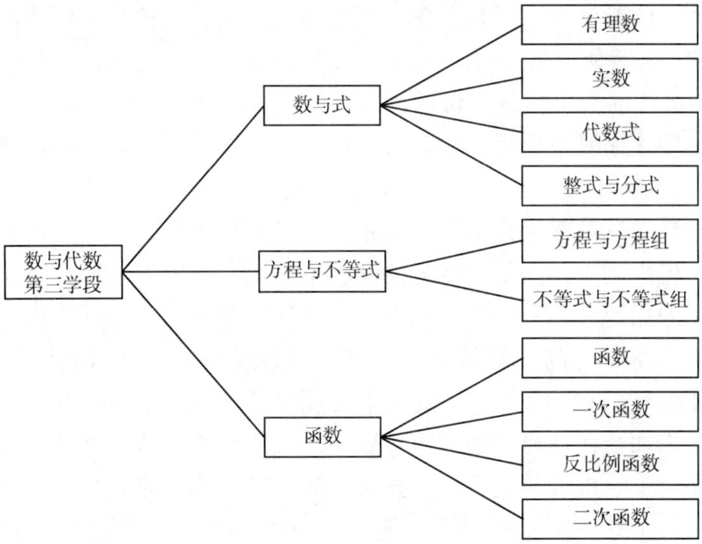

图 4-1　《标准（2011）》“数与代数”第三学段主要内容的框架图

与义务教育阶段按内容领域对数学知识进行区分不同，高中的数学教学采用的是模块的形式，共分为必修、选修Ⅰ、选修Ⅱ. 在学习完义务教育阶段的“数与代数”，进入高中以后，与之相关的后续数学知识主要有集合、基本初等函数、数列、不等式、平面向量、三角函数等内容. 高中阶段与“数与代数”内容相关的数学知识有必修中的函数及应用；选修Ⅰ的函数与数列；选修Ⅱ中 A 类的微积分等.

2. 学与教须注意的几个问题

“数与代数”的教学被视为我国数学教学中的传统优势，我国教师在这一部分内容上的表现往往比他们的国外同行更为优秀，这一点在一些数学教育的国际比较中有所体现. 但在我国的“数与代数”的教学中仍然存在一些问题，其中最为突出的就是如何引导学生从算术思维向代数思维过渡，因此，在中小学数与代数内容的教学中，须注意以下问题.

第一，加强“数”与“代数”教学之间的关联，在小学阶段的计算教学中培养学生的早期代数思维，完成从“数”到“代数”的过渡. “毫无疑问，代数离不开字母. 也就是说，如果没有‘字母代数’，那么也就更加不可能产生代数这一数学分支. 但是，代数思维却未必需要‘字母’，因为代数思维的核心是‘分析之后的概括’，而非字母本身. ”事实上，学生代数思维的培养并不是独立于计算之外的数学教学任务，而应当是其应有之义. 譬如，在小学一年级“10的分解与组合”这一教学主题中，往往会利用如下的教学情境——“教室中有10位小朋友，请问有几位男生几位女生？”——教师通常会引导学生说出不同的组合，从10位男生0位女生、9位男生1位女生一直到0位男生10位女生，以此完成对10的可能的分解与组合的所有情况. 事实上，如果教师能在这样的教学设计上再深入一点，在列出男生女生的组合的所有情况后，引导学生观察其变化的规律，帮助学生发现在总人数为10的情况下，有9+1=8+2=…这么多种不同的组合. 进而，在所有组合的比较中可以发现，若男生数量减少了1，则女生数量必然需要增加1，以确保总人数不变. 通过这样的教学，学生能较容易理解加法算式的结构以及其中数与数之间的关系，为其代数思维的发展奠定了良好的基础.

第二，在代数式的教学中，要培养学生以整体观念来看待整个代数式，代数式具有二重性：程序性和结构性. 譬如，当 $x=3$，$y=2$ 时，求代数式 $5x+y$ 的值，要使用程序性特点，换言之，需要利用将具体的数字代替字母后进行程序性的计算；而在化简 $5x+y+9x-2y$ 时，却要根据结构性特点，即化简时不再需要字母代表任何具体的数字，而是根据代数式与字母之间的结构进行.

第三，方程与代数式是紧密联系在一起的. 在方程教学中，对代数式运算的熟练掌握程度是前提与基础，但更为重要的是对等号的两种不同意义——表示计算前面式子的结果以及表示左右两边式子的相等关系——的准确理解，尤其是对相等关系以及式子的结构变换的理解. 大量研究表明学生不容易理解等号的意义，国外有研究发现14到15岁学生能够解 $7x+157=248$，但不会解 $112=12x+247$. 这里主要反映了两个主要的问题：首先是等号的位置和意义，学生对于未知数在等号左边的方程更熟悉，这更符合他们之前对等号后面应该是数字的认识；其次是对于字母参与运算并不熟悉，而且之前的学习经验使学生倾向于从大数中减去小数. 学生在这里存在困难的根源可能在于，学生没有理解加减是互为逆运算的关系. 而且，当对等号意义的不完整理解与符号结合在一起时，形成了学生的多重学习困难.

第四，在函数的教学中，教师需首先理解对函数本质意义的不同理解，如变化说、对应说、关系说等. 此外，一般来说，可用三种数学语言来表示函数：①几何，包括图表、图象和直方图等；②算术：数字、表格和有序数对；③代数：包括字母、公式和映射等. 这些不同的表征方式对理解函数起到不同的作用，因此，有研究者建议，在教学中要从特殊函数的符号表示开始，然后讨论函数的图象，使函数的符号表征与图象表征齐头并进，更好理解函数的意义与本质.

第五，随着科技发展的日新月异，信息技术与数学课程的教学整合已经成为数学教育中的重要课题，可以为促进“数与代数”的教学提供更多的可能途径. 值得注意的是，这种促进决不能局限于如何更快更准确地得到结果，而应思考如何为学生加深并探索代数的本质，如建立函数的多元表征，通过探索图象与性质促进对各种函数本质的理解，利用数学建模更好地培养学生对数学模型的理解并提高他们的问题解决能力. 在美国一节CAS（Computer Algebra Software）软件支持下对函数的表达式的探讨的中学数学代数课堂上，教师通过合理的引导，借助信息技术很好地改善传统的代数内容的教学，培养了代数符号推理与函数推理. 并帮助学生发展了如下一些重要的数学能力，如进行合理的代数符号操作，建立表达式与数学图象之间的关系；建立函数的多元表征（代数符号、表格、图象、语言描述）. 此外，也培养了学生的推理习惯与学习代数的方法，例如分析一个问题应该先确定相关概念，用适当的方法表征，用适当的方法发现问题解决策略，同时要善于发现模式（经过三点的曲线），寻找相关概念之间的联系（方程跟与分解因式），并合理地应用这些联系.

3. 经典教学案例

数与代数的教学案例《循环小数》的教学片断（特级教师黄爱华老师）.

师：同学们喜欢听故事吗？

生：喜欢.

师：老师先给同学们讲个故事，好不好？

生：好！（兴奋）

师：这个故事是这样讲的，从前有座山，山上有个老和尚，老和尚对小和尚说“从前有座山，山上有个庙，庙里有个老和尚，老和尚对小和尚说……”

师：这个故事你能讲完吗？

生：能.（生讲个不停）

师：停. 这个故事能讲完吗？

生：不能.

师：为什么讲不完？

生：因为这个故事总是重复不断地讲下去.

师：我们刚才一遍又一遍地讲就是重复.（师板书：重复）

师：让你们不断地重复讲下去，你们能讲完吗？（师在重复前板书：不断地）

生：不能.

师：这部分内容能讲多少次？

生：无数次.

师：讲的次数是有限的，还是无限的？

生：无限的.（板书：无限）

师：刚才黄老师讲了两遍，你们讲了四遍，我们合起来就是讲了六遍，你们说是有限的，还是无限的？

生：有限的.（师板书：有限）

……（略掉部分情节）

师：数学上用“依次”表示这个意思.（师在不断重复板书：依次）

师：像这样“依次不断地重复”讲故事的现象，叫做“循环”现象.（板书：循环，并用课件演示星期的循环现象，让学生再次感受“循环”所表示的意思）

师：在我们的数学王国里也有这样的一种小数，叫做“循环小数”.（师在循环后面板书：小数）

……（略掉部分情节）

点评：在上述教学片断中，教师创设的这个故事情境巧妙地解决了本节课的重点，即循环的含义. 与此同时，更将数学知识与生活巧妙地联系在了一起，使数学来源于生活，又走向生活.

4.3　图形与几何的学与教

1. 内容主线

几何源于实践活动以及描述周围世界的需要，后来逐渐形成抽象的几何概念和关系. 我国传统的几何课程以欧几里得《几何原本》为代表的经典几何学为主要内容，强调严谨的演绎推理. 在 2001 年开始的新一轮数学课程改革中，开始有意识地淡化对几何证明中的演绎推理的要求，强调合情推理. 这一改变，体现了对学生合情推理能力与空间想象能力的注重，这是符合国际几何课程与教学改革的大趋势的，有利于培养学生的创新能力. 在现行中小学的数学课程中，在原来演绎几何、运动几何、坐标几何这三大块的基础上增加了直观几何与度量几何，扩大了几何学的视野，丰富了对几何学的感受. “直观几何”主要是对空间物体与平面的认识，课程中对于这部分内容的安排由三维空间物体的认识再到抽象出的二维平面图形，这一安排是符合人的认知规律的. “度量几何”主要要求能测量并计算几何图形的长度、面积与体积，这里的几何图形既有常见的平面与立体图形，也要求会测量估计不规则几何体的面积与体积. “演绎几何”则主要是以欧几里得几何公理体系为主要内容，需要学习几何证明，这里的证明需同时包括演绎推理与合情推理. “坐标几何”要求学习确定位置的不同方法，包含平面直角坐标系与极坐标系两种不同的确定位置的体系. “运动几何”要求学习几何中的几种基本变换，分别是平移、旋转、缩放与轴对称. 在《标准（2011）》中“图形与几何”第一学段与第二学段的内容主要包括“图形的认识”“测量”“图形的运动”和“图形与位置”；第三学段的内容主要包括“图形的性质”“图形的变化”和“图形与坐标”. 其中第三学段的主要内容的框架及具体安排如图 4-2，详细内容请见《标准（2011）》.

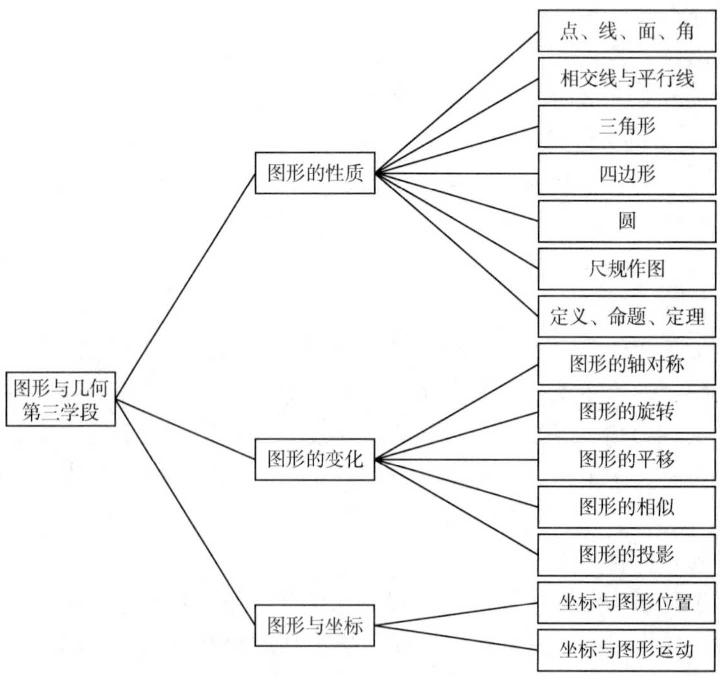

图 4-2　《标准（2011）》“图形与几何”第三学段主要内容的框架图

事实上，“图形的性质”“图形的变化”“图形与坐标”三者是一个整体：“图形的变化”是用运动的方法研究图形的性质，“图形与坐标”是以代数的方法研究图形的性质，目的都是研究图形的性质.

在高中阶段的后续学习中，对于平面几何的学习将扩充到空间几何，而且学生将初步学习解析几何以及向量与解三角形.

2. 学与教须注意的几个问题

《标准（2011）》中，将“空间与图形”这一内容领域改为“图形与几何”，在依旧强调合情推理与想象能力的同时，更突出体现了几何学的本质：以图形作为重要的研究对象，以空间形式作为分析和探讨的核心. 而在教学中要想达到这些目的，必须做到以下几点.

（1）把握核心观念，凸显几何教学本质.《标准（2011）》中与几何教学相关的三个核心观念分别是“空间观念”“几何直观”以及“推理能力”. 图形与几何是培养学生空间观念的最好载体. 几何直观不仅在“图形与几何”的学习中，在整个数学学习过程中都发挥着重要作用. 而推理能力的发展应贯穿在整个数学学习过程中，几何教学是培养学生推理能力的重要途径，推理一般包括合情推理和演绎推理. 在解决问题的过程中，合情推理有助于探索解决问题的思路，发现结论，而演绎推理用于证明结论的正确性，两者都有非常重要的作用，不可偏废.

（2）在教学几何概念时，应注意重视文字语言、符号语言和图形语言的教学. 在几何学习中，与基本概念有关的语言既有文字描述语言，又有数学符号语言，还有结合图形的表示方法. 因此，在几何教学中，既要注意培养学生利用日常语言描述几何对象，也要注意从几何论证的角度学习数学语言. 因此，在教学中，应当注意文字语言、数学语言和图形语言的综合运用.

（3）在几何教学中，需要系统考虑学生的几何认知水平. 国际上有不少关于几何认知水平的模型，其中范希尔的几何思维发展模型最具代表性. 范希尔理论指出，学生的几何认知水平包含以下水平：

水平 0——前识别，由于不成熟的感知活动使得学生只能关注部分的形状特征，学生不能够辨认许多常见的形状；

水平 1——直观，学生根据图形的表面来辨别和操作几何形状；

水平 2——分析，学生识别并能够根据性质来刻画图标的特征；

水平 3——抽象，学生能由一个性质导出其他性质，形成形式化定义，能区分必要和充分条件，理解并提供论证；

水平 4——演绎，学生能够在某种公理体系中建立定理；

水平 5——严谨性（或元数学），学生能够形式化地推理数学体系.

从上述几何认知水平容易看出，学生在各几何认知水平上的表现各不相同，而教师在教学中则需要思考两个问题，一是这部分内容属于图形认识的哪个水平，前面的知识基础和后续知识各是什么；二是多数学生现在的形象思维处于一个什么阶段，要通过教学达到什么阶段.

（4）几何教学中，应鼓励学生的自主探索与合作交流，形成对数学的深入理解. 几何学习需要学生较多的动手操作，如描点、连线、画图等. 因此，教学内容具有鲜活性和趣味性，但同时也富有挑战性. 教师应为学生提供充分的数学活动和数学交流的机会，积极引导学生动手操作与合作交流，主动地从事观察、操作、交流、归纳等探索活动，切勿以教师的讲解代替学生的探索. 与此同时，应深知动手操作的目的最终是为了加深对数学知识的理解. 譬如，在教学“三角形的内角和”这一内容时，可以通过让学生通过对三角形纸片“剪一剪”“拼一拼”的方式对内角和进行猜想，但最终需落实到从数学的角度（推理、论证）让学生认识到内角和为180°.

（5）在几何教学中，应充分利用几何画板等教学软件. 应用现代信息技术，可以展示丰富多彩的图形世界，演示图形的动态变化，进而有助于学生观察图形，探索规律. 如果使用得当，动态几何软件不仅可以画图，还可以有效探索和发现几何关系，而且也能促进学生几何思维能力的发展.

3. 经典教学案例

图形与几何的教学案例《认图形》的教学片断（南京名师魏洁老师）.

片段一：创设情境，导入课题

师：小朋友，请你们听一听声音，猜一猜是什么呀？（多媒体出示火车的声音）这列火车是用积木搭的，用这列火车带着小朋友们和老师一起去游玩，交一些好朋友. 但必须先把这列火车搭出来.

（学生分组搭火车）

师：搭好后观察，用上了哪些形状的积木？

生：圆柱、长方体、正方体……

片段二：探索新知

通过活动，让学生感知“面”从“体”得.

师：（拿出一个长方体正对着自己）看一看有什么特征，说说它是什么形状？

生：长方形.

（教师板书并贴出一个长方形）

师：（把不同的长方形贴在黑板上）它们都是什么形状？

师：（拿出一个正方体）正对着自己的面是什么形状？

生：正方形.

（教师随机板书并贴出一个正方形）

师：（拿出一个圆柱）正对着自己的一个面是什么形状？

生：圆.

……（略掉部分情节）

片段三：应用拓展，深化延伸

师：请同学们在钉子板上围正方形和长方形.（同桌左边的同学围长方形，右边的同学围正方形）

师：把围成的长方形变成一个正方形，正方形变成一个长方形，再将其围成一个圆.

（学生试着围）

师：你们发现了什么？（引导学生发现在钉子板上无法围成一个圆）

……（略掉部分情节）

师：火车带着我们去哪儿呢？（多媒体出示，来到一个郊外的图片）大家数一数，有哪些图形，各有几个？

……（略掉部分情节）

点评：在上述教学片断中，教师给足了学生自主探索的空间，为学生营造了宽松和谐的氛围，使学生在学习中更加主动、轻松. 在教学过程中，培养了学生实践能力、创造能力，以及合作精神，并且极大限度地调动了学生的积极性、主动性和创造性.

4.4　统计与概率的学与教

1. 内容主线

“统计与概率”已成为世界各国中小学课程中的重要内容，在各国的课程中，基本理念是一致的，都立足于帮助学生掌握并理解和统计与概率有关的一些重要概念，如样本与取样、数据的收集、整理与分析，可能性、变异，古典概型等，并能将这些重要概念与日常生活相联系，为今后进入社会后更好地识别处理各种信息提供支持. 虽然我国从《课标（实验稿）》开始，“统计与概率”才在中小学数学课程中作为独立的内容领域，但理念与内容是和国际发展趋势一致的，强调要培养学生的“统计观念”. 在《标准（2011）》中将“统计观念”改为“数据分析观念”，作为十个核心概念之一（详细见第 2 章）更加强调数据的重要性以及统计与概率之间的关联，并在每个学段都作出了明确的相应要求. 在第一学段中并没有涉及概率的相关内容，而第二学段与第三学段对“统计与概率”的主要内容的要求是有所区别的，其中在第二学段分别为“简单数据统计过程”和“随机现象发生的可能性（不要求定量刻画）”，第三学段中为“抽样与数据分析”和“事件的概率（定量刻画）”详细请见《标准（2011）》. 与《标准（实验稿）》相比，《标准（2011）》较为系统地整理了“统计与概率”的内容，减少了概率的部分内容，使得三个学段的层次更加清晰，表达更加准确. 其中统计部分的内容变化如下：第一学段与《标准（实验稿）》相比，最大的变化是鼓励学生运用自己的方式（包括文字、图画、表格等）呈现整理数据的结果，不要求学生学习“正规”的统计图（一格代表一个单位的条形统计图）以及平均数（这些内容则放在了第二学段）. 第二学段与《标准（实验稿）》相比，在统计量方面，只要求学生体会平均数的意义，不要求学生学习中位数、众数（这些内容则放在了第三学段）. 而第三学段与《标准（实验稿）》相比，则删去了极差、频数折线图等内容，强调了对“随机”的体会. 比如，增加了“通过案例了解简单随机抽样”“通过表格、折线图等，了解随机现象的变化趋势”，增加了能用计算器处理较为复杂的数据、理解平均数的意义，能计算中位数、众数. 总体而言，要求强调培养学生的数据分析观念，加强体会数据的随机性. 概率部分的内容变化主要有：在第一学段，去掉了该内容的要求；在第二学段，只要求学生体会随机现象，并能对随机现象发生的可能性大小做定性描述；在第三学段，通过列出简单随机现象所有可能的结果，以及指定事件发生的所有结果，来了解随机现象发生的概率.

到了高中阶段，学生将继续深入研究统计与概率问题.

2. 学与教须注意的几个问题

统计的核心价值在于数据的收集、处理与分析，以及在数据的基础上作出判断与预测；而概率则是研究随机现象的规律性. 相比知识的掌握，“统计与概率”的学习更需要一种思想、素养以及能力的发展. 目前世界上包括中国在内的主要国家的中小学统计课程都强调统计思想的培养与统计素养的提升. 课程的这种理念必然对课堂教学提出相应的要求并带来一些变化. 在统计教学中，可能需要运用一些来自教科书之外的非常规的问题. 比如像这样一个问题（以下称医院问题）：

新生儿是女婴或男婴的可能性各占一半. 根据记录，医院 A 中平均每天有 50 个婴儿出生，医院 B 中平均每天有 10 个婴儿出生. 你认为这两个医院中，哪个医院更有可能在某一天出生的女婴达到或超过全部新生儿的 80%?

a. 医院 A（平均每天出生 50 个婴儿）

b. 医院 B（平均每天出生 10 个婴儿）

c. 两个医院发生这一事件的可能性相等.

d. 没有依据可以预测哪个医院更有可能发生这一事件.

请简单解释为什么你这样认为.

很多教师可能对这样的题目感到陌生，不知在课堂中该采用何种教学方式. 根据统计课程的理念，我们应当鼓励在统计教学中有如下主张.

（1）教学目的需要关注发展核心统计概念，而非技巧与程序的学习. 在统计课程中，有一些关键的概念需要所有的学生都能有深入的理解，比如数据、随机、变异、平均、取样、样本、总体等，在小学阶段的统计教学中就应当致力于促进学生对这些概念的理解. 在《标准（实验稿）》中，明确指出应避免单纯的统计量的计算，要求淡化技巧与程序的学习. 而在《标准（2011）》中强化了感受简单的随机现象，要求利用骰子、硬币以及其他产生随机数的工具增加实际的体验. 这种体验是无法通过计算获得的，其目的也是为了加强对上述核心统计概念的理解. 比如在医院问题中，需要明确其中包含的关键统计观念至少有二：一是理论概率与现实发生的频率是有差别的，虽然理论上每个新生儿是男婴或是女婴的可能性都是一半，但某一天的新生儿中并不会总是男女各一半；二是样本容量大小与偏离理论概率的变异的关系，即样本容量越大，偏离理论概率的变异越小. 因此，教学的目的需要指向对这两个观念的理解，而非某些统计量的计算.

（2）在课堂上创设合理的模拟情境，尽量使用真实的数据促进学生的理解. 为了促进学生对关键统计概念的理解，需要创设合理的情境. 但是有些现实情境往往不容易在课堂上实现，比如，在课堂上不可能带学生到医院中真正调查出生的男婴跟女婴的比例. 但是不能因为真实的情境难以创设，教师就在课堂上放弃让学生体验的机会，而在教学中采用简单的告知或者单纯的理论计算的方式. 这就需要教师能找到学生更为熟悉的情境进行替换，前提是两个情境背后蕴涵相同的统计原理. 比如就医院问题而言，生男婴女婴的可能性都是一半，而扔硬币得到正面与反面也是随机的，可能性也都是一半. 这时就可以让学生自己动手扔硬币，正面记为男婴，反面记为女婴（反之亦可）. 通过得到正面或反面来体验出生男婴或女婴的可能性与随机性，并利用在课堂上得到的真实数据，让学生体会扔 10 次硬币得到 8 次正面要比扔 50 次硬币得到 40 次正面更容易发生. 经过这样的模拟活动之后，再让学生回到医院问题，就能更容易理解相对医院 A（平均每天有 50 个新生儿），医院 B（平均每天有 10

个新生儿）更有可能在某天出生的女婴达到或超过 80%.

（3）运用现代技术，构建模拟实验，产生模拟数据，探索并分析数据，来发展学生的统计素养. 很多时候，课堂上并不允许学生充分进行足够多次数的真实试验. 在让学生体会了次数较少的试验之后，可以利用信息技术来大量扩展试验的次数. 比如针对上述问题，可以用计算机模拟成千上万次扔硬币的结果，来探索得到正面与反面的次数，以帮助学生发现正反面比例的发展趋势与最终模式，也可以利用计算机模拟现实情境，展示出不同数量（10，50，100 甚至更多）的新生儿中的女婴的比例，进行多次重复的试验并让学生记录不同的结果，通过观察让学生理解当新生儿数量较少时，女婴比例更容易出现一些极端值（接近 1 或者 0），而当数量较多时，比例更接近理论上的概率 50%. 通过这样的模拟试验，学生能更容易理解样本容量与偏离理论概率变差之间的关系.

（4）鼓励课堂讨论，通过多种评价方式评估学生的统计思想的发展. 在统计之中，并没有绝对的正误，只有适合某种情境的更好的统计方法，这也是与传统的数学课堂教学的不同之处. 因此，需要在课堂上让学生充分展开讨论，说明选择某种统计方法的原因以及对结果的预测. 在上面这一问题中，让学生简单解释为什么这样认为，这一点非常重要. 因为对于学生来说，更重要的是要让他们说出选择某个答案的原因并对其进行合理的评价，以此可以看出其对统计概念的理解以及统计思想的发展程度. 有不少学生可能会在一开始选择答案 C，认为两个医院发生这一事件的可能性是一样的，因为在理论上每一个新生儿是女婴的可能性都是一半，不论在哪个医院中都是一样的. 只有让学生体验了相应的活动之后，他们才能加深对样本容量与变差之间的关系的理解，从而认识到 B 是更合理的答案. 在这一过程中，教师不仅需要关注学生是否能选择正确的答案，更需要认识到学生对统计中关键概念的理解的发展才是最重要的.

此外，在中小学数学中，概率的概念是通过大量重复试验的频率接近某一常数来介绍的，通常称为概率的“统计”定义，这可以作为联系统计与概率的一个出发点. 但是，在这部分的教学中，一方面要让学生认识到频率会“稳定”在概率附近，另一方面，也要让学生认识到概率的随机性也是本质的. 譬如，有的老师认为把一个均匀骰子掷 6 次，按照概率就应该每个面都出现一次；把一个均匀硬币掷 10 次，就应该出现 5 次正面 5 次反面. 但事实上，如果把一个均匀硬币掷 100 次，“100 次中恰有 50 次正面向上”的概率是 $C_{100}^{50}(0.5)^{50}(1-0.5)^{50}\approx 0.08$，这个值并不大. 因此，认识到随机性是非常重要的. 在课堂上做试验时，有的教师总想让频率无限靠近概率，偏差大一些就觉得不好，甚至把这样得到的数据去掉，这是对随机性缺乏认识所导致的结果.

3. 经典教学案例

统计与概率的教学案例《简单的统计》的教学片断（学科带头人李振云老师）.

师：现在是什么季节？
生：秋季.
师：秋季美吗？
生：美.
师：美在哪里呢？

生 1：菊花开了，喇叭花开了……到处都是花，好看极了.

生 2：农村的田野里水稻长熟了，一片金黄，美丽极了.

生 3：秋天的天变得蓝蓝的了.

……（略掉部分情节）

师：这么美丽的秋天，你们最想干些什么呢？

生：秋游.（全班学生几乎是异口同声）

师：我们学校将会组织一次秋游活动. 你们准备去哪儿旅游，能发表你们的意见吗？

生 1：我想去北京的长城看看，同时还想去香山摘几片红叶.

生 2：去上海，上海的动物园里有许多有趣可爱的动物.

生 3：去苏州，那里有好多美丽的园林.

师：慢，你们的想法可能不会实现. 无锡市教委有规定，为了学生的安全，小学生秋游不准出无锡市.

生：哎！（一片惋惜）

师：别叹气嘛，我们无锡比别的地方差吗？

生 1：去鼋头诸比较好，路又不远. 那儿有山有水，湖光十色，空气清新，对人的身体有好处.

……（略掉部分情节）

师：我们无锡不但是个轻工业发达的地方，还是个旅游资源十分丰富的地方，好玩的景点特别多. 可我们组织旅游不可能每个景点都去到，你们到底想去哪儿？我数一二三，你们齐声说，好不好？

生：好.

师：一二三！

生：太湖乐园、宜兴善卷洞、鼋头诸……（各种意见齐发，教室里一阵杂乱声，这也许是李老师早就想到的一种情景效果）

师：（故意）我的头都听大了，有这么多不同的意见，怎么办？

生：少数服从多数. 看看要到哪个地方去的人多，就到哪个地方去呗.

生：应该用投票的方式来决定.

师：哎呦，这个办法好，比较民主. 下面用老师发给你们的纸，写上你想去的地方，然后由组长收好送到老师这儿.（学生写好后，由组长收好快速地送给了老师）

师：（数了数投票张数，故意问学生）应该有多少张票呢？

生：全班有 43 人，应该有 43 张票.

师：你们认为到哪儿去的人多？

生 1：太湖乐园.

生 2：宜兴.

师：这还是你们猜的结果，要真正知道去哪儿的人多，怎么办？

生：统计选票.

师：我来读票，你们来统计好不好？

（李老师一开始用很慢的速度读票，学生能很专心很顺利地统计选票. 可后来李老师的速度逐渐快了起来，打乱了学生的笔头统计. 有的学生开始询问，有的干脆停了下来……）

……（略掉部分情节）

点评：在上述教学片断中，教师弃虚求实，着意创新，实现课程资源的有效利用. 通过学生的日常生活情境引入本节课的主题，不仅调动了学生的学习积极性，而且更加突出了本节课的重点，突破了本节课的难点.

4.5　综合与实践的学与教

“综合与实践”与上述三个内容领域是不同的. “综合与实践”并不是一个与它们并行的内容领域，而是对上述三个内容领域的数学知识的综合理解与实践运用.

“综合与实践”是一类以问题为载体，学生主动参与的学习活动，是帮助学生积累数学活动经验、培养学生应用意识与创新意识的重要途径. 在“综合与实践”的教学中，需注意做到以下几点.

（1）研究教学内容，挖掘活动内涵. “综合与实践”的教学并没有规定明确的教学内容，但又与上述三个内容领域都有着密切的关联. 也可以说，“综合与实践”的教学内容必定包含上述三个领域的教学内容，但又不仅限于这三个内容领域的数学本体知识. 因此，在教学中，教师必须深入研究教学内容，以数学本体性知识为依托，选择适当的活动，有效开展综合与实践的教学，并且进一步挖掘每一次实践活动的内涵，恰当地把握教学目标，设计切实可行的活动方案，引导学生深入参与实践活动，获取数学活动经验.

（2）在现实情境中开展教学. “综合与实践”教学的一个重要目标是让学生体会数学与现实世界的联系，树立正确的数学观，以数学的眼光看待世界. 因此，从学习方式上来说，应当是以学生实践体验为主体的. 最能激发学生参与的就是现实性的情境，或者说是学生身边的问题情境. 所以教师的教学要立足于学生的现实生活，在现实生活中挖掘问题情境.

（3）教学上多采用自主与合作相结合的方式. “综合与实践”的学习从本质上讲，是一种问题解决活动，但与一般的问题解决相比，其更具有综合性. 因此，教学中要处理好自主探索与合作研究的关系，恰当地运用个体探索与小组合作的方式. 针对不同的问题层次和情境需求，组建实践活动小组，引导学生分工合作，在自主探索、独立思考以及合作交流的过程中解决问题.

（4）课内课外相结合. “综合与实践”的学习往往涉及调查研究、数据测量、信息综合等活动，单纯地依靠课内教学是无法完成的，因此必须与课外活动相结合. 教师要精心设计学生的活动内容，明确活动目标与要求，安排合理活动流程，确保学生在课外也能完成活动任务.

（5）更加关注活动过程的评价. “综合与实践”的学习由于其综合性与活动性，在评价中不应以纸笔测试为主要手段，更不宜过分追求量化指标，要强调过程性评价. 在评价时要特别关注：学生能否主动运用数学知识描述并解决实际问题；学生是否善于运用多种方法综合地解决问题；学生对于得到的结果有无反思的习惯；学生在学习与解决问题的过程中是否积极参与讨论与表达等.

问题与思考

1. 谈谈你对数学教学的理解.
2. 请分析数学与代数的知识结构，并谈谈教学中应该注意的问题.
3. 用认知的观点，分析学生错误的原因.
4. 案例分析.

案例 1：象征性长跑.

为了迎接奥运会的召开，某小学决定组织“迎接圣火、跑向北京”的象征性长跑活动，学校向同学们征集活动方案，请你参加设计，其中要解决的问题有：

（1）调查你所在的学校到北京天安门的距离约有多少千米？

（2）如果一个人每天跑一个“马拉松”，那么几天能完成这项长跑？

（3）如果全班用接力方式开展这项活动，请你设计一个合理的活动方案.

（4）全班交流、展出同学们的不同方案，说明各个方案的特点，同学之间评价方法的优缺点，推荐本班的最佳活动方案.

问题：请对该案例进行简要说明.

案例 2：两位教师上《圆的认识》一课.

教师 A 在教学“半径和直径关系”时，组织学生动手测量、制表，然后引导学生发现“在同一圆中，圆的半径是直径的一半”.

教师 B 在教学这一知识点时是这样设计的：

师：通过自学，你知道半径和直径的关系吗？

生 1：在同一圆里，所有的半径是直径的一半.

生 2：在同一圆里，所有的直径是半径的 2 倍.

生 3：如果用字母表示，则是 $d=2r$，$r=d/2$.

师：这是同学们通过自学获得的. 你们能用什么方法证明这一结论是正确的呢？

生 1：我可以用尺测量一下直径和半径的长度，然后考查它们之间的关系.

师：那我们一起用这一方法检测一下.

师：还有其他方法吗？

生 2：通过折纸，我能看出它们的关系.

问题：

（1）两个案例的主要共同点是什么，是否真正了解学生的起点？

（2）预测两个教法的教学效果.

二、设 计 篇

第 5 章　教学设计概述

学习目标

（1）了解教学设计的有关理论;

（2）了解教学设计的原则和方法.

5.1　教学设计的理论依据

所谓的教学设计，是为了实现教学目标，在什么时候、面对什么学生、教学什么知识技能时运用什么教学方法的处方. 教学设计是教学的蓝图与脚本，有了这样的脚本，才能够在课堂上导演出一幕精彩的大戏.

5.1.1　教学设计概述

要清楚什么是教学设计，首先就要清楚什么是学习、什么是教学.

按照加涅的观点，所谓学习，是一个导致学习者的倾向与性能发生变化的过程. 基于认知的信息加工模型，加涅提出了学习的主要过程包括：警觉、期望、提取工作记忆、选择性知觉、语义编码、回忆和反应、建立强化、暗示回忆、归纳等. 盛群力教授认为，学习是一种相对稳定的外部行为业绩的变化，这种行为变化是由内在经验的建构而产生的. 他与加涅的观点大致一致，只是进一步说明了引起变化的原因——学习者内在积极主动的意义建构.

既然学习是“导致内部变化的过程”，那么，教学就是“有意识安排的、旨在支持内部学习过程的一套外部事件”. 这些事件又称为教学事件，它的目的是引起有效学习的种种内部过程. 对应于学习的内部过程，这些教学事件大致包括以下活动：引起注意，明确学习目标，刺激回忆旧知识，呈现刺激材料（学习内容），提供学习指导，提供练习，提供反馈，测量行为表现，促进保持和迁移. 按照盛群力教授的观点，教学是有目的地促进学习的行为，它包括了建构主义的方法，也包括了传统的教学方法，如讲解与直接灌输. 也就是说，教学是教师安排的一系列的活动（事件），这些活动的过程要支持学生内部的学习过程，要指向学生行为的变化（学习的目标）.

因而，教学设计是制订一张教学蓝图，该蓝图规定了最优教学方法的处方，这些处方能够帮助学习者的行为（知识技能）发生预期的变化. 或者说，这张蓝图就是在什么时候、面对什么学生、教授什么知识技能时运用什么教学方法的处方. 最优教学方法的选择与设计处于教学设计的核心地位.

由此，我们可以看到一条清晰的思维路线图，学习—教学—教学设计，学习是导致学习者倾向与性能发生变化的过程，教学就是教师安排的一系列支持学习者内部变化的外部活动，教学设计就是有目的设计的最优的教学活动（方法）. 因而，清楚学习者内部的倾向与性能变化的过程与机制，亦即学习的内部机制，或者学习的理论就显得尤为重要了.

也就是说，按照刚才的思路，要清楚教学设计的理论，就必须清楚教学的理论，而更为根本的是，就必须清楚学习的理论.

当然，按照赖格卢特等的观点，学习理论主要是描述学习者头脑中发生的事情、关注学习的过程与学习者发生的变化，而教学设计理论关注教学方法（过程）与教师做什么，因而，两者是有区别的：学习理论更多是描述性的、解释性的——学习是怎样一回事；教学设计理论是程序性的、工具性的——设计合理的教学方法，以促进学习者的学习. 但是，两者的联系也是显然的：学习理论能够帮助教师理解教学设计理论为什么管用，而更为重要的是，教师能够据此学习理论创设适合自己的教学设计理论. 学习理论回答"是什么"的问题，教学设计解决"怎么办"的问题.

严格说来，教学设计理论主要考虑用什么方法去实现目标，它包括两种成分：一种成分是促进学习者学习的教学方法，另一种成分是使用或者不使用该方法的教学情景. 教学方法是指有目的地促进学习者学习与发展的策略、途径与技术. 教学情境是指对何时使用或者不使用某种教学方法的制约条件，这些情景包括：教学的条件与教学的结果. 教学的条件是指：学科特点（知识、技能、思想方法等）、学习者的特点（已有知识经验、学习动机、学习策略等）、学习环境的特点（人的资源、教材资源、教学的组织安排等）. 教学的结果是指：效果（教学目标达成度）、效率（效果与时间之比值）、吸引力（学生喜欢教学的程度）. 从这里可以看出，教学设计理论特别强调"方法（教学方法）"的重要性. 由于教学设计是一张教学蓝图，是一系列实现教学目标的方法，因而，教学方法在教学设计中处于核心地位。从这个角度而言，很多的时候，赖格卢特又将"教学设计理论"简称为"教学理论"，而对这两者不加区分.

正因为如此，下面我们将主要介绍有关的学习理论，同时也介绍该学习理论相应的教学理论. 事实上，任何学习理论必将走向教学理论与教学设计理论——这样，学习理论才实现了自身的工具价值. 即便是皮亚杰这样的理论家，即便他宣称，我从来没有关心这些理论的教学意义，他的理论依然走向教学的实践——成为建构主义的发轫.

5.1.2　两种主要的学习理论

1. 行为主义

20 世纪初，美国心理学家约翰 • 华生创立了行为主义学习理论，在格思里、赫尔、桑代克、斯金纳等的影响下，行为主义学习理论在美国占据主导地位长达半个世纪之久. 行为主义学习理论又称刺激—反应理论（S—R），是当今学习理论的主要流派之一.

行为主义学习理论认为，人类的思维是与外界环境相互作用的结果，即"刺激—反应"的结果. 他们把环境看成刺激，把有机体伴随刺激而产生的行为看成反应，认为所有行为都是习得的. 他们的基本假设是：行为是学习者对环境刺激所作出的反应. 刺激和反应之间的联结叫做强化. 通过对环境的"操作"和对行为的"积极强化"，任何行为都能被创造、设计、塑造和改变.

在教学中，对学生理想的行为要给予表彰和鼓励，还要尽量少采取惩罚的消极强化手段，只有强化正确的“反应”，消退错误的“反应”，才能取得预期的效果. 行为主义学习理论把“强化”看作是教学的核心. 根据刺激（提问）—反应（回答）—强化（确认）的原理，他们提出了程序教学的基本原则.

（1）小步子原则. 即把学习内容按其内在逻辑关系分割成许多细小的单元，分割后的小单元按一定的逻辑关系排列起来，形成程序化教材或课件. 小步子学习原则要求对学习内容分割适当，对单元划分的大小要由具体的教学内容和教学任务来确定，并不是步子分割得越小越好，太小则容易使学生厌倦，也不利于学生从整体上认识事物.

（2）积极反应原则. 斯金纳认为，传统教学主要是教师传授知识，学生被动地接受知识，很少有机会对教师提出的每个问题都作出反应. 要改变这种消极的学习，就要求对每一单元的学习内容，都让学生作出积极反应. 使学生通过选择、填空和输入答案等方式作出反应，以保持积极的学习动机.

（3）及时强化原则. 当学生作出反应后，必须使他们知道其反应是否正确，要求对学生的反应给予“及时强化”或“及时确认”，特别要注意对学生所作出的正确反应给予及时强化，以提高其操作能力.

（4）自定步调原则. 在传统教学中学习的进度是一致的，这极大地限制了学生的自由发展. 为了让每个学生都能自由发展，必须由他们根据自己的特点自定学习进度和速度. 学生在以适宜速度进行学习的同时，通过不停地强化得到了进一步学习的内驱力.

（5）低错误率原则. 在教学中应由浅入深，由已知到未知，使学生每次都尽可能作出正确反应，将学习的错误率降到最低限度，提高学习效率.

教学设计受到行为主义学习理论的影响，从而产生了程序教学理论（模式）. 既然刺激与反应之间的联结导致新经验的产生，接下来的问题是：如何设计一套教学程序以促进刺激与反应之间的联结，从而促进有效学习的发生. 斯金纳提出的程序教学步骤是：首先，确定学生所需要掌握的知识和技能；其次，小步子呈现信息. 将刺激物比如教材分成许多个小片段，依照由简单到复杂的顺序一步步地呈现于学生的眼前，两个步子之间依次增加的困难是很小的；再次，学生对刺激物作出积极的反应和教师对学生的反应做出即时的反馈. 假如学生的答案是正确的，教师给予奖励或者表扬以示强化，鼓励学生有信心去解决下一个问题；假如答案是错误的，教师指出错误的原因，并引导学生一步步地去解题，一直到掌握了这个知识点，才可以进入下一个问题.

2. 认知理论

认知学习理论与行为主义学习理论相对立，源自于格式塔（Gestalt）学派的认知学习论. 认知学习理论是通过研究人的认知过程来探索学习规律的学习理论. 认知学习理论认为，学习不是外部环境的支配下被动地形成 S—R（刺激—反应）联结，而是主动地在头脑内部构造认知结构；学习不是通过练习与强化形成反应习惯，而是通过顿悟与理解获得期待；有机体当前的学习依赖于他原有的认知结构和当前的刺激情境，学习受主体的预期所引导，而不是受习惯所支配. 相对于行为主义理论，认知理论更关心刺激—反应之间的中间环节，也就是刺激是怎样引起反应的，以及学习行为的内在机制是什么. 对于认知理论来说，主要存在以下观点.

1）苛勒的完形——顿悟说

顿悟学习的实质是在主体内部构建一种心理完形，通俗地说来，就是突然觉察到问题解

决的办法. 顿悟学习的基本内容如下:

学习是通过顿悟过程实现的. 格式塔心理学家认为，学习是个体利用自身的智慧与理解力对情境及情境与自身关系的顿悟，而不是动作的累积或盲目的尝试. 顿悟虽然常常出现在若干尝试与错误的学习之后，但不是桑代克所说的那种盲目的、胡乱的冲撞，而是在作出外显反应之前，在头脑中要进行一番类似于“验证假说”的思索.

动物解决问题的过程似乎是在提出一些“假说”，然后检验一些“假说”，并抛弃一些错误的“假说”. 而建立和验证“假说”必须依赖以往的有关经验. 因此，学习包括知觉经验中旧有结构的逐步改组和新的结构的豁然形成，顿悟是以对整个问题情境的突然领悟为前提的. 换言之，顿悟是对目标和达到目标的手段与途径之间的关系的理解.

学习的实质是在主体内部构造完形. 完形是一种心理结构，是在机能上相互联系和相互作用的整体结构，是对事物的关系的认知. 所谓完形，原是德文中 Gestalt（格式塔）一词的译名. 它在德文中含有“形状”“形式”与“完整”等意义，所以一般译为“完形”或音译为“格式塔”. 其实，格式塔学派所说的“完形”实际上就是“结构”. 格式塔心理学家认为,学习过程中问题的解决,都是由于对情境中事物关系的理解而构成一种完形来实现的. 学习在于发生一种完形的组织，并非各部分间的联结. 学习的过程就是一个不断地构建完形的过程.

刺激与反应之间的联系不是直接的，而需以意识为中介.

该理论肯定了主体的能动作用，强调心理具有一种组织的功能，把学习视为个体主动构造完形的过程，强调观察、顿悟和理解等认知功能在学习中的重要作用.

2）皮亚杰的建构主义理论

皮亚杰关于建构主义的基本观点是：儿童是在与周围环境相互作用的过程中，逐步建构起关于外部世界的知识，从而使自身认知结构得到发展的. 儿童与环境的相互作用涉及两个基本过程：“同化”与“顺应”. 同化是认知结构数量的扩充，而顺应则是认知结构性质的改变. 认知个体通过同化与顺应这两种形式来达到与周围环境的平衡：当儿童能用现有图式去同化新信息时，他处于一种平衡的认知状态；而当现有图式不能同化新信息时，平衡即被破坏，而修改或创造新图式（顺应）的过程就是寻找新的平衡的过程. 儿童的认知结构就是通过同化与顺应过程逐步建构起来，并在“平衡—不平衡—新的平衡”的循环中得到不断地丰富、提高和发展.

建构主义认为，知识不是通过教师传授得到的，而是学习者在一定的情境即社会文化背景下，借助其他人（包括教师和学习伙伴）的帮助，利用必要的学习资料，通过意义建构的方式而获得. “情境”“协作”“会话”和“意义建构”是学习环境中的四大要素或四大属性. 情境：学习环境中的情境必须有利于学生对所学内容的意义建构. 这就对教学设计提出了新的要求，也就是说，在建构主义学习环境下，教学设计不仅要考虑教学目标分析，还要考虑有利于学生建构意义的情境的创设问题，并把情境创设看作是教学设计的最重要内容之一. 协作：协作发生在学习过程的始终. 协作对学习资料的搜集与分析、假设的提出与验证、学习成果的评价直至意义的最终建构均有重要作用. 会话：是协作过程中的不可缺少环节. 学习小组成员之间必须通过会话商讨如何完成规定的学习任务的计划；此外，协作学习过程也是会话过程，在此过程中，每个学习者的思维成果（智慧）为整个学习群体所共享，因此会话是达到意义建构的重要手段之一. 意义建构：这是整个学习过程的最终目标. 所要建构的意义是指：事物的性质、规律以及事物之间的内在联系. 在学习过程中帮助学生建构意义就是要帮助学生对当前学习内容所反映的事物的性质、规律以及该事物与其他事物之间的内在联系达到较深刻的理解. 这种理解在大脑中的长期存储形式就是当前所学内容的认知结构（图式）. 由以上所述的“学习”的含义可知，得知识的多少取决于学习者根据自身经验去建构有关知识的意义的能力，而不取决于学习者记忆和背诵教师讲授内容的能力.

当然，建构主义的发展，也逐渐演变出了极端建构主义与社会建构主义.

3）布鲁纳的认知结构、发现理论

布鲁纳的基本观点主要表现在三个方面.

（1）重视学科的基本结构. 他认为，无论教师选教什么学科，务必要使学生理解学科的基本结构，即基本概念、基本原理及其内部规律. 学科的基本结构具有再生性. 理解了这些基本的结构，更有利于理解学科的内容，更有利于记忆学习内容，更有利于学习的迁移，更有利于激发学生的学习兴趣.

（2）学习是主动地形成认知结构的过程. 认知结构是指一种反映事物之间稳定联系或关系的内部认识系统，或者说，是某一学习者的观念的全部内容与组织. 布鲁纳认为，人是主动参加获得知识的过程的，是主动对进入感官的信息进行选择、转换、存储和应用的. 学习就是要形成与发展认知结构，即形成学科的知识类别编码系统. 布鲁纳认为，我们可以将学科的基本概念、原理分别以动作表征、图象表征、符号表征加以呈现，以适应不同年龄、不同认知发展水平的学生的学习. 通常说来，这三种表征系统有先后顺序.

（3）通过主动发现形成认知结构. 布鲁纳认为，教学一方面要考虑人的已有认知结构、教材的基本结构，另一方面要重视人的主动性和学习的内在动机. 他认为，学习的最好动机是对所学材料的兴趣，而不是奖励竞争之类的外在刺激. 因此，他提倡发现学习法，以便使学生更有兴趣、更有自信地主动学习.

所谓发现学习，是指学生利用教材或教师提供的条件，自己独立思考，自行发现知识，掌握原理与规律. 不管是儿童凭自己的力量所做的发现，还是科学家在尖端领域作出的发现，按其实质来说，都不过是把现象重新组织与转化，超越现象进行再组合，从而获得新的领悟而已.

基于上述理论，布鲁纳构建了发现法教学模式，包括：提出和明确使学生感兴趣的问题；让学生体验到问题的某种不确定性，以激发探究；提供解决问题的各种材料与线索；协助学生分析材料与证据，提出可能的假设；协助学生审查假设，得出结论.

4）奥苏伯尔的认知同化论

奥苏伯尔与布鲁纳一样，同属认知结构论者，认为“学习是认知结构的重组”. 但是，他认为，布鲁纳的理论过分强调发现学习，轻视知识的系统性、循序渐进性，忽视系统知识的传授. 因而，他提出了通过有意义的接受学习，来形成认知结构. 学习变化的实质在于新旧知识在学习者头脑中的相互作用，那些新的有内在逻辑关系的学习材料与学生原有的认知结构发生关系，进行同化和改组，在学习者头脑中产生新的意义. 其主要观点有以下三个方面.

第一，有意义学习的过程是新的意义被同化的过程. 奥苏伯尔将认知方面的学习分为机械学习与有意义学习. 机械学习的实质是形成文字符号的表面联系，学生不理解文字符号的实质，其心理过程是联想. 有意义学习的实质是个体获得有逻辑意义的文字符号的意义，是

以符号为代表的新观念与学生认知结构中原有的观念建立实质性的而非人为的联系. 有意义学习过程就是个体从无意义到获得意义的过程. 这种个体获得的意义又叫心理意义，以区别于材料的逻辑意义. 有意义的学习是以同化方式实现的. 所谓同化是指学习者头脑中某种认知结构，吸收新的信息；而新的观念被吸收后，使原有的观念发生变化.

奥苏伯尔认为有意义学习必须具有下列条件.

（1）新的学习材料本身具有逻辑意义. 教材一般符合此要求.

（2）学习者认知结构中具有同化新材料的适当知识基础（固定点），便于与新知识进行联系，也就是具有必要的起点.

（3）学习者还必须具有进行有意义学习的心向，即积极地将新旧知识关联起来的倾向.

（4）学习者必须积极主动地使这种具有潜在意义的新知识与认识结构中的旧知识发生相互作用.

第二，有意义学习的过程. 同化：寻找同化点，即找到认知结构中已有的用来同化新知识的观念. 分化：建立与已有知识的区别. 联系：建立新知识与其他相应知识的联系，构成一个完成的观念系统.

第三，有意义学习的类型. 包括表征学习、概念学习、命题学习. 命题学习又包括了下位学习、上位学习、并列结合学习.

奥苏泊尔依据其学习理论，提出了教学的基本原则（逐渐分化、整合协调），以及“先行组织者策略”，也整体构建了讲授教学模式. 请参阅有关资料.

5）加涅的累积学习理论

加涅认为：学习是一个导致学习者的倾向与性能发生变化的过程，这一变化可以反映在行为上，学习是一种将外部输入的信息转换为记忆结构和以人类作业为形式的输出过程，要经历接受神经冲动、选择性知觉、语义性编码、检查、反应组织、作业等阶段，反馈及强化贯穿于整个学习过程. 学习受外部和内部两大类条件所制约. 外部条件主要是输入刺激的结构与形式，内部条件是主体以前习得的知识技能、动机和学习能力等. 加涅认为，教育是学习的一种外部条件，其成功与否在于是否有效地适应和利用内部条件.

人类的学习是复杂而多样的，简单的低级学习是复杂的高级学习的基础. 他把学习分为八个层次，即①信号学习；②刺激—反应学习；③连锁学习；④词语联想学习；⑤辨别学习；⑥概念学习；⑦原理的（规则的）学习；⑧解决问题的学习.

他指出每一类学习中蕴藏着前一类的学习. 学习就是个体内部的一整套加工过程，这个过程依次分为八个阶段：动机→领会→习得→保持→回忆→概括→操作→反馈，并指出每一阶段有其各自的内部心理过程和影响它的外部条件. 教学就是遵循学习者内部学习过程的这些特点，安排适当的外部事件，创设学习的条件. 教师是教学设计者和管理者，也是学生学习的评价者，他担负发动、激发、维持和提高学生的学习活动的教学任务. 加涅的学习条件论提醒教师，提高教学质量要重视学习者的内外条件，并应创造良好的教学环境和条件.

加涅认为学习的结果有五种类型，分别是：言语信息（名称，单一命题或者事实，有组织的言语信息），智慧技能（辨别，具体概念，定义性概念，规则或原理，高级规则），认知策略，动作技能，态度.

虽然笼统地说来，学习具有相似的学习过程，但是不同的学习阶段，不同层次的学习，不同结果的学习，具有不同的特点，具有不同的内外部条件（内部条件：学习者的心理状态，先前习得的性能（已有的知识能力），个人目标. 外部条件：学习环境，学习资源，学习活动的管理等，如怎样安排教学内容，怎样传递给学生，怎样反馈. ），因此，针对不同的学习阶段、学习结果，教学的主要任务就是安排外部的事件，创设学习条件，以支持学生内部的学习过程. 正是因为如此“创设学习的外部条件”成了加涅教学设计的核心.

5.2　教学设计的原则与方法

5.2.1　教学设计的原则

立足于教师为主导和学生自主活动为主，教学设计遵循以下八个原则.

（1）整体性原则. 由于教学过程是一个多因素构成的系统，受多种因素（目标、内容、方法等）的影响和制约，只有当这些因素达到和谐完整的统一时，教学才能取得最佳的整体效益. 因此，教学设计要把教学过程视为一些由诸要素构成的系统，从整体出发，用系统的思想和方法对参与教学过程的各个要素及其相互关系作出分析、判断和调控. 即从“学什么”入手，对学习需要、学习内容、学习者进行分析；然后由“怎么学”，确定具体的教学目标，制定行之有效的教学策略，选择恰当实用的媒体，确定教学绩效的评价方案，从而实现教学目标、教学内容、教学方式等的协调统一，确保教学和学习获得成功.

（2）主体性原则. 学生是教学活动的主体. 教学是围绕学习展开的，教是为学服务的. 教学设计中要突出学生在学习过程中的主体地位，重视对学生不同特征的分析，力图充分挖掘学习者的内部潜能，调动他们学习的主动性和积极性，促使学习者内部学习过程的发生并带来积极变化.

（3）发展性原则. 学生的全面发展既包括全体学生的发展，又包括每个学生在知识、技能、情感等方面的全面发展以及个性的充分发展，其含义在于，一方面不能只强调知识、技能或能力的培养，还要关注学生的情感态度、价值观的培养，即关注学生作为“一个完整的人”的智力与人格的全面协调发展；另一方面，又要关注人与自然、社会以及人与人之间的和谐发展. 在教学设计中，教师要以促进学生的发展为落脚点，做到：

①关注每一个学生的健康成长，注重每一个学生的个性发展；

②充分挖掘隐含在课程中的智力和非智力因素，使之服务于学生的学习，发展学生的智慧和能力，促进学生积极的情感态度以及正确的价值观的形成；

③精心创设教学情景，激发学生的学习热情和积极性，引导他们主动参与、乐于探究、勤于动手、积极探索和大胆创新，使教学活动充满活力.

（4）过程性原则. 重结论，更重过程，是现代教学论的基本主张. 学生的学习是一个“再创造”的过程，学生不是被动地接受知识，而是把前人已经创造过的知识重新创造一遍.

（5）开放性原则. 人本主义学习理论认为，学生的学习是一种在教师帮助下的自我激发、自我促进、自我评价的过程. 在这种学习过程中学生不仅获得了知识，形成了学习方法，而且培养了健全的人格.

在进行教学设计时，要注意创造良好的教学氛围，给学生充分自由的发展空间，重视开放性的思维训练，鼓励学生大胆质疑，提出并解决有挑战性的问题.

（6）情境性原则. 数学学习总是与一定的社会文化背景，即“情境”相联系的，学生学习的本质就是借助于学习情境的帮助，实现学习者对知识意义的主动建构.

（7）最优化原则. 现代教学设计强调为达到特定的教学目标，对教学活动的各种要素进行最优的选择与组合. 教学设计应着眼于教学条件、教学策略、学习者、教学者之间的互动与协调，注重教学效果的高质量和教学效率的提高.

（8）科学性与艺术性相结合的原则. 现代教学设计是建立在科学的理论基础之上的，这些理论主要包括教学理论、系统理论和传播理论，它们以综合的方式在教学中体现出来. 但是，以科学的理论为基础，并不意味着教学设计有种种僵硬的、划一的模式. 由于教学目标的多元性、教学对象的多样性、教学策略的多变性以及教学情景的复杂性，教学设计必须讲究独特、变化、创新和生成，因而它必然是艺术的.

5.2.2　教学设计主要环节

目标导向的教学设计流程如图 5-1 所示.

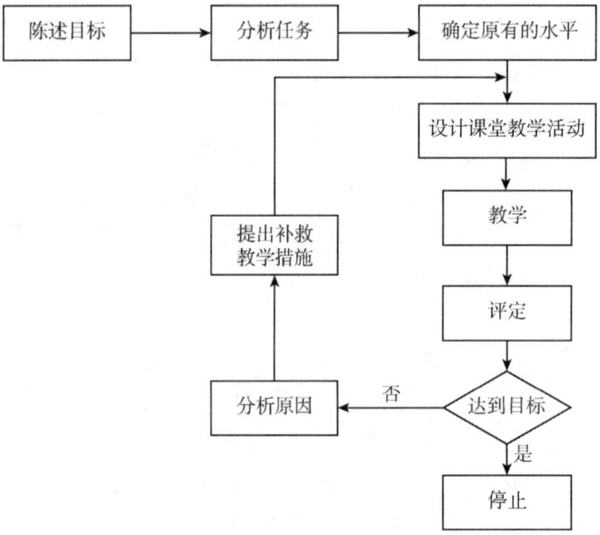

图 5-1　目标导向的教学设计流程图

陈述目标：用可以观察的、可以测量的行为术语来陈述学生所要获得的学习结果. 课程《标准（2011）》中的“了解，理解，掌握，运用”等术语是经常使用的. 但是，还不够细致，更为细致的做法是：可以通过行为测量观察到.

目标清楚了，我们才能够明确教学设计的方向；才能够基于目标，开发相应的评价方案，衡量学生完成你描述的目标的能力.

分析任务：分析从学生原有的水平到教学目标之间所需要的从属的知识和技能、经验，并确定它们之间的层次关系. 目标只是确定了学习的最终结果（终点），但是，如何达到这样的结果，起点在哪里，从起点到终点之间的层次是什么？这就需要进行任务分析：确定学生的起始状态（起点），即学生已经具备的知识技能，甚至包括学习方式、学习习惯等；分析从起点到终点之间必须掌握的知识、技能或者行为倾向，这些中介（从起点到终点之间的）的能力（子目标），就构成了实现终点目标的先决条件.

通过任务分析，找到了起点，找到了实现总目标的一系列连贯的、具有逻辑关系的子目标，这些子目标就是实现终点目标的先决条件. 教学就要创设学习环境、安排学习活动，帮助学生实现这些子目标.

设计课堂教学活动：根据任务分析中所确定的知识和技能，选择适当的教学活动——这些活动是为了实现一个个子目标的. 这些活动就是 task（任务），设计这些活动，就是 task design（任务设计）.

如何设计这些活动呢？这就涉及了学习的理论问题——学生是如何学习该知识的，学习该知识具有怎样的心理过程？这事实上涉及学生认知的心理顺序. 同时，我们还要考虑该知识的逻辑顺序，即从学科角度而言，这些知识是怎样一步步形成、构建的. 进而，将学生认知的心理顺序与知识的逻辑顺序整合、统一起来，构建一个合理的活动（任务）序列——亦即学习路径、学习进阶. 所以，设计教学活动的本质是安排有序的学习活动，这些活动实现一个一个子目标，并最终实现终点目标.

这是课堂教学活动设计的核心.

有了这些课堂教学活动，如何实施这些活动呢？这就涉及了教学的方式、方法，以及教学的策略.

从方式的角度而言：这些活动可以是教师讲解，也可以是学生自己探究；可以是独立学习，也可以是小组合作；可以是动脑思考，也可以是动手操作；可以是阅读文本，静静地想，也可以是借助现代技术与媒体，静静地听.

从方法的角度而言：有意义接受教学、发现教学、程序教学等.

教学方式、方法的选择是服务于教学目标实现的. 某种意义上来说，方式、方法无好坏之分.

教学策略：启发策略，讲解策略，巩固策略等.

教学：展开课堂教学活动.

评定：对照目标，确定学生是否达到了规定的目标.

陈述目标是“我要去哪里”，中间的环节是“我怎样去那里”，评定是“我是否到达了那里”. 如果在陈述目标中已经用行为术语陈述了学生内在的心理变化，那么教学结果的测验题事实上已经蕴涵在了教学目标中. 因而，目标陈述要清晰、准确，这样我们才能够用外在的行为变化来推测学生内在的心理变化.

如果达到了教学目标，则完整的教学过程已经完成，这一个新的学习结果就成了下一轮教学（学习）的起点. 如果没有达到教学目标，就要找出原因，提出补救措施和修改教学内容，重新进行任务分析. 这里可能出现两种情况：一种是原来的任务分析是正确的，问题出现在师生互动的过程中，如有的学生学习不投入；另一种情况是原来的任务分析有问题，可能忽略了在达到终点目标之前的必要的准备性的知识和技能（又称为先决知识和技能），补救办法是补上这一课.

问题与思考

1. 何谓学习、教学、教学设计？三者之间的关系是什么？
2. 阐述行为主义的学习理论.
3. 简述教学设计的一般过程. 请按照这个过程设计一节课的教案.

第 6 章　教学设计的内容

学习目标

（1）会分析学生的学习需求，从而确定教学目标，选择合适的教学策略，设计合理的教学过程，安排适宜的教学活动，设计科学的教学评价.

（2）通过案例学习，掌握教学设计并能书写规范的教学设计.

上一章，我们介绍了教学设计的原则与方法，本章将结合案例，具体展开教学的设计.

6.1　任务分析

任务分析是指在教学活动之前，预先对教学目标中规定的、需要学生习得的能力或者倾向的构成成分及其层次关系所进行的分析，目的是为学习顺序的安排和教学条件的创设提供心理学依据.

教学活动开展之前，主要的工作就是教学设计. 教学设计的首要任务是确立教学目标（我的教学要到哪里去）. 要确立一个合适的目标，就必须了解学生目前的水平（教学从哪里出发）.

教学目标，可以说是“期望学生达到的学习状况”. 它包括应该掌握哪些概念、运用什么技能等.

学生目前的水平，可以说是学生“目前的学习状况”. 它包括学生已经具备的知识、技能，认知发展的特点，学习习惯等.

只有分析清楚学生目前的学习状况、期望达到的学习状况，并进而确定从目前状况到期望状况所包含的层次、经历的路径，才能够选择合适的教学策略与方法，设计合理的教学过程.

因此，分析目前的状况和期望达到的状况就成了任务分析的主要内容.

对“期望学生达到的学习状况”的分析，应该来自于对课标和教材的分析，在这里主要指的是对教材的分析，即对学习任务的分析. 对“目前的学习状况”的分析，在这里主要指的是对学生已有的知识基础和经验、起点能力以及在教学中存在的困难等的分析，即对学生的分析.

6.1.1　学习任务分析

学习任务分析是指在教学活动之前预先对课程目标中规定的、需要学生习得的知识、技能、态度以及知识、技能之间层次关系所进行的分析. 它是以课标为准绳、教材为线索，对教材进行二次开发的过程. 对学习任务的分析主要包括：分析学习任务的类型和功能，确定学习任务的结构、范围和深度，这与“学什么”“教什么”有关. 揭示学习任务中各项知识、技能之间的相互关系，为教学顺序的安排奠定基础，这与“如何学”“如何教”有关，具体地分为以下四个部分.

1. 教材分析

（1）研读数学课程标准，领会教材的编写意图和目的要求，掌握教材的深度与广度.

（2）通读中学数学全套教材，整体、全面地把握数学教材，明确所教教材的结构、地位作用和前后联系.

（3）精读全册教材及教师教学用书，从更深更高的层次理解数学教材，了解数学知识的背景、发生和发展过程，了解它与其他知识的联系，以及了解它在实际生产生活中的应用，明确在此应用中所涉及的数学思想方法. 作为刚刚入职的教师，更应该精读全套教材和教师教学用书. 事实上，教师教学用书是最好的参考书，这里有编写者许多的“私房话”，需要大家静静地听，慢慢地领会.

（4）分析数学教材的重点、难点和关键点，了解学生容易混淆、可能产生错误的地方和应该注意的问题.

数学的重点一般是指在学习中贯穿全局、带动全面、应用广泛，对学生认知结构起核心作用的，在进一步学习中起基础作用和纽带作用的内容. 确定教学重点的依据为：①教学内容是不是教材的核心；②教学内容是不是今后学习其他内容的基础，或者是否有广泛的应用. 通常教材中的定义、定理、公式、法则、数学思想方法等都可以作为教学的重点.

教学中的难点是指学生接受起来比较困难的知识点. 确定教学难点的依据为：①知识本身比较抽象；②在学习新的知识时，缺少相应的已知概念做基础；③易受已有知识干扰的知识；④知识本身较为复杂，综合性较强等.

在数学教学中，一般而言概念课的难点通常是“对概念的理解”； 命题课（定理、公式、性质）的难点通常是相应原理的证明（推导）或原理的形成过程及其运用.

（5）了解例题和习题的编排、功能和难易程度.

（6）了解新知识和原有认知结构之间的关系，确定起点能力转化为终点能力所需要的先决技能和它们之间的关系. 本质上就是通过对新知识（技能）与原有知识（技能）关系的分析，找到从目前状态到期望状态的最佳路径.

2. 背景分析

数学教材的背景分析，主要是分析数学知识的发生、发展过程；它与其他有关知识的联系；它在社会生产、生活和科学技术中的应用.

3. 功能分析

数学教材的功能分析是指对数学教材在培养和提高学生数学素养方面的功能进行分析，分析所教内容在整个教材中的地位和作用，学习价值包括智力价值、思想教育价值和应用价值.

数学智力价值是指数学思维品质的培养，思想方法的训练，数学能力的提高等.

数学的思想教育价值是指个性品质的培养、人格精神的塑造、世界观和人生观的形成等.

数学应用价值是指数学知识在生活、生产实践和科学技术中的应用.

4. 结构分析

所谓结构，是指事物内部组成要素组合在一起的方式. 在对某一段教材进行分析时，先要对这一段教学涉及的内容作结构分析，从整体上了解它的结构体系. 对数学教材进行结构分析是为了找出数学教材的整体性和层次性的特征，组成要素之间的相互联系.

一堂课的结构分析主要分析它有哪些知识要点，它们是如何安排的，前后次序如何，其中哪些是重点、难点和关键点.

案例 6-1 “函数的单调性”的学习任务分析.

1）教材分析

教材一开始介绍了学生曾学过的函数 $f(x)=x$ 和 $f(x)=x^2$，然后借助函数图象来研究函数值增大或减小的性质. 接着，教材直接给出了增减函数的概念（定义）. 之后，教材又给出了揭示增减函数的图象特征的两幅图. 此后，教材在增减函数概念的基础上描述了“函数单调性”和“单调区间”两个概念.

（1）增函数、减函数（不使用单调函数），实际上“单调函数”通常是指整个定义域内只具有一种单调性的函数，它不能在有的区间上增，有的区间上减.

（2）研究函数的单调性，必须在所给的定义域内进行讨论，例如 $f(x)=1/x$ 的定义域是 $(-\infty, 0)\cup(0, +\infty)$，它在 $(-\infty, 0)$ 上是减函数，在 $(0, +\infty)$ 上也是减函数，但不能说在定义域内是减函数. 应用部分：（教材给出了两个例题和一个探究题）

例 1 是根据图象确定函数的单调区间.

例 2 讨论反比例函数在给定区间上的单调性.

探究反比例函数在定义域 I 上的单调性.

2）背景分析

按现行教材结构体系，该内容安排在学习函数的现代定义及函数的三种表示方法之后，也了解了在生活实践中函数关系的普遍性. 另外学生已在初中阶段学过一次函数、反比例函数、二次函数等初等函数的知识.

函数单调性的概念是研究具体函数单调性的依据，在研究函数的值域、定义域、最大值、最小值等性质中有重要的应用（内部）；在解不等式、证明不等式的性质、证明数列的性质等的其他数学内容研究中也有重要的应用（外部）. 可见，不论在函数内部还是外部，函数的单调性都有重要的应用，因而它在数学中具有核心地位.

3）功能分析

函数单调性的研究方法具有典型意义，体现了对函数研究的一般方法. 这其中包含了加强“数”与“形”的结合、由直观到抽象、由特殊到一般. 首先借助对函数图象的观察、分析、归纳，发现函数的增、减变化的直观特征，然后进一步量化，发现增、减变化的数字特征，最后进一步用数学符号刻画.

4）结构分析

函数的单调性是研究当自变量 x 不断增大时，它的函数值 y 增大还是减小的性质. 如函数单调递增表现为“随着 x 增大，y 也增大”. 这一特征与函数的奇偶性不同，函数的奇偶性是研究 x 变为相反数时，y 是否也变为相反数，即函数的对称性质.

函数的单调性与函数的极值类似，是函数的局部性质，在整个定义域上不一定具有. 而函数的奇偶性、函数的最大值、最小值与其不同，它们是函数在整个定义域上的性质.

教学重点：引导学生对函数在区间（a，b）上“随着 x 增大，y 也增大（或减小）”的特征进行抽象的符号描述：在区间（a，b）上任意取 x_1，x_2，当 $x_1<x_2$ 时，有 $f(x_1)<f(x_2)$（或 $f(x_1)>f(x_2)$），则称函数 $f(x)$ 在区间（a，b）上单调增（或单调减）.

教学难点：（1）函数单调性的概念形成. 从图形到日常的描述性语言再升华到用数学符号语言来精确刻画概念的过程对于他们来说有一定难度.

（2）利用函数的单调性的定义证明具体函数的单调性，掌握“作差、变形、定号”的过程.

但有时将以上分析过程进行缩减，只简单地说明该内容包含的知识点、蕴涵的思想方法、地位与作用、教学重难点等.

案例 6-2 “指数函数”的学习任务分析.

（1）本节内容既是函数内容的深化，又是今后学习对数函数的基础，具有非常高的实用价值，在教材中起到了承上启下的关键作用. 在指数函数的研究过程中蕴涵了数形结合、分类讨论、归纳推理、演绎推理等数学思想方法，通过学习可以帮助学生进一步理解函数，培养学生的函数应用意识，增强学生对数学的兴趣.

学习任务如图 6-1 所示.

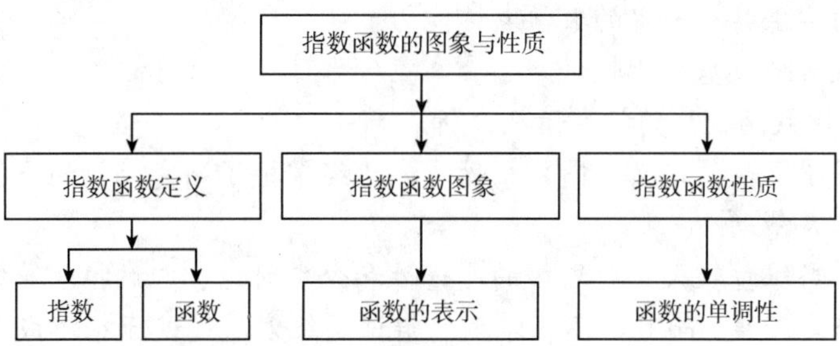

图 6-1

（2）教学重点：掌握指数函数的图象和性质.

（3）教学难点：掌握不同特征的函数，底数 a 对函数图象的影响；探究底数相同的两个函数图象间的关系.

6.1.2 学生情况分析

如何对学生进行情况分析呢？对学生情况分析主要包括学生的初始能力分析、学生学习数学的心理特点分析等.

1. 学生情况分析的内容

一般主要分析学生的先决知识、能力（即教学起点）及学习态度.

案例 6-3 学生在学习“有理数”前的初始能力分析.

（1）学生在小学已学过关于数和数的运算，已具有非负有理数及其运算的知识.

（2）学生已经初步学习、了解了“负数”概念.

（3）学生每天在生活中都会接触到大量具有相反意义的量（温度升降、收入支出、向东向西），有充实的生活经验基础.

2. 学生学习数学的心理特点分析

根据皮亚杰认知发展阶段理论，可以将儿童认知发展分为四个阶段：

（1）感知运动阶段（出生至两岁），个体靠感觉与动作认识世界；

（2）前运算阶段（两岁至七岁），个体开始运用简单的语言符号从事思考，具有表象思维能力，但缺乏可逆性；

（3）具体运算阶段（七至十一二岁），出现了逻辑思维和零散的可逆运算，但一般只能对具体事物或形象进行运算；

（4）形式运算阶段（十一二岁至十四五岁），能在头脑中把形式和内容分开，使思维超出所感知的具体事物或形象，进行抽象的逻辑思维和命题运算.

中学生主要处于具体运算阶段与形式运算阶段.

案例 6-4 “函数的单调性”的学生情况分析.

（1）学生已在初中学过一次函数、反比例函数、二次函数等初等函数.

（2）学生学习了函数的现代定义及函数的三种表示方法.

（3）现阶段的学生具有一定的抽象概括能力.

（4）现阶段的学生具有一定的数学表达能力.

（5）班级比较活跃，基础比较好.

案例 6-5 “指数函数”的学生情况分析.

学生刚刚学习了函数的定义、图象、性质，已经掌握了研究函数的一般思路，这对学生学习这节课会有很大帮助.

但是本节内容思维量较大，对思维的严谨性和分类讨论、归纳推理等能力有较高要求，学生学习起来有一定难度. 而且，高一学生的辩证思维发展还处于很不成熟的时期，思维水平基本上停留在形式逻辑思维的范畴，只能局部地、静止地、分隔地、抽象地认识所学的事物. 而指数函数却是一个辩证概念，其特征是发展的、变化的，处于与其他概念相互联系之中，这个矛盾造成了指数函数概念学习中一切认知障碍的根源.

3. 学生情况分析的方法

对学生情况的分析主要可以通过这样的五个渠道.

一是以往文献调查法，查问学生以前的相关学习档案（包括学生的作业资料、以往的一些数学测验资料以及以往教师与学生的接触资料等）、查看关于这个年龄段学生的相关研究文献（包括心理学、教育学以及有关的杂志文章等）；

二是口头调查法（包括小组谈话、个别谈话以及和与学生直接接触的人员的谈话等）；

三是设计书面调查法，即为了更好地设计该课教学，教师进行一系列书面调查（包括进行问卷调查、课前测验、重新布置课前练习及作业）；

四是观察法，即对学生在无约束条件下的言行举止进行的观察以及在学习综合环境下的观察；

五是经验分析法，即教师根据自己以往与学生接触的经验进行分析.

当然，一般教师往往根据需求采取综合法的手段，即包括前面所提的五点. 在平时教学过程中，如果没有“特殊需求”或“特殊环境”（例如：借班上课、教学比赛等），教师在平时上课时，对自己班级的学生往往采取经验分析法.

6.2　教学目标确定

在教学设计中，根据任务分析可以较为准确地分析教学目标. 教学目标是指教学活动实施的方向和预期达成的结果，是一切教学活动的出发点和最终归宿. 根据课程标准的描述，初中教学目标分为四个领域：知识与技能、数学思考、问题解决和情感与态度；高中分为三个领域：知识与技能、过程与方法（能力）、情感态度和价值观. 那么，怎么编制教学目标呢？

第一，应该判断所设计的数学教学的性质，即所传授的课是属于新授课还是复习小结课，是概念教学偏多还是数学命题教学偏多，该节课在整个数学教学中的地位如何等. 不同性质的课，其教学目标的撰写是不一样的.

例如，新授课往往倾向于基础知识（概念、性质、法则、公式、公理、定理等）的落实以及基本技能的形成（运算技能、作图技能、逻辑推理技能等），而非它们的应用. 当然，还要为某些基础知识及基本技能的“地位”和“作用”设置不同层次的要求. 以初中的《函数的概念》第一课时为例，若其教学目标定为“了解函数的概念”，显然要求过低；若定为“掌握函数的概念”，对整个教学而言是需要的，但对第一节课而言，要求过高；若定为“理解函数的概念”似乎更为恰当一些，但也有教师认为还似乎偏高，谨慎地定为“初步理解函数的概念”.

第二，应该结合课堂教学的对象来确定教学目标. 课堂教学的性质、课程标准的要求固然是确定教学目标的重要考虑因素，但学生的学习基础等具体情况在确定教学目标的时候也是不可忽视的. 应根据学生已有的知识经验，合理确定教学目标.

第三，确定教学目标应该具有整体思想，教师应该具有“通盘意识”. 以数学能力培养为例，它需要经过“知识—技能—能力”的过程. 显然，一节课是无法完成的. 这样的教学目标，需要分为不同的课堂教学设计不同层次的教学目标. 数学教师在每节课设置教学目标的时候，应该通盘考虑.

第四，应满足明确性、整体性及弹性的要求. 所谓明确性是指能表明可观察到的学习结果，能表明检测结果的标准；整体性是指知识与技能，过程与方法，情感、态度和价值观的完整呈现；弹性是指对不同的学生应区别对待、灵活变通.

第五，教学目标的编制应采用行为术语法或内外心理相结合法（图 6-2）.

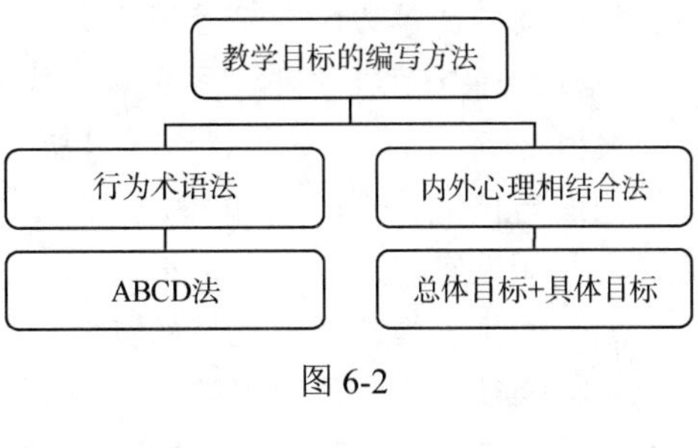

图 6-2

行为术语法即用可观察、可测量的行为来描述教学目标的方法. 它由对象、行为、条件、标准四个部分组成（ABCD 法）.

（1）对象（audience，A）：学生.

（2）行为（behavior，B）：完成教学后，学生的终点行为.

（3）条件（condition，C）：学生终点行为表现的环境和条件.

（4）标准（degree，D）：终点行为的最低表现标准，它的确立使教师评估学生的行为有了依据.

具体描述方法和步骤：

（1）以行为动词（可参考表 6-1）开始，在行为动词之后接着描述学习课题的内容（结果）；

表 6-1　教学目标的行为动词

<table>
<tr><th colspan="2">类型</th><th>水平</th><th>所用的行为动词</th></tr>
<tr><td rowspan="5">知识与技能/能力目标动词</td><td rowspan="3">知识</td><td>了解</td><td>了解、知道、描述、说出、举例说明、列举、识别、比较</td></tr>
<tr><td>理解</td><td>阐述、解释、估计、理解、计算、说明、判断、分析、区分</td></tr>
<tr><td>应用</td><td>评估、使用、验证、运用、掌握</td></tr>
<tr><td rowspan="2">技能</td><td>模仿</td><td>模拟、重复、再现、扩展</td></tr>
<tr><td>独立操作</td><td>测量、测定、操作、会、能、制作、设计</td></tr>
<tr><td colspan="2">过程与方法动词</td><td>经历</td><td>观察、收集、调查、交流、讨论、阅读、尝试、实验、经历、体验、探究、参加、查阅等</td></tr>
<tr><td colspan="2" rowspan="2">情感态度与价值观目标动词</td><td>反应</td><td>体会、关注、注意、关心、乐于、敢于、勇于</td></tr>
<tr><td>领悟</td><td>形成、养成、具有、领略、体会、思考</td></tr>
</table>

（2）如果目标需要达到一定的量值，则可在可测量的项目内容下加上所要表达的最低标准；

（3）说明行为产生的条件.

比如：长方形面积一课的教学目标.

能够借助透明的方格胶片或者带有方格的面积图（条件），说明（行为动词）长方形面积等于长乘宽（结果）的理由，正确率为 80%（标准）.

对给予的长方形图形与实物（条件），能够正确计算（行为动词）它的面积（结果），正确率 90%.

在教学目标的表述中，需要关注以下几个问题：第一，行为主体必须是学生而不是教师；第二，行为动词必须是可测量可评价的、具体而明确的；第三，行为条件指影响学生产生学习结果的特定限制或范围；第四，表现程度指学生达到目标的最低表现水准.

案例 6-6　请评价以下教学目标.

培养学生的数学思维能力和科学的思维方式.

培养学生勇于探索、创新的个性品质.

体验数学的魅力，激发爱国主义热情等.

分析：违反了教学目标要明确、具体、恰当的要求.

案例 6-7　函数的单调性教学目标.

知识与技能　（1）理解增减函数、单调性、单调区间等四个概念：能用自己的语言说出定义，并知道它们是怎样得出来的.

（2）初步掌握函数增减性的证明：掌握借助函数图象求（判断）简单函数的单调区间及证明简单函数在给定区间上的单调性的方法和步骤.

过程与方法　（1）能通过实例观察，得出定义.

（2）经历知识的获得过程，提高和发展学生自我学习和自我发展能力.

情感、态度和价值观　借助开放探究的教学方式，张扬学生个性，培养学生科学、严谨乐于、探究的作风.

案例 6-8　指数函数的教学目标.

知识技能目标　（1）能够准确判断一个函数是否为指数函数.

（2）会利用性质比较大小.

过程与方法目标　通过自主探索，经历“特殊——一般—特殊”的认知过程，完善认知结构，领会数形结合、分类讨论、归纳推理等数学思想方法.

情感、价值观目标　感受探索数学问题的乐趣和成功的喜悦，体会数学的理性、严谨性及数与形的和谐统一美，体会数学实用价值及其在社会进步、人类文明发展中的重要作用.

6.3　教学策略与方法选择

教学策略与方法是在教学过程中为达到教学目标而采用的教师和学生相互影响的活动方式和手段. 在中学数学教学中，常用的教学方法有：讲授法、探究法、自主学习法等. 那么，在教学设计中，应怎样选择教学策略与方法呢？

6.3.1　教学策略与方法选择的依据

教学策略与方法的选择和设计受到教学目标、教学内容、学生已有的认知结构和认知水平、教师个性和教学风格等其他环境因素的影响. 因此，教学策略与方法的选择和设计要综合全面地考虑相关因素. 那么，在什么情况下选择什么样的教学策略与方法，该怎样进行选择呢？

1. 依据教学目的、任务

选择教学方法必须从教学目的、任务出发，考虑本课是传授知识，还是巩固知识，或是训练技能技巧，发展智力能力，培养个性心理品质等. 根据具体的教学目的、任务，采用相应的教学策略与方法. 若是传授知识一般可用直观法，启发性讲解法或谈话法；若是技能训练可用操作法、练习法、实验法，以及技能训练性的游戏法；若是培养逻辑思维能力可用比较法、分析法和综合法、归纳法和演绎法；如果是培养学生探索获取知识能力可用引导发现法、探究法.

2. 依据教学内容特点

教学内容是教学方法的直接性对象. 选择教学方法，必须根据教学内容，知识的类型（概念、命题、法则、问题解决），性质（理论性知识还是事实性的具体知识，是新引入的知识还是旧知识的引申、扩展或综合），内容的多少、难易，前后的联系性等. 如果逻辑联系不是很紧，分散的数学概念、定义、法则，可用讲解法或自学辅导法；一般的法则、性质、公式，可用引导发现法或探究法之类；对于理论性较强，且难度较大的内容，应用启发性讲解法或问题讨论法；新旧知识联系紧密，且难度不大的，可用自学法或尝试教学法.

3. 依据学生实际情况

学生是教学方法的实质性对象. 因此，选择教学方法必须从学生的知识能力基础、年龄特点和个性差异出发，考虑学生的基础知识扎实不扎实，认识理解能力强不强，是低年级还是高年级，以及心理状态如何等. 以下为选择的一般原则和方法.

（1）低年级学生的识字量不多，语言能力差，兴趣易发而多变，注意力集中持久度不强，思维以感性、直观、形象为主，逻辑连贯性较差，因此一般选用直观操作法、知识性游戏法等，并要注意方法多变换，以利于培养学生学习数学的兴趣和动机.

（2）中年级学生的学习行为习惯逐步养成，语言能力有所提高，认知能力也有较大的发展，注意力也大大增强，有一定的主动性和自学、自理能力. 这一阶段，应把直观方法和语言方法有机的结合使用，可适当地用一些有自学性、探索性的逻辑推理方法，以促进学生语言能力、自学能力、逻辑思维能力的发展.

（3）高年级学生的抽象思维能力有了较大的发展，心理上要求有更多的独立性、自主性，可选用学生主体认识性较强的教学方法，如问题讨论法、自学辅导法、引导探索法、引导发现法以及尝试教学法、“掌握学习”教学法等，以发展学生独立获取知识的能力，进取探索的精神，自我评价的能力.

此外，还应根据班级绝大多数学生的知识基础、能力水平，对教学同样的知识内容进行恰当的提高或降低教学方法，以便更好地适应不同班级学生的不同水平.

（4）依据教师本身的素养条件. 教学策略与方法的选用，只有适应教师的素养条件，能为教师所掌握，才能发挥作用. 例如，运用启发式或谈话法，教师本身对教材的理解必须是有一定的深度；能随着具体情况，从不同角度，机动、灵活地用不同的语言表述对问题的理解；能针对学生问题的矛盾焦点，几句话就能启迪学生的智慧，使学生豁然开朗. 如果教师对教材的理解很肤浅，不能融会贯通，透彻掌握，只是教条地记住、背熟. 那么在利用启发谈话时，就不能从各种不同角度提出各种不同的看法，即教师不能随机应变地抓住要害，用不同的语言启发引导学生探索问题，弄清理论. 为了说明一个理论问题，有的教师形象思维水平高，可以用生动形象的语言把问题的事实和现象描绘得生动具体，然后从所讲的事实出发，由浅入深地讲清道理. 有的教师不善于用生动具体的语言描述，但善于运用直观教具，在直观教具演示配合下能很快地讲清理论. 前一种教师可以运用讲述法进行教学，后一种教师则可以采取直观演示法进行教学. 教师可以根据自己的水平条件，扬长避短，发挥个人的优势，采取自己擅长的教学方法.

一般地，当学生学习的内容属于起始内容，又缺乏必要的知识基础，教学目标主要是理解和掌握这些新知识，应采用有意义的接受学习. 如高一集合的学习，教师提供充分的直观背景材料，对集合概念作出描述性说明，再配合一些练习让学生熟悉新知识；然后结合具体例子讲解集合元素的三个性质与集合表示法；继而结合图形，给出子集、交集、并集等定义.

当教材内容在逻辑上与以前学过的教材有联系时，学生对以这些内容为基础所设置的问题具有认知能力，教师的教学目标又旨在培养学生的自学能力或探索能力，可以采用自学或探究法为主进行教学，如等差数列、等比数列的教学，对数函数的教学等.

6.3.2 教学方法选择的程序

苏联巴班斯基从教学过程最优化的指导思想出发，论述了教学法的最优化，也论述了对教学方法进行优选的程序. 按其基本精神，选择教学策略与方法的程序，大概包括以下几个大的步骤.

第一步，明确选择的标准. 巴班斯基特别强调的是：标准要具体化，反对抽象的标准. 因此，最重要的是当前具体化了的教学任务和规定的教学时间，再就是此时此地教师使用的实际可能性，教学设备和教学环境等.

第二步，尽可能广泛地提供有关的教学方法，便于教师考虑和选择.

不仅包括各种教学方法，而且包括每种教学方法中的方式或细节. 例如，按照他对教学方法的分类，第二类为“刺激和形成学习动机的方法”，包括第一小类“刺激学习兴趣的方法”，第二小类“刺激学习责任感的方法”. 在第一小类“刺激学习兴趣的方法”下，又列出：认识性游戏、学习讨论、设置道德情感体验的情境、设置引人入胜的情境、设置统觉情境（依靠生活经验）、设置认识新颖性情境等. 教师搜集、了解到的教学方法越多，就越有利于教师进行最优的选择. 因此需要进行教学实践和教学理论创造，并论证更多的教学方法. 与其说是供直接使用，不如说是不断扩大了教师的选择范围.

第三步，对各种供选择的教学方法，进行各种比较.

（1）比较各种具体教学方法的可能性. 以具体的教学方法为纵坐标，以其对形成、发展、教学速度的功能为横坐标（又分三级）进行比较，见图 6-3. 例如“问题性探索法”. 对于“形成理论知识”，其成功性高于所有供选择的方法，用“+！”表示（第一等），对于“形成实际知识”，则为“+”（第二等，基本有效），对于“形成实际操作和劳动技能”就是“–”（第三等，成功性低）. 以下各项：“发展语言逻辑思维”为“+”，“发展直观形象思维”为“–”，“教学速度”为“–”. 其他如口述法、直观法、认识游戏、学习讨论等，依理类推.

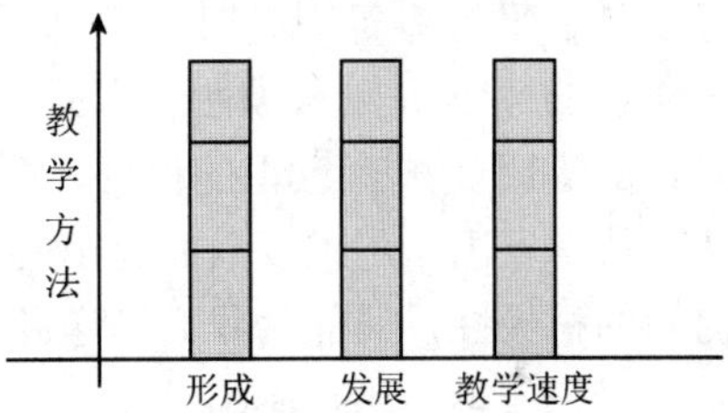

图 6-3

（2）比较各种供选择的教学方法的适用范围和条件. 例如，分别比较口述法、直观法、实际操作法、复现法、探索法、归纳法、演绎法、独立工作的方法. 比较它们各自最适宜解决的任务、最适宜解决的教材内容、相应的学生特点、教师应具备的可能性、是否有时间应用，等等.

最后，在既定的教学任务、教学内容、师生特点、教学时间等条件下，对各种方法进行筛选，作出最后决定.

案例 6-9　函数的单调性的教学方法.

探究法　借助计算机或者计算器绘制函数图象，同时辅以坐标计算、跟踪点等手段观察函数的数字变化特征.

6.4　教学过程设计

教学过程设计是指教学过程的系统展开，它表现为教学过程推移的时间序列，是具体地对学生“怎么教”的操作环节设计. 教学活动设计是教学过程设计的重点部分，它反映了教师的教学思想、教学个性与风格，是教师个性的展示.

教学活动的设计在每一个教学环节都要同时考虑：教学的意图、教学组织中活动的主体（学生、教师，由他们共同参与）、行为（探索、思考、讨论、操作等）、活动方式、媒体的使用、时间的分配、对教学效果的预期. 因此，在设计教学过程时要同时关注几个方面的设计.

1. 问题情境

数学问题情境创设是激活学生学习兴趣的有力形式. 从内容上分，可以将数学问题的情境分为数学情境与实际情境.

1）数学情境的创设

数学情境的创设是数学方法论的一种教育手段，从上节课（或以前的数学课）的数学内容开始回顾，“自然而然”地提出新的数学问题. 这种“自然而然”其实就是数学方法论的教育，其中往往是采取命题变化、归纳、类比、抽象、概括等策略. 这种教育方法对学生也是非常必要的. 所以，从数学到数学的问题情境引入也是非常必要的.

但是，从数学到数学的问题情境引入需要注意：在有意识地导向新课的同时不要忘记由此发散出来的其他命题的处理. 学生往往不一定按照教师的意愿，反而可能得出一系列出乎教师意料的数学命题，教师不能为了符合自己的意图而粗暴干涉学生的想法. 例如，由直线平行的判定命题“同位角相等，两直线平行”，得出两直线平行的性质：“两直线平行，同位角相等”. 当教师提出“对直线平行的判定定理，你们有什么想法”时，假如有学生提出“若同位角不相等，两直线还能够平行吗”或者“是否还可以通过其他角的相等关系来判断两直线是否平行”等问题时，教师需注意以下事项. ①教师务必耐心处理相关问题，否则将打击学生的数学提问积极性. ②要适时指点学生如何提出数学问题，并给予鼓励，让学生从无意识的提问变成有意识的提问，学会如何进行数学提问和思考. ③教师要有平和的心态，坦然对待学生由于思维发散而提出的出乎教师意料的数学问题. 鼓励学生的做法既可以激发学生提问的积极性，又能为我们输送源源不断的“题源”，这将成为一笔珍贵的科研材料.

2）实际情境的创设

学生将来走向社会后要有主动运用数学的意识，这种能力和意识需要在学校期间进行培养. 实际情境的创设就是基于这方面的考虑. 实际情境的创设需要注意以下几个方面：

（1）要尽量符合实际，不要“胡编乱造”；

（2）要有价值，所涉及的实际情境要让学生进行数学思考，激发学生的兴趣；

（3）要讲究趣味性，让学生觉得问题很有趣，也很愿意参与，并进行数学建模.

那么，什么时候可以采用复习引入或者从数学到数学的引入方法，什么时候可以采取从实际问题情境引入的方法呢？一般地，可以进行如下处理.

（1）当数学内容前后紧密联系时，完全可以直接采取从数学到数学的引入方式，让学生学会如何进行数学学习及思考，在之后的知识运用过程中，可以设置一些实际问题的题来“弥补”.

（2）当前后知识联系不紧密时，比如某些章节的开头，可以设置一些实际情境，让学生学会如何通过观察现实世界和建立数学模型来解决一些问题.

（3）要注意两者之间的相互补充. 采取从数学到数学引入后，所学的知识到底有何用途，而从实际情境引入后别忘了引导学生反思学习这些数学的缘由.

（4）要根据学生的年龄特征，灵活选择问题情境. 一般来说，年龄较小的学生采取实际问题引入的情况要多一些，随着年龄的增长，从数学到数学引入的情景可以逐渐增加.

（5）要培养学生的反思能力，经常采取“回马枪”的方式提醒学生进行反思，逐步培养他们反思的习惯.

案例 6-10　分数指数幂的问题情境设计.

问题：当生物死亡后，它机体内原有的碳 14 会按确定的规律衰减，大约每经过 5730 年衰减为原来的一半，这个时间称为"半衰期"，根据此规律，人们获得了生物体内碳 14 含量 P 与死亡年数 t 之间的关系 $P=\left(\frac{1}{2}\right)^{\frac{t}{5730}}$（设初始含量为单位 1），考古学家根据这个式子可以知道，生物死亡 t 年后，体内碳 14 含量 P 的值.

例如：当生物死亡了 5730，2×5730，3×5730，…年后，它体内碳 14 的含量 P 分别为 $\frac{1}{2},\left(\frac{1}{2}\right)^2,\left(\frac{1}{2}\right)^3,\cdots$

当生物死亡了 6000 年，10000 年，100000 年后，根据上式，它体内碳 14 的含量 P 分别为 $\left(\frac{1}{2}\right)^{\frac{6000}{5730}},\left(\frac{1}{2}\right)^{\frac{10000}{5730}},\left(\frac{1}{2}\right)^{\frac{100000}{5730}}$.

设疑：以上三个数的含义到底是什么呢?

2. 教学环节的安排设计

根据所选择的教学模式，设计课堂教学的基本活动环节，简要说明这些环节设计的主要意图、作用，以及链接方式与注意点. 一般地，数学课堂教学环节为：①创设情境，引出课题；②指导学生开展活动，探究新知；③组织变式训练，巩固新知；④小结；⑤布置作业.

3. 教与学的师生互动活动安排设计

由于课堂教学是师生互动的交往活动，所以师生互动活动设计是教学过程设计的核心. 在设计师生互动活动时，要做到四个和谐统一，即学生的主体活动与教师的主导作用的和谐统一；教法与学法的和谐统一，知识传授与知识建构的和谐统一，情感态度与知识技能的和谐统一.

4. 教学重点和难点的课堂教学处理方法设计

在对教学重点和难点的课题教学处理方法设计时，要恰当选择突出重点的策略与解决难点的方法设计. 其中，突出重点的策略有多角度策略、类比策略、强化策略、趣味策略等；解决难点的方法有分散难点、转化难点、实践经验等.

5. 课堂教学评价方法的设计

6.5 节将详细阐述.

6. 课堂教学中采用哪些教学手段辅助教学

在课堂教学中，可以参与的教学手段有多媒体课件、几何画板、教学模具展示、图片展示等. 在教学设计时，教师要根据教学需要准备教具、学生活动工具等.

例如平行线的教学可以展示斜拉桥、双杠、铁轨等图片；三角形的教学可以展示建筑物、金字塔等图片.

值得注意的是，一定要通过学生的多种感官的作用来激发学生的学习兴趣与思维.

案例 6-11　函数单调性教学过程设计.

1）创设情境，引出课题

函数是描述事物运动变化规律的数学模型.如果了解了函数的变化规律，那么也就掌握了相应事物的变化规律，因此研究函数的性质是十分必要的.在事物变化过程，保持不变的特征就是这个事物的性质.

问题 1：观察图 6-4 中各个函数的图象，你能说说它们分别反映了相应函数的哪些变化规律吗？

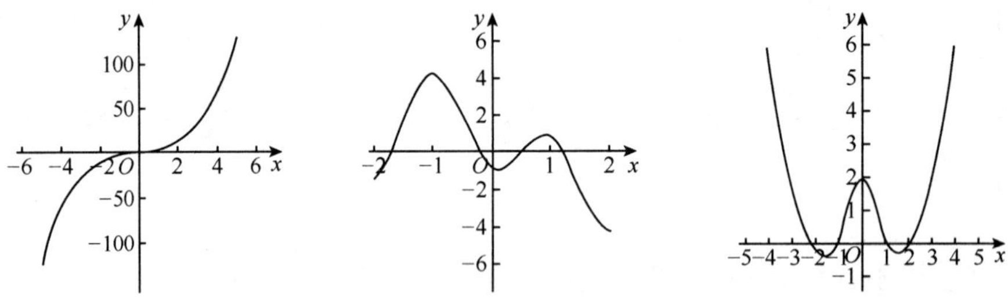

图 6-4

设计意图：从形到数，借助对函数图象的观察，猜测相应函数的性质.从而引导得出单调函数的“直观定义”.

学生可能回答，第一个图中的函数图象，自左而右是上升的；第二个图中的函数图象，自左而右，有时是上升的有时是下降的；第三个图中的函数图象，自左而右也是有时上升有时下降的，而且是关于 y 轴对称的.

师：对于运动变化问题，最基本的描述就是变化的快与慢、增与减……相应地，函数的特征就包含函数的增与减，我们把函数的这种性质称为“单调性”.

教师结合上述直观认识，写出课题：函数的单调性.

2）指导学生开展活动，探究新知

（1）函数单调性的“直观定义”．结合上述直观认识，给出单调函数的“直观定义”：

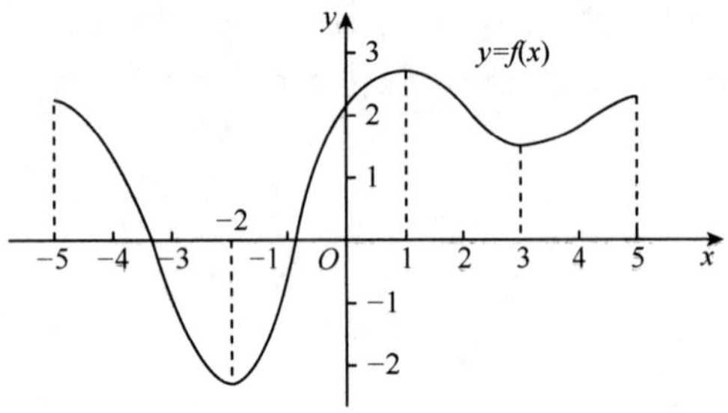

图 6-5

设函数的定义域为 I，区间 $D\subseteq I$.在区间 D 上，若函数的图象（从左至右看）总是上升的，则称函数在区间 D 上是增函数，区间 D 称为函数的单调增区间；在区间 D 上，若函数的图象（从左至右看）总是下降的，则称函数在区间 D 上是减函数，区间 D 称为函数的单调减区间.

例 1　图 6-5 是定义在区间[−5，5]上的函数 $y=f(x)$ 的图象，根据函数图象说出函数的单调区间，以及在每一个单调区间上，它是增函数还是减函数？

设计意图：用“直观定义”判断单调性，并强调单调性的“局部性”.

（2）函数单调性的“描述性定义”.

仅从图象上观察出函数的性质，只是得到了“定性刻画”，对函数的变化情况只是“大致了解”，显然不够，我们希望对其进行“量化”，这样才能准确.

教师借助几何画板作出函数 $y=x^2$ 的图象，并在函数 $y=x^2$ 的图象上任画一点 P，测量出其横坐标与纵坐标，制作表格. 拖动点 P，表格自动增行.

问题 2：根据函数的定义，对于自变量 x 的每一个确定的值，变量 y 有唯一确定的值与它对应. 那么，当一个函数在某一区间上是单调增（或单调减）的时候，相应地，自变量的值与对应的函数值的变化规律是怎样的呢？

设计意图：对函数的单调性的刻画，从图形的刻画过渡到数量关系，即从图形语言的表述过渡到自然语言的表述.

点 P 的纵坐标（即函数值）y 的变化规律：在区间$(-\infty, 0]$上，随着自变量 x 增大，函数值 y 减少；在区间$[0, +\infty)$上，随着自变量 x 增大，函数值 y 也增大.

由此得到单调函数的“描述性定义”：

设函数的定义域为 I，区间 $D\subseteq I$. 在区间 D 上，若随着自变量 x 增大，函数值 y 也增大，则称函数在区间 D 上是增函数；在区间 D 上，若随着自变量 x 增大，函数值 y 反而减小，则称函数在区间 D 上是减函数.

（3）从“定性定义”过渡到“定量定义”.

虽然完成了对函数单调性的从图形语言表述到自然语言的表述，但这样的描述还不是“量化”的，所以，要把定性的数量变化关系转化为定量的数量变化关系. 这是本课的重点，也是难点所在.

从上面的结论，可以看到，函数在区间 D 上是增函数，那么随着自变量 x 增大，函数值 y 也增大.

问题 3：如果对于区间 (a, b) 上的任意 x 有 $f(x)>f(a)$，则函数 $f(x)$ 在区间 (a, b) 上单调增. 这个说法对吗？请你说明理由（举例或者画图）.

设计意图：继续企图通过对描述性定义的辨析，逐渐引出定量定义. 必须是两个变化的量的比较.

问题 4：函数 $f(x)$ 在区间 (a, b) 上有无数个自变量 x，使得当 $a<x_1<x_2<\cdots<\cdots<b$ 时，有 $f(a)<f(x_1)<f(x_2)<\cdots<f(b)$，能不能说明它在 (a, b) 单调增？请你说明理由（举例或者画图）.

设计意图：本问题较为贴近描述性定义，但这是对描述性定义的误解. 通过对函数描述性定义的辨析，逐渐使得同学们认识到要使函数 $f(x)$ 在区间 (a, b) 上具有单调增的特征，必须允许自变量 x 在区间 (a, b) 上“任意取”，且只要“取两个”就够了，也给学生使用符号说明单调性以示范或提示.

从上面的讨论可以看到，函数 $f(x)$ 在区间 (a, b) 对任意 x 有 $f(x)>f(a)$，也不能说明它在 (a, b) 上单调增；在区间 (a, b) 上有无数个自变量 x，使得当 $a<x_1<x_2<\cdots<\cdots<b$ 时，有 $f(a)<f(x_1)<f(x_2)<\cdots<f(b)$ 也不能说明它在 (a, b) 上单调增. 那么自变量 x 在区间 (a, b) 上到底该怎样取值好呢？我们再来看一看具体的函数 $f(x)=x^2$.

教师利用几何画板演示：在函数 $f(x)=x^2$ 的图象上，位于区间$[0, +\infty)$任选两个点，自变量大的函数值也一定大，并提出问题 5.

问题 5：在函数 $f(x)=x^2$，$x\in[0, +\infty)$的图象上任意取两点，自变量大的函数值也一定大，能否说明函数 $f(x)=x^2$ 在$[0, +\infty)$上单调增？

设计意图：由问题 4 可见，刻画函数单调性不在于所取自变量个数的多少，关键在于是否能够任意取值，而且必须任意取两个.

这个问题的答案是显然的. 教师立即提出“怎样用符号来表示？”的问题. 引导学生获得“只要任意 $x_1<x_2$，有 $f(x_1)<f(x_2)$”即可.

经过议论，获得共识——函数单调性的定义.

3）组织交式训练，巩固新知

练习 1　画出反比例函数 $f(x)=\dfrac{1}{x}$ 的图象，并回答下列问题：

（1）指出这个函数的单调性；

（2）是否可以说“这个函数在定义域 I 上是单调减”，为什么？

设计意图：通过具体问题，使学生认识函数的单调性是函数在定义域的某个区间上的性质，是函数的局部性质（在整体上未必有）. 进一步认识“任意”二字的意义，加深对函数单调性的认识.

练习 2　物理学中的波利尔定律 $p=\dfrac{k}{V}$（k 是正常数）告诉我们，对于一定量的气体，当体积 V 减小，压强 p 将增大. 试用函数的单调性证明之.

设计意图：函数单调性概念的应用. 逐步掌握利用单调性定义证明一个函数在某区间上具有某种单调性的步骤. 加深对函数单调性的理解.

4）小结

这节课，我们学习了函数的单调性，如果函数在区间（a，b）上单调减，那么这个函数有什么特征？

设计意图：企图明确，$f(x)$ 在区间 D 上是减函数 $\Leftrightarrow f(x)$ 的图象在区间 D 上是下降的 $\Leftrightarrow$ 在区间 D 上自变量增大函数值减小. 类似地，$f(x)$ 在区间 D 上是增函数 $\Leftrightarrow f(x)$ 的图象在区间 D 上是上升的 $\Leftrightarrow$ 在区间 D 上自变量增大函数值也增大.

教师总结研究问题的过程（突出思想方法）——“图形直观—定性刻画—定量刻画”，最后用不等式，即“大小比较”的方法刻画一种变化规律，描述一个变化过程.

5）布置作业

教科书第 39 页，习题 1.3，第 1、2、3 题.

一般地，数学教学过程设计可以从“问题串”的设计入手. 问题串的设计要展现数学思维的自然过程，这是一种数学知识发生发展的原过程（再创造过程）与学生数学认识过程的融合. 自然的过程是一个知识归纳、概括、推广的过程.

案例 6-12　零向量与单位向量.

问题 1：你认为在所有向量组成的集合中，哪些向量较特殊？

设计意图：引导学生学会观察一组对象. 面对一组对象，首先注意到的是特殊对象.

学生普遍会认为零向量、单位向量是特殊的.

问题 2：大家为什么认为它们最特殊？怎么想的？

设计意图：挖掘结果背后的思维过程. 企图引导学生把向量集合与实数集合进行类比.

案例 6-13　正弦定理.

教材：

1.1　正弦定理和余弦定理

1.1.1　正弦定理

探究

我们知道，在任意三角形中有大边对大角，小边对小角的边角关系，我们是否能得到这个边、角关系准确量化的表示呢？

在$\triangle ABC$中，如果已知$\angle A$所对的边BC长为a，$\angle B$所对的边AC长为b，$\angle C$所对的边AB长为c，我们研究$\angle A$，$\angle B$，$\angle C$，a，b，c之间有怎样的数量关系.

由于我们不容易直接得到一般三角形中边和角的关系，所以，我们先考虑直角三角形这种特殊情形.

教材中的安排：任意三角形边角关系的思考——直角三角形——解三角形——引入正弦定理. 这条线索很清晰，但为什么要学习正弦定理不太明确.

我们可以通过问题串的设计来解决这个问题.

铺垫（先行组织者）：三角形有三条边、三个内角，一般我们称它们为三角形的元素. 已知三角形的几个元素求其他元素的过程叫解三角形. 你认为至少给定几个元素就可以求出其余元素？

设计意图：通过三角形全等的判定（定性）——解三角形（定量），明确研究方向.

问题 1：由全等三角形的知识，给定三个量（其中至少给定一条边）就能解三角形. 例如在$\triangle ABC$中，已知$\angle B$，$\angle C$，a，如何解这个三角形？

设计意图：从宏观到微观，进一步感受解三角形的含义并尝试，但求解过程有困难，需要特殊化——直角三角形.

问题 2：解一般的三角形有困难，我们可以考虑特殊的三角形——直角三角形. 对于 RT$\triangle ABC$，若$\angle C=90°$，你能得到哪些结论？

设计意图：对学生的思维方法进行引导（特殊化），把解直角三角形的任务完全交给学生：$\angle A+\angle B=90°$，$a^2+b^2=c^2,\sin A=\dfrac{a}{c},\sin B=\dfrac{b}{c}$. 引导学生通过变形得出关于直角三角形的正弦定理：

$$\frac{a}{\sin A}=\frac{b}{\sin B}=\frac{c}{\sin C}.$$

问题 3：能否将上述结论推广到一般三角形？

设计意图：从特殊到一般的思维方法.

6.5 教学活动设计

《标准（2011）》指出，学生是数学学习的主人，在课堂上应该让学生快乐主动地进行活动. 通过各种活动突出学生的主体地位，让学生在活动的体验和探究中学习数学，并在此过程中激发学生学习数学的乐趣. 那么如何创设有效的数学课堂活动，引导学生从比较现实的、有趣的活动或与已有知识相联系的问题出发，开展尝试、探究和交流讨论等活动，在活动中引出新的知识或有待形成的技能. 下面以探究教学活动设计为例来说明教学活动如何设计.

6.5.1 探究活动的类型

按照不同的标准可对探究活动进行不同的分类，根据学生认知形成和发展的规律，中学数学探究性活动可以分为形成性探究、建构性探究、应用性探究这三种类型.

形成性探究，主要是将教材中知识的形成过程设计成探究的问题，让学生在探究活动中自主建构数学知识，如数学概念的抽象、命题的探索等. 如用含 30° 角的两个三角尺，拼得等边三角形，从中发现一些线段的相等关系和倍数关系，从而得到定理：在直角三角形中，如果有一个锐角等于 30°，那么它所对的直角边等于斜边的一半. 这样的活动设计，使命题的结论自然产生，同时为后续的严谨证明做了很好的铺垫. 建构性探究则是将知识系统和网络的建构设计成探究的问题，引导学生梳理知识结构或建构知识系统，如章或单元学习后知识结构的梳理、前后知识之间的类比研究和学习前的知识结构建构等，以便学生形成良好的认知结构. 应用性探究则是将数学知识和规律的应用（包括数学内部的应用和实际应用）设计成探究的问题，如开放性问题的探究、综合性问题的探讨和应用性问题的解决等. 从目前初中数学教材设计来看，主要是将一些知识的形成过程或应用设计成探究活动，即偏重形成性探究和应用性探究，对于建构性探究关注还不够. 研究者最近在某省国培班上做了一份关于数学探究学习的调查，其中问题之一就是考察教师对探究活动类型的选择，选择“将知识系统的建构设计成探究的问题，引导学生建立知识系统和网络，形成良好的认知结构，如单元内容的归纳整理、章节内容的类比探究等”的仅占 18%.

数学知识系统又可分为数学内容系统和研究系统. 数学内容系统，关注具体数学内容之间的联系，如概念的网络系统和命题的网络系统；研究系统，则关注某个概念、命题或者学习主题的具体研究过程与方法，如面对平行四边形这样一个研究对象，需要关注的是研究哪些知识（定义、性质、判别等），这些知识之间是按照什么研究顺序展开的，如何研究等.

目前，一些教材在章后设置了回顾与思考、小结与思考等栏目，以问题的形式鼓励学生自己梳理所学的内容，并力图在不同内容之间寻找联系. 显然，这关注了数学内容系统的建构，但对数学研究系统的建构关注不够. 事实上，这两者是分不开的，这就如同数学内容和数学方法，数学内容中体现了数学方法，数学方法又以数学内容为载体. 因此，对于建构性探究不仅要关注数学内容系统的建构，同时要关注数学研究系统的建构. 对于数学研究系统的建构，一方面要关注学习内容的本质以及一般性的规律，如要说明 n 边形的内角和等于（$n-2$）×180°，可以根据三角形内角和定理，把一个多边形分成几个三角形. 这样，问题就解决了. 但分割的方法除了利用对角线把多边形分成几个三角形外，还可以有其他新的分法，如在多边形内任取一点，连接各顶点，也可以在多边形边上取一点，连接各顶点，不同的分割方法更能使学生认识知识的本质：不管点取在何处，只要将多边形分成多个三角形即可. 再如，对于给定的某种正多边形，它能否拼成一个平面图形，而不留一点空隙？显然问题的关键在于找到能用于完整铺平平面的正多边形其内角的特点：当围绕一点拼在一起的几个多边形的内角加在一起恰好组成一个周角 360° 时，就能铺成一个平面图形. 另一方面要关注的是，相似或并列的学习内容间的类比研究. 可以要求学生在学习新知识之前，回忆先前内容的研究思路和方法，鉴于新学习内容与先前学习内容诸多相似之处，提出自己对此内容的研究顺序和研究方法.

6.5.2　探究活动设计应注意的问题

（1）从数学探究活动的目标角度来看，在具体设计数学探究活动中，要特别关注两点.

第一，关注数学思维方法. 在具体探究活动中，不妨多向学生发问：你是怎么想的？你的理由是什么？你还有其他方法吗？引起学生的积极思考. 如对无理数的引入，设计这样的探究活动：有两个边长为 1 的小正方形，剪一剪，拼一拼，设法得到一个大的正方形. ①设大正方形的边长为 a, a 满足什么条件？②a 可能是整数吗？说说你的理由. ③a 可能是分数吗？说说你的理由. 在活动中，通过学生的剪拼，确认了大正方形边长 a 的存在，对问题①、②、③的讨论，学生的方法很多样，一方面体现算法的多样化，另一方面反映学生不同的思维水平. 通过讨论，确认 a 既不是整数，也不是分数，进而产生认知上的冲突：剪拼出了大正方形，因此 a 确实是存在的，但 a 既不是整数，也不是分数，也就是说不是以前学习过的有理数，那么它是什么数呢？这样的探究活动重心不在于学生的动手操作，而在于动手操作后的数学思考和产生的认知冲突.

第二，关注数学探究活动的“内化”. 在具体探究活动中，尤其是操作性的探究活动中，要设置相关的问题来引起学生进行抽象或更进一步的建构，并由此发展起相应的数学知识. 如用一个平面去截正方体，可以设置几个这样递进的问题：①先向学生展示几幅图形，让学生观察并说出截面的形状；②截面还可能是什么图形？③截面可能是六边形吗？七边形呢？……为什么？问题①和②更多地在动手操作活动，问题③则是引导学生对具体活动进行数学的思考，由盲目的切截到有策略的切截，由动手操作到思维操作，这正是数学课堂所要关注的.

（2）从教学内容看，并不是所有内容都适合探究活动. 那么哪些数学内容适合探究？哪些不适合探究呢？

太难或太易的问题不适合探究. 从心理学上来说，“最近发展区”是教学的最佳期，超出“最近发展区”之外的教学和低于“最近发展区”水平的教学对于学生来说都是低效的，太难的问题学生无法和原认知结构中的有关知识建立联系，无法探究；太易的问题，对学生没有思维的挑战性，达不到数学探究学习的目的. 如“两直线平行，同位角相等”定理的证明，此定理出现在七年级，需要借助“同位角相等，两直线平行”的公理，用反证法进行证明. 对于初中学生来说，这是初次接触反证法. 在教材设计中，可以提出问题让学生先尝试碰壁，感受用已有的知识和方法证明是有困难的即可，但不宜设计成探究活动去探究此定理的证明，如果那样只会是浪费时间.

另外，说明性、规定性、陈述性的数学知识，如数学概念的名称、数学符号的记号或书写的格式等，不需要学生探究，学生只需要通过教师的讲解或自己阅读等方式就可以掌握. 如上述同类项的概念，再如平行、垂直表示的记号等，只要告诉学生就可以了.

难易适当的内容可以让学生探究. 当然还要看具体教学目标的要求，如果某个教学内容，只要求学生掌握某个结论，那么讲授法也许就能达到目的；如果本次课不仅要掌握结论，还要学生了解过程与方法，以便更好地理解知识，或希望学生能够在活动中积累一定的活动经验，或想要体现问题解决策略的多样化，那么设计一个探究性活动就是比较重要的了. 设计探究性活动的同时，还要兼顾教学内容本身的价值，这样，内容有一定的思维含量，有利于展现知识的生成过程，也有助于学生能力的发展. 因此针对学生的思维水平，设计相应的探究活动是个不错的教学选择.

案例 6-14 三角形全等的条件.

提出问题：要画一个三角形与小明画的三角形全等需要什么条件？一定要知道所有的边长和所有的角度吗？条件能否尽可能地少？1 个条件行吗，2 个条件、3 个条件呢，还是更多的条件？

如果是采用呈现结论的方式，只需呈现“边边边”等条件，让学生去画一画，确认相应的条件就可以了，但这样学生就难以经历获得结论以及数学推理的过程，从三角形全等的 6 个条件，为什么一下子就变为 3 个条件？为什么“边边角”不可以，“边边边”就可以？事实上，这些活动的经验对其以后的学习是非常重要的. 如在学习三角形相似的条件时，学生必定会联想起三角形全等时所采用的探索思路和方法. 正是基于这样的考虑，教学应为学生提供了活动的素材，并设计此类递进的数学问题. 这样学生才能在活动过程中，不仅得到了本次课的结论，同时经历了分析问题的一种方法，积累了数学活动经验.

6.6 教学评价设计

教学设计是在某种教学思想指导下，为了实现预定的教学目标，对教学过程作出的设想和策划. 那么，怎么知道既定教学目标的达成情况呢？通过什么手段来反馈教学、调控教学、改进教学呢？怎样判断数学教学过程中的各个要素和各个环节的选择和组合是否恰当、是否协调呢？又是怎样根据教学目标对设计方案进行修改和调整，从而实现教学设计方案的优化呢？本节将对这些问题进行分析讲解，为教学评价设计提出科学的方法.

教学评价是在教学过程中有目的地观察、测定学生在学习过程中的种种变化，根据这些变化对照教学目标，运用科学的方法作出价值判断，进而调整、优化教学进程的教学实践活动.

6.6.1 数学教学评价的原则

（1）科学的全面性原则. 数学教学评价要遵循科学规律，采取实事求是的科学态度，讲究科学的评价方法和手段，从客观实际出发，全面考虑制约评价的各个要素，把定量测量与定性评估综合起来，进行科学分析，得到切合实际情况的评价.

（2）过程的教育性原则. 教学评价是教学的组成部分. 在评价的全过程中，始终指向对学生的教育价值. 评价不是教育的目的，它只是为了达到教育目标，去寻求最优的教育方式的手段，因此评价本身也必须体现教育性. 无论采用什么方式进行评价，都要有利于学生个性的全面发展.

（3）实施的可行性原则. 这一原则要求在对学生进行数学教学评价时，其内容的标准应明确、具体，不能含混不清或不可捉摸，要求有统一的评价指标，保证被评价内容的可测性和公平性. 另外，要简化评价程序，以便广大教师都能使用.

（4）定性分析与定量分析相结合的原则. 定性分析和评价是基于对事物的一定观察或经验作出的，这种评价不免带有一些主观成分或具有某些片面性；定量分析可以从量的侧面全面地、集中地对经验作科学分析. 定量的评价也不是绝对可靠的. 因此，在教学过程中，应将定性的评价和定量的评价结合起来，互相参照，互为补充，将会减少评价的片面性，增强评价的可靠性.

（5）反馈与调节的原则. 在教学过程中，不断进行比较和判断，并把获得的结论不断地反馈于教学过程，调整教学计划，最终改进教学.

6.6.2　数学学习的评价内容

（1）知识技能的评价. 对学生知识和技能的评价，应遵循《标准（2011）》的基本理念，以每一学段的知识与技能目标为基准，考查学生对知识与技能的理解和掌握程度. 学段目标不是学习某一部分内容之后每一个学生都应立即达到的目标，而是允许一部分学生经过一段时间的努力，随着知识与技能的积累逐步达到. 如对一些运算技能掌握情况的评价，多数学生可能在单元结束或学期结束时达到规定程度，有些学生可能要经过更长一段时间的学习才能达到这一水平.

同时，对知识与技能的评价应结合知识的实际背景进行. 对技能的评价既要考查学生实际执行这些技能的情况，又要考查学生是否能正确思考在什么情况下应该使用哪个规则.

对学生知识与技能的评价一般以量化评价为主，目前主要采用纸笔测验的方式.

（2）数学思考的评价. 对学生数学思考的评价包括对抽象思维能力、形象思维能力、数感与空间感、统计观念和推理能力等方面的评价. 传统的纸笔考试很难测出学生的这些能力. 对学生此领域的评价，一般需要学生写出详细的过程，从中来判断学生是否拥有这些能力. 对此，既可采用量化评价，也可采用质性评价；更多地需要进行过程性评价. 如证明题、应用性问题等.

（3）问题解决的评价. 对解决问题的评价包括对提出问题的意识和能力、解决问题的策略、创新实践能力及合作交流的方式方法等的评价. 这实际上就是对策略性知识，也就是对数学思想方法的评价，对数学思维过程的评价. 对学生问题解决的评价，一般采用开放性问题、探究性问题、交流式试题、专题作业等，要求学生在解答过程中展现问题解决的过程，尤其是解题策略.

（4）情感态度的评价. 对情感态度的评价主要包括对学生参与数学学习活动的情况、学习的习惯与态度、学习兴趣与自信心等非智力因素方面的评价，这包括使命感、责任感、自信心、进取心、意志力等方面的自我认识和自我发展. 对学生情感态度的评价可以在解决问题或其他评价中侧面反映出来，也可以由教师通过课堂观察等方式直接反映出来.

6.6.3 数学教学评价的方式与方法

所谓数学教学评价，主要是指数学学习评价. 根据评价的实施方式与操作载体，可以把评价的方式方法大致分为三种类型：纸笔测验、表现性评价与交流式评价.

1. 纸笔测验

纸笔测验是数学教师最为熟悉的一种传统评价方式. 根据问题呈现的形式、学生反应的方式以及评分过程的不同，纸笔测验所采用的题目形式又可以分为客观题与主观题.

1）客观性题目

客观性题目可以分为两类，一类称为选择——反应式题目，要求学生从提供的备选答案中选出正确的或最佳的答案，主要包括判断题、搭配题与选择题；一类称为建构——反应式题目，也就是我们熟悉的填空题，即要求学生对一个问题或一个不完整的陈述作出一个词、一个短语或一个句子的回答. 客观性题目的共同特征是：它们结构严谨，事先规定了学生反应的类型. 为了获得正确的答案，学生就必须具备该题目要测查的特定的知识或技能. 但他们没有重新定义问题或用自己的语言组织并呈现答案的自由，而是必须从备选答案中挑出一个正确答案，或者提供正确的数字或符号. 这种问题设计和限制反应的方法使得快捷、简单并且准确的客观评分成为可能. 而这一题型的不足是它不适合测量阐明问题及选择解决问题方法的能力，以及选择、组织并整合观点的能力.

2）主观性题目

主观性题目的特征是，问题的答案需要学生自己提供，而且正确答案可以用多种方式表述，评价者必须凭借主观经验作出判断. 在数学教学与评价中，主观性试题主要包括计算题、解答题、证明题、作图题以及应用题等形式. 这些试题通过对学生解题过程的分析，来了解学生对知识的理解与技能的掌握情况. 根据问题的结构特征，主观性题目又可以分为封闭性问题与开放性问题.

（1）封闭性问题，是指具有完备的条件和固定的答案的问题. 我们所熟悉的证明题、计算题、传统应用题等，大多是封闭题. 封闭题定向性强，有利于在不同条件下重复思维操作，是评价特定技能和知识理解的有效形式.

（2）开放性问题，是指探究目标的正确答案个数不确定的问题. 这里的探究目标可以是：①问题中数学命题的条件部分；②问题中数学命题的结论部分；③探索解决问题的逻辑通道的策略与方法；④数学对象的设计与描述. 开放题的关注点并不在于得到问题的答案本身，而在于考查学生对于问题整体结构的把握，能够通过给出反例、得到特殊的结论、补足需要的（或删去多余的）条件等方式，获得问题的正确解答——其中表现出对问题的理解程度. 因此，它特别适用于考查学生的高层次思维技能以及问题解决的能力. 我国于 1998 年在全国高考中首次引入了开放题. 由于数学开放题运用于教学与评价的时间并不长，许多方面还有待进一步思考、实践和优化.

总之，纸笔测验是数学教师最经常使用的一种评价方式. 它的优点主要表现在：①可以进行大范围的实施，有利于提高测验的效率；②便于完整记录学生在题目作答中的反应；③便于实施且容易实现评价过程的规范化和标准化，从而提高评价的信度与效度；④便于对测验中答题信息的分析研究. 而其缺点则在于：①教师不能对学生的回答或观点作及时且深入的询问；②所测量的目标仅仅局限于认知领域，对于情感方面的目标则难以测量；③过分注重客观题的纸笔测验，往往只涉及课程内容中有明确界定的掌握性结果，而对那些高级心智技能则重视不够.

2. 表现性评价

表现性评价，又称为“基于表现的评价”“真实性评价”等. 表现性评价是呈现一系列综合性的复杂任务、问题或情境让学生完成，由评价者来确定其行为表现或结果（作品），并予以打分或确定学生到底会做什么不会做什么的测量形式. 表现性评价既可以是书面形式的，也可以是口头形式的；或者是一些直接的实际活动，如调查活动、实验探究等. 在数学学习评价中，根据操作形式的不同，表现性评价具体又可以表现为以下一些形式.

1）表现性测验

根据上述表现性特点的描述，数学测验中的主观性试题，如解答题、作图题、应用题等，都应该是一种表现性评价形式. 随着人们对标准化测验的认识不断深入，测验的形式与内容也在逐渐发生变化，出现了一些新的测验题型.

（1）应用型试题. 与传统的应用题相比，这些应用型试题更能体现“用数学解决问题”的内涵. 这些题目不仅关注学生将日常语言翻译成数学语言（符号）的能力，发现隐藏在问题中的数学概念、数学关系的能力，将熟悉的数学法则、定理、公式等代入实际情境，以求得问题的数学解的能力等，而且更加注重学生在现实情境中建立数学模型、确认问题的数学解与合乎要求的现实解之间的关系等方面的能力. 例如：

一个由 3 个大人和 4 个小孩组成的家庭去某地旅游. 甲旅行社的收费标准是：如果买 4 张全票，则其余人按半价优惠；乙旅行社的收费标准是：家庭旅游算团体票，按原价的 3/4 优惠. 这两家旅行社的原价均为每人 100 元. 这个家庭选择哪家旅行社所花的费用少?比较随着孩子人数的变化，哪家旅行社的收费更优惠?

该题主要是考察一次函数、不等式解法等内容，但它并非将考察的重点放在对概念的记忆和技能的模仿上，而是提供了一个与现实生活密切联系的问题情境，以考查学生对有关知识的理解和运用所学知识解决问题的能力. 这类问题为学生构思自己的解题思路留下了空间，通过对学生解决问题过程的评价，教师既能考查学生掌握有关知识技能的情况，还可以了解学生的思维特点.

（2）阅读理解型试题. 阅读理解型试题所具有的评价功能主要表现在：有利于评价学生获取数学信息及其数学学习的能力；可以考查学生寻求具体对象的数学性质、对象之间的数学关系，以及对有关数学知识的理解水平、数学方法的应用水平等. 对于图表阅读题，还有利于考查学生获取图表中所含数学信息的能力，以及收集整理、描述信息、从已有信息中作出合理推断的能力，进而考查其运用所学知识分析问题、解决问题的能力. 例如：

在社会实践活动中，某校甲、乙、丙三位同学一同调查了高峰时段北京的二环路、三环路、四环路的车流量（每小时通过观测点的汽车辆数）三位同学汇报高峰时期的车流量情况如下：

甲同学说：“二环路车流量为每小时 10000 辆”；

乙同学说：“四环路车流量比三环路车流量每小时多 200 辆”；

丙同学说：“三环路车流量的 3 倍与四环路车流量的差是二环路车流量的 2 倍”.

请你根据他们所提供的信息，求出高峰时期三环路、四环路的车流量各是多少?

该题主要考查学生从已有材料中获取数学信息的能力，将语言文字转化为数学语言的表达能力，以及学生对有关数学知识的理解水平等. 该题不仅取材于北京公路交通高峰期经常发生堵车现象的实际背景，而且通过三位同学的社会实践加以表达，突出体现了数学问题来源于现实生活的理念.

（3）探究型试题. 探究型试题有利于考查学生的数学实践能力、探索能力，适合于考查学生“做数学”与从事“数学化”活动的能力；有利于评价其从事归纳、类比、概括、推理等思维活动的水平，以及对自我数学活动过程与结果的反思能力等. 例如：

某校研究性学习小组在研究关于二次函数及其图象的性质的问题时，发现了两个重要结论：一是发现抛物线 $y=ax^2+2a+3$（$a\neq 0$）当实数 a 变化时，它的顶点都在某条直线上；二是当实数 a 变化时，若把抛物线 $y=ax^2+2a+3$（$a\neq 0$）的顶点的横坐标减少 $\frac{1}{a}$，纵坐标增加 $\frac{1}{a}$，得到 B 点的坐标，则 A，B 两点一定仍在抛物线 $y=ax^2+2a+3$（$a\neq 0$）上.

①请你协助求出当实数 a 变化时，抛物线 $y=ax^2+2a+3$（$a\neq 0$）的顶点所在直线的解析式.

②问题①中的直线上有一个点不是该抛物线的顶点，你能找出它吗?并说明理由.

③在他们第二个发现的启发下，运用“一般—特殊——般”的思想，你还能发现什么?你能用数学语言将你的猜想表述出来吗?你的猜想能成立吗?若能成立，请说明理由.

研究问题，探求规律，发现结论，证明猜想是这类试题的一大特点，它强调探究、发现，鼓励创新. 如本题是一次函数与二次函数的综合题，背景新颖、设计独特，主要围绕二次函数及其图象的有关问题，发现两个重要结论，并提出三个问题，让学生开展探究活动.

（4）开放性问题. 开放性问题应当是一种“全新”的试题. 它的产生可以看作一种新的评价观念的体现，它标志着我们对不同的学生在思维活动过程中存在着“个性差异”的认同，即不同的个体对待相同的对象表现出不同的认知方式、理解结果等是合理的；不同的个体在处理相同的问题时采用不同的策略、方法，选择不同的操作程序也是合理的. 这类试题能给每一位学生提供用自己掌握的知识、熟悉的方法去表达对问题的理解的机会，有利于考查学生直觉思维和发散思维的活动水平. 例如：

（A）确定一张圆形纸片的圆心，你有哪些方法?

（B）一个二元一次方程和一个二元二次方程组成的二元二次方程组的解是 $\begin{cases}x=2\\y=4\end{cases}$ 和 $\begin{cases}x=-2\\y=-4\end{cases}$，试写出符合要求的方程组__________（只要填写一个即可）.

当然，以上对“题型”的“分类方式”并不是非常严格的. 但它们都具有一些共同的特征，如强调问题情境的真实性、任务的综合性等，毫无疑问，它们都是表现性评价的基本形式.

2）课堂观察

表现性评价的特征之一就是通过直接观察学生在任务中的表现来作出价值判断. 作为教师与学生进行直接交往和对话的场所，数学课堂自然是实施表现性评价的最佳地点. 当教师在课堂上有意识地去观察学生在各种学习活动中的表现时，他就会直接看到学生最真实的表现，就会对学生的数学学习兴趣、学习态度、学习意志力，以及学生发现问题、解决问题的能力等这些不容易量化的发展目标获得丰富的评价信息. 因此，课堂观察就是一种表现性评价方式. 尤其是，新一轮课程改革积极倡导数学教学要采用动手实践、自主探索和合作交流的学习方式，这就使得课堂观察成为一种重要的数学学习评价方式.

课堂观察可以是正式的，也可以是非正式的. 非正式的观察是在课堂教学中随时进行的，教师在教学中有意识地了解学生在学习过程中表现出来的突出特点，并进行记录，在一定的时间内加以整理和分析. 正式的课堂观察可以运用观察记录表来进行.

课堂观察有以下四个维度：①情感与态度；②知识与技能；③思维与方法；④交流与合作. 整个课堂观察评价可以使用“课堂观察检测表”，如表 6-2 所示.

表 6-2　课堂观察检测表

学生姓名：　　　　年级：　　　　观察时间：

项目	因素	a	b	c	说明
情感与态度	1. 举手发言				a—积极；b—一般；c—不积极
	2. 参与活动				
	3. 认真情况（做作业、讨论、思考）				a—认真；b—一般；c—不认真
	4. 对数学学习的好奇心与求知欲				a—强；b—一般；c—没有
	5. 克服困难的意志与自信心				a—有；b—一般；c—没有
	6. 对数学的价值、与人类生活联系的认识、感悟				a—较深；b—很少；c—没有
知识与技能	7. 描述知识特征，说明由来，阐述此对象与有关对象的区别与联系				a—能； b—基本能； c—不能
	8. 在理解的基础上用所学知识于新的情境中				
	9. 综合应用知识，灵活、合理选择恰当方法解决有关实际问题和数学问题				
思维与方法	10. 思维的创造性（独立思考，从不同的角度提出问题，用不同的方法解决问题）				a—能； b—基本能； c—不能
	11. 思维的条理性（表述清楚，做事有计划）				
	12. 解决问题的策略、方法				a—较好；b—一般；c—不好
交流与合作	13. 认真听取别人的意见并询问				a—能； b—一般； c—不能
	14. 积极表达自己的意见				
	15. 完成小组分配的任务				
总计					

3）数学专题作业

所谓专题作业，不是以学习和掌握系统的科学知识为目的，而是以解决实际问题、培养考查学生运用知识解决问题的综合能力、创新精神和实践能力为目的. 专题作业则具有应用性、探索性、开放性的特征. 学生要解决或完成它不仅需要经历以下一种或几种过程：收集数据，寻找资料，观察实例，测量实物，发现模式，绘制图表，进行书面或口头报告及其他实质性的工作；还需要组织几个学生成立团队共同参与、合作来完成整个问题解决的过程. 这些作业既可以是基于数学内部的知识，比如对数学规律或模式的探索等；也可以是应用性的或跨学科的，但在其中需要使用数学知识和技能来完成.

数学专题作业也符合表现性评价的各种特征. 数学专题作业评价的重点往往不在于最后的结果或答案，而在于解决问题的过程和其他方面. 它不仅为我们提供考查学生解决问题能力、动手实践能力、合作精神和态度的机会，这些任务还有助于学生发挥主动性、创造性以及在一个长期的任务中坚持不懈的精神.

4）数学学习成长记录袋

成长记录袋泛指代表学生的“代表作品集”. 它是一种内含学生最好作品或对作品优劣进行评价的“文件夹”，是用来描述学生学习与成长经历的作品集，是捕捉学生成长和进步轨迹的记录.

成长记录袋的特征是：①成长记录袋的基本成分是学生的作品；②作品的收集是有目的、有计划的；③成长记录袋提供给学生发表意见和对作品反省的机会.

对于成长记录袋的评价，是根据不同的目的、不同的内容而采取不同的评价方式. 成长记录袋主要分为：①展示型，主要是由学生选择出最好和最喜欢的作品集，自我反思与自我选择比标准化更重要；②过程型，重点呈现与展示学生学习历程的有关资料；③评价型，主要是包括课堂学习行为观察评价表、分项测验的考卷、成绩手册、自我评价、教师评语和家长的寄语等.

在制定评价的过程中，一般都需要经过如下两个步骤.

(1)提出评价维度. 即对学生作品反映的各个方面的属性加以归纳总结和分类. 这些维度展现了评价学生的角度.

(2) 制定评价标准. 即对所提出的维度分别制定若干个从优到劣的标准，比如可以采用 5 分制或 10 分制给学生评分，最优的得 5 或 10 分，稍差一点的得 4 或 8 分，依此类推. 在综合评定时，把各个维度集中起来考虑，最后给出一个分数或等级评定.

例如：针对成长记录袋中的问题解决项目，可以从以下五个维度制定评价规则：

（1）基本的数学知识或技能的理解；

（2）对问题情境的解释；

（3）对所给信息的应用；

（4）选择解决的方法；

（5）对所使用的方法和答案的获得进行解释和评价.

根据上面的五个维度，设定五个水平等级.

水平 4　记录袋包含的材料显示：

（1）能正确解释数学术语、符号，运算正确，解题过程中错误极少；

（2）显示出对问题有清晰的理解，能对问题情境进行正确的解释；

（3）恰当使用所给信息，并且对所给信息的重要性有深入的探索；

（4）根据问题选择适当的、多种的解决方法；

（5）检查材料运用是否恰当，所使用的方法是否合理，并能结合问题情境对答案进行检查和评价.

水平 3　记录袋包含的材料显示：

（1）基本上能正确解释数学术语，运算也很少出错，解题过程中错误很少，并且错处已经被修改；

（2）显示出对问题有一定的理解，基本上能对问题情境进行合理解释；

（3）恰当使用所给信息，并对信息进行一定的探索，但不深入；

（4）选择方法适当；

（5）说明所选择的方法，对答案进行检查和评价.

水平 2　记录袋包含的材料显示：

（1）对数学术语理解不够准确，有运算错误，解题过程中基本步骤有错误，但大多数已修改；

（2）基本上能对问题情境进行正确解释，但对所给信息的使用可能有错，显示出对问题有一定的理解和知道什么是需要的，但没有进行深入的研究；

（3）滥用、忽略所给的重要信息，或可能采用不相关的信息；

（4）不能选择出适当策略；

（5）对所用的方法进行适当的解释，但这种解释含糊且带有小错误，所给答案不能在问题情境中得到检查和评价.

水平 1　记录袋包含的材料有几张显示：

（1）对数学术语理解错误，经常有运算和解题步骤错误，对错误没有修改或没有正确修改；

（2）对问题情境解释不正确，对问题是什么一知半解；

（3）错误地理解和使用所给的信息，并且忽略了重要信息；

（4）不能恰当地选择问题解决的方法；

（5）不能检查材料，也不讨论怎样对答案进行证实，没有展示所使用的方法或者解释不正确，所给答案不能在问题情境中得到检查和评价.

水平 0　记录袋不完整，或不包含任何与上述准则相符的材料.

尽管成长记录袋可以具体生动地描述学生的发展状况，但是成长记录袋中的作品对教学内容的评价是分散的（时间和内容分散），所以成长记录袋是不能完全替代纸笔测验的. 此外，如果运用不当，缺少计划与指导，也可能会加重老师与学生的负担.

综上所述，表现性评价的形式是多种多样的，但它们又具有一些共同的特征，如强调问题情境的真实性，强调学生完成任务的操作性与过程性等.

3. 交流式评价

交流式评价主要指通过直接和学生交谈获取关于学生学习状况的一种方法. 在数学教学中，交流式评价包括许多具体的不同评价方式.

1）课堂问答

课堂提问也是教师了解学生学习情况的一种主要手段. 在数学课堂上，教师经常会要求学生提出问题，并根据学生回答的情况来估计他对有关内容的理解或掌握程度. 课堂提问的实质是出声的思考，即要求学生说出自己的思想、行动和情感，这对于以思维活动为主的数学学习来说，无疑是一种比较有效的评价方式.

案例 6-15　义务教育课程标准实验教科书《数学（七年级 · 下册）》有道题是这样的：

一个零件的形状如图 6-6 所示，按规定$\angle A$应等于90°，$\angle B$和$\angle D$应分别是20°和30°，李叔叔量得$\angle BCD$=142°，就断定这个零件不合格，你能说出道理吗？

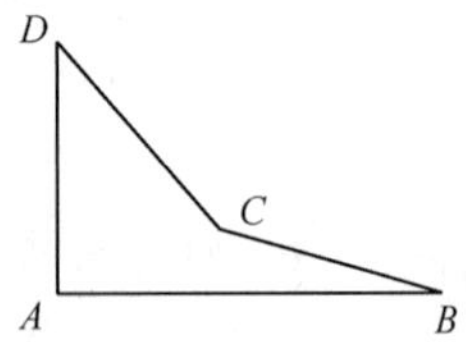

图 6-6

对上面这道题，我预先设想的方法是：延长 DC 交 AB 于 E，利用三角形内角和定理，求出 $\angle DCB$ 的度数，问题迎刃而解. 对于这些初学几何，甚至于连推理都不作要求的刚入门的学生，此题的难点在于如何添加辅助线，于是，我先引导学生看一遍题，然后提问：

“李叔叔量了 $\angle BCD$=142°后，就知道零件不合格，那么，合格的度数是多少呢?这个问题相当于要计算哪个角的度数呢?”

很快有学生回答：“合格的度数应根据计算 $\angle BCD$ 的度数后决定.”

师：“将测量零件角的问题暂时抛开，在现有条件下（$\angle A = 90°$，$\angle B = 20°$，$\angle D = 30°$）下，如何求 $\angle BCD$ 的度数?大家先考虑、讨论一下，我们再来探讨.”

学生讨论非常热烈，教室里很“吵”.

“老师，我，我找到了.”一个学生涨红着脸，眼睛透着光芒，急促地说. 这个学生平常对人有些“冷”，言语不多，她叫曾云滢. 考虑到她难以举手，虽然我所认为的“时机”还未成熟，我还是珍惜曾云滢这难得的举手，我立刻向全班叫了“暂停”，全班立时安定下来. 曾云滢大步走上讲台，拿起我的三角板，麻利地画了一条线：连接 BD. 并解释

“连接 BD，则 $\angle ADB + \angle ABD$=90°，而 $\angle ADC$+ $\angle ABC$= 30°+20°=50°，所以 $\angle CDB$ + $\angle CBD$=90°−50°=40°，所以，$\angle DCB$= 180°− 40° =140°，因此标准尺寸应是 140°，142°不符合要求.（图 6-7）”

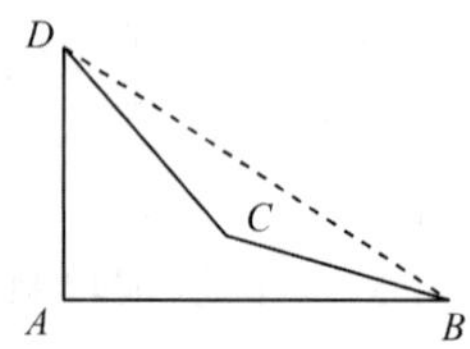

曾云滢解法

图 6-7

嘿，干脆利落，简单明了，我不禁暗暗叫绝，一阵掌声响起，说明大家认同了她的思路.

“我还有一种办法”. 一个清脆的女声，是歌唱得不错的任韵晨，我立刻请她上来.

这一次和我预想的解法一样，延长 DC 交 AB 于 E，则 $\angle AED$ = 90°−30°=60°，$\angle CEB$= 180°− 60°=120°，$\angle BCE$=180°−120°−20°=40°，故 $\angle DCB$ = 140°，所以 142°不符合要求.”

大家仍然连声称赞：“这个方法也很好.”

经过这两位同学的“爆炒”，大家开始“头脑发热”，第三个同学腾地站起来，“我来，更简单的.”

“我什么线也不连. 因为 $ABCD$ 是个四边形，四边形内角和是 360°，而 360°−30°− 20°− 90°=220°，所以外面这个角是 140°，所以 142°不符合要求.”

说话的是个男生黄炜，我一边听，一边猜他怎么说明，谁知他真绝，竟然看出 $ABCD$ 是个四边形，并且知道其内角和是 360°这种凹四边形平常很少碰到，连我这当老师的也没有意识到，难为他一个初一的学生竟然能想得到.

观察全班，大部分人茫然，于是我首先肯定他的做法，然后分析解释这个方法. 学生的眼神告诉我他们已明白，并由衷地佩服黄炜.

“老师，我还有一种证法.”

“老师…….”

……

七种方法!

我归纳了八位同学上讲台叙述的七种证法，比较了他们各自方法的异同，并鼓励学生：对待问题就是要像这样寻找多种证法. 并坦言：我一个人想不出这么多方法. 三个臭皮匠，顶

个诸葛亮，你们是多么聪明啊!今天课后大家归纳归纳，按“国际惯例”，将他们的证法以他们各自的名字命名，大家写在文稿纸上，明天交来吧.

第二天，我收到了一份叙述完整的一题多证的题目小结.

该案例的可取之处不仅在于所提的问题并非是简单的记忆性问题，有利于激发学生的思维并展开讨论；更重要的是教师赋予了学生充分的自主性，使学生有机会、也有时间去思考. 从评价的视角看，正是因为良好的提问和留给学生足够的思考时间，才产生了多样的问题解决策略. 因此，才使得教师能够通过一个问题不仅完全了解了学生对“三角形内角和定理”的掌握程度，而且对学生的数学推理能力与问题解决能力有了更深刻的认识. 尤其是最后教师对学生表现的点评（将学生的证法以各自的名字命名），不空洞且具有艺术性，真正地体现了评价的激励功能.

当然，课堂提问方式的有效性要受到诸多因素的制约，如所提问题的方式、质量，提问的情境，以及学生的性格特征等. 因为言语表达本身是一件不容易做的事情，当一个人把知道的东西用言语表达出来时，由于有不熟悉的词汇、害怕说话或存在言语问题等，就会影响到他对真实思维的准确表达，从而用这种方法评价数学学习就可能会出现一些问题.

2）班会和面谈

面谈也称为访谈，就是评价者通过与评价对象面对面地口头交谈的方式获取评价信息的方法. 在数学教学实践中，教师可以通过班会（集体访谈）来讨论学生已经掌握的知识和还没有学会的知识，也可以通过单独面谈了解个别学生的所思所想. 师生之间开诚布公地交流学生的学业水平，探讨学生已经掌握的知识、特殊的具体需要、兴趣和愿望，以及其他与学业相关的话题. 这不仅可以获得学生在情感、态度、价值观、行为规范等方面的信息，也有利于创造一个有效的教学和学习环境.

案例 6-16　对个别学生进行数学学习兴趣访谈的设计方案.

（1）访谈目的：了解学生对数学学习的兴趣.

（2）访谈内容.

问题①：你喜欢上数学课吗?上课时，你是喜欢数学老师呢，还是喜欢老师所讲的内容?在课堂学习过程中你感到高兴吗?要是回答问题错了受到批评后，你还喜欢数学吗?

问题②：你喜欢数学教科书吗，你喜欢书上的插图吗?你喜欢做书上的数学题吗?课后业余时间，你喜欢看数学书吗，是家长让你看的吗?你还看其他书吗?比较一下你最喜欢看哪一类的书?

问题③：你喜欢做数学作业吗？你喜欢自己独立完成作业，还是和同学一起完成呢?自己完成时要别人帮助吗?当你作业有几次错误时，你还喜欢做数学作业吗?

记录并整理问题的回答.

（3）说明、解释学生的兴趣.

如果学生喜欢数学课上的内容，而且是在受到批评的情况下，仍然喜欢，说明学生对数学课的兴趣最高；若是在上课的学习过程中感到高兴，但是受到批评后就不喜欢数学，或者是因为喜欢数学老师才喜欢数学，说明学生对数学学习的兴趣较低；其余情形介于二者之间.

如果学生喜欢看数学教科书、喜欢做书上的数学题，业余时间主动看数学书，而且相比而言，更喜欢看数学书，说明该学生最喜欢数学；如果只是喜欢书中的插图，业余时间看数学书是家长让看的，说明该学生喜欢数学的程度较低；其余情形介于二者之间.

如果学生喜欢自己独立完成作业，即使有错误挨批评也喜欢做作业，说明该学生做数学作业的兴趣最高；如果学生做作业出错后就不喜欢做数学作业了，说明该学生对做数学作业的兴趣较低；其余情形介于二者之间.

与其他方式不同，访谈法可以通过提出一些后续的问题，来更全面地了解学生的情感状态；而且可以直接收集需要的信息，而减少错误推断的可能. 当然，保证评价结果的高度准确和真实性的关键是要建立师生之间的信任，而且还需要有充足的时间. 费时费力是访谈法的主要局限.

3）课堂讨论

讨论是教师或学生发起的一种团体互动，对要求掌握的材料进行全方位的探讨. 教师听取讨论，评估学生的表现，然后推断单个学生或一个小组的成绩. 课堂讨论既能促进学生的学习，也可以提高学生已有知识的应用能力，他们所说的内容就反映了关于他们成绩和感受的大量信息.

4）口头测验

口头测验，简称“口试”，是一种古老的考试方法. 尽管在20世纪，由于对客观性评价的追求而丢失了口试的传统，但在实际教学中这种评价方式还是能发挥很大的作用. 相对于笔试而言，口试更加能够展示学生的思维过程. 通过对学生思考、分析、解答问题以及真实的操作过程的观察，不仅可以评价学生对知识技能的掌握运用情况，而且还可以全面了解学生的数学思考过程，解决问题的方法以及使用数学语言有条理地表达自己思考过程的能力.

5）数学日记或写作

人们常常将日记或写作与语文等学科联系起来，认为与数学几乎无关. 事实上，数学也是一种语言，一种关于科学的世界通用语言. 学会数学地表达与交流也是数学教育的基本目标之一. 通过数学日记或作文，学生可以对它所学的数学内容进行总结，可以像和自己谈心一样地写出他们自己的情感、态度、困难或感兴趣之处. 因此，数学日记或写作不仅是学生表达数学思想、数学体验的有效方式，也是教师用来评价学生的数学理解、数学情感与态度的有效方式. 数学日记或写作还是一种很好的自我反思、自我评价的方式. 学生在教师的指导下，通过数学日记或写作，明确自己的学习目标，并参照学习目标对自己的学习进行经常性地总结与反思，既能看到自己的进步与优点，又能看到自己的不足和尚需改进之处. 这样既有助于树立自己的自信心，也不断地促使自己寻求新的进步. 这对于学生的发展来说是十分必要的. 教师可以在以下几个地方安排数学写作.

（1）在知识的逻辑性相对较强、相关内容联系较多处安排写作. 通过写作，有助于学生在知识间形成联系并纳入自己的知识结构.

（2）针对重要的、较难的知识安排写作. 运用写作，使学生纵向、横向去比较，去研究这些知识与其他知识甚至其他学科的联系.

（3）讲解重要例题、习题后可安排写作. 这些题目解法多、易推广，而且对解决其他问题可起到良好的“桥梁”作用. 所以让学生进行反思和研究，能极好地训练他们的发散思维、归纳能力等.

可以看出，交流式评价是一种很灵活的评价方式. 如果交流的重点突出、倾听积极、慎重地得出结论，与学生的交流或学生之间的交流是评价学生数学学习表现的有效和可信的工具.

以上列举了对学生在四个维度上的评价，实际上很多评价方式，如课堂观察、纸笔测验、开放性问题等，不会仅仅是评价一个维度，而是多个维度同时进行评价. 最后，在评价时要注意以下几点.

（1）评价应以尊重为前提，评价主体要参与学校数学教育活动，并注意主体间的沟通.

（2）笔试仍是定量评价的重要方式，但要注重考察对数学概念的理解、数学思想方法的掌握、数学思考的深度、探索与创新的水平以及应用数学解决实际问题的能力等.

（3）定量评价可以采取百分制或等级制的方式，评价结果应及时反馈给学生，但要避免根据分数排列名次的现象发生.

（4）定性评价可采取评语或成长记录等形式，评语或成长记录中应使用激励性语言全面、客观地描述学生的状况.

（5）要重视学生做数学的过程，充分发挥数学作业在学生评价中的作用. 作业的类型应多样化，例如常规作业，开放性、探索性数学问题，数学实验，数学建模，课题研究作业，专题总结报告等；作业结果的呈现形式也应是多样的，例如习题解答，数学学习体会，数学小论文，研究、实验或调查报告（书面、口头）等；对作业的评价可以是量化的，也可以是定性的. 评价过程应积极主动、简单可行，避免增加学生负担.

（6）应重视计算器、计算机等现代教育技术手段在评价学生学习中的运用.

6.7 教学设计的书写规范

一般地，教学设计需要呈现以下内容.

（1）课题名称、教材版本.

（2）学习任务分析：教材地位、教学内容与结构.

（3）学生分析：认知起点，情感态度起点，思维特点.

（4）教学目标（重难点）.

（5）教学过程设计.

（6）板书设计.

（7）设计反思（有时可略）.

案例 6-17 函数的单调性教学设计.

课题名称：函数的单调性.

教材：高中数学人教 A 版必修 1 第 2.1.3 节的内容.

1. 前期分析

（1）学习任务分析（案例 6-1）.

（2）学习者分析（案例 6-4）.

（3）教学重、难点（案例 6-1）.

2. 教学目标分析（案例 6-7）

3. 教学方法与手段（案例 6-9）

4. 教学过程（案例 6-11）

板书:

函数的单调性		
1. 函数单调性的定义	例 1	图形直观:
2. 区间		定性刻画:
3. 判断函数单调性的步骤	练习 1	
	练习 2	

教学过程设计可以采用条文式文本的形式呈现（问题或任务—活动形式—设计意图），也可以采用表格的方式.

问题与思考

1. 通过案例说明，如何进行任务分析?
2. 按照教学目标设计的要求以及相应的格式，设计一节课、一个单元的教学目标.
3. 按照教学设计的规范，设计一堂课的教学设计案例.

第 7 章　不同数学内容的教学设计

学习目标

（1）理解不同数学内容的学习过程；

（2）能够根据不同数学内容的学习过程，基于教学设计的理论、内容与技术，进行教学设计；

（3）通过实践，提升不同数学内容教学设计的能力．

数学学习过程是一个数学认知过程，即新的学习内容与学生原有数学认知结构相互作用，形成新的认知结构的过程．不同数学内容有着不同的学习过程，因而要基于这样的学习过程，在相关学习理论与教学设计理论指导下，有效地进行教学设计．

本章将不同的数学内容分为概念、命题、技能和问题解决，主要阐述了不同数学内容的教学设计．首先介绍不同数学内容的学习过程，然后根据这些内容的学习过程，以及教学设计的原则与内容，进行教学设计．

有关数学学习的过程，我们采用皮连生先生基于加涅的认知加工理论和奥苏泊尔的学习理论提出的三阶段理论．具体如图 7-1 所示．

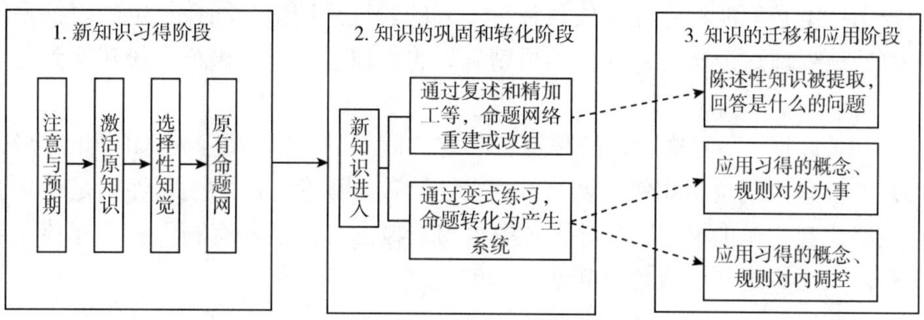

图 7-1　皮连生的学习三阶段理论

概言之，数学学习过程就是概念（命题）的形成、巩固与应用过程．

7.1　概念的教学设计

7.1.1　概念学习的过程

1. 数学概念的定义

数学概念是现实生活中某一数量关系和空间形式的本质属性在人的头脑中的反映．按概念的抽象水平可以将概念分为描述性概念和定义性概念两类. 描述性概念是指可以直接通过观察获得的概念，如正方形、圆，可以在现实生活中直接观察到正方形、圆形的物体，从而获得对这一概念的认知；定义性概念则是需要用下定义的方式来表述，如对角线、直径；又如可对直径下定义："通过圆心并且两端都在圆上的线段叫做圆的直径". 学习数学概念是学习其他数学内容的基础.

2. 数学概念的特征

数学概念并非一开始就是精确的，它有一个抽象化和精致化的过程：①产生一个模糊的想法；②尝试对这个想法用语言进行描述；③通过形式的定义得到初步的概念；④尝试由定义给出具体的例子、推出某些性质、验证相关定理、寻找等价或者相似的对象；⑤对原先的定义进行修正以排除不合理的推论；⑥调整、变更或者拓展对概念的理解，以便适应新的可能性. 数学概念有三大特征：抽象性、表征多元性和关联性.

（1）内容抽象性. 亚历山大洛夫提出：数学概念的抽象是只保留量的关系和空间形式而舍弃了其他一切；数学的抽象是逐步提高的，所达到的抽象程度远远超出其他学科中的一般抽象；数学本身几乎完全周旋于抽象概念和它们的相互关系的圈子之中，如果自然科学家为了证明自己的论断而求助于实验，那么数学家为了证明定理也只需用推理和计算……这样看来，不仅数学的概念是抽象的、思辨的，而且数学的方法也是抽象的、思辨的.

（2）表征多元性. 表征也叫表示，就是用另外一个事物、符号、图表等来表示这个事物. 对于同一个数学概念，不同学生的表征方式是多种多样的，如概念"分数、角"等可以有模型表征、图形表征、语言表征以及符号表征. 莱什等人认为，学生需具备下列条件才算是真正了解一个概念：①必须能将此概念放入各种不同的表征系统中；②在给定的表征系统中，必须能够有弹性地处理这个概念；③必须很精确地将此概念从一个表征系统转换到另一个表征系统中去.

（3）相互关联性. 不同概念之间是存在一定的联系的（即命题），如"正方形是对角线相等的长方形"和"同位角相等，两直线平行". 数学概念之间的关联性就是让学生在学习新概念时能够想起相似的概念. 在对比之中学习新概念，既能够有利于建立起该概念与其他概念的联系，又能够建立该概念与其他概念的区别.

3. 数学概念的学习过程

数学概念的学习过程主要是形成、巩固和应用.

1）数学概念的形成

概念形成是学生学习概念历程中非常重要的一部分，概念形成实质上是抽象出某一对象或事物的共同本质特征的过程. 其具体过程如下.

（1）辨别各种刺激模式. 这些刺激模式可以是学生自己在日常生活中的经验或事实，也可以是由教师提供的有代表性的典型事例. 但不管是哪种刺激模式，都必须通过比较，在知觉水平上进行分析、辨认，再根据事物的外部特征进行概括. 例如，形成长方形概念，先让学生辨认他们所熟悉的实例，像桌面、墙壁、黑板、书本表面等.

（2）分化出各种刺激模式的属性. 为了理解该类刺激模式的本质属性，就需要对各种刺激模式的各个属性予以分化. 例如，桌面是木制的，可看成是四边形，两组对边分别平行并且相等，四个角相等，等等. 墙壁、黑板、书本表面等也有各自的属性.

（3）概括出各个刺激模式的共同属性，并提出它们共同属性的种种假设. 上例中，共同属性有：可抽象地看成平面四边形；四个角相等；两组对边分别平行并且相等；等等. 共同的关键属性可假设为：（a）两组对边分别平行并且四个角都是直角的四边形是长方形；（b）两组对边分别相等并且四个角都是直角的四边形是长方形；（c）四个角都是直角的平面四边形是长方形等. 提出关键属性假设的方法是把一条或几条共同属性结合起来.

（4）检验假设，确认关键属性. 在检验过程中，采用变式是一种有效手段. 如在上例中，通过变式可以发现，三个假设在各种变式中均出现，因而都可确认为关键属性.

（5）概括，形成概念. 验证了假设以后，把关键属性抽象出来，并区分出有从属关系的关键属性，使新概念与认知结构中的已有的有关观念分化，用语言概括成为概念的定义. 上例中，（a）和（b）中的“四个角都是直角”与“有一个角是直角”具有从属关系，而四边形只要有“两组对边分别平行”及“一个角为直角”，那么就能推出“两组对边分别相等”和“四个角都是直角”，因此只要取前两个关键属性即可，于是将长方形定义为“两组对边分别平行并且有一个角为直角的四边形”.

（6）用习惯的形式符号表示新概念. 通过概念形成的上述步骤，学生比较全面地掌握了概念的内涵，而且还掌握了许多概念的具体例证，对于概念的各种变式也有了较好的理解. 这时，就应及时地引进数学符号. 引进数学符号以后，应当引导学生把符号与它所代表的实质内容联系起来，使学生在看到符号时就能够联想起符号所代表的概念及其本质特征. 事实上，如果概念的符号能够与概念的实质内容建立内在联系，那么符号的掌握可以提高学生的抽象和概括能力. 数学逻辑推理，关键点就在于能够合理、恰当地应用符号，而这又要依靠对符号的实质意义的把握.

（7）组织. 就是把新旧概念进行归类整理，并按照相应的类属关系进行编码，从而形成一个合理的图示. 这既是在更大范围内检验和修正概念定义的过程，又是一个概念的应用过程，从中我们可以看出概念的本质特征是否已经被真正理解. 在这个过程中，我们可以让学生对一些概念的等值语言进行判断和推理. 上例中，“对角线相等并且平分”就是长方形的等值语言. 通过这个过程，使新概念与已有认知结构中比较稳定的相关观念建立实质性联系，并将新概念纳入已有认知结构，从而形成新的认知结构，使之成为一个整体.

2）数学概念的巩固

在学生形成概念之后，要对概念进行巩固. 概念的巩固过程是“再认识”的过程，这个过程学生可以是变式练习，也可以是在教师的指导下对新概念和原有概念进行比较.

变式练习. 变式练习方式可以使概念的内涵和外延得到巩固.

如在形成平方根这一概念中，可以进行以下设计：

练习：64 的平方根是______.

变式练习：64 的正平方根是______；64 的负平方根是______；64 的平方根是______.

比较练习：比较指的是比较不同概念之间的相同点和不同点，可以帮助学生获得概念的本质属性. 如上面所提到的长方形的概念，长方形是特殊的平行四边形，也是特殊的四边形，具有四边形的一般属性，也具有自身的本质属性. 因此，学生在概念巩固的过程中，比较长方形、平行四边形和四边形的异同，就能掌握长方形这一概念的内涵和本质特征.

3）概念的应用

概念的应用是学生概念学习过程的最高阶段. 概念主要应用于两方面：一是应用于实际生活中的情境问题，如在学习了“二元一次方程”概念后，去解决生活中的工程费用等情境问题；二是在理解并掌握的基础上，解决与其相关的同类问题，如在学习了“圆心角”概念后，去解决与圆心角有关的问题（如几何图形证明等）. 因此概念的应用过程是“再实践—再认识”的过程.

其实上述提到的将概念应用于生活情境中，反过来讲就是一个将问题情境“数学化”的过程，是弗赖登塔尔提出的数学教学的基本原则之一，“毫无疑问，学生应当学习数学化……没有数学化就没有数学……因此数学教学必须通过数学化来进行”.

7.1.2 概念教学设计

1. 数学概念教学的过程

基于学生数学概念学习过程的理论和特征，概念教学主要分为三个阶段：借助刺激模式引入概念；通过抽象、概括，帮助学生形成概念；通过练习来巩固概念和应用概念.

（1）引入概念. 刺激模式的选择可以是现实生活中取的案例，也可以是问题情境，也可以是在旧的知识基础上引入新的知识. 如引入“圆”的概念可以取生活中硬币、太阳等模型；如“分数”概念，可以设置问题“把一块饼平均分给三个小朋友，问每个小朋友分到多少？”；如“一元二次方程”的概念可以在一元一次方程的基础上引入. 当然刺激模式的选取也是有要求的，正如第 6 章中提到的问题情境要吻合实际，要有价值，要讲究趣味性等.

（2）帮助学生形成概念. 依照学生学习数学概念的过程，层层递进，引导学生分化各种属性—类化共同属性—抽象概括本质属性—形成概念.

（3）巩固概念和应用概念. 在习得新知识之后，要及时让学生对知识进行巩固，通过适当的练习或者教师提问的方式. 在教学的最后，测试学生能否正确灵活地应用概念到实际生活当中，通过应用，一方面让学生掌握概念更深层的内涵；另一方面让学生体会到学习数学是有用的.

2. 教学设计案例分析

1）案例内容

案例 7-1 二次函数的教学设计.

（1）教学内容：二次函数.

（2）教学目标.

①知识技能. 通过对多个实际问题的分析，让学生感受二次函数作为刻画现实世界有效模型的意义；通过观察和分析，学生归纳出二次函数的概念并能够根据函数特征识别二次

函数.

②数学思考. 学生能对具体情境中的数学信息作出合理的解释，能用二次函数来刻画现实事物间的函数关系.

③解决问题. 体验数学与日常生活密切相关，让学生认识到许多问题可以用数学方法解决，经历实际问题“数学化”的过程.

④情感态度. 通过观察、归纳、猜想、验证等教学活动，给学生创造成功机会，使他们爱学、乐学、学会，同时培养学生勇于探索，积极合作精神以及公平竞争的意识.

（3）教学重点与难点.

①教学重点. 认识二次函数，经历探索函数关系、归纳二次函数概念的过程.

②教学难点. 根据函数解析式的结构特征，归纳出二次函数的概念.

（4）教学过程设计.

问题与情境	师生行为	设计意图
【活动 1】 1. 知识回顾： 以问答式引起学生对知识的回忆	【温故知新】 教师提问： （1）一元二次方程的一般形式是什么？ （发挥学生积极性，请学生回答） （2）回忆学过的正比例函数、一次函数、反比例函数的一般形式又是怎样的？ （引导学生得出正确答案）	以复习的方式把学生的思路引到函数大家庭的家庭成员，减少对新知识的陌生感
2. 揭示课题： 以篮球运动例子引出课题——二次函数	【揭示课题】 通过幻灯片展示收集的图片，让学生体会蕴涵其中的数学，同时以学生最感兴趣的运动——篮球，引出课题. 教师提问： （1）你们喜欢打篮球吗？ （2）你们知道：投篮时，篮球运动的路线是什么曲线？怎样计算篮球达到最高点时的高度呢	以学生感兴趣的问题留下悬念，激发学生学习新知识的动机，使之成为主动、积极的探索者，并在解决实际问题的过程中体验成功的快乐，同时为新课的引出和学习奠定基础
【活动 2】 问题：请用适当的函数解析式表示下列问题情境中的两个变量 y 和 x 之间的关系. （1）圆的面积 y（cm^2）与圆的半径 x（cm）. （2）某商店 1 月的利润是 2 万元，2 月、3 月利润逐月增长，这两个月利润的月平均增长率是 x，3 月的利润为 y. （3）矩形的长是 4cm，宽是 3cm，如果将其长增加 $x$cm，宽增加 $2x$cm，则面积增加到 $y\text{cm}^2$，试写出 y 与 x 的关系式	【合作探究】 学生根据题目列出关系式： （1）$y=\pi x^2$； （2）$y=2(1+x)^2$； （3）$y=(4+x)(3+2x)$. 教师顺势提问： 观察以上三个问题所写出来的三个函数关系式有什么特点？你能用一个一般形式来表示这三个函数关系式吗？ （让学生充分发表意见，提出各自看法） 教师归纳总结： 经化简后都具有 $y=ax^2+bx+c$ 的形式（a，b，c 是常数，$a\neq0$）. 【获得新知】 板书：我们把形如 $y=ax^2+bx+c$ 的形式（a，b，c 是常数，$a\neq0$）的函数叫做二次函数. 称 a 为二次项系数，ax^2 为二次项；b 为一次项系数，bx 为一次项；c 为常数. 又如，$y=x^2+2x+3$	通过三个实例的分析，让学生通过自己列解析式，来思考所列解析式的结构特征，为概括二次函数的定义打下基础. 充分肯定学生的探究结果，使其树立“我也能发现数学”的信心

续表

<table>
<tr><th>问题与情境</th><th>师生行为</th><th>设计意图</th></tr>
<tr><td>【活动 3】
1. 小试身手

2. 循序渐进</td><td>【小试身手】
1. 下面各函数中，哪些是二次函数？
（1）$y=x^2$；（2）$y=2x$；（3）$y=x（1-x）$；
（4）$y=（x-1）^2-x^2$.
（（1），（3）是二次函数）

2. 请写出这些二次函数中 a，b，c 的值
<table><tr><th>二次函数</th><th>a</th><th>b</th><th>c</th></tr><tr><td>$y=2x^2$</td><td>2</td><td>0</td><td>0</td></tr><tr><td>$y=x^2+3$</td><td>1</td><td>0</td><td>3</td></tr><tr><td>$y=(x+1)^2+2$</td><td>1</td><td>2</td><td>3</td></tr><tr><td>$y=3x^2-2x-5$</td><td>3</td><td>–2</td><td>–5</td></tr></table>
特别强调：只有把解析式整理成一般形式，才能正确判断解析式中的 a，b，c.

【循序渐进】
例 1　一块矩形草地，它的长比宽多 2cm，设它的长为 $x$cm，面积为 $y\text{cm}^2$，请写出用 x 表示 y 的函数解析式，y 是 x 的二次函数吗？

例 2　已知二次函数 $y=x^2+2x-3$.
（1）当 $x=1$ 时，求它所对应的函数值 y；
（2）当 $y=0$ 时，求它所对应的自变量 x 的值.

例 3　已知二次函数 $y=x^2+px+q$，当 $x=1$ 时，函数值为 4，当 $x=2$ 时，函数值为–5，求这个二次函数的解析式（待定系数法）</td><td>这是一道概念辨析题，目的是让学生正确辨析二次函数.

这是一道认识二次函数解析式中 a，b，c 的题，为往后的学习做好铺垫.

这是一道理解二次函数的题，通过做这题，加深对二次函数一般形式的掌握，为往后的学习做好铺垫.

这是一道函数变量取值对应题，目的是让学生正确理解函数概念，熟练掌握自变量与函数值的关系.

利用待定系数法求二次函数的解析式，体会函数系数的意义</td></tr>
<tr><td>【活动 4】
1. 课堂回眸

2. 知识巩固

3. 布置作业</td><td>【课堂回眸】
（学生发言）我们把形如 $y=ax^2+bx+c$（a，b，c 是常数，$a\neq 0$）的函数叫做二次函数.

综合学生所述，教师给予指导：
（1）正确理解“二次函数”定义，关注和定义有关的注意问题.
（2）生活中处处有数学的影子，只要留心观察身边的事物，开动脑筋，就能用数学知识解决许多的生活实际问题.
【知识巩固】
1. 下列函数中，哪些是二次函数？
（1）$y=3x-1$；　　（2）$y=3x^2+2$；
（3）$y=3x^3+2x^2$；　　（4）$y=2x^2-2x+1$.
2. 你出题我来做.
【布置作业】
同步练习：二次函数（1）必做题</td><td>课堂回眸以教师提问、学生自由讨论的形式进行，借此促进师生交流，学生对自己清醒的认识和总结，必然促进其自主学习，获得可持续发展的动力.

这是一道概念辨析题，目的是让学生正确识别二次函数.
调动学生的积极性，活跃课堂气氛，在参与出题的同时巩固知识.
课后复习巩固本节课的基本知识</td></tr>
<tr><td>【活动 5】
课堂检测</td><td>1.　下列函数中，哪些是二次函数？
（1）$y=3x-1$；　　（2）$y=3x^2$；
（3）$y=3x^3+2x^2$；　　（4）$y=2x^2-2x+1$；
（5）$y=x^{-2}+x$；　　（6）$y=x^2-x（1+x）$.</td><td>这是一道概念辨析题，目的是检测学生能否正确识别二次函数.</td></tr>
</table>

续表

问题与情境	师生行为	设计意图
	2. 已知关于 x 函数 $y=(m-1)$ 是二次函数，求 m 的值.	这是一道理解二次函数的题，通过做这题，加深对二次函数一般形式的掌握.
	3. 已知二次函数 $y=2x^2+x-3$ （1）当 $x=1$ 时，求它所对应的函数值 y； （2）当 $y=0$ 时，求它所对应的自变量 x 的值.	熟练函数变量取值对应关系，正确理解函数概念.
	4. 已知二次函数 $y=ax^2+bx+1$，当 $x=1$ 时，$y=2$；当 $x=2$ 时，$y=9$，求这个二次函数的解析式.	熟练利用待定系数法求二次函数解析式.
	5. 已知菱形的一条对角线长为 a，另一条对角线为它的 $\sqrt{3}$ 倍，用表达式表示出菱形的面积 S 与对角线 a 的关系. 它们的关系式是二次函数吗	通过这道题的安排，让学生体会到了二次函数应用的广泛性. 同时，学生在列解析式的过程中，从对比的角度全面了解判定二次函数的方法

2）案例评析

这是一堂关于“二次函数”的新授课教学设计，属于概念教学课.

从整体上看，该设计教学内容具体，给出了学生的学习任务，确定了明确的教学目标（包括知识技能、数学思考、解决问题和情感态度），活动设计是建立在学生的已有的知识经验基础之上，符合学生的认知发展水平，整个过程环节让学生体会到了知识“认识—实践—再认识—再实践—再认识”的过程. 该教学设计是以数学概念形成方式的教学模式设计的，它不仅遵循了学生的数学概念学习的心理过程（从概念形成到概念巩固再到概念应用），也包含了教师概念教学的主要三步骤. 《标准（实验稿）》提出：义务教育阶段的数学课程，其基本出发点是促进学生全面、持续、和谐地发展. 它不仅要考虑数学自身的特点，更应遵循学生学习数学的心理规律. 另外，该教学设计注重学生对新概念的掌握，注重学生的自主学习能力.

从细节上来讲，第一，设计者所提供的刺激模式是一个问题情境，《标准（实验稿）》指出“要让学生亲身经历将实际问题抽象成数学模型的过程”，本节课是将篮球运动问题抽象成二次函数的模型. 在课程的开始设置了“投篮时，篮球运动的路线是什么曲线？”“怎样计算篮球达到最高点时的高度呢？”等问题激发学生学习新知识的兴趣和动机. 第二，通过三个实例的分析，让学生类化出其共同属性之后，抽象概括出本质属性，形成概念，得到：把形如 $y=ax^2+bx+c$ 的形式（a，b，c 是常数，$a\neq0$）的函数叫做二次函数的概念. 教学设计层层递进，遵循学生的学习心理规律，一步步地引导学生形成概念. 第三，设计内容中的活动 3 和活动 4 主要以教师提问、学生自由讨论的形式进行，帮学生巩固知识. 在练习题的设计中，以辨析题为主，帮助学生加深对概念的理解.

3）思考与建议

（1）教学设计的开始留下了有关篮球运动问题的悬念，虽然能引起学生的学习兴趣，但在教学的最后，没有回答反而让学生觉得此次所学内容没什么用处，而由于该教学设计的学习任务是二次函数的概念，不需要深入到有关函数的图象和最值问题，因此，刺激模式可以另选. 如给出实际当中出现的常见面积问题，设计问题情境：“小明的爸爸存入银行 2 万元，先存一个一年定期，一年后银行将本息自动转存为又一个一年定期，设一年定期存款的年利率为 x. 两年后小明的爸爸共得利息 y 元，能列出 y 关于 x 的函数关系式吗，有什么特点？”这样在教学的最后可以回答这个问题，这样的教学设计就比较完整.

（2）在活动 1 中，设置了让学生回忆学过的正比例函数、一次函数、反比例函数的一般形式是怎样的. 学生已经回忆起来了，也成功地被教师引到函数的大家庭中，但新形成的函数概念形式和家庭中其他函数形式存在什么区别呢？该教学设计中没有体现，因此，可以在“概念巩固”这一教学环节中，引导学生比较正比例函数、一次函数、反比例函数和二次函数的一般形式的特点，形成函数概念网络体系，有利于概念的巩固和掌握.

（3）数学概念的应用是学生学习数学概念过程中的一个最高阶段，也是学生是否掌握和理解概念的体现. 而在该教学设计的最后一个活动当中，设计了菱形面积的应用题，但这题和前面给出的矩形面积题如出一辙，没有新意，也没有很好地体现概念在现实生活中的应用.

7.2 命题的教学设计

7.2.1 命题学习的过程

1. 数学命题的定义

著名数学家罗素认为，“命题”这个词，原意是对表示事物之真假的一组文字而言；希尔伯特认为所谓命题是指每一个有意义的文句，由它的内容可以判定是真的或假的；罗素认为，命题是陈述的内涵，但也有人说陈述就是命题. 命题作为数学的内容之一，是指概念和概念之间的联系所形成的定理、公理、公式等，如“同位角相等，两直线平行（同位角和平行线两个概念的联系）”“圆心角是所对应的圆周角的两倍（圆心角和圆周角两个概念的联系）”.

2. 数学命题的特征

确定性. 数学命题的确定性指的是命题真假的确定性，任何一条存在的命题都有其确定的真假性. 每个命题在产生之前，都是由一些数学家经过实验和证明得到的，因此数学中的命题的真假性是可以用分析、比较、演绎、归纳等证明方法证明出来的.

关联性. 命题本质上就是概念与概念之间的联系. 徐利治教授曾将数学对象之间的关系划分为强抽象、弱抽象和广义抽象，这些关系反映的就是数学命题之间存在关联性. 在数学课程中最常见的数学命题之间的关联性就体现在原命题、逆命题、否命题和逆否命题之间，如“同位角相等，两直线平行”和“两直线平行，同位角相等”之间就具有关联性.

应用性. 其应用性体现在：就数学的内部而言，数学命题是推导其他数学命题的基础；就数学的外部而言，命题可以解决现实中生活中的实际问题，解决其他学科的理论问题.

3. 数学命题的学习过程

数学命题的学习要经历三个过程：命题的形成、命题的巩固和命题的应用.

1）命题的形成

（1）创设问题情境，引起学生对新命题的注意与思考；

（2）开展观察、试验、类比、猜想、归纳、概括、特殊化、一般化等活动，形成假设；

（3）利用已有的知识，通过个例进行验证、推理活动，检验假设，获得新命题，并纳入到已有的认知结构中.

上述形成过程主要是指如何发现并形成命题；命题形成的另外一种方式是接受，即教师通过启发性的讲解，呈现命题，学生获得该命题的含义，建立该命题与其他命题的实质性联系.

2）命题的巩固与转化

当新知识进入到原有的命题网络时，知识并没有分化，都属于陈述性知识. 进入第二个学习阶段，一方面，这部分知识继续存储于命题网络，通过精加工策略，使原有的命题网络得到重建、丰富、优化. 比如，通过对三角形的边与边之间关系的认识，可以将对三角形的总的认识分成两个维度，一个是角与角之间的关系，另一个是边与边之间的关系. 而更进一步，当学习了直角三角形时，这些认识又加深了一步：由于一个角是直角，于是，有了勾股定理. 再进一步，边与角之间有没有更为一般的关系呢？这只有学习了正弦定理、余弦定理之后，才能够对边与角之间的关系有一个比较全面的认识. 此时，命题网络和认知结构更加丰富和完善. 另一方面，大部分知识通过在变化的情境中的练习和运用，转化成指导人们做事的规则. 比如，“三角形的内角和是 180°”. 在知识的学习阶段，该知识是以命题的形式存储的，它表明了三角形三个内角之间的关系. 但是，在以后的学习中，我们可以用它解决一些问题：比如，已知一个角是直角，则可以求出另外两个角的和是 90°. 同样地，将以上三角形三边之间的关系定理稍加改动，就成了一个产生式“如果 a，b，c 是三角形的三边，那么，任意两边之和大于第三边.”应用这条规则，就可以判断任意给定三条线段，能否构成一个三角形. 在命题的转化阶段，练习和运用是关键，特别是在变化的情境中的练习和应用，即变式练习.

3）命题的应用与迁移

在知识应用阶段，陈述性知识被提取用来解决“是什么”的问题. 比如，应用“梯形的概念”来判断一个图形是否是梯形；程序性知识用来解决“怎么办”的问题，也就是解决问题. 比如，应用圆的面积公式来求圆的面积；再比如，根据三角形三边之间的关系，来猜测、推导多边形的边之间的关系.

数学命题的学习过程和数学概念的学习过程有相似之处，但这又不同于下面两节中的数学技能的学习和数学问题解决的学习. 概念学习和命题学习，都具有奥苏伯尔提出的三种学习形式：下位学习、上位学习和并列学习. 这三种形式是学习学习数学概念和数学命题过程中重要的学习方式. 下位学习，即原认知结构中的有关观念概括水平上高于新学习的命题. 比如在“三角形”这一块内容中，是学习了一般三角形的概念、特性之后，再去学习特殊三角形“等腰三角形、等边三角形和直角三角形等”，因此，在下位学习的过程中，是将新的数学概念和数学命题融入原有的认知结构中. 上位学习，是指在认知结构中原有的几个观念的基础上学习一个包容性程度更高的命题或概念，即原有的观念是从属观念，而新学习的观念是总括性观念. 比如学习了“全等三角形”的有关命题后，再去学习“相似三角形”的有关内容，后者包容性更强. 并列学习，新命题与原认知结构中的有关知识具有一定的联系，但既非上位关系，也非下位关系. 比如学习“排列”和“组合”，在学习了“排列”的含义和特征之后，对于“组合”的学习就可以类比“排列”的性质去进行.

7.2.2 命题的教学设计

1. 数学命题教学的过程

（1）命题的引入. 数学命题的学习形成过程包括“发现式”和“接受式”. 如采用发现式教学设计，要向学生提供一系列的实例或问题情境，让学生通过观察、讨论和思考，探索规律，提出命题猜想和假设；如采用接受式教学设计，要通过复习铺垫，为学生提供新知识的固着点，引导学生在旧知识的基础上形成新的数学命题.

（2）命题的应用. 命题的应用是学生掌握命题的关键，只有学会了命题的应用，才能算是真正理解了命题. 此时，教师应该设置相应的练习，练习题要有代表性，题量不宜过多. 命题作为一种证明方法中的工具，学生要能够灵活运用，因此在设计练习题时适当的包括综合题、实际应用题和探索性、创造性、开放性问题，提高学生思维能力和积极思考的能力.

2. 教学设计案例分析

1）案例内容

案例 7-2 平方差公式的教学设计.

（1）教学内容：平方差公式.

（2）教学目标.

①知识与技能. 理解平方差公式的本质，即结构的不变性，字母的可变性；达到正用公式的水平，形成正向产生式：“（□+△）（□–△）”→“□²–△²”.

②过程与方法. 使学生经历公式的独立建构过程，构建以数学的眼光看式子的数学素养；培养学生抽象概括的能力；培养学生的问题解决能力，为学生提供运用平方差公式来研究等周问题的探究空间.

③情感态度价值观. 纠正片面观点：“数学只是一些枯燥的公式、规定，没有什么实际意义！学了数学没有用！”，体会数学源于实际，高于实际，运用于实际的科学价值与文化价值.

（3）教学重点与难点.

①教学重点. 平方差公式的本质的理解与运用；数学是什么.

②教学难点. 平方差公式的本质，即结构的不变性、字母的可变性.

（4）教学方法与手段. ①教学方法. 讲练结合、讨论交流. ②教学手段. 计算机、PPT、Flash.

（5）教学过程设计

教学环节	教学内容	教师活动	学生活动	设计意图
（一） 速算王的 “绝招” （约 1 分钟）	在一次智力抢答中，主持人提供了两道题： 1. 21×19=? 2. 103×97=? 主持人话音刚落，就立刻有一个学生刷地站起抢答说：“第一题等于 399，第二题等于 9991”其速度之快，简直就是脱口而出. 同学们，你知道他是如何计算的吗？你想不想掌握他的简便、快速的运算招数呢	教师讲故事，激发学生学习欲望	学生听故事，思考	通过“速算王的‘绝招’这一故事的情境创设，引发学生学习的兴趣，同时激发学生的好奇心和求知欲，顺利引入新课”
（二） 动手操作 （约 4 分钟）	（1）现有两个数，不知其大小，请你随意用两个字母来表示这两个数. （2）请把这两个数的和与差分别表示出来. 这两个式子是多项式还是单项式？ （3）请将所得的和与差相乘并化简. （4）请思考：两个数的和与这两个数的差的乘积等于什么？（让学生用自己的语言描述出来.）	教师发出指令，引导学生操作	学生动手操作：演算、思考、表达	让学生运用前面已掌握的三个乘法法则，自己动手演算，积极思考，尝试数学表述，为后面的抽象概括做好准备
（三） 抽象概括 （约 3 分钟）	教师同时叫三个学生板演不同的操作演算形式： $(x+y)(x-y)=x^2-y^2$； $(m+n)(m-n)=m^2-n^2$； $(c+d)(c-d)=c^2-d^2$. 三位同学所用的字母，所得的结果完全不同！请问：他们的结果真的没有一点共同之处吗？引导学生横向比较三个结果，抽象概括出它们的共同结构：“两个数的和与这两个数的差的乘积等于这两个数的平方之差” 它就是整式乘法的一个乘法公式——平方差公式： $(a+b)(a-b)=a^2-b^2$	教师引导学生比较分析三种形式的异同	学生比较分析三种形式的异同，归纳总结其共性	通过三个不同刺激模式，由特殊到一般，通过引导，与学生共同抽象概括出平方差公式，发挥教师的主导作用，学生的主体作用，培养学生抽象概括能力
（四） 公式运用 （约 10 分钟）	运用平方差公式计算： （1）$(p+q)(p-q)$； （2）$(3x+2)(3x-2)$； （3）$(b+ac)(ac-b)$. 分析　引导学生识别出它们都是两个数的和与这两个数的差的乘积的形式 练习 1. 下面各式的计算对不对？如果不对，应当怎样改正？ $(x+2)(x-2)=x^2-2$； $(-3a-2)(-3a-2)$ $=(-3a)^2-2^2$ $=9a^2-4$	教师引导学生以数的眼光去看式子，进行分析讲解 教师引导	学生思考识别解决问题 学生思考回答问题	1. 根据变式理论，设计了不同形式类型的典型的例题，强化平方差公式的本质，即结构的不变性，字母的可变性. 2. 这组练习主要是要考查学生有没有掌握平方差公式的结构
（五） 速算王的 秘密 解惑传道 （约 1 分钟）	2. 103×97=____? **解**：$103\times97=(100+3)(100-3)=100^2-3^2=9991$	教师引导讲解	学生听讲思考	呼应“速算王的‘绝招’”这一部分，解答学生心中的疑惑，弥合学生心中的“缺口”，让他们体会到平方差公式的威力

续表

教学环节	教学内容	教师活动	学生活动	设计意图
（六） 意犹未尽 （约 8 分钟）	课堂练习： 运用平方差公式计算： （1）$(a+3b)(a-3b)$； （2）$(3+2a)(-3+2a)$； （3）51×49； （4）$(3x+4)(3x-4)$； （5）$-(3x+2)(3x-2)$	教师巡视观察，进行个别辅导	学生自己思考做题	根据桑代克的练习律与斯金纳的强化原理设计该练习，以巩固所学．可以让学生接触不同形式问题，建立起以数的眼光看式子的整体观念，进一步强化平方差公式的本质，即结构的不变性、字母的可变性
（七） 数学是什么 （约 8 分钟）	有人说，数学只是一些枯燥的公式、规定，没有什么实际意义！请问数学真的没有什么实际意义吗？请看下面的问题． 1．几何解释： （1）请表示图（a）中阴影部分的面积． （2）将阴影部分拼成了一个长方形（图（b）），这个长方形的长和宽分别是多少？你能表示出它的面积吗？ 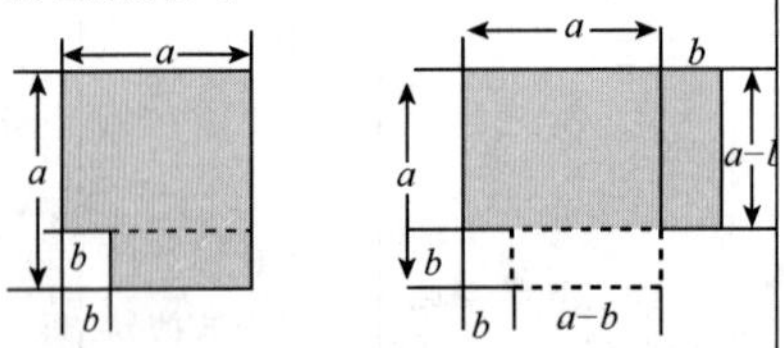 (a)　(b) （3）比较前两问的结果，你有什么发现？ $S_{阴}=a^2-b^2$， $S_{阴}=(a+b)(a-b)$， 所以 $(a+b)(a-b)=a^2-b^2$． 还有人说，学了数学没有用！果真如此吗？请看： 2．问题解决 某住宅小区的花园，起初被设计为边长为 a 米的正方形，后因道路的原因，设计修改为：北边往南平移 2.5 米，而东边往东平移 2.5 米．试问修改后的花园面积和原先设计的花园面积相差多少？ 解　如图（a）所示，原花园的面积 $S=a^2$． 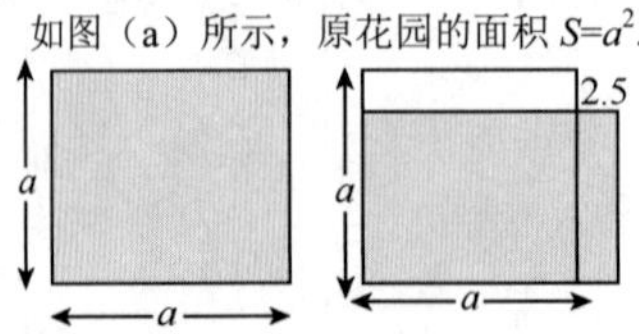 (a)　(b) 修改后的花园如图（b）所示，其面积 $S_{后}=(a+2.5)(a-2.5)$ $=a^2-2.5^2$， 所以，$S-S_{后}=a^2-(a^2-2.5^2)$ $=2.5^2=6.25$（m^2）	教师引导分析讲解演示 教师引导分析讲解演示	学生观察思考演示 学生听讲思考观察	新课标提出的三维目标中包括情感态度价值观目标． 设计几何解释，目的是使学生看到数学中的公式反映了实际问题中的客观关系是看得见摸得着的，纠正“数学只是一些枯燥的公式、规定，没有什么实际的意义”这样的偏见． 设计问题解决的目的，一是培养学生的问题解决能力；二是使学生知道，学了数学公式，可以用来解决实际问题，从而体会到数学的应用价值，并构建起正确的数学观

续表

教学环节	教学内容	教师活动	学生活动	设计意图
（八） 画龙点睛 （约 4 分钟）	1. 平方差公式的本质： $(a+b)(a-b)=a^2-b^2$. （1）结构是稳定不变的，即只要是两个数的和与这两个数的差的乘积，就一定等于这两个数的平方之差. （2）公式中的字母 a 和 b 却可以变脸！可以是其他字母，可以是正数，也可以是负数；可以是单项式，也可以是多项式. 2. 我们为什么要学习平方差公式，学了它我们能做什么呢？ 在进行某些乘法运算时，利用平方差公式，可以进行简便、快速运算. 计算：$(a+b+c)(a+b-c)$=____？ 解　$(a+b+c)(a+b-c)$ $=[(a+b)+c][(a+b)-c]$ $=(a+b)^2-c^2$ 那么如何计算 $(a+b)^2$=____？也就是说，如何计算两数和的完全平方呢？让我们共同期待下一次数学课的到来	教师引导总结 教师启发学生以数的眼先观看字母式子	学生思考体会 学生识别出这是两数和与两数差的乘积的结构	让学生看到公式的本质所在，能突破公式字面意义的局限性，建立起较高层次的有意义条件反射，而不是机械地记忆公式. 点明学习平方差公式的必要性. 进一步化解“结构稳定性，字母的可变性”这一难点，并为下一解内容的学习埋下伏笔
（九） 牛刀小试 即布置 家庭作业 （约 1 分钟）	家庭作业 156 页. 1. 牛刀小试 运用平方差公式计算： （1）$\left(\frac{2}{3}x-y\right)\left(\frac{2}{3}x+y\right)$； （2）$(xy+1)(xy-1)$； （3）$(2a-3b)(3b+2a)$； （4）$(-2b-5)(2b-5)$； （5）$2001\times1999$； （6）$998\times1002$. 2. 数学探究——等周问题 某住宅小区的花园，起初被设计为边长为 a 米的正方形，后因道路的原因，设计修改为：北边往南平移 x（$x\leqslant a$）米，而西边往西平移 x 米．试问： （1）修改后的花园面积和原先设计的花园面积相差多少？ （2）上述两种设计的面积之差与 x 的大小有什么关系？ （3）在周长为定值 $4a$ 的矩形中，什么时候其面积最大？ （4）计算周长均为 $4a$ 的圆的面积，正六边形的面积．由此，你有什么新的发现	教师布置作业 教师解释问题	学生认真记录 学生思考问题	由浅入深的练习和灵活的变式练习，能够强化本节课所学知识. 该环节为学生提供更大的思维发展空间，是把课内知识延伸到课外，用所学的平方差公式解决“等周问题”，以培养学生的问题解决能力和数学探究能力

（华南师范大学 林佳佳）

2）案例评析

这是一堂关于“平方差公式”的新授课教学设计，属于命题教学.

从整体上看，该教学设计形成了一套教学模式：设置“速算王”情境的刺激模式—学生寻找探究教师给出的问题—通过讨论和自主学习抽象概括出了规律—形成命题. 这样的设计符合学生学习数学命题的心理过程. 该教学设计相比前一节的二次函数的教学设计，也突出了教学设计的内容，但不同的是设计者在思考设计的过程中利用了许多的理论知识作为教学设计的支撑，如：环节（四）中用了“变式理论”，环节（六）中用了“桑代克的练习律和斯金纳的强化原理”以及环节（八）中用了建构主义理论，使他的设计理念更加有说服力. 这也正是整篇教学设计的亮点之一. 纵观全文，出现“结构不变性，字母可变性”和“以数的眼光看式子的整体概念”的字眼，表现出了平方差公式还可以是这样的方式教授，平方差公式具有这样的本质特征，这是整篇教学设计的亮点二和亮点三所在之处. 这样的教学理念可以使学生真正掌握平方差公式的内涵以及提高学生的数学素养. 在教学最后的环节中，其教学理念是“纠正片面观点‘数学只是一些枯燥的公式、规定，没有什么实际的意义！’”，设置实际问题情境，一方面使命题得到应用，另一方面让学生知道数学的价值. 这又是该教学设计的亮点处.

从细节上来讲，第一，设计者所采用的刺激模式是“速算王”情境. 班级里的学生之间存在一种竞争关系，其中一个学生以最快的速度得出答案，必然会引起其余学生的好奇心，“为什么他能这么快？”“到底用了什么方法？”，这样一来，就算教师没有提问，学生也会自然而然地产生疑问并会积极思考，很快教师就可以把学生的思维带入正题. 第二，在环节（三）中，通过不同刺激模式和比较的学习形式，引导学生抽象概括出平方差公式的本质属性，形成命题，发挥了教师的主导作用以及学生的主体作用. 第三，环节（七）设置了探究性的问题情境，提升学生的创新能力，使学生学会灵活应用该命题解决问题.

3）思考与建议

命题的引入采用的是“速算王”的问题情境，这虽然能马上引起学生的兴趣和学习动机，但也存在一定的问题，如若环节（五）中的 103×97 的引入没有学生算出来，就产生不了“速算王”. 因此这一环节应该教师和学生一起参与，当然此时教师成了“速算王”，这样也能达到引起学生兴趣的效果，也避免了没人担任“速算王”的情况. 另外，在牛刀小试环节，所设置的问题也要具有一定的难度.

7.3 技能的教学设计

7.3.1 技能学习的过程

1. 技能的定义

技能是指在学习的过程中通过训练得以顺利完成学习任务的一种行动方式或心智行动方式，也可以说是通过练习在个体上固定下来的自动化活动方式. 学习数学不仅要理解、掌握基础知识，还应当在此基础上形成基本技能.

2. 数学技能的分类

按其表现形式，数学技能可以分为动作技能和认知技能. 概括为“五会”：数学动作技能：会作图，会操作；数学认知技能：会计算，会推理，会调控（调控学习过程）.

（1）动作技能. 动作技能即外部实际操作活动的一种行为方式. 例如，用尺规作图，使用计算工具（算盘、计算器、数学用表）等都是动作技能. 动作技能有如下三个基本特点.

第一，外显性，即动作技能是一种外显可操作的活动方式.

第二，客观性，是指动作技能活动的对象是可见的数学图形与文字符号或者是实物（计算器）.

第三，非简约性，动作技能的每个动作都必须实施，不能省略和合并，是一种展开性的活动程序. 如用尺规作图画一个 135° 的角，确定顶点，画出一条边，用量角器确定角的度数，再画出另外一条边，既不能忽略也不能合并.

（2）认知技能. 认知技能即按照一定的、合理的、完善的方式进行的心理的认知活动方式. 例如，数的运算、解方程、推理证明等都是认知技能. 认知技能有如下几方面的特点.

第一，抽象性. 数学认知技能的直接对象是抽象的数学概念、命题与表象，而不是具有物质形态的客观对象.

第二，内潜性. 数学认知技能的动作是借助于内部言语在头脑中进行的活动，主体的变化具有很强的内潜性，很难从外部直接进行观察. 如口算，我们只能够直接了解的是学生计算的结果，而学生计算时的内部活动我们是不知道的.

第三，简缩性. 数学认知技能不像动作技能那样，必须每一步都实施、不能省略和合并，它的活动过程是一种高度压缩和简化的自动化过程. 因此，数学认知技能中的动作成分是可以合并、省略和简化的.

第四，在涉及比较复杂的推理过程或者运算程序的时候，数学认知技能的完成需要借助外部的表征. 如计算简单的一位数乘以一位数或者一位数乘以两位数可以利用心算完成，但是在比较复杂的三位数乘以三位数或者以上时，一般需要借助某种格式来实施运算程序.

3. 数学技能的学习

1）动作技能的学习

动作技能作为一种外显的操作活动方式，它的获得主要是经过以下 4 个基本阶段.

（1）动作的定向阶段. 这一阶段学生主要是通过教科书的文字指导以及教师的讲解与示范，了解“做什么”和“怎样做”两个方面的内容.

比如画圆，这一阶段主要是了解需要画一个半径（直径）多长的圆（即知道做什么）和画圆的步骤（即怎样做），以此给画圆的操作活动做出具体的定向来. 动作定向的作用是学生在自己的头脑中对动作建立起一个初步的操作机制；通过对“做什么”和“怎样做”的了解明确数学操作活动的步骤，从而保证学生在今后其他操作活动中能更好地掌握活动方式.

（2）动作的分解阶段. 这一阶段学生主要模仿老师的示范，把某项数学技能的全部动作分解成若干个单项动作来完成，从而掌握操作技能局部动作的操作要领.

如画圆，这一阶段主要是用圆规按照给定的半径画圆，可把整个操作阶段步骤分解成三个局部动作：第一，把圆规的两脚张开，一脚固定在直尺的0点，另一脚取到给定的半径长度，定好两脚间的距离；第二，在纸上确定出圆心，把有针尖的一脚固定在圆心上；第三，将有铅笔尖的一脚绕圆心旋转一周，画出圆. 通过这三个连续的局部动作，依次练习多次即可获得画圆的动作技能. 学生在这一阶段主要是模仿，模仿是操作技能获得的一个不可缺少的条件.

（3）动作的整合阶段. 这一阶段学生主要是把前面所学到的各个局部动作按照一定的顺序联结起来，使其成为一个连贯而协调的操作步骤，并固定下来.

如画圆，这一阶段就可将上述的三个步骤连起来成为一体化的操作程序. 在这一阶段局部动作还处在衔接阶段，因此动作还难以维持稳定性和精确性，局部动作与下一个局部动作之间还会出现不自觉的停顿现象. 不过，总的来说，这一阶段不断地排除了局部动作之间的多余动作，逐渐形成一个完整简练的动作程序.

（4）动作的熟练阶段. 这一阶段学生通过练习能将动作系统很完善、很准确地完成，局部动作与局部动作之间的多余动作全部消除，动作具有高度的正确性和稳定性，并且不管在什么条件下都能流畅地完成整套动作. 如画圆，这一阶段学生不需要意志控制就能准确无误地完成整套动作.

2）认知技能的学习

苏联心理学家加里培林以及同事给出的认知技能形成的五个阶段：①定向；②物质活动或物质化活动；③有声言语；④无声的“外部言语”；⑤内部言语. 还有我国心理学家冯忠良提出的认知技能形成的三阶段理论：①原型定向；②原型操作；③原型内化. 根据上述的理论以及认知技能的特点，鲍建生教授将其形成过程概括为以下四个阶段：①认知定向；②具体化模仿；③言语化模仿；④内化. 我们借鉴认知心理学的理论，将认识技能的学习分为三个阶段.

（1）认知阶段. 认知“算理”——为什么是这样的运算步骤，就是认知“算法”——这样的运算步骤.

比如异分母分数的加减运算. 学生根据加法的意义，列出算式$\frac{1}{4}+\frac{3}{10}$. 教材中是这样呈现的：

“你能用学过的知识解决问题吗？”

我们学习过同分母分数的加法.

然而，这两个分数的分母不同. “分数单位不同，不能够直接相加. ”

那么，如何把这两个异分母的分数转化成同分母的分数呢？

我们已经学习了利用分数的基本性质，将异分母的分数化成同分母的方式的方法. “可以用通分把它们转化成分母相同的分数. ”

如图 7-2 所示，教材借助“通分”这个桥梁，转化成“同分母分数的加法”，问题得到了解决. 以上这个思考的过程，是一个问题转化的过程，是一个问题化归的过程，将未解决的问题化归成了已解决的问题.

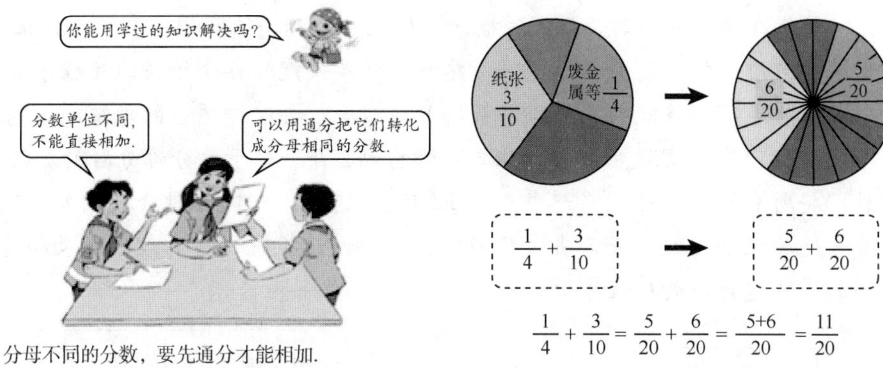

图 7-2　小学数学教材中“异分母分数相加”的处理

以上解决问题的过程，就是一个步骤系列. 但是，这个过程中，包含了大量的概念性知：比如，加法的意义、通分的概念、最小公分母的概念. 教科书中的图示，就是为了帮助学生更好地理解通分的意义的. 基本技能是由“概念和命题组成”，基本技能作为程序性知识，其学习必然以概念和命题的学习为前提. 认知阶段包含对“技能推导”的认知，即要认知“加法的意义”“通分的概念”“分数的基本性质”“最小公分母”“最小公倍数”“同分母分数的加法”；也包含对技能操作步骤的认知，即先做什么，再做什么，最后做什么. 此时，学生既要关注如何执行各个步骤（比如通分），又要关注各个步骤之间的先后顺序（先通分，后相加），还要关注为什么能够执行这样的步骤（为什么能够通分，即分数的基本性质），也就是说，学生既要关注算法（步骤），又要关注算理（概念、命题——陈述性知识），算法和算理剪不断，算法与算理两者交织在一起.

此时，学生想到一步，执行一步，对每一步都有着清醒的认识. 因而，能够对出现的错误作出及时的纠正.

（2）联系阶段. 学生逐渐摆脱概念、原理等知识的束缚，将操作步骤前后联系起来，形成不再依靠这些知识的相对独立的操作步骤. 这包括两个过程，合成与程序化.

所谓合成，是将一系列个别的子程序编成一个程序. 比如，对于异分母分数的加法，包括了以下子程序.

S1，求最小公分母，也就是求两个分母的最小公倍数. 这个子程序可以包括：分别找两个分母的倍数，找公倍数，找最小公倍数等程序.

S2，通分. 该子程序包括利用分数的性质，把第一个分数化成以最小公分母为分母的分数：这个程序又包括将最小公分母除以该分数的分母，得到一个商 S，用 S 乘该分数的分子作为新的等值分数的分子. 同样，把第二个分数化成以最小公分母为分母的分数.

S3，同分母分数相加. 该子程序包括将公分母作为和的分母，将两个分数的分子的和作为和的分子.

也就是说，从小的角度看，至少有三个子程序：求最小公分母，对两个分数进行等值变换（即通分），同分母分数相加. 以上三个子程序依次组合，环环相扣，一个子程序激活、完成后，其结果为下一个子程序的激活创造了条件，如此进行下去，就构成了一个连贯的程序，从而解决了最初提出的问题. 具体操作如图 7-3 所示.

程序化，是指在执行程序时，摆脱对概念、原理的依赖，依照程序去做得到正确的结果.此时，学生通过应用数学技能的实际操作，熟悉了数学技能的各个子技能（程序），再将这些子技能合成前后连贯的技能系列（程序系列），然后，再经过适当的训练，达到迅速、精确和无意思地执行程序，实现步骤与步骤之间的自动匹配.对于异分母分数的加法，经过理解、训练后，将所有的子程序联系起来，并压缩成：通分——同分母分数相加.在程序化阶段，学生更多地关注如何做，而不去考虑为什么这样做，摆脱了对算理的寻求和追问．“异分母分数相加”技能的合成与程序化如图 7-3 所示.

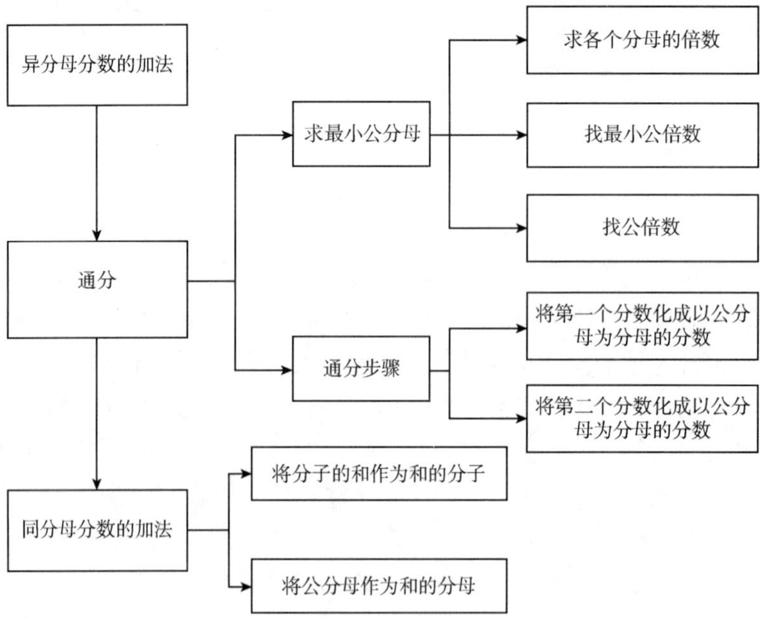

图 7-3　“异分母分数相加”技能的合成与程序化

（3）自动化阶段.该阶段是联系阶段的延伸，指程序得到进一步的完善和协调.随着对技能的精通，对行为的控制会越来越少，对技能的应用达到了娴熟的境地.比如，三七二十一，分数的乘法就是分子乘、分母乘，分数的除法就是颠倒相乘.自动化可能存在的风险是：当学生不再对自己的行动做缜密的思考时，也常常不能够清楚地说出为什么这样做的理由了，因而，错误一旦出现，纠正起来就比较困难.事实正是如此，调查一下大众：“分数除法为什么就颠倒相乘了”，有几人能够说得清楚.

要促进技能的获得，教学中要注意以下三点.一是传授必要的子技能.在加涅看来，教学设计的关键在于确定这些子技能的层级，并分别传授这些子技能.二是给学生提供将一些子程序组合成大程序的机会.练习与反馈是两个极重要的环节，每一次练习给两个潜在的有关联的产生式在工作记忆中被激活提供了机会，也给它们的合成提供了机会.三是促进程序化.引导学生练习整个技能所包含的所有子技能，而不是部分技能；提供该技能适用的正例和反例；提供混合练习的情境.

7.3.2 技能教学设计

1. 数学技能的教学

1）动作技能的教学

（1）教师示范或者学生看书自学. 教师将动作技能用口头复述加行动操作描述出来，让学生了解操作的步骤以及内容和要求；或者让学生照着书上的步骤，学生自己先思考，交流讨论，最后教师再进行适当的点拨与指导. 例如：在讲解三角函数图象的时候，教师复述以及操作正弦函数在$[0, 2\pi]$上的图象画法的一般步骤：取五个点，在坐标轴上描出五个点，将五个点用光滑的曲线连接起来.

（2）学生动手操作. 根据教师之前的示范或者自学，学生自己亲自动手来操作. 动作技能的学习，只有学生动手操作了，才会掌握. 例如：在教师示范完成后，让学生自己动手画出余弦函数在$[0, 2\pi]$上的图象.

（3）巩固技能. 操作一次对于动作技能的习得是远远不够的，要进行适当的练习加以巩固，使之成为自动化. 例如，将函数进行适当的变形后，让学生动手画出新函数的图象来.

2）认知技能的教学

基于以上认知技能的学习过程，其教学有两种主要的方式.

（1）例规法. 教师呈现技能的若干例证，引导学生从例证中概括出该技能. 此时，学生进行的是发现学习. 学生的认知过程同概念的形成过程类似，包括辨别、概括、提出假设、检验假设、纳入认知结构等主要环节.

（2）规例法. 教师呈现学生要学习的技能，然后用例子来说明规则的使用方法. 此时，学生进行的是有意义的接受学习. 学生的认知过程同概念的同化过程相似，包括辨别、同化、强化等主要环节.

以上两种教学方式的区别主要在认知阶段，而在联系阶段、自动化阶段是相同的.

2. 教学设计案例分析

1）案例内容

案例 7-3　一元一次不等式.

科目：数学；教学对象：七年级；提供者：湖北省咸宁市咸安区实验中学章福枝；课时：1.

（1）教材内容分析.

在初中阶段，不等式位于一次方程（组）之后，它是进一步探究现实世界数量关系的重要内容，不等式的研究从最简单的一元一次不等式开始，一元一次不等式及其相关概念是本章的基础知识，解任何一个代数不等式（组）最终都要划归为解一元一次不等式，因此解一元一次不等式是一项基本技能. 另外，不等式解集在数轴上表示从形的角度描述了不等式的解集，并为解不等式组做了准备，本节内容是进一步学习其他不等式（组）的基础.

解一元一次不等式与解一元一次方程在本质上是相同的，即依据不等式的性质，逐步将不等式化为 $x>a$ 或 $x<a$ 的形式，从而确定未知数的取值范围，这一化繁为简的过程，充分体现了化归的思想.

（2）教学目标（知识、技能、情感态度与价值观）.

①了解一元一次不等式的概念，掌握一元一次不等式的解法；

②在依据不等式的性质探究一元一次不等式的解法的过程中，加深对化归思想的体会.

（3）重难点：一元一次不等式的解法. 本节课的教学难点：解一元一次不等式步骤的确定.

（4）数学问题诊断分析.

通过前面的学习，学生已掌握一元一次方程概念及解法，对解一元一次方程的化归思想有所体会但还不够深刻. 因此，运用化归思想把形式复杂的不等式转化为 $x>a$ 或 $x<a$ 的形式，对学生有一定的难度. 所以，教师需引导学生类比解一元一次方程的步骤，分析形式复杂的一元一次不等式的结构特征，并与化简目标进行比较，逐步将不等式变形为最简形式.

（5）教学过程.

教学过程	教师活动	学生活动	设计意图及资源准备
（一）引导观察　形成概念 问题：观察下面的不等式，它们有哪些共同特征，$x-7>26$，$3x<2x+1$，$\frac{2}{3}x>50$，$-4x>3$	教师可以引导学生从不等式中未知数的个数和次数两个方面去观察不等式的特点，并与一元一次方程的定义类比	学生回答	引导学生通过观察给出不等式，归纳出它们的共同特征，进而得到一元一次不等式的定义，培养学生观察、归纳的能力
	师生共同归纳获得：含有一个未知数，未知数的次数是 1 的不等式，叫做一元一次不等式		
（二）通过类比　研究解法 练习：利用不等式的性质解不等式 $x-7>26$	教师结合解题过程，指出：由 $x-7>26$ 可得到 $x>26+7$，也就是说解不等式和解方程一样，也可以“移项”，即把不等式一边的某项变号后移到另一边，而不改变不等号的方向	学生尝试独立完成练习	通过解简单的一元一次不等式，让学生回忆解方程的过程，教师通过简化练习中的解题步骤，让学生明确不等式和解方程一样可以“移项”，为下面类比解方程形成解不等式的步骤做好准备
设问 1：解一元一次方程的依据和一般步骤是什么		学生回忆解一元一次方程的依据是等式的性质. 一般步骤是：去分母，去括号，移项，合并同类项，系数化为 1	
设问 2：解一元一次不等式能否采用类似的步骤	教师再指出：利用不等式的性质，采取与解一元一次方程类似的步骤，就可以求出一元一次不等式的解集	学生讨论解一元一次不等式是否可以采用类似的步骤	通过回忆解一元一次方程的依据和一般步骤，让学生思考解一元一次不等式能否采用同样步骤，从而获得解一元一次不等式的思路

续表

<table>
<tr><th>教学过程</th><th>教师活动</th><th>学生活动</th><th>设计意图及资源准备</th></tr>
<tr><td>（三）例题讲解　规范步骤
例：解下列不等式，并在数轴上表示解集：
（1）$2(1+x)<3$；
（2）$\frac{2+x}{3} \geqslant \frac{2x-1}{3}$.
设问 1：解一元一次不等式的目标是什么</td><td colspan="2">学生在教师问题的引导下，思考如何将一元一次不等式变形为最简形式</td><td rowspan="6">通过解具体的一元一次不等式，引导学生明确解不等式以化归思想为指导，比较原不等式与目标形式（$x>a$ 或 $x<a$）的差异，思考如何依据不等式的性质将原不等式通过变形转化为最简形式，以获得解一元一次不等式的步骤</td></tr>
<tr><td>设问 2：你能类比解一元一次方程的步骤，解第（1）小题吗</td><td>老师讲评</td><td>由学生独立完成</td></tr>
<tr><td>设问 3：对比不等式 $\frac{2+x}{3} \geqslant \frac{2x-1}{3}$ 与 $2(1+x)<3$ 的两边，它们在形式上有什么不同</td><td></td><td></td></tr>
<tr><td>设问 4：怎样将不等式 $\frac{2+x}{3} \geqslant \frac{2x-1}{3}$ 变形，使变形后的不等式不含分母</td><td>老师点拨</td><td>小组合作交流</td></tr>
<tr><td>设问 5：你能说出解一元一次不等式的基本步骤吗</td><td>教师总结：去分母，去括号，移项，合并同类项，系数化为 1</td><td>学生回答</td></tr>
<tr><td>设问 6：对比第（1）小题和第（2）小题的解题过程，系数化为 1 时应注意些什么</td><td>教师再强调：要看未知数系数的符号，若未知数的系数是正数，则不等号的方向不变，若是负数，则不等号的方向要改变</td><td>学生回答</td></tr>
<tr><td>（四）辨别异同　深化认识
设问 1：解一元一次不等式和解一元一次方程有哪些相同和不同处</td><td colspan="2">学生在教师的引导下将解一元一次不等式的过程与解一元一次方程的过程进行比较，思考二者的相同和不同处.
相同之处：基本步骤相同，去分母，去括号，移项，合并同类项，系数化为 1. 基本思想相同，都是运用化归思想，都要变为最简形式.
不同之处：解法依据不同，解不等式是依据不等式的性质，解方程依据等式的性质. 最简形式不同，解一元一次不等式：最简形式是 $x>a$ 或 $x<a$，一元一次方程的最简形式是 $x=a$</td><td>在归纳出一元一次不等式的解法之后，引导学生对比一元一次方程的解法，思考二者的异同，加深对一元一次不等式解法的理解，体会化归思想和类比思想</td></tr>
<tr><td>设问 2：解一元一次不等式每一步变形的依据是什么</td><td>教师再引导学生体会结合例题的解题过程思考每一步变形的依据</td><td>学生作答</td><td>通过具体操作，归纳出解一元一次不等式的基本步骤及每一步变形的依据，提高学生的总结、归纳能力</td></tr>
<tr><td>（五）练习巩固　形成能力
练习：解一元一次不等式 $\frac{4}{5}x \geqslant 3+\frac{x-2}{2}$，并把它的解集，在数轴上表示出来</td><td>老师点评</td><td>学生独立解不等式</td><td>学生独立按照解一元一次不等式的步骤解不等式，学以致用</td></tr>
</table>

续表

教学过程	教师活动	学生活动	设计意图及资源准备
（六）归纳小结　反思提高 教师和学生一起回顾本节课学习的主要内容，并请学生回答以下问题： （1）怎样解一元一次不等式？解一元一次不等式和解一元一次方程有哪些相同和不同处？ （2）解一元一次不等式运用了哪些数学思想			通过问题引导学生再次回顾本节课，从数学知识，数学思想方法等层面，提升对本节课所研究内容的认识
（七）布置作业，课外反馈 教科书习题 9. 2 第 1，2，3 题			通过课后作业，教师及时了解学生对本节课知识的掌握情况，以便对教学进度和方法进行适当的调整

（6）目标检测设计.

①解不等式：$-8x<3$；$-\dfrac{1}{3}x\geqslant-\dfrac{5}{6}$；$3x-7\geqslant4x-4$.

本题主要考查学生解一元一次不等式时将系数化 1 和移项的准确性.

②解下列不等式，并分别把它们的解集在数轴上表示.

$3(x+2)-1\geqslant5-2(x-2)$；$\dfrac{x-1}{3}-\dfrac{x+4}{2}>-2$.

本题主要考查学生解一元一次不等式，并在数轴上表示解集的能力.

2）案例评析

（1）以问题引领学生思考.

哈尔斯（P. R. Halmos）指出：“问题是数学的心脏.”教学的好坏很大程度上取决于教师所设计数学问题的优劣. 本教学设计中的数学问题都是能引起学生思考的问题：

问题 1：观察下面的不等式，它们有哪些共同特征？

问题 2：解一元一次方程的依据和一般步骤是什么？

问题 3：解一元一次不等式能否采用类似的步骤？

问题 4：解一元一次不等式的目标是什么？

问题 5：对比不等式$\dfrac{2+x}{3}\geqslant\dfrac{2x-1}{3}$与 2（1+$x$）<3 的两边，它们在形式上有什么不同？

问题 6：怎样将不等式$\dfrac{2+x}{3}\geqslant\dfrac{2x-1}{3}$变形，使变形后的不等式不含分母？

问题 7：你能说出解一元一次不等式的基本步骤吗？

问题 8：对比第（1）小题和第（2）小题的解题过程，系数化为 1 时应注意些什么？

问题 9：解一元一次不等式和解一元一次方程有哪些相同和不同处？

问题 10：解一元一次不等式每一步变形的依据是什么？

这些问题紧紧围绕“一元一次不等式”的性质、一元一次不等式的解法和解一元一次不等式的注意点，层次分明，初步递进.

（2）渗透数学思想.

在归纳出一元一次不等式的解法之后，引导学生对比一元一次方程的解法，思考二者的异同，加深对一元一次不等式解法的理解，体会化归思想和类比思想. 通过具体操作，归纳出解一元一次不等式的基本步骤及每一步变形的依据，提高学生的总结、归纳能力.

（3）体现了学生的主体性.

教师在提出问题之后，就把课堂的主动权交给了学生，让学生练习、讨论以及总结，充分体现了学生在课堂中的主体性. 在课堂上，学生的参与时间较多，学生会有兴趣学习数学，更有利于激发他们回答老师提出问题的兴趣和对于回答问题之后的那种成就感，学生更加能融入课堂.

3）思考与建议

（1）“旧知”的引入要合理.

引入“旧知”要符合人的认识规律，在学生做完练习，“利用不等式的性质解不等式 $x-7>26$”之后，马上就给出了“解一元一次方程的依据和一般步骤是什么？”. 这里缺乏一个好的引入，可以先让学生做一道有关一元一次方程的习题，然后再提出“解一元一次方程的依据和一般步骤是什么？”. 合适的情境是促进学生顺利学习的重要方面，温故知新也需要情境的支持，这在教学中应当引起重视.

（2）尝试让学生自己做小结.

在学习完一元一次不等式之后，做最后的小结的时候，可以先不提出如下的问题：怎样解一元一次不等式？解一元一次不等式和解一元一次方程有哪些相同和不同处？解一元一次不等式运用了哪些数学思想？可以尝试让学生自己总结所学过的内容，培养学生的总结能力，可以提出简单的问题，如：“今天我们学习了什么？你能告诉大家吗？”，让学生自己回顾一元一次不等式的相关内容.

7.4　问题解决的教学设计

7.4.1　问题解决的过程

1. 数学问题的含义

数学问题与数学习题是不同的两个概念，问题可以成为习题的一部分，但不是所有的习题都具有问题的特征. 张奠宙先生认为，所谓“问题”是指：①对学生来说不是常规的，不能靠简单的模仿来解决；②可以是一种情景，其中隐含的数学问题要学生自己去提出、求解并作出解释；③具有趣味和魅力，能引起学生的思考和向学生提出智力的挑战；④不一定有终极的答案，各种不同水平的学生都可以由浅入深地作出回答；⑤解决它往往需伴以个人或小组的数学活动.

2. 数学问题的特征

(1)丰富性. 在问题和解答中包含着众多的数学知识和数学技能. 数学知识包括有关事实

与概念的知识、有关数学对象的性质和关系的知识、有关方法与策略的知识、有关推理与论证的知识等. 数学技能包括动作技能和认知技能.

(2)多样性. 在学生已有的知识以及能力范围内的解决方法有多种. 例如解决函数问题可以用画图的方法解决也可以用解析式的方式来解决.

(3) 趣味性. 数学问题一般都与生活实际相联系，因而能够激发学生的学习兴趣.

(4) 探究性. 通常不能够用常规的方法来解决，学生必须经过思考、探究，才能够寻求到解决问题的方法.

3. 数学问题的类型

数学问题的分类，看法不尽相同. 我国的学者主张将数学问题分成四种类型：综合题、数学模型、开拓研究问题、开放型问题.

(1) 综合题. 这是我国教科书中常见的问题. 涉及的知识包括数学中多个单元或几何、三角、代数等各个学科. 在解题的策略方面，常常需要某些独特的思想方法.

(2)数学模型. 这是以自然和社会为背景的实际问题. 在中学数学教科书中常见的数学模型，大多与相关学科知识有关. 例如：路程公式：$s=vt$，自由落体公式 $s=\frac{1}{2}gt^2$.

(3) 开拓研究问题. 这类问题，一是将原问题的某些具体条件用更一般化的条件替代，或者转化为逆问题，使问题能够推广或扩充到各种情形；二是这类问题的解决策略，通常不包含在问题的陈述之中，需要学生去思考、探索，寻求解决的方法.

(4) 开放型问题. 开放型问题是相对于数学课本中有明确条件和明确结论的封闭型问题而言的. 这类问题不必有解，答案一般不唯一，所给的条件也可能有多余的. 但是开放型问题并不等于随意性的问题，结论仍然要求确定、精确.

4. 问题解决的含义

问题解决虽然自古以来就是人类的基本活动，有关问题解决的教学与研究也早就有了，但把问题解决作为数学教育中的口号还是近几十年的事.

对于术语“问题解决”的解释有很多. 琪和戈莱斯尔认为，“问题解决”是指当学习者无法自然地找出问题的解决办法时，尝试以各种可能方式完成最终目标的一种历程；在学习者遇到问题时，会先从自己的旧经验中寻找可能的解题方式，在经过不断的尝试之后，成功的联结会将问题所涉及的新概念及解题所用到的法则进一步地转变成高层次的技能. 卡耐则认为，“问题解决”是学习者为了适应情境的需要，运用过去所习得的知识技能以寻求解答的过程；在解决问题中，学习者经由探索、分析、搜寻等不同的方式获得与问题相关的信息，并试图解答疑问，消除困惑，直到达到目标为止. 由于问题代表着一种未知而陌生的情境，因此，亨特将“问题解决”视为一种高层次的心智活动模型. 综合以上观点，问题解决可以说是寻找问题的有效解决方案或结果的过程，在这个过程中个人会针对问题情境选择已有的知识及经验，为完成该目标不断寻找可能的解决路径，并对相关信息进行重组以发展出可行的方法.

5. 问题解决的过程

毫无疑问，波利亚是数学问题解决研究中的标志性人物. 在其所著的《怎样解题》中，他提出了问题解决的四个步骤.

（1）你必须弄清问题（弄清问题）.

未知数是什么？已知数据是什么？条件是什么？满足条件是否可能？要确定未知数，条件是否充分，或者它是否不充分，或者是不是多余的，或者是不是矛盾的？

画张图，引入适当的符号把条件的各个部分分开，你能否把它们写下来？

比如，以分式方程的应用为例：某商场以同一价格销售一种商品. 由于现在的进价减少了 10%，因而利润率提高了 25%. 求原来的利润率是多少？

弄清问题包括以下步骤：

要求解的是什么？要求解的是这种商品原来的利润率.

已知条件是什么？进价减少了 10%；利润率提高了 25%.

上述两个条件可以叙述得更详细，更清楚吗？

现在的进价比原来的进价减少了 10%；现在的利润率比原来的利润率提高了 25%.

（2）找出已知数与未知数之间的联系，如果找不出直接的联系，你可能不得不考虑辅助问题. 你应该最终得出一个求解的计划.（拟定计划）

你以前见过它吗？你是否见过类似的问题而形式稍有不同？

你是否知道与此有关的问题？你是否知道一个可能用得上的定理？

看着未知数！试想出一个具有相同未知数或相似未知数的熟悉的问题.

这里有一个与你现在的问题有关，且早已解决的问题. 你能不能利用它？你能利用它的结果吗？你能利用它的方法吗？为了能利用它，你是否应该引入某些辅助元素？

你能不能重新叙述这个问题？你能不能用不同的方法重新叙述它？

回到定义去！

如果你不能解决所提的问题，可先解决一个与此有关的问题. 你能不能想出一个更容易着手的有关问题，一个更普遍的问题，一个更特殊的问题，一个类比的问题？你能否解决这个问题的一部分？仅仅保持条件的一部分而舍去其余部分，这样对于未知数能确定到什么程度？它会怎样变化？你能不能从已知数据导出某些有用的东西？你能不能想出适于确定未知数的其他数据？如果需要的话，你能不能改变未知数或数据，或者二者都改变，以使新未知数和新数据彼此更接近？

你是否利用了所有的已知数据？你是否利用了整个条件？你是否考虑了包含在问题中的所有必要的概念？

比如，以分式方程的应用为例，拟定计划包括以下步骤.

怎样求原来的利润率？

原来的利润率=（原来的售价－原来的进价）/原来的进价 × 100%.

原来的售价是多少？原来的进价是多少？

题目中没有直接说明，但可以把原来的进价设为 x，原来的售价设为 y，只要求出 x 和 y，问题就解决了.

看两个已知条件，观察 x 和 y 满足怎样的等量关系？能不能列出关于 x 和 y 的方程或方程组呢？

有“现在的进价比原来的进价减少了 10%”可知“现在的进价=x（1–10%）”，再由“现在的利润率比原来的利润率提高了 25%”可知“现在的利润率 = 原来的利润率×(1+25%)”由于售价不变，所以现在的利润率 $=\dfrac{y-x(1-10\%)}{x(1-10\%)}$.

那么可得方程 $=\dfrac{y-x(1-10\%)}{x(1-10\%)}=\dfrac{y-x}{x}\times(1+25\%)$. 一个方程，两个未知数，怎么求出 x 和 y?

求不出来 x，y，怎么办？

回顾问题最终要求什么？它等于哪个式子？最后要求的是原来的利润率，即 $\dfrac{y-x}{x}\times100\%$，将这个式子变形，可以等价于哪个式子？等于 $\left(\dfrac{y}{x}-1\right)\times100\%$.

再观察方程并联系上式，虽然不能求出具体的 x，y 的值，但一定能求出什么？能求出 $\dfrac{y}{x}$ 的值或者 y 与 x 的数量关系，最终问题就能解决了.

(3) 实现你的计划.(实现计划)

实现你的求解计划，检验每一个步骤是否能帮助你解决问题.

为什么有这一步的操作？你能否证明这一个步骤是否正确的？

比如，以分式方程的应用为例，实现计划包括以下步骤.

解：设商品原来的进价为 x，售价为 y，则由题意可知现在的进价为 x(1–10%)，由等量关系列出方程 $\dfrac{y-x(1-10\%)}{x(1-10)}=\dfrac{y-x}{x}\times(1+25\%)$，即 $\dfrac{y}{0.9x}-1=1.25\times\dfrac{y}{x}-1.25$，得到 $\dfrac{y}{x}=\dfrac{9}{5}$，所以原来的利润率为 $\dfrac{y-x}{x}\times100\%=\left(\dfrac{9}{5}-1\right)\times100\%=80\%$.

(4) 验算所得到的解.(回顾)

你能否检验这个论证？你能否用别的方法导出这个结果？你能不能一下子看出它来？

你能不能把这个结果或方法用于其他的问题？

比如，第四步——回顾中，以分式方程的应用为例：

想一想，还能用别的方法解答吗？能否找到其他的等量关系来列方程？

根据商品“原来的售价=现在的售价”，直接设原来的利润率为 x，假设原来的进价为 a，可列出方程：

$$a+ax=a(1-10\%)+a(1-10\%)(1+25\%),$$

即 $1+x=1-10\%+x(1-10\%)(1+25\%)$.

还有别的方法吗？

还可根据商品“现在的进价=原来的进价×(1–10%)”列出方程求解.

上述几种解答方法在本质上有一个共同的基本等量关系，能看出来是什么吗？利润率=((售价–成本)/成本)×100%.

7.4.2 问题解决教学设计

问题解决教学过程如下.

(1) 弄清问题，实现转化. 数学问题一般都带有现实的情境，教师要帮助学生或者让学生自己读题，弄清楚情境中蕴涵的数学问题，题目的已知条件、未知条件和所要解决的问题，再根据这些条件把题目中的现实问题转化成为数学问题.

（2）寻找关系. 在已知条件与未知条件之间寻找关系，利用之前所学过的知识，将它们的关系用数学式子表示出来，把问题划归成学生熟悉的已经解决的数学问题.

（3）解决问题. 基于上述关系，解决问题.

（4）检验答案. 将得出的答案，带回到之前的实际问题中，看是否符合问题所给的情境.

1）案例内容

案例 7-4　实际问题与二元一次方程组.

科目：数学；教学对象：七年级；提供者：湖北省咸安区双溪中学何力；课时：1.

（1）教材内容分析. 实际生活中常会有遇到要解决两个未知数的问题，这两个未知数之间存在数量关系，运用二元一次方程组就可以解决这类问题，而分析问题中的数量关系→发现等量关系→列二元一次方程组→解出二元一次方程组→得出实际问题的答案，是一个典型的数学建模过程，是数学应用的具体体现.

本节课要研究两个问题，“探究 1”中的数量关系比较简单，但需要学生理解如何确定未知数；“探究 2”中的数量关系比较复杂，像农作物总产量之比、单位面积产量之比、面积比、长度比之间的转化是列方程组的关键，通过“探究 1”的学习，学生初步认识用方程组解决实际问题的建模过程，可以尝试独立解决“探究 2”，加深对建模过程的认识，同时关注如何解决具体的实际问题.

（2）教学目标（知识、技能、情感态度与价值观）. 能分析实际问题中的数量关系，会设未知数，能列方程组并求解得出实际问题的答案，体会数学建模思想.

（3）教学重难点.

本节课的教学重点：探究二元一次方程组解决实际问题的过程.

本节课的教学难点：发现隐藏的未知数，寻找等量关系并列方程组.

（4）数学问题诊断分析. 受阅读能力，分析能力的制约，怎样从实际问题中提取数学信息，并转化为数学语言，对初一的学生来说是个难点. 本节课涉及的实际问题都有两个未知数，含有两个等量关系，数量关系比一元问题复杂，需要学生更好地分析问题，抓住关键词，发现等量关系，列方程组.

“探究 1”和“探究 2”都没有明确的未知数，“探究 1”学生要理解需要计算来检验“估计值”，进而明确要求的未知数. “探究 2”要从“怎样划分”中来理解题意，选出适当的未知数.

（5）教学过程.

教学过程	教师活动	学生活动	设计意图及资源准备
探究 1：养牛场原有 30 头大牛和 15 头小牛，1 天约用饲料 675kg；一周后又购进 12 头大牛和 5 头小牛，这时 1 天约用饲料 940kg. 饲养员李大叔估计每头大牛 1 天约需饲料 18～20kg，每头小牛 1 天约需饲料 7～8kg. 你能否通过计算检验他的估计？ 问题 1：怎样理解“通过计算来检验他的估计”，题中要求的未知数是什么？如何设未知数	教师引导学生找出未知数是求一头大牛和一头小牛一天分别约用饲料的量，设：一头大牛和一头小牛一天分别约用 $x$kg 和 $y$kg 饲料	学生读题，自主回答，体会估计值不是已知量，而是未知量，要用准确的数字来检验	使学生理解估计值不是已知量，而是未知量，懂得估计值要用准确值来检验，从而明确未知数

续表

教学过程	教师活动	学生活动	设计意图及资源准备
问题 2：题中包含哪两个等量关系，怎样列方程组	教师指引，得到两个等量关系，并列出方程组：$\begin{cases}30x+15y=675,\\42x+20y=940\end{cases}$	学生自主讨论，自由发言	使学生学会分析题意，正确地列出方程组
问题 3：如何解这个方程组	教师纠正	学生自己解题	
问题 4：饲养员李大叔的估计正确吗	对比方程组的解和估计值，得出结论		引导学生根据方程组的解去分析，解释实际问题
小结	师生共同回顾解探究 1 的过程，归纳得出结论：列方程组解实际问题一般的步骤： 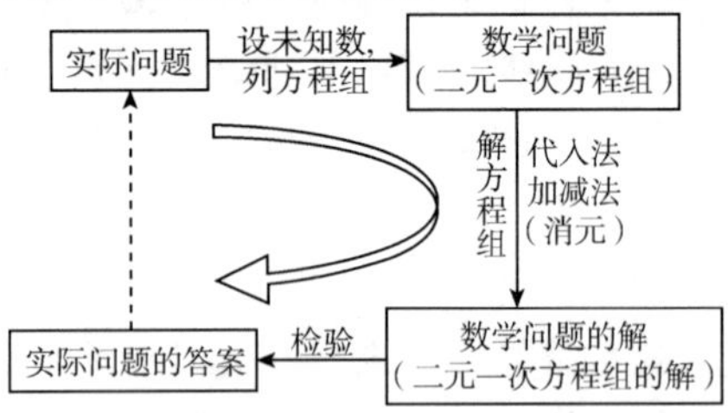 		引导学生总结利用方程组建立数学模型，解决实际问题的过程
探究 2：据统计资料，甲、乙两种作物的单位面积产量的比是 1:2. 现在要把一块长 200m，宽 100m 的长方形土地，分为两块小长方形土地，分别种植这两种作物. 怎样划分这块土地，才能够使甲、乙两种作物的总产量的比是 3:4（结果取整数）？ 问题 5：根据探究 1 的解题过程，你能解决探究 2 的问题吗	教师引导，利用矩形的宽不变，面积与长成正比，将长分成两部分，设未知数，列方程组. $\begin{cases}x+y=200,\\(100x):(2\times100y)=3:4\end{cases}$	独立思考，共同讨论解决问题	使学生熟悉运用方程组解题的一般步骤解决实际问题的全部过程
问题 6：你能解这个方程组吗	教师引导，将方程组化简为 $\begin{cases}x+y=200,\\2x-3y=0\end{cases}$	独立解题	使学生学会将复杂的方程组转化成简单的方程组
问题 7：如何表述你的种植方案	学生自由发言，互相启发，不断补充完善种植方案，如过长边离一端 120 米处作该边的垂线，将矩形分成两部分，较大的部分种甲种作物，较小的部分种乙种作物		让学生体会用方程组的解来解释实际问题
问题 8：你还有其他的设计方案吗？ 问题 9：你能用一元一次方程来解这两题吗		自己讨论，自由发言	让学生体会有两个未知数的问题，用方程组解要简单直接

小结：回顾探究 2 的解题过程，归纳得：①列方程组解实际问题的步骤是什么？②列方程组解决含有两个未知数的实际问题比列一元一次方程要简单明了.

2）案例评析

本节课教师首先从一个实际问题入手，“让学生通过计算来检验李大叔的估计”，有效地激发了学生学习的欲望和探究的兴趣，引导学生讨论问题的解决方案，将实际问题数学化，归纳出一类数学问题“两个未知数，两个方程，联立方程组求解”，培养了学生提出问题、分析问题、数学建模的能力以及应用意识. 《标准（2011）》指出“模型思想的建立是学生体会和理解数学与外部世界联系的基本途径”，建立和求解模型的过程包括：从现实生活或具体情境中抽象出数学问题，用数学函数（二元一次不等式组）表示数学问题中的数量关系，求出结果并讨论结果. 上述教学过程遵循了数学建模的过程.

本节课以教师提出问题、学生探讨解决问题的途径为主要教学环节，形成了师生之间的良性互动，有效地提高了课堂教学的效果.

3）思考与建议

对于给出情境后，尽量要让学生自己经历“发现问题—提出问题—分析问题—解决问题”的过程，但是本课中学生经历的只有“分析问题和解决问题”的过程. 大部分的教学忽视了学生对于问题的发现和提出，这值得我们注意.

问题与思考

备选内容：根据自己的实际情况，从以下三个内容中选择一个新授课的教学设计.

（1）圆的周长.

（2）定义与命题.

（3）正弦定理.

要求：

（1）认真研读课程标准和教学内容，可上网查询相关材料或相关书籍. 以 6 人左右为一小组合作完成，写出较为详细的教学设计.

（2）依据备课内容，自主选择“全部内容”或一个“教学片段”或某个“环节”补充设计意图. 突出新课程理念，展示驾驭课堂教学的艺术，体现创新精神和课堂教学研究的能力.

（3）教学设计要有互动环节，有效组织学生开展合作交流等活动，尽量体现以学生为中心的课堂氛围.

（4）注意重点突出，详略得当，环节紧凑，层次清晰.

第 8 章　不同教学模式的设计

学习目标

（1）了解不同教学模式的结构；

（2）会设计不同的教学模式；

（3）通过案例分析，理解不同教学模式的异同.

课堂教学是一个复杂的动态系统，只有采用合理的形式对课堂进行有效的组织，才能使课堂教学的各要素（教师、学生、教材、教学媒体、教学方法等）组合成最佳的结构，充分发挥各自的作用以及整体功能，提高教学效果. 当前，我国数学教学的基本形式是班级授课，根据教学目标、教学内容与学生程度的不同，班级授课也可以采取不同的形式.

美国学者乔伊斯（B. Joyce）等在《教学模式》一书中，对当前流行的各种教学模式进行了深入分析，概括了教学实践中常用的 23 种模式，并把它们分成四大类. 我国学者从不同角度对教学模式进行了研究，主要有理论说、结构说、程序说、方法说等. 而在讨论现实的课堂教学时，相比严格按照定义来对教学模式进行区别，可能更多是根据课堂上采用的教学方法来讨论教学模式. 目前，根据数学课堂教学中主要采用的不同教学方法，数学教学主要有讲授式教学模式、自学讨论式教学模式、活动式教学模式、探究式教学模式以及复习课教学模式等. 本章介绍不同教学模式的基本结构，并通过案例介绍与分析，来进一步熟悉这些基本结构.

8.1　讲授式教学模式

自夸美纽斯创建了班级授课制以来，课堂教学就成为学生获得知识、发展能力、形成个性的重要途径. 由于具有学生固定、教师固定、时间固定、场所固定等特点，在传统的课堂教学中，教师讲授一直是主要的教学模式. 中华人民共和国成立初期，受苏联教育思想的影响，我国传统的课堂教学通常采用凯洛夫教学理论中的五个步骤. ①组织教学：做好准备和安定学生的情绪；②复习旧知识：加强新旧知识的联系；③讲授新知识：运用恰当的方法进行讲授，这是教学的中心环节；④巩固新知识：通过提问或联系等方式进行；⑤布置作业：对作业作适当说明，在课堂上或在家中完成.

虽然近年来对上述的五步教学法提出的批评越来越多，认为会扼杀学生在学习过程中的主动性和创造性. 但传统的讲授法在有效进行知识传授上有不可替代的重要作用，《标准（2011）》就明确提出“认真听讲、动手实践、自主探索、合作交流等都是学习数学的重要方式”“教师要发挥主导作用，处理好讲授与学生自主学习的关系”. 因此若能兼顾教师的讲授与学生的自主学习，讲授式仍然是当前课堂教学最主要的教学模式. 本节将对讲授式教学模式的基本结构加以阐释并对相关案例进行评析.

8.1.1 模式结构

讲授式教学模式以向学生讲解新知识为第一要务，因此在课堂上如何能有效帮助学生学习新知识是每个教师都需要思考的问题. 以凯洛夫的五步教学法为基础，讲授式教学模式有其相对固定的模式结构，一般而言，讲授式教学模式有以下五个基本环节——新知引入，新课讲解，练习巩固，课堂作业，课堂小结.

1. 新知引入

教师讲解新知识时，希望能引起学生的兴趣. 因此，在这一环节，要求教师能够创设合理的情境，从学生熟悉的旧知识出发，以旧引新，充分发挥知识迁移的作用，注意运用有效迁移的同时避免负迁移，为学习新的知识做好铺垫. 这一环节，时间不宜超过五分钟. 合理的课堂引入可以让教学变得简单生动，引起学生的兴趣，有效地抓住学生的注意力，提高课堂教学效率.

合理的课堂引入需要根据教学内容与学生的不同进行有针对性的设计. 常用的教学引入有情境引入、复习引入、谈话引入、游戏引入等. 具体形式不一而足，不管是哪种引入方式，教师都应该以学生为本，注意以下两点. 首先是新知识的引入要基于学生已有的知识经验. 学习的过程就是学生积极主动建构知识的过程，是新旧知识整合的过程. 因此，对教师来说，要想让学生能更好地获取知识，就要在教学时了解学生已有的知识经验，并且帮助学生找到已有知识与新知识的结合点，帮助他们从已有知识迁移到新知识. 其次是着眼学生的“最近发展区”，制造认知冲突，激发学生的学习兴趣. 维果斯基的“最近发展区”理论指出，教学应该着眼于学生的最近发展区，为学生提供既带有难度、又不能过于困难的内容，让学生能够在“跳一跳”的尝试之后“够得着”，这样才能调动学生的积极性，发挥他们的潜能.

2. 新课讲解

新课讲解是讲授式教学模式的主体部分，在引入新知，向学生揭示课题之后，教师可以运用各种教学方法来进行教学新课. 在讲解新课时，教师应采用讲授、学生自主学习、作业讲评、演示实验等多种方式共同进行，以促进学生的学习兴趣. 新课讲解的时间一般为 15 分钟左右，因此必须突出重点，集中全力解决关键问题，不可拖泥带水. 另外需要注意的是一堂课的教学内容不可太多，教师应力求在新课讲解阶段将数学知识讲透，让学生更好地掌握.

在讲解新课阶段，应时刻注意以学生为主，同时注重发挥教师的主导作用.《标准(2011)》在“教学建议”的第（二）条“重视学生在学习活动中的主体地位”中提到，“好的教学活动，应是学生主体地位和教师主导作用的和谐统一”. 一方面，学生主体地位的真正落实，依赖于教师主导作用的有效发挥；另一方面，有效发挥教师主导作用的标志，是学生能够真正成为学习的主体，得到全面发展. 学生的主体性具体表现为自主性、能动性和创造性.

此外，学生的主体地位与教师主导作用的和谐统一，还体现在如何在课堂上有效处理“预设”与“生成”的关系. 预设是一节成功的数学课堂的基础，但精彩的课堂教学却源于生成. 预设体现对教材的尊重，生成体现对学生的尊重；预设体现教学的计划性和封闭性，生成体现教学的动态性和开放性. 因此，教师在课堂上需要在精心预设的基础上，根据学生的表现，灵活应变，产生精彩的生成. 预设与生成在课堂上要和谐统一. 预设是基础，生成是创造. 没有预设，课堂教学会显得结构不清晰，甚至造成教学活动无的放矢；没有生成，课堂教学便容易变成教师的“一言堂”，可能会剥夺学生思考的主动性.

3. 练习巩固

在新课讲解完成之后，教师要通过适当的课堂练习以帮助学生巩固所学的知识. 练习巩固是课堂教学的组成部分，是学生学习的重要环节，是巩固知识形成技能、发展思维、挖掘潜能的有效手段，在数学教学中的作用不可小觑. 一方面，练习可以促进学生进一步理解、掌握数学基本概念、公式、定律等，形成和应用数学基本技能技巧，并且能及时反馈学生学习的效果和信息，使教学更有针对性；另一方面，精心的练习设计，有助于学生分析、综合、抽象、概括、推理等思维方法的掌握和思维能力的发展，并且可以渗透多侧面多层次的数学情感的教育，促进学生综合素质的提升.

课堂练习的形式可以多样，一般可先让学生代表在黑板上板演，其余学生同时练习的方法，这样可以检查学生对新知识的掌握情况，特别要了解学困生的情况. 因此，这里在选择板演学生时，需要作一定的考虑，要能代表班级不同层次水平的学生. 练习巩固可以被视为是讲解新课的延续，又为后面的课堂小结与布置作业奠定了基础. 适度的常规训练能够促进数学概念的理解. “熟能生巧”这一认识已经为大家所接受，但同时需要注意，课堂练习需要精心设计，而不是一味求多，否则便可能“熟能生笨”. 因此，在新时代背景下，数学课堂练习设计既不能走单调重复的老套路，又不能一味求新哗众取宠偏离学科中心，要确保练习设计为有效教学服务，让学生通过练习实现“知识与技能”“过程与方法”“情感、态度、价值观”的综合提升和发展.

4. 课堂作业

讲解新课与练习巩固后，学生初步理解了新知识，要使学生有更好的理解，必须安排集中时间的课堂作业. 为提高练习效果，应使学生能有较充裕的时间在课堂内思考并完成作业，一般要能保证十分钟左右. 布置作业的时候要做到有的放矢，并能照顾到班级里不同层次的学生. 在学生完成课堂作业时，教师要注意巡回辅导，特别对学困生，要能及时帮助他们解决困难.

巩固练习与课堂作业都是通过给学生布置练习而让他们加深对所学知识的理解，但课堂作业需要学生更集中地在规定的时间内完成数量较多的数学题目，应把握以下几个原则：①紧扣教学目标，遵循学生的认知规律有针对性地布置作业；②要考虑知识的难易程度和学生的认知规律，重视作业难度的渐进性，由浅入深、由易到难，帮助学生完成对知识的逐渐深入的认识过程；③巧妙运用变式，凸显练习的多样性，变式练习是我国数学课堂教学的优良传统，西方学者认为这可能是我国中小学生在多次数学国际比较项目中优于西方学生的重要原因；④作适度的拓展，设计一些开放性的问题，让学生根据题目的现有信息和自己的知识储备，从不同角度提出问题、思考问题、解决问题，培养学生的发散思维、求异思维等较高层次的数学思维，发展学生的创新能力.

课堂作业作为讲授式教学的重要组成部分，对它的设计应该引起足够的重视，教师要从目标达成的角度出发，围绕课堂教学的重点与难点，遵循学生的认知规律来设计. 只有这样，才能提高数学课堂教学的效率，促进学生巩固知识技能和发展数学能力.

5. 课堂小结

课堂作业并不是一节数学课的结束，学生通过练习，发现了问题，需要得到解决. 因此，在课堂的最后阶段，教师还需要做好课堂小结. 课堂小结可以采用多种不同的方式，如延伸式、问题启发式等，一般应至少包含三个内容，一是对学生所做的作业进行校对，帮助学生及时纠正错误，形成正确的理解；二是让学生谈谈通过本节课学习之后的收获，通过学生的谈话，教师可以了解到学生本节课学习的大致效果；三是在完成上述任务后，教师有针对性地对本节课的重点进行归纳，帮助学生梳理所学的知识，并可提出一些供学生探索的问题，为后续的学习作好铺垫.

8.1.2 案例与评析

1. 案例内容

案例 8-1 函数单调性.

（1）创设情境，引入新知.

为了引入新知，教师运用了三个情境. 情境 1：温度变化图，感受温度的上升、下降，不仅贴近生活，而且能够反映单调性的本质. 情境 2：上下坡问题，源于生活又高于生活，明确其中的方向性. 情境 3：$y=x^2$ 与 $y=x^3$ 的函数图象，由生活问题转向纯数学问题. 在这一过程中，让学生通过观察图象或回忆生活经验，用生活语言描述函数的单调性，随后引导学生完成生活语言向数学语言的过渡.

（2）新课讲解，概念教学.

师：我们不仅要形象，还要能够用数学语言描述. 那么究竟怎么用数学语言准确地描述呢？我们看书本上有这样的描述. 一般地，若函数 $f(x)$ 的定义域为 I，如果对属于定义域 I 内某个区间上的任意两个自变量的值 x_1，x_2，当 $x_1<x_2$ 时，都有 $f(x_1)<f(x_2)$，那么就说 $f(x)$ 在这个区间上是增函数，这时图象是上升的；如果对于属于定义域 I 内某个区间上的任意两个自变量的值 x_1，x_2，当 $x_1<x_2$ 时，都有 $f(x_1)>f(x_2)$，那么就说 $f(x)$ 在这个区间上是减函数，这时图象是下降的，相应的函数就称为减函数.

好！定义看过了. 这个定义要注意些什么问题？请你们再仔细观察一下！哪些地方比较关键，有什么问题？

生：我觉得是属于定义域内，然后是任意两个自变量.

师：换一句话说，假如考虑单调区间的话，首先必须把这个函数的定义域找出来，也就是区间必须在定义域内！是不是？还有任意两点，这任意两点 x_1，x_2，满足 $x_1<x_2$，增函数必须有 $f(x_1)<f(x_2)$，如果是减函数，必须有 $f(x_1)>f(x_2)$.

注意这个不等式里边是没有等号的. 下面我们继续看，如果函数 $f(x)$ 在某个区间是增函数或是减函数，那么就是说函数 $y=f(x)$ 在这个区间具有严格的单调性，这个区间叫做 $f(x)$ 的单调区间. 在单调区间上增函数的图象是上升的，减函数的图象是下降的. 这里要说明一下，什么叫严格的单调性？我们这里是 $f(x_1)<f(x_2)$，不是小于等于. 因此，如果我画一个函数图象（板书示范画出一段有上升也有与 x 轴平行的函数图象），你说这个函数能不能叫

做增函数，或者减函数？

生：不能！

师：因为这里要求对任意两个点 x_1，x_2，要么 $f(x_1)<f(x_2)$，要么 $f(x_1)>f(x_2)$. 所以这里要对“严格”加以注意. 这是我们今天讲的定义,再强调一下,在定义里面注意两点. 第一点，单调区间必须是定义域的一个子集，也就是说，函数的单调性一般情况下是函数的局部性质. 比如说这个图象，它在某一段上是增函数，在另外一段上是减函数，这是单调性函数所具有的性质. 一般情况下，函数的单调性必须讲明区间！当然也有特殊情况，如果说函数是增函数，不讲哪个区间，这就意味着什么？意味着这个函数在它的整个定义域上具有单调性！等会儿我们可以看到一些例题. 第二点，这里取的 x_1，x_2 必须是任意的数，不能取两个特定的值. 刚才我们从图象来判断它的单调性，但是看了图象，是不是一定就能确定出单调区间呢？不一定！从图象上观察是一种较为常用而粗略的方法，严格地说，这需要根据单调函数的定义来证明.

（3）教师示范，练习巩固.

下面我们看两个例题：

求证 $f(x)=ax+b$，$a\neq 0$，当 $a>0$ 时是增函数，当 $a<0$ 时是减函数.

师：我先证第一条，第二条你们独立做. 假设任意两个变量 $x_1,x_2\in\mathbf{R}$，用区间写成 $x_1,x_2\in(-\infty,+\infty)$，且 $x_1<x_2$，光有这还不行，按照我们刚才说的还有：并且 $f(x_1)<f(x_2)$. 一般情况我们采用作差，看它的差是大于零，等于零还是小于零？我们来看一下（板书）：$f(x_1)-f(x_2)=(ax_1+b)-(ax_2+b)=a(x_1-x_2)$ 要判断符号了，可以看出来这是什么符号？

生：小于 0.

师：小于 0. 但是要讲道理，不能直来直去地说明：

$\because a>0$，$x_1-x_2<0$，

$\therefore f(x_1)-f(x_2)<0$，也就是说 $f(x_1)<f(x_2)$. x_1，x_2 是任意两个数，且 $x_1<x_2$，有 $f(x_1)<f(x_2)$.

$\therefore y=f(x)$ 在定义域上是增函数.

第一个证完了，第二个当 $a<0$ 时，你说说看.

生：当 $a<0$ 时,设 $x_1,x_2\in(-\infty,+\infty)$，且 $x_1<x_2$，$f(x_1)-f(x_2)=(ax_1+b)-(ax_2+b)=a(x_1-x_2)$.

$\because a<0$，$x_1-x_2<0$，$\therefore f(x_1)-f(x_2)>0$，即 $f(x_1)>f(x_2)$.

$\therefore y=f(x)$ 在定义域上是减函数.

师：证明过程要注意，应当在你规定的区间里，现在是任意实数，并且要满足 $x_1<x_2$，看 $f(x_1)$，$f(x_2)$，比较的情况是作差，然后这里要分解成两个式子的乘积，用每一个式子的符号确定它，这样就可以判断出来了. 实际上，这两个都是一次函数，从图象上我们也可以看出来，$a>0$，图象时上升的，$a<0$ 时，图象是下降的.

师：再看一个比较熟悉的函数——反比例函数，从图象上我们先来判断它的单调性.

生：单调性是……嗯…… x 在 0 到……

师：我们刚才讲的单调性一般情况下要说明区间，区间应当是它定义域的子集. 那你想想看在哪个区间上是什么单调性？

生：在 $(-\infty,0)$.

师：在 $(-\infty,0)$ 这函数图象是什么情况？

生：下降.

师：那么相应的函数应当是什么？

生：减函数！在 $(0,+\infty)$ 上图象也下降.

师：在 $(0,+\infty)$ 上图象下降，是减函数．这是在两段上，是不是？下面我们要证明．课本例 3 是证明函数 $y=f(x)=\dfrac{1}{x}$ 在 $(0,+\infty)$ 上是减函数．那么现在呢，证明函数 $y=f(x)=\dfrac{1}{x}$ 在 $(-\infty,0)$ 上是减函数，在 $(0,+\infty)$ 上也是减函数．怎么证？你来说一下.

生：设 $x_1,x_2\in(-\infty,0)$，且 $x_1<x_2$，则 $f(x_1)-f(x_2)=\dfrac{1}{x_1}-\dfrac{1}{x_2}=\dfrac{x_2-x_1}{x_1x_2}$.

$\because x_1<x_2$，$\therefore x_2-x_1<0$，$\because x_1<0$，$x_2<0$，$\therefore x_1x_2>0$，

$\therefore f(x_1)-f(x_2)>0$，即 $f(x_1)>f(x_2)$，$\therefore y=f(x)=\dfrac{1}{x}$ 在 $(-\infty,0)$ 上是增函数.

众生：减函数！

（4）阶段小结，课堂作业.

师：注意了，一般来说是作差，然后把它分解成若干式子的乘积或者商，用每个式子的符号确定整个式子．在这里我还想说一个什么问题呢？能不能说它在这个定义域上是减函数？根据是什么？如果说它在定义域上是减函数，那必须要满足任意取两个 x_1，x_2，满足 $x_1<x_2$，一定都有 $y_1>y_2$．到底能不能？要否定它就要取反例！

生：可以取一个−1 和 1.

师：$x_1=-1$，$x_2=1$，$x_1<x_2$，但是？

生：$y_2>y_1$.

师：$y_2>y_1$！所以注意了，虽然它分别在两个区间上都是减函数，但不能说在整个定义域上都是减函数.

下面呢，我们看看书上的练习．在练习中有一段话，它说通过观察图象，对于函数是否具有某种性质做出一种猜想，然后通过推理的办法，证明出猜想的正确性，这是发现和解决问题的一种常用的数学方法．我们有很多问题都是这样的，先通过图象或一些简单的情况归纳出性质，然后必须进行证明，这才能确定是否正确.

师：下面我们做一下练习．第一题，已知函数 $y=f(x)$，根据图象说出函数的单调区间，以及在每个单调区间上函数是增函数还是减函数？先看第一个 $y=f(x)$，哪个区间是增函数？

生：$(-2,-1)$ 是减函数，$(-1,0)$ 是增函数，$(0,1)$ 是减函数，$(1,2)$ 是增函数.

师：第二个 $y=g(x)$.

生：在 $-\pi$ 到 $-\dfrac{\pi}{2}$ 之间是减函数，然后在 $-\dfrac{\pi}{2}$ 到 $\dfrac{\pi}{2}$ 之间是增函数，从 $\dfrac{\pi}{2}$ 到 π 之间是减函数.

师：下面第二题证明一次函数的单调性，第三题证明反比例函数的单调性，第四题判断函数 $y=f(x)=x^2+1$ 是增函数还是减函数，能回答吧？这个函数 $y=x^2+1$ 在 $(0,+\infty)$ 增还是减？从图象上可以看出来，应该是什么函数呀？

众生：增函数！

2. 案例评析

本节课的教学属于较为典型的讲授式教学，整个教学过程以教师讲解为主. 整节课比较完整地体现了我国传统的讲授式数学课堂教学模式的结构. 在引入阶段，教师采用了开门见山、直截了当的方式，很快点出了本节课的学习要点. 在讲解函数的单调性这一概念时，分别以增函数与减函数为例，详细讲解了如何判断函数单调性的关键，在证明过程中注重了数形结合再给出形式化的证明，突出了证明单调性的常用方法. 在接下来的练习巩固，给出的练习具有代表性，在指导学生学习时具有针对性. 在经过前面的学习之后，教师运用了简洁的语言对本节课的知识要点进行了小结，并布置了相应的作业.

3. 思考与建议

本节课也存在着一些不足，其中最大的问题是授课过程始终以教师的讲解为主，甚至有点照本宣科，课堂上学生的主动活动非常少，所有的知识要点都是由教师讲授的，缺少学生自己的思维过程. 事实上，讲授式教学模式并不意味着在课堂上就完全以教师的讲解为主，也需要发挥学生学习的主体性. 譬如，在引入阶段，可以适当采用“概念形成”的方式设计教学，通过现实情境，引导学生自己建构函数单调性的意义，并通过用数学的形式化语言加以描述. 而在形成概念之后更深入的概念讲解阶段，则不仅需要教会学生掌握概念，更要在这一过程中学会思考数学的方式. 在随后的练习巩固阶段与课堂小结阶段，则需要着力于本节课的重点，更需要考虑学生学习的困难点可能在什么地方并作相应的设计，同时在练习中要兼顾学生知识、方法以及情感的全面发展.

8.2　讨论式教学模式

讲授式教学模式是传统的数学课堂中普遍采用的教学方式，具有不可替代的重要作用. 但讲授式教学模式也存在诸多不足. 比如学生自己动手、动脑的机会少，易造成教学模式机械化、程式化、绝对化，缺少师生之间以及生生之间的交流与讨论. 而新时代的教学则强调教学的开放性以及学生的主动性，在 20 世纪 90 年代，就有观点指出，没有一个人能教数学，好的教师不是在教数学，而是激发学生自己去学数学. 教育调查提供了令人信服的证据，只有当学生通过自己的思考建立起自己的数学理解力时才能真正学好数学.

因此，在课堂上如果能鼓励学生采用自学讨论的方式学习数学，可以充分发挥学生的自主性与主动性，提高师生之间的交流，培养学生的自学能力与数学表达的能力. 如今，自学讨论式教学模式已经成为体现新型教学理念的重要数学课堂教学模式. 本节将对自学讨论式教学模式的基本结构加以阐释并对相关案例进行评析.

8.2.1　模式结构

在我国最早作为教学模式提出强调学生在课堂上的自学的，是由中国科学院心理研究所卢仲衡提出的，他主持领导下的全国“中学数学自学辅导教学实验”研究组从 1963 年开始，从进行程序教学教改实验开始的以培养学生自学能力、研究学生学习思维活动及其规律为目标的实验小组. 这一模式的课堂教学程序包括："启""读""练""知""结"五个环节，"启"就是由教师面向全班同学进行启发引导，从旧知出发引出新的问题，创设情境，激发学生兴趣；"读"是阅读教学内容；"练"是让学生自己动手动脑亲自实践；"知"是学生及时知道结果，及时反馈；"结"是教师面向全体学生进行小结讲解.

南通市启秀中学的李庾南老师从 1978 年起在初中数学进行"自学、议论、引导"教学法实验. 他在多年的教学实践中总结出，学生自学数学的能力主要包括独立获取数学知识的能力、系统整理数学知识的能力和科学应用数学知识的能力，而独立思考的能力是数学自学能力的核心. 学生自学能力的发展可分解为三个阶段：自学能力的释放；自学活动的进行；自学能力的评价. 而自学过程的不断进行，就是自学能力、自学活动、自学知识三个循环的统一. 与"自学辅导"教学实验相比，这一教学模式增加了学生讨论这一重要环节，"独立自学"是基础，"相机引导"是前提，"群体议论"是枢纽.

《标准（2011）》明确指出："有效的数学学习活动不能单纯地依赖模仿与记忆，合作交流是学生学习数学的重要方式."因此，在数学课堂教学中，在给学生创造自学的条件时，还需鼓励学生进行讨论，在讨论交流的过程中，学生运用已有的数学经验，通过生生交流，互相学习，能真正理解和掌握基本的数学知识与技能、数学思想和方法. 总而言之，自学讨论式教学模式是以学生为主体，教师为主导的一种高效教学模式，教学中需要以学生为中心，教师充分理解和尊重学生，为学生创造自学的机会与讨论的空间，将学生的情感活动与认知活动有效统一，不仅使学生"学会"数学知识，更要帮助学生"会学"数学理论，形成数学思维.

自学讨论式教学模式不同于常规的教学，课堂结构不像讲授式教学模式这样程式化，但也有一定的结构，一般而言，其基本结构包含创设情境、自学感悟、讨论辨析、整理内化以及巩固拓展这五个阶段.

（1）创设情境. 情境的创设几乎是所有教学模式的前提条件，自学讨论式也不例外. 在这一阶段，主要需通过复习旧知识、观察新事物、提出假设等方法引入新课，创设本节课所需的问题情境. 造成学生的认知冲突，在自学讨论模式中，需要注意的是，创设的问题情境要利于学生开展自学.

（2）自学感悟. 这一阶段是自学讨论模式的关键阶段，学生需要带着由"问题情境"中产生的兴趣，根据前面提出的目标要求，将质疑问题标上记号，作为后面讨论的依据. 在这一阶段，教师需向学生明确自学任务，学生需要做到看、做、思结合.

（3）讨论辨析. 在自学感悟阶段，学生最主要的是要感知问题情境，探索解决思路. 在自学中没有解决的或认识不清的理解不透的问题都需要在与同学的进一步讨论中得以解决. 值得注意的是，在讨论过程中，不仅需要注重数学知识的掌握，还要鼓励学生的求异思维，培养学生的探索精神. 讨论辨析的形式可以多样，比如可以采用小组讨论的方式，在分组时要注意不同特点学生的适当搭配，以保证讨论的顺利进行. 也可采用师生讨论的方式，对于小组讨论也未能有效解决的问题，则需要提交全班同学讨论. 在这一阶段，教师需关注全班，努力做到鼓励每一个学生都参与到有效的讨论中来.

（4）整理内化. 在学生自学讨论之后，已经基本对数学知识与数学思想方法有了一定的掌握与理解，但这种掌握与理解往往是片面的. 因此，还需要对知识进行梳理、概括并编制成网络，完成从部分到整体的梳理，构建学生认知结构的完整过程. 通过学生自己的积极思维，使知识条理化、系统化，形成较清晰完整的知识网络，加深对数学概念与数学规律的认识和理解，自觉得出结论. 这是完成教学的点睛之笔，也是自学讨论教学模式的关键一环. 值得注意的是，与常规教学模式不同，在自学讨论模式中，整理内化的任务主要需由学生完成，其余学生纠正补充. 在这一过程中，教师不可轻易代替学生做出结论，而在归纳总结之后，教师则需要有意识地围绕教学目标，再次明确重点，将所学新知识与旧知识进行比较，使之融会贯通.

（5）巩固拓展. 通过上述前四个环节，已基本完成一节课的教学任务. 但自学讨论模式的出发点与精髓就是培养学生的学习能力与开创精神. 因此，最后需要添加“巩固拓展”这一环节，这里需要精心设计和选择能突出本节课的重难点的题目或试验项目，让学生进行联系，既可检查学生掌握知识的水平，巩固所学知识，反馈教学情况，又可培养学生运用知识的能力，拓宽视野. 练习的设计可结合教材内容，也可适当增加一些承上启下的综合性题目，进一步培养学生的综合思维能力与自学能力，为下一节课做准备.

在自学讨论教学模式中，既强调学生的主体地位，也体现教师的主导作用：第一，示范引导作用，教师的作用首先体现在学习方法的选择与运用上，亲自示范；第二，激发调节作用，教师还需全程关注学生的学习进程，激发学生的学习兴趣、动机，调节学生学习的积极性；第三，鼓励促进作用，教师需要善于挖掘学生的闪光点，鼓励学生发挥特长，展示才能，尤其需注意发挥不同学生各自的特色，为学生的自学与讨论创造条件，促进学生体验成功.

8.2.2 案例与评析

1. 案例内容

案例 8-2 线段、射线、直线的教学.

（1）看一看.

利用多媒体投影出示本章章前图——画有平衡木、雪橇、足球运动员射门、七巧板拼成的图案等.（设计意图：出示的主题图以几幅典型的体育比赛场景及七巧板拼图，汇总了本章所要学习的主要图形，由此使学生感受图形世界的丰富多彩，激发学生的学习兴趣. ）

师：在这幅图中你都看到了什么？

生：一个运动员在平衡木上做动作.

生：一个足球运动员正在射门.

生：一些用七巧板拼成的图案，有狐狸、小兔子、帆船、金鱼.

师：同学们观察得很仔细，回答得也很好，那么，你能从图中发现其中蕴涵的数学知识吗?

生：七巧板拼成的图案是由三角形、正方形组成的.

生：平衡木可以看成一条线段.

生：还有角，在足球射门的时候.

师：刚才大家提到的数学知识就是这一章的主要内容，现在我们就一起来学习平面图形中最基本的图形——线段、射线、直线.

（2）说一说.

设计意图：给学生一个平台，使学生能充分发表自己的见解，相互评价，相互完善. 同时，教师作为参与者，应对学生的认识起到促进和调节作用.

师：同学们能联系生活实际，找到现实中存在的线段、射线和直线吗？

生：能.（学生们纷纷跃跃欲试）

生：铅笔、尺子、桌子边沿都是线段，太阳光是直线，手电筒发出的光线是射线.

生：线段有黑板边、纸的折痕；流星的轨迹可以看做是射线.

生：人行横道线、竹竿、丝线可以看成线段；笔直的铁轨是直线；路灯、探照灯发出的光线是射线.

生：我不同意他的说法，我认为铁轨有长度，可以度量，应该是线段.

生：我同意他的说法，笔直的铁轨看不到尽头，很像直线给人一种没有尽头的感觉，可以看做是直线.

师：大家说得都很好，也产生了思维碰撞的火花，那么，究竟笔直的铁轨是线段还是直线，在大家掌握了线段、射线、直线的概念后会有正确认识的.

（3）议一议.

设计意图：让学生在自主探索中发现概念的形成过程，并进行归纳、整理，通过比较概念之间的区别与联系，揭示概念的实质，形成新的认知结构. 利用小组的讨论活动，使学生的知识和能力得到不断地完善和提高，也培养学生的讨论交流意识以及协作精神.

师：结合上面的实例，你能用自己的语言叙述线段、射线和直线的概念吗？

生：线段有长度，可以度量.

生：线段有两个端点.

生：射线有一个端点，另一端没有尽头.

生：直线是无头无尾、要多长有多长.

师：你认为线段、射线、直线有方向吗？

生：线段没有方向；射线有一个方向，它可以向一个方向延伸；直线有两个方向，可以无限伸长.

师：刚才大家对上面的问题讨论得非常好，使我们对所学的概念理解的深刻了一步，得到的结论是：线段有两个端点，将线段向一个方向无限延伸就形成了射线，将线段向两个方向无限延伸就形成了直线，这就是线段、射线和直线的概念. 那我们刚才争论的笔直的铁轨应近似地看成线段还是直线，你现在有答案了吗？

生：直线.（一起回答）

师：你能发现这三者间蕴涵的联系和区别吗？（小组讨论，书面写出小结）

生：我们组列了一个表格，说明三者端点的个数和方向的异同.

……

（4）学一学.

设计意图：旨在让学生掌握线段、射线和直线的数学符号表示，并安排一定的灵活性的练习让学生开阔思路，训练快速、准确的思维，采用抢答的方式在潜移默化中培养学生的竞争意识.

师：下面我们一起来学习线段、射线、直线的符号表示方法.

线段的表示：用线段端点的两个大写字母，如线段 AB 或线段 BA.

射线的表示：用端点的大写字母和射线上的一个大写字母，如射线 OA.

直线的表示：①直线上任取两点的大写字母，如直线 AB 或直线 BA. ②用一个小写字母. 如直线 m.

（5）做一做.

设计意图让学生经历在操作活动中探索图形性质的过程，目的是使学生通过操作，发现直线的某些性质，培养空间观念，并能自己归纳出从操作活动中发现的结论. 这样不仅可以丰富数学学习的成功体验、积累操作活动经验，也可以发展学生概括能力和有条理地思考与表达的能力.

师：图形都有自己的性质，下面我们一起来探索直线的性质.

生：（动手操作）

师：在纸上任意画一个点 A，过 A 点可以画几条直线？

生：能画无数条.

师：在纸上任意画出两个点 C，D，过 C，D 可以画两条直线吗？

生：不能画两条，只能画一条.

师：把你发现的结果，用一句比较符合数学语言的话说出来.

生：过一个点可以画无数条直线，过两个点可以画一条直线.

师：基本上把握了本质，你们发现了直线重要的性质——经过两点有且只有一条直线.

解释一下，“有”是存在、肯定有的意思；“只有”是唯一的意思. 用“有且只有”也表示“存在唯一”.

师：若要在墙上钉一个木板，在木板中间钉一个钉子，是否可以使木板固定住？

生：不行，这木板会绕着钉子旋转.

师：说一下理由好吗？

生：因为过一点能作无数条直线.

师：若要使木板固定在墙上，至少钉几个钉子？

生：在木板两端钉两个钉子，就可固定住.

师：道理是什么？

生：因为经过两点有且只有一条直线，两个钉子代表两个点，木板表示过这两点的一条直线.

师：你能举出生活中应用直线性质的例子吗？

生：栽树时，只要栽下两棵树，就能确定一行树.

生：教室里排课桌，只要定下两张桌子的位置，就能排出笔直的一排.

生：道路两边排盆花美化环境，只要摆两盆，就能确定一行盆花的位置.

生 3：开运动会体育老师画跑道时，只要确定两点，就能画出直的跑道.

（6）想一想.

设计意图：让学生归纳总结本节课的收获，遇到的困难和解决的方法，以此培养学生的反思意识，提高他们的认知水平.

生：本节课我学会了线段、射线和直线的概念和表示方法，弄清了知识的来龙去脉，我认为，不管学什么，都要知其然，也要知其所以然.

生：我喜欢自己探索知识的形成过程，尤其是直线的性质，留给我的印象很深刻，原来数学就在我们身边.

生：我平常不太注意观察身边的事，老师让举例，我一个也说不出，原来数学和生活的关系这么近，我一定要向其他同学学习，认真观察生活.

师：其实，通过这节课的学习，我们会发现自己生活在一个神奇的数学世界中，你若用心地以数学的眼光观察它，就会处处发现数学的影子. 我们不但要学好数学，更要学会用数学的眼光发现数学，用数学的头脑解决身边的实际问题.

最后，有两道课后作业留给大家思考.

（1）经过两点有且只有一条直线，如果平面中有三个点、四个点，你能画出几条直线?

（2）用 8 根火柴可以搭出一个长方形或正方形. 你能不能用 8 根火柴搭出一个面积比长方形、正方形更大的几何图形来.

2. 案例评析

本节课采用了“问题情境”的互动讨论式教学方法，通过师生、生生之间的相互讨论、相互学习，在问题解决过程中经历概念的产生过程，形成概念，体现了“数学教学是数学思维活动过程的教学”. 在教学活动中，主要通过学生的自主学习来体现其主体地位，而教师通过对学生的启发、调整、激励来实现自己的主导作用，很好地组织了学生的自学与讨论. 这对学生的主体意识的培养有积极的意义. 整节课，教师都把问题作为教学的出发点，充分激发起学生的好奇心和求知欲. 首先，利用章前图，调动学生的思维，使他们产生对新知识的渴望；接着，让学生寻找生活中的线段、射线和直线，进而轻而易举地得到三者的定义，并发现三者的联系与区别；其次，在学习直线的性质时，让学生主动参与知识的发现过程，使学生在探索过程中展开思维，从而发展学生的逻辑思维能力和在实际中应用知识的能力. 在自学讨论式教学模式中，教师需要首先为学生创设良好的问题情境，为学生的自学讨论提供一个基础，更好地调动学生对于新知识的积极性和求知欲. 再次，课堂中所创设的问题情境要利于学生发现概念和性质，有利于学生建立新的认知结构. 最后，自学讨论式教学模式虽然以学生的自学与彼此之间的讨论为主，但教师的地位仍是举足轻重的，在学生的学习过程中，教师要不断引导学生通过思考、讨论、交流，获得知识、形成技能，发展思维，学会学习.

8.3　活动式教学模式

活动式教学在人类历史上由来已久，最早可以追溯到亚里士多德创立的逍遥学派. 苏霍姆林斯基也指出“人不仅可以从参与现实的生活情境中获得体验，而且可以从活动中产生原动力. 只有不断获得新动力，满足人的高度自主、主体的需要的活动，才是最有效、最有价值的活动. 如今，活动教学作为数学课堂教学的基本结构提出来，成为数学新课程改革的一大特色. 《课标（2011）》中最引人关注的是从原来的“数学的基础知识与基本技能”发展为“数学的基础知识、基本技能、基本思想与基本活动经验”. 由此，使学生获得数学的基本思想与基本活动经验，成为了基础教育数学课程与教学的一个重要目标. 而且“数学教学本质上是师生共同进行数学活动的教学”. 本节将对活动式教学模式的基本结构加以阐释并对相关案例进行评析.

8.3.1　模式结构

在实际教学中，活动式教学模式可以有多种不同的活动类型，如操作类活动、体验类活动、交往类活动、探究类活动、验证类活动、应用类活动等多种丰富的活动类型. 但不论是哪种类型的活动，一般而言，在数学活动教学中，都有活动准备、活动导入、活动实施、活动总结以及活动拓展这五个环节.

1. 活动准备：创设情境

活动的准备是活动式教学取得成功的先决条件. 在准备阶段，需要教师能根据教学内容与学生基础等实际情况，创设合适的问题情境. 其目的是为了制造认知冲突，从而使学生产生主动求知的欲望. “问题情境”，就是在所学内容与学生当前的认知水平之间创造一种“不协调”. 问题情境一经形成，将激发学生学习的兴趣，从而使学生产生良好的心理体验，以积极的心态投入到活动中去. 新课标要求数学教学要寻求数学前后知识之间、数学与学生生活之间以及数学与其他学科之间的联系，因此数学问题情境的创设途径可以从数学学科内部寻求情境源创设情境；也可以从学生的日常生活实际中提炼情境源创设数学情境；还可以从其他学科中提取情境源创设数学情境.

在数学活动式教学中，数学问题情境的创设需体现活动性，具体活动点的创设与设计需要遵循以下原则. ①新颖性. 问题情境创设的目的是要制造认知冲突，激发学生的兴趣. 因此，新颖的问题情境才可能真正吸引学生，激发学生认知的冲动性和思维的活跃性. ②启发诱导性. 《论语》中指出“不愤不启，不悱不发”，因此，问题情境的创设要利于引导学生而非强迫学生，激励学生而非压抑学生，此外，启发诱导要循序渐进，层层推进. ③可操作性. 活动式教学的关键在于课堂的活动，因此在创设问题情境时，需考虑是否能利于课堂中后续活动的开展. ④开放性和讨论性. 越是开放的问题情境，越能激发学生的发散思维和创造思维，刺激学生产生具有新意的问题，通过师生之间、生生之间的交流与讨论，在活动中寻求解决问题的各种途径，从而培养学生的创新精神与创新能力.

2. 活动导入：提出问题

在通过创设问题情境做好活动教学的准备后，就要开始活动导入，这一环节是数学课堂活动教学的重要阶段，它关系着整节课的教学开展以及学生活动结果的水平、效果. 通过前面的创设情境环节，不仅要激发学生的活动兴趣，教师更要引导学生归纳、分析、整理出问题所在. 因此，活动导入阶段的主要任务是明确接下来要解决的问题与活动的目的.

与一般的课堂教学不同，活动式教学中提出的问题或任务需有利于学生的积极活动. 教师制定问题时，也需要根据所学知识的难度与学生的能力基础与认知规律，考虑全班学生的不同需求，拟定难度各异的层次不同的问题. 一般而言，这一阶段提出的问题或任务要随教学进程逐步提出和解决. 在制定问题或任务时，可以是教材内容中所拟定的，也应包括教材上没有述及但与教材内容密切关系的数学现实问题.

3. 活动实施：有效探索

在准备与导入阶段之后，数学活动课就进入探索阶段，这一环节是数学课堂活动教学的实质性阶段，学生能否真正自主、充分地参与活动是衡量运用本模式是否成功的最重要指标. 所以，在这一过程中，教师应适时指引学生的思路，并辅之以启发性的引导，以保证活动探索的顺利进行.

优秀的活动探索应具备以下一些特性：①主动性. 数学活动教学中要始终注意学生的主

动性，要激励学生活动的积极性和能动性，使他们在活动中主动实现主体能力的发展. ②明确性. 在给学生布置具体实施的活动时，一般而言，活动的过程与形式可以灵活多样，但需有一个较为明确的活动方向. ③整体性. 基本活动经验既有实践的操作的经验，也有精神的反思的经验，对应学生活动的发展，既包括外部的，也包括内部的过程. 教学活动是学生主体外部活动和内部活动双向转化过程，是学生主体活动内化和外化的统一. ④阶段性. 数学课堂中的活动探索是为了学生的发展，而学生水平受制于学生身心发展水平等制约，因此活动的设计与实施需依据学生身心发展的规律有序展开. ⑤开放性. 活动教学的核心需体现学生的自主性，而自主性的体现则要求活动实施是开放的，首先是内容的开放性，要求内容丰富多样且可供学生作出不同的选择；其次是过程的开放性，要求活动实施的全程应是动态发展的，且可适时灵活变化的；再次是师生关系的开放，教师应随时关注学生的活动，并作适当的点拨引导，必要时甚至可以参与学生的活动，真正成为学生学习的“组织者、引导者与合作者”. 只有做到内容、过程与师生关系的开放，才可能最终达到结果的开放，使活动实施的结果出现多种可能性.

4. 活动总结：表达交流

在活动得以顺利实施后，活动教学中还需要有总结这一重要环节. 在这一环节中，师生之间、生生之间相互倾听，合作与交流. 这里对活动的总结绝不是教师听学生汇报给予评价，尤其不是对活动结果的简单评判，教师要特别注意学生在活动探索中的独特感受、体验、理解和发现，要鼓励学生大胆求异，多方位、多角度创造性地提出自己的看法. 此外，教师还要鼓励学生之间的互相评价，发表独特的见解. 对于学生的有些观点意见，教师的反馈应当及时有效. 此外，在活动总结阶段，教师需要了解学生掌握知识的程度，以便进一步梳理知识脉络及重难点，引导学生的后续学习.

5. 活动拓展：能力升华

活动总结并不是活动数学活动教学的结束. 因为在教学过程中，知识虽然是自主建构的，更利于学生的理解，但这些知识也是零散的和不完整的，这时就需要教师对活动进行拓展和升华，促使学生形成较为系统的认识，并进而发现一些规律性的结构，产生稳定的心理品质. 因此，活动准备、活动导入、活动实施、活动总结之后的拓展与升华也是数学课堂活动教学的关键阶段. 在这一阶段，教师可以设计练习活动和应用型问题，加深学生对知识的理解和掌握. 学生知识、能力体系的建立，主要通过应用、延伸来保证. 学生只有运用所学到的知识、方法来解决更多的问题，才能进一步发展思维，提高能力.

8.3.2　案例与评析

1. 案例内容

案例 8-3

（1）创设情境，引入课题.

师：（多媒体打出大写“囍”字）大红“囍”字代表喜庆吉祥，同学们每个人手上都有一个印在纸上的大写“囍”字，请同学们把这个“囍”字剪下来. 想想看，怎样剪得最快、最好.

（学生活动：马上动手剪开来，积极性很高．不时互相讨论，大多数同学做了一次对折．两分钟后有部分同学完成了任务．）

（师呈现学生剪好的“囍”字，请同学说怎样剪得的．）

生：沿中线一次对折.

生：大写“囍”字由两个小写“喜”字组成，而小写“喜”字沿中间对折后能重合，我是对折两次剪得的，用到了轴对称的知识.

师：非常好！他用到了轴对称知识．确实在剪的过程中用到轴对称的知识，不仅剪得快，而且剪得好．轴对称就是我们今天要研究的问题.

（以学生的剪纸活动引入新课，很快把学生的注意力吸引到课堂上来．）

（2）观察规律，引出概念.

师（多媒体呈现红叶、蝴蝶、故宫的图片）：同学们观察一下这些图片，看它们有没有共同的特征?

生：我发现每个图形的左右半部分都可以重合.

师：随便怎么折都可以吗?

生：沿着中间的一条线.

师：（边操作多媒体动画呈现三张图片沿着中间一条线对折后的情形，边问）我们发现这三张图片沿着中间一条线对折后就会怎样?

生（齐声）：重合.

师：像这样的图形就是轴对称图形.

（通过多媒体手段引导学生通过观察总结规律，引出轴对称图形和对称轴的概念，体现了学生对概念的主动构建．还可以更放开一些，让他们自己总结轴对称图形的概念．这样有助于培养学生认真观察，归纳总结，用数学的语言来表达现实现象的能力．学生总结后教师再做规范的陈述，这样对概念的理解会更深入透彻，教师对于概念的强调更有针对性，学生也会主动关注这些关键点．）

（3）概念识别，理解概念的意义.

让学生能够判断一个图形是否为轴对称图形，会画出对称轴，指出对称轴的数量.

（这部分练习的时间是 15 分钟，一共六道练习题．分别呈现了日常的生活用品、银行的图标、路标、品牌轿车的标志、简单几何图形和一些精美的艺术图形．让学生找出其中的轴对称图形来，找出对称轴、画出对称轴，说明原因，通过这些练习来强化学生对概念的理解．同时由于轴对称图形的丰富的现实背景，这些例子都是贴近学生生活实际的，易于被学生接受的．更重要的是这些例子都是学生们最感兴趣的．特别是提到品牌轿车的标志时，一个男生迅速举手列出了轴对称图形的车名．教师接着提问有几条对称轴，学生在问题中自己发现问题、解决问题，巩固概念．这一切都是积极的，一个主要原因是他们感兴趣的．这部分练习除了加强学生对概念的理解，也使学生认识到生活中的很多现象可以用数学来解释，数学来源于生活，服务于生活，体会到数学的应用价值．引导学生用数学的眼光观察世界，欣赏生活中的数学美、对称美，激发学生学习数学的热情．）

（4）活动探究，深化、发展概念.

小组合作活动一：合作小组一起探讨，能否用剪刀运用轴对称的性质剪出一幅美丽的图案来.

任务要求：第一，时间五分钟；第二，剪好后派代表把作品贴到黑板上．

学生活动：迅速开始实施，小组讨论热烈，大家献计献策，积极性很高．3 分钟后，有同学完成作品贴到黑板上，非常漂亮．5 分钟时间到，黑板上的作品已经很多，可以用丰富多彩来形容，学生还在积极踊跃地往黑板上贴作品，希望自己的作品得以展示，气氛非常活跃．

教师点评：同学们的作品都非常漂亮而且有创意，这些作品从远处来看都好像是轴对称图形，但我发现也有几个不是轴对称图形．(拿下一个存在问题的图形，实物投影展示给大家，请同学们评判是否为轴对称图形．)

通过教师的点评以及学生自己对问题图形的评判，再次强化了他们对概念的理解．同时也注意到如何更好地应用轴对称的性质来设计裁剪图案．

小组合作剪纸的活动是这堂课的一个高潮，确实真正体现出合作学习的效果，人人有点子，个个有作品．另外，通过活动使学生懂得合作交流的重要性，培养学生合作交流的能力．在创作作品的同时，感受到利用轴对称性质创作出来的图形的美丽和丰富多彩，让他们充分体会到轴对称性质的重要应用价值，体会到数学的美学价值．更重要的是这个活动的设计是现实的、有趣的、富有挑战性的、与学生的生活经验密切相连，极大地调动了学生的学习热情，这样的活动安排是积极有效的．在活动中加深了学生对数学知识本质的认识，在“活动中”学数学，自主地构建数学知识，应用数学知识，是建构主义教学理念的最佳体现．

（5）抽象概括，形成概念．

师：（拿出两个同学的作品，分别是对称的两朵小花，两个星星）我们把这个图形看成一个整体的话，它是一个轴对称图形．如果看成两个图形，则称这两个图形成轴对称（多媒体呈现两个图形成轴对称的概念）．

(这一过程还是可以放手由学生总结，课本上有这个概念，学生总结起来不会很困难，而且可以发现学生在图形理解上的问题．学生资助探究得出的知识总是印象深刻的，这也是建构主义提倡的“知识学习室学生主动构建的过程”的原因．但学生的自主探究需要恰当的问题情境．像这堂课为学生提供的丰富的现实图形，学生自己合作创作的轴对称图形，都是学生总结概念的恰当情境，需要有必要的知识背景，学生已经练习掌握的轴对称图形的概念，需要有教师恰当的指导，规范的总结．这是相当必要而且关键的一步．只有具备了这些条件，学生的主动建构才是有效的，才能够真正发展他们的能力．)

师：比较轴对称图形和两个图形成轴对称的概念，说出它们的区别．

生：轴对称图形是一个图形，成轴对称的图形是两个图形．

师：回答得非常好！（重复两个概念的区别，再次强调．）

小组合作活动二：（教师呈现给学生们一个教师自己的作品，请学生从不同的条件下判断它是轴对称图形还是两个图形成轴对称．）

把刚才呈现的图形沿对称轴一分为二，把一张矩形的纸对折后打开，将图形中其中一部分贴到纸的折痕左边，请同学帮忙想办法将剩余的部分贴到折痕的右边，使这两部分关于折痕所在的直线成轴对称．

学生很快有了办法，教师请学生上前操作．学生能够很好地利用轴对称的知识解决问题．通过活动再次强化了学生对于新概念的理解．

（6）课堂总结（略）．

（7）及时反馈（略）．

2. 案例评析

这一堂课是一节较典型的数学活动课，突显了学生的动手操作，在活动中自主构建，以学生为中心，注重培养学生的动手操作与合作交流的能力，激发了学生的好奇心和主动学习的热情. 这堂课从生活中学生熟悉的现象引入，引导学生观察、操作、总结、提升. 对概念的教学体现了学生自主建构的理念. 课堂上能够给学生足够的时间去探索发现，合作交流. 通过几何直观图形加深学生对于轴对称图形的理解. 这些直观的图形是来自于现实生活中的各种图案，来自于学生自己创作的作品，因此材料非常丰富. 这些数学学习素材对于学生而言是有意义的、生活化的、熟悉的. 这样的素材容易激发学生的学习兴趣，吸引他们认真观察，总结规律，较好地实现知识建构.

3. 思考与建议

整节课突出了学生活动探究、主动建构的理念. 但是，在课堂施测这个环节，由于学生活动较多，可以适当缩减题目，或者在课后安排数量适当的作业，同时加上一些动手操作活动，从多个角度评价. 这样可以多一些时间用于课堂总结，更全面地反映学生在活动过程中出现的问题.

8.4 探究式教学模式

探究教学的思想渊源最早可以追溯到20世纪初的杜威，在杜威看来，探究是儿童的四大本能之一，教学中要充分发挥儿童探究的本能. 近半个世纪以来，“探究教学”不论是作为一种教学观念，还是作为具体的教学模式与方法都在教育领域受到了广泛的关注. 曾经有人指出，如果非要用一个词来形容近30年来教育工作者所努力追求的目的，这个词一定是“探究”. 在我国，数学课程将“探究”作为一个基本理念，倡导采用“自主、合作、探究”的学习方式. 本节将对探究式教学模式的基本结构加以阐释并对相关案例进行评析.

8.4.1 模式结构

随着课程改革的推进，探究教学成为我国教育研究的一个热点. 新课标中强调要培养学生的创新精神，让学生在教师指导下以类似科学家的科学探究的方式而开展的学习活动，即探究学习是一条有效途径. 第一，探究有利于唤醒学生的无知意识；第二，探究能促进学生思维能力的最佳发展；第三，探究有利于学生理解知识之间的内在联系；第四，探究有利于学生养成良好科研品质. 因此，从某种意义上说，探究学习就是创新学习.

《标准（实验稿）》与《标准（2011）》中都明确将“自主探索”作为学生数学学习的一种重要学习方式. 事实上，在数学教育研究领域，很早就有在教学中需注重学生的探索的思想，虽然当时还没有使用“探究教学”这一概念. 荷兰著名的数学教育家指出在传统的数学教学中存在着“教学法的颠倒”，即不是按照创造数学的思维过程去叙述工作成果，而是恰恰相反，把思维过程颠倒过来，把结果作为出发点，去把其他的东西推导出来. 这种颠倒掩盖了创造的思维过程，如果学习者不实行再创造，他对学习的内容就难以真正理解. 他进而强调，学习数学的唯一正确方法是实行“再创造”，也就是由学生本人把要学的东西自己去发现或创造出来；教师的任务是引导和帮助学生去进行这种再创造的工作，而不是把现成的知识灌输给学生. 他认为这是一种最自然的、最有效的学习方法. 因为生物学上“个体发展过程是群体发展过程的重现”这条原理在数学学习上也是成立的，即：数学发展的历程也应在个人身上重现，这才符合人的认知规律.

由于探究内容、教学目标、学生发展水平、课程内容等因素的不同，事实上很难建立一个普遍有效的探究教学的模式. 但在探究教学的课堂上，具有一些共性的基本结构，都应包含形成问题、提出猜想、验证结论、展示交流等环节. 而在所有的这些环节中，都需要体现学生的自主性这一特点.

1. 形成问题

如美国数学家哈尔莫斯所指“问题是数学的心脏”，数学史上许多重要概念的提出与问题的解决都源于好的数学问题. 《标准（2011）》在原来要求学生“分析问题和解决问题的能力”的基础上，加入了“发现问题和提出问题的能力”，认为相比分析问题和解决问题，发现问题和提出问题更能培养学生的创新精神和实践能力. 数学课堂上的探究教学也可始于可供学生探索研究的数学问题. 这类问题有其特殊性，首先需要具有探究性，因此不能是学生仅凭简单回忆所学的数学知识就能解决的重复性问题，如课后练习题等；其次，这些问题还要体现其教学性，即这些问题也不是数学家所研究的那些能推进数学学科发展与人类新发现的数学问题，而是在学生已有的数学知识与思想方法的基础上，由教师指导或其他资源辅助下形成的与数学概念与思想有关的问题. 需要探究的问题可以由教师在讲解或演示中直接给出，也可由学生思考后自己提出.

这一阶段的教学目标主要是培养学生的问题意识与探究问题的科学态度，并为探究教学的后续阶段打下良好的基础. 因此，在这一阶段，教师需要关注学生对形成的探究问题是否有好奇心，有没有进一步探讨的欲望. 为引起学生的好奇心，教师所采取的教学策略通常包括设置问题情境、制造认知冲突或反常现象等. 在问题提出后，教师需要引导将这一问题转化为可以由所学的数学知识与思想方法解决的问题. 还需要注意提问的方式，能让学生明确知道问题的指向. 形成问题阶段是探究教学的起点与关键点，在这一阶段，需要让学生把握问题的重点，激发他们的探究欲望，从而能进入下一阶段的探究.

2. 提出猜想

波利亚指出“在数学家的工作中，猜测几乎总是走在证明的前头”. 在数学的发展过程中，当数学家产生新问题时，通常根据已知的数学知识和数学事实对问题作出猜测性的解释说明，以假设的形式大胆探索，引导问题的解决. 在探究教学中，学生在形成探究问题后，教师应当引导学生通过猜测、预测、推理等内部思维活动形成对问题的假设性答案. 猜想是数学探究教学中最关键的环节，教师创设情境，为学生提供活动的机会的目的在于帮助学生提出合理的猜想. 学生只有经历了猜想这一过程，才能真正实现探究的价值. 新课标明确指出，合情推理与演绎推理都是重要的数学推理形式. 合情推理主要有归纳和类比两种方式，这两种方式是数学探究教学中提出猜想的基本路径. 不论学生采用哪一种途径，教师都要激发学生的兴趣，鼓励他们的尝试.

本阶段的教学目标重在培养学生的推理能力（尤其是合情推理能力）以及综合应用各种探究技能的能力. 教师需通过提问激发学生作多方面的思考，教师在不限制学生的思路，鼓励他们大胆猜想的同时. 但另一方面，教师也要让学生明白所提出的假设不能模棱两可，必须是明确可验证的. 只有这样，才能更好地进入探究教学的下一阶段.

3. 验证结论

在课堂教学的探究中，在形成问题、提出猜想之后，还需要对提出的猜想进行验证，看看假设背后的理由是否成立，假设所揭示的关系是否具有一般性等. 我们知道，中小学阶段的数学探究教学是一种融合情推理与演绎推理于一体的教学方式. 在提出猜想这一阶段，教师需要大胆鼓励学生运用归纳、类比等合情推理的手段对数学结果进行猜想. 但合情推理的结果只是一种可能性，必须通过严格的演绎推理来验证，“猜想—验证”是数学发展的重要方式. 但囿于小学生的知识储备，在课堂中往往并不能运用严格的演绎推理来对给出的猜想给出验证. 通常会采用枚举法来论证. 但是，这里必须突出所举例子应该具有一定的数量和普遍意义，而且，教师要尽可能地在学生的数学知识的基础上渗透演绎证明的思想.

在这一阶段的教学中，验证结论需要突出学生的自主性，首先是在验证方法的选择上，教师应当引导学生该如何进行验证，而不是直接告诉学生采用什么样的方法进行验证. 让学生自行探索验证，更能培养学生的创新精神与实践能力. 在学生自己提出验证的需要并选择了合适的方法之后，教师要让学生进行自主的验证，通过操作、试验、观察、合作、讨论等环节证明自己提出的假设正确与否. 学生需要能认识到在待验证过程中可能出现一些误差以及以怎样的态度与方法应对这些误差.

4. 展示交流

在数学探究中，在形成问题、提出猜想、验证结论使得之前提出的问题得以解决后，学生还需要将问题的结论以及思考的过程以一定的形式组织起来，以某种方式向他人展示，与其他人交流本次探究的结论与过程. 学生在表达交流验证结果时，必然需要考虑：哪些是应该报告与同学交流的？而哪些是不需要报告的？为了让别人更容易理解我的结论与方法，我应该以怎样的方式来报告？是用口头表达还是书面形式？是否需要板书？在板书中是否需要加入图形？在这一阶段，如果有学生想要把自己的发现以及思考的方法清楚地展现出来让大家知道，就容易通过归纳和概括，独立形成数学概念，获得数学思想方法，没有教师的教，也是一个再学习的过程. 同时，这也是培养学生的数学表达的很好的机会. 而对于那些没有报告的学生，则需要认真听讲并思考这些报告是否正确，在报告中是否有什么可补充的地方等，也培养了学生认真倾听的学习习惯. 在传统的教学中，教师主导了课堂，学生的主要工作是听讲，完成教师布置的任务. 教师很少给学生批判思考的机会，学生也不必去思考教师所说的是否正确，与自己的看法有什么不同. 而在探究教学中，表达交流以及对结果的批判则需要鼓励学生自己来完成.

展示交流阶段的教学目标主要是培养学生数学表达与批判性思考的能力以及客观的科学

态度，并能在展示中自己建构数学概念. 学生通常会有不良习惯，当其他同学在发表看法时，不能认真听讲. 在教学中，教师需要特别注意培养学生虚心听取他人看法或批评的态度. 教师在这一阶段要促使听的学生思考如下问题：别人说的与我想的有没有不一样？他们的结论是否有足够证据的支持？别人的报告中有什么不足或漏洞？我是否有什么可以补充的？在这个过程中，他们的批判性思维能力得到提升，而这正是创新意识的重要基础. 同时，教师还要引导汇报的学生能正确对待别人的不同意见. 比如，别人的答案与我的不一样，我能否接受别人的修改意见？有没有虚心接受的态度？能虚心接受别人的意见，敢于正视自己的不足，客观地看待不同的观点，这正是从事数学学习与研究的科学的态度，这也是数学教学中“情感态度”这一维度目标的要求.

此外，在学生充分展示交流后，教师还需鼓励学生进一步提出拓展性问题，这些问题可以在课堂上进行探究，也可以延伸到课外. 这既延伸了结论，又培养学生的问题意识，也让学生带着小课题边学习边研究，从根本上改变学生的学习方式.

8.4.2　案例与评析

1. 案例内容

案例 8-4

勾股定理是《标准（2011）》所要求掌握的重要内容，并强调“让学生体验勾股定理的探索过程”. 教师用多媒体课件向学生展示将竖直放置的长方体木块推倒的过程（图 8-1），试图从实际生活背景来创设问题情境，并提出以下四个问题，引导学生在课堂上开展数学探究活动.

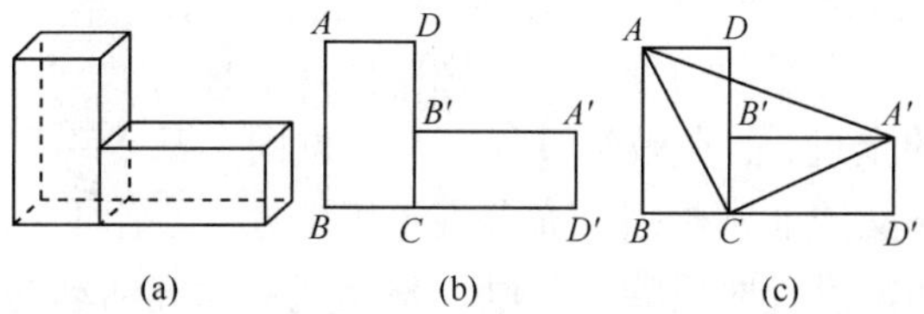

图 8-1

问题 1　以水平面作为参照，试用几何语言描述长方形 $ABCD$ 怎样变换到长方形 $A'B'CD'$ 的过程（图（b））.（以现实情境为背景，以激发学生探索、求知的欲望）

问题 2　如图（c），你能发现对角线 AC 与 $A'C$ 有怎样的位置关系?试说明理由.（对问题 1 的深化，让学生对几何图形的旋转有深入的理解，为进一步探究作铺垫）

问题 3　如图（c），若长方形 $ABCD$ 的长和宽分别为 a，b，对角线长为 c，连接 AA'，图中有哪些你熟悉的几何图形？能用 a，b，c 的代数式表示那些图形的面积吗？（让学生在复杂的图形背景中进行信息选择、甄别与处理）

问题 4　从这些面积的研究中发现了什么？Rt△ABC 各边之间有没有特殊的数量关系？有怎样的数量关系?（让学生感觉自己在不经意中“发现”了勾股定理）

提出问题后，让学生对问题进行独立思考与探索，培养学生独立探究的能力，也能对问题情景有自己独到的理解，并形成初步结论，便于师生之间的交流与探讨.

然后让学生分小组（以前后 4～6 人为一组）对问题的解决方案进行交流、讨论. 对于问题 1，长方形 $ABCD$ 怎样变换到长方形 $A'B'CD'$ 的过程，各组通过实验和观察很快得出了一致的结论. 有一些组在解决问题 2 时遇到了障碍. 虽然学生都能猜想对角线 AC 与 $A'C$ 是互相垂直的关系，但无法从理论上得以解释，这时教师提示学生应结合问题 1 来分析问题 2. 经过提示，有些组能解释对角线 AC 与 $A'C$ 的位置关系，而有些组继续实验与观察，希望在实验中得到进一步提示. 问题 3 提供了一个复杂的图形背景，需要学生能对图形所提供的信息进行选择、甄别与处理. 各组很快发现了这个图形中包含了一些长方形（矩形）、直角三角形，从而开始对问题 4 进行探究，但暂时找不到 $\mathrm{Rt}\triangle ABC$ 各边 a，b，c 的关系式. 重新审视问题 3，发现里面还有一个直角梯形 $AA'D'B$，而这个直角梯形的面积恰好是 $\mathrm{Rt}\triangle ABC$，$\mathrm{Rt}\triangle AA'C$，$\mathrm{Rt}\triangle D'A'C$ 面积之和，这正是得出 a，b，c 的关系式的关键所在，随即问题 4 就迎刃而解了，不少学生感觉自己不经意中"发现"了勾股定理.

在个人探索与小组交流后，教师组织各个小组之间对研究过程进行反思交流. 在反思交流阶段不但对整个过程进行检查，检验策略是否合理，而且也对研究过程中所出现的困难以及解决困难的策略进行反思交流.

最后，为了使学生深入了解勾股定理，鼓励学生进一步提出问题. 学生纷纷提出了诸如"为什么叫勾股定理?""还有别的证明方法吗? 而这些方法又有什么差异呢?""能找出满足关系式 $a^2+b^2=c^2$ 的全部数吗?""这个定理有什么用呢?"之类的问题. 经过师生讨论，提出"勾股定理的起源""勾股数问题""勾股定理证明方法的比较分析""勾股定理的应用"等专题来进行研究. 由于课堂上的时间限制，对这些问题的探究要延伸到课外.

2. 案例评析

这节"勾股定理"的教学个案充分展现了《义务教育数学课程标准》所倡导的"情景—探索—交流—总结"这一数学学习模式，也完整体现了探究教学"形成问题—提出猜想—验证结论—展示交流"的全过程. 在教学过程中，每位同学都"动"起来了，积极参与到小组探索活动中，小组合作交流非常热烈，充分展示了个人与小组的思考与发现，教师则观察各组的活动，对小组所遇困惑及时引导、鼓励，整体把握探究活动的进展情况，在学生展示交流中进行适当的点评与引导. 显然教师的"教"已变成了"导"，教师不再是"知识的传授者"，而是"学生发现知识的引导者".

3. 思考与建议

因此数学学科的探究教学是指学生在教师指导下，为获得数学知识与技能、发展数学思想、提高数学素养以类似数学发现与探究的方式所开展的学习活动. 在这里，探究教学只是对真正的数学探究的模拟，而不是数学探究本身. 因此，探究课堂与传统课堂中以教师的教为主有所不同，教师需要在课堂上激发学生的兴趣，创设合理的情境，为学生提供充分的从事数学探究的活动. 从而实现教师角色的转变，成为学生数学学习的组织者、引导者与合作者，让学生成为数学学习真正的主人. 此外，需要强调的是，数学教学还是不能缺少"教师的必要指导".

8.5　复习课教学模式

复习课是我国课堂教学的一种重要形式，尤其是数学课，复习课对于学生对数学知识的掌握，具有不可替代的作用. 复习课是相对于新授课而言，即复习课上所授内容对学生而言是在前面的学习中已经学过的内容. 但复习课不等于重复学习，复习的目的不仅要“温故”，而且要能“知新”. 这“新”不仅仅包括学生的知识、技能的深化与熟练，还包括学生是否学会反思学过的内容，梳理知识脉络，提高运用和创新的能力以及加大思维的深度与广度. 因此，复习课的主要任务是帮助学生复习、巩固已学过的知识，建立前后知识间的联系，使知识系统化、条理化. 复习课也要继续训练解题的技能技巧，但更重要的是要把所学的知识进行归纳、整理，把原来分散学习的知识有机地联系起来，形成一个完整的知识系统，从而使学生形成良好的认知结构，获得对核心概念更清晰稳定的认识，也为以后学习新概念打下了良好的知识基础. 本节将对复习课教学模式的基本结构加以阐释并对相关案例进行评析.

8.5.1　模式结构

与新授课相比，复习课可以采用更加灵活的模式结构，可以根据学生特点与复习内容的不同，结合教师的教学风格，采用多样的复习方式. 但一般而言，数学复习课都应包含以下三个教学阶段：整理阶段、巩固阶段以及提高阶段.

1. 整理阶段

复习课是使学生进一步理解、掌握、巩固和运用所学知识的系统化过程，首要任务是要帮助学生整理已学的知识，其目的是帮助学生梳理已学的知识以达到进一步的巩固. 教师应当引导学生把各知识点分类整理，形成知识网络，构建完整的知识体系. 归纳与整理是学生形成知识网络的重要环节，可以使学生在平时学习中掌握得不牢固或者比较含糊的知识清晰化，对所学的有关知识进行归纳整理，形成结构化的知识，帮助学生形成清晰的知识网络. 在对知识进行归纳整理时，教师帮助学生整理“概念图”或“知识结构图”是一种有效的方法. 而对知识的整理应该视学生年级的不同而采取不同的策略. 比如在小学阶段，可以运用教师示范，学生模仿的方式来对已学的知识结构与网络进行整理，而到了初中高中阶段，则可以鼓励学生自己整理数学概念图与知识网络为主.

对知识的整理需要注意以下问题. ①通过阅读课本回顾知识. 在对知识整理前，教师可以让学生自主阅读要整理的章节，回顾所学的知识，这是梳理知识的前提和基础. ②创设与知识相关的情境，激发学生的学习兴趣. 复习课主要是对学生学过内容的梳理，学生在学习中容易产生枯燥感，因此教师需根据需要复习的内容结合相对有趣的情境，以促进复习内容的趣味性. ③知识点的梳理与学习策略与方法的梳理并重. 数学课堂除了要教给学生数学知识外，更重要的是要教学生学习数学的方法，这一点在复习课中也同样需要注意. ④在梳理中注意结构的完整性. 复习课需要把所学的知识进行归纳、整理，使学生将原来所学的分散的知识联系起来，形成良好的认知结构，因此结构的完整性至关重要，这一点需同时体现在知识点与学习方法上.

2. 巩固阶段

复习课除了要根据教学内容对所学知识进行归纳整理外，还需根据学生的学习情况，进行有针对性的查缺补漏，即对学生的数学学习加以巩固. 因此，暴露学生的知识结构的“漏洞”非常重要，这就意味着在复习课上教师不能霸占每一分钟都给学生讲解，因此，在复习课中应充分信任学生，放手让学生自己开放思路，针对学生的易错点来设计练习，通过典型题目的讲与练，把复习的主动权交给学生，最大限度地发挥学生复习的积极创造性.

要想在教学中能够很好地查漏补缺，从而更好地巩固学生的数学学习，需要做好三个层面的工作，即收集错例、提炼错因以及针对性的类型训练. 在复习课上，把学生做错的题进行再现，以此作为教学的出发点与学生知识体系的生长点，往往会有意外的教学效果. 当然，把错误转化成资源并不会立竿见影，它有赖于教师对错例的广泛收集与对错因的敏锐捕捉. 同时，值得注意的是要注意保护出错学生的自尊心和自信心，绝不能以牺牲这些学生对数学学习的兴趣为代价来开展教学. 此外，在差错及纠错环节可以最大限度地发挥学生的积极性，由学生之间互相纠正彼此的错误. 一般而言，学生参与纠错的积极性比较高涨，经过适当的铺垫与引导，大多数学生能够又快又准确地进行纠错，只是在错因提炼时，学生会遇到一些困难. 因此，在复习课中，教师可以注意帮助学生在自己的纠错体验中，提炼错误的原因. 只有真正找到错误的原因，错题的价值才能得以发挥，教师才能在查缺补漏时做到有的放矢，让错误真正成为有用的教学资源，也才能更好地做好复习课的巩固阶段.

3. 提高阶段

复习课除了帮助学生整理知识并做好巩固之外，还需要有一个提高的阶段. 复习课并不是简单的重复练习乃至演变成题海战术，复习课中的练习应该重视练习的层次性，因为学生在学习本部分内容之前就存在个体差异，而在经过完整的学习后，不同层次的学生掌握知识情况的差异性可能会更明显. 因此，针对学生的学习情况，分层练习的设计是客观需要的. 一般而言，针对一个班级的学生，至少需要设计以下三种不同的练习. ①基本练习. 在复习课练习设计时，应该针对学生的学习情况进行基础知识的练习，这些练习是针对全班学生的. 主要根据前面的巩固阶段中学生出现的错误交流错因后，对基本知识的掌握情况进行反馈，也使复习课关于巩固学生的数学学习的教学目标得到更好的落实. ②综合性练习. 综合性练习是作为复习课第二个层次的练习，力图把知识放入问题情境中，希望学生能综合运用所学的知识灵活解决问题，激发学生练习的兴趣. ③拓展性练习. 拓展性的练习形式较多，解决问题的方法多样化，主要目的是在巩固数学知识外，还可结合练习培养学生结合具体情境合理解决问题的品质以及积极的数学学习态度.

在提高阶段，首先，练习应进行弹性设计，使其能适应不同层次的学生，其次，练习的设计应针对学生的年级情况有所区别，螺旋上升. 这样才能充分发挥基本练习、综合性练习以及拓展性练习的不同功能.

8.5.2 案例与评析

1. 案例内容

案例 8-5　含参不等式的复习课.

1）回顾所学内容，自查知识点

（教师布置任务让学生回顾所学的含参数不等式的内容，并要求学生讨论并汇报含参不等式的不同解法. 学生基本能说出含参数不等式的形式与求解的基本方法，但并不能很好地综合运用多种方法，如构造函数、分类讨论以及数形结合等方法来求解. ）

2）查缺补漏，巩固所学知识

教师出示例题:

（1）已知 $f(x)=\ln(x^2+ax+a)$，其中 a 为实数，若 $f(x)$ 的定义域为 $\mathbf{R}$，求 a 的取值范围.

（2）若 $x^2+ax+a>0$ 在 $x\in[1,2]$ 上恒成立，求 a 的取值范围.

（3）若 $x^2+ax+a>0$ 在 $a\in[-1,2]$ 上恒成立，求 x 的取值范围.

师：看到这里的三小问，首先大家要理解题意，仔细观察它们的相似处，同时也要掌握其不同的地方，学会区别对待，正确解题.

生：第（2）和（3）问给出的已知条件与求解的答案正好对调.

师：很好，这称之为主元不同，大家可以试试有什么好的解决方法？

给学生一定的时间，让学生独立思考、自主探究，得出以下成果:

对于问题（1）.

生 1：考虑真数大于 0，即 $x^2+ax+a>0$ 在 $\mathbf{R}$ 上恒成立，回到二次函数的问题上，$\therefore \Delta=a^2-4a<0$，$\therefore 0<a<4$.

由于问题（1）是从基础着手，大家思考方式及解法都能达成一致，快速解决了此问.

对于问题（2），学生们在引导探究中迁移整合了不同的知识点，展示了他们数学思想的发散性.

生 2: 我从二次函数的角度考虑. 设 $f(x)=x^2+ax+a$，考虑对称轴的变化就有三种情况，即 $\begin{cases}-\dfrac{a}{2}<1,\\ f(1)>0,\end{cases}$ $\begin{cases}1\leqslant-\dfrac{a}{2}\leqslant2,\\ f\left(-\dfrac{a}{2}\right)>0,\end{cases}$ $\begin{cases}-\dfrac{a}{2}>1,\\ f(2)>0\end{cases}$ 时满足题意，经检验解得 $a>-\dfrac{1}{2}$.

生 3：我从构造函数的角度考虑，要使得 $x^2+ax+a>0$ 在 $x\in[1,2]$ 上恒成立，相当于 $a>-\dfrac{x^2}{x+1}$ 在 $x\in[1,2]$ 上恒成立. 构造函数 $g(x)=-\dfrac{x^2}{x+1}$，然后把 $g(x)$ 进行系数分离，由 $g(x)=-\dfrac{x^2}{x+1}=\dfrac{x^2-1+1}{x+1}=-\dfrac{(x-1)(x+1)+1}{x+1}=-\left[(x+1)+\dfrac{1}{x+1}-2\right]$. 而此时因为 $x+1\in[2,3]$，就不能采用基本不等式的方法，而是用了单调性，发现了当 $x+1=2$ 时 $g(x)$ 有最大值 $-\dfrac{1}{2}$，

$\therefore a>-\dfrac{1}{2}$.

生 4: 我还有一种方法和他的有点共通点，但又有点区别. 我也是构造函数 $g(x)=-\dfrac{x^2}{x+1}$，但在求 $g(x)$ 的最大值时采用的是求导的方法. 由于 $g'(x)=-\dfrac{x^2+2x}{(x+1)^2}$，发现 $x\in[1,2]$ 时 $g(x)$ 单调递减，$\therefore$ 当 $x+1=2$ 时 $g(x)$ 有最大值 $-\dfrac{1}{2}$，$\therefore a>-\dfrac{1}{2}$.

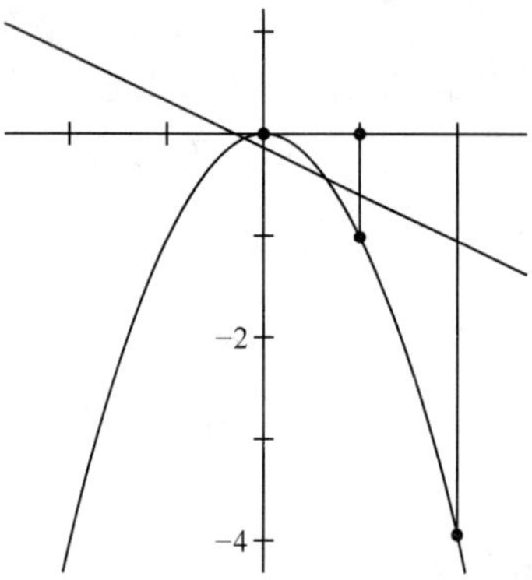

图 8-2

生 5: 我是采用了构造函数及数形结合的思想，做起来比你们的方法都快. 我构造两个函数 $y_1=a(x+1)$，$y_2=-x^2$，由图象可知当 $a\geqslant 0$ 时，显然 $y_1>y_2$，即 $x^2+ax+a>0$ 成立；当 $a<0$ 时，要使得 $y_1>y_2$，在 $x\in[1,2]$ 恒成立，如图 8-2，$\therefore$ 取 $x=1$，则 $y_1>y_2$，即 $a>-\dfrac{1}{2}$.

对于问题（3）.

生 6: 看成是关于 x 的函数，即 $a(x+1)>-x^2$，再分类讨论.

当 $x+1>0$ 时，$a>-\dfrac{x^2}{x+1}$，要使得 $a\in[-1,2]$ 恒成立，则 a 的最小值 $-1>-\dfrac{x^2}{x+1}$；

当 $x+1=0$ 时，$0>-x^2$，恒成立；

当 $x+1<0$ 时，$a<-\dfrac{x^2}{x+1}$，要使得 $a\in[-1,2]$ 恒成立，则 a 的最大值 $2<-\dfrac{x^2}{x+1}$.

解这三组不等式，可得 x 的范围是 $x>\dfrac{1+\sqrt{5}}{2}$ 或 $x>\dfrac{1-\sqrt{5}}{2}$.

生 7: 看成是关于 a 的一次函数就好了啊. 令 $h(a)=(x+1)+x^2$，由 $h(a)>0$ 在 $a\in[-1,2]$ 恒成立，即 $\begin{cases}h(-1)>0,\\ h(2)>0,\end{cases}$ 就变成了关于 x 的不等式，就能快速得出 $x>\dfrac{1+\sqrt{5}}{2}$ 或 $x>\dfrac{1-\sqrt{5}}{2}$.

师：通过问题（2）与问题（3）的解答，你现在能区分对待这两小题了吗？能说说这两题最基本的解题思路吗？

生 8: 问题（2）的主元是 x，而问题（3）的主元是 a，这两题分别看成是 x 的二次函数与 a 的一次函数是最基本的思路. 问题（3）的第二种方法比较好.

师：很好，对于问题（3），只要学会区别对待，就能得出正确的结果，我们一般也是采用第二种方法解. 而对于问题（2），同学们采用了四种不同的解法，你有什么样的启发？怎样的解法最具有代表性呢？

学生经过交流讨论、感受了问题（2）的不同数学知识的迁移整合，开阔了思路.

生 6: 第一种解法从二次函数角度着手，比较传统，刚才在交流中我们多数同学都是采用了这个方法，而第四种解法比较新颖，解答速度快，但比较难想到.

生 7: 我认为还是构造函数的解法比较有代表性，特别是采用导数的思想更是常见. 前面在导数复习中有不少题目就是向第三种方法这样构造新函数，求导解决不等式的问题的.

师：很好，能把不等式与函数结合起来，其实的确是数学解题中的有效方法.

3）分层设计，拓展提高

师：很好，能把不等式与函数结合起来，其实的确是数学解题中的有效方法. 很多题目也可类似采用这种构造函数的思想. 接着请同学们继续采用构造函数及求导的方法完成以下联系.

问题 1：若不等式 $x \geqslant \ln(x+2m)$ 在 $x \geqslant 0$ 时恒成立，求正实数 m 的取值范围.

问题 2：已知函数 $f(x)=\ln x$，$g(x)=x$，若方程 $f(x)=a \cdot g(x)$ 有实根，求 a 的取值范围.

问题 3：已知函数 $f(x)=\ln x$，$g(x)=ax^2-x$，若 $x_1>x_2>0$，$g(x_1)-g(x_2)>x_1 f(x_1)-x_2 f(x_2)$ 恒成立，求 a 的取值范围.

2. 案例评析

含参不等式是高中阶段学生数学学习的难点，所涉及的知识点多，难度大. 因此在这一节课中，教师首先对相应的知识点进行了复习整理，通过对相应知识的整理，让学生再熟悉一遍含参不等式，更为重要的是，通过复习整理阶段，教师更好地了解了学生对这一知识点的掌握情况，有针对性地设计接下来的复习题. 在随后的巩固阶段，教师设计了不同层次的一组问题，使得班级内不同水平层次的学生都能找到相应的学习起点. 在教学中，教师通过逐步深入的设问，帮助学生从不同角度对问题进行思考并解决. 在这一过程中，学生不仅更好掌握了含参不等式的知识点与题目的不同解法，更为重要的是引导学生能够从不同的角度对一个问题进行全面的思考. 在最后的提高阶段，教师根据前面学生的学习情况，有针对性地设计了不同层次的拓展题目，利于学生在课后更深入地学习本节课的相应内容.

3. 思考与建议

在复习课中，整理复习阶段是整节课的起点，教师需要精心设计，在这一阶段充分暴露学生的思维过程与学习缺陷，据此有针对性地设计题目，做好巩固. 在巩固阶段的复习题需考虑班级学生的不同水平层次，需要引导学生从不同的角度对同一问题进行有益的探索，在掌握知识点的同时学会探索解决数学问题的不同方法. 最后，还需设计拓展性题目帮助学生提高，拓展性题目的设计应当具有灵活性，让班级每一个学生都能解决相应的题目，拓展性题目可以在课内完成，也可以由学生在课外完成.

问题与思考

1. 请在下面两题中任选一题解答：

（1）给出案例 8-2 的思考与建议；

（2）给出案例 8-4 具体的修改建议.

2. 依据不同教学模式的结构，设计讲授课、活动课、复习课的教学案例.

三、实训篇

实训篇之一：宏观实训

第9章 模 拟 上 课

学习目标

（1）了解模拟上课类型、内容、环节、方法，学会如何进行模拟上课，并提高模拟上课的能力；

（2）在模拟上课案例的学习中，经历模拟上课的整个过程，掌握模拟上课的实施流程及注意事项.

“模拟上课”作为一种教研形式，在教学实践中应用广泛，受到广大教师的关注. 近年来，在许多活动如教师资格认定、教师选聘考试、职称评定等经常采用这种形式. 鉴于模拟上课在师范生就业及日后发展中的重要性，模拟上课已成为师范生教学技能训练的主要内容之一.

9.1 模拟上课案例呈现

先看一个模拟上课案例：《奇妙的变化——分数的初步认识》说课稿片段（青岛版小学数学三年级上册第六单元信息窗1“分数的初步认识”）.

同学们，今天老师给大家带来几幅人体图片. 看，这是胎儿在妈妈体内长到八周的图片. 这是婴儿期图片，婴儿期身体迅速长大，体重迅速增加. 这是少儿期图片. 这是成人期图片，到了成人期，身体各部分就发育成熟了. 人体在变化过程中藏着许多数学问题呢，今天我们来一起探索人体的奇妙变化吧. 请大家仔细观察胎儿图片，谁能估一估，胎儿的头长约占整个身长的多少吗？

你来说，嗯，胎儿的头长约占整个身长的一半. 你表达得真完整，请坐！（板书：一半）.

请大家拿出手中的圆形纸片，想一想怎样表示它的一半？你能找到这张圆形纸的一半吗？

好，谁来给大家展示一下，你是如何表示圆形纸片的一半的？

哦，这位同学把这张纸对折，就得到了一样大的两个半圆，这两个半圆都是纸的一半.

你们也是这样表示的吗？咱们同学真是心灵手巧！

同学们，像这样把纸对折后分成完全相同的两份，在数学上叫做怎样分？对，就叫做“平均分”.（板书：平均分）把一张纸平均分成两份，每一份都是这张纸的一半.

你能找出生活中的一半么？

哦，这两大组同学是全班同学的一半.

你找到了数学书的一半.

你找到了窗户的一半.

同学们都有一双善于发现的眼睛.

在数学上，“一半”可以用$\frac{1}{2}$来表示.（板书：$\frac{1}{2}$）请大家跟老师一起读：二分之一.（板书：二分之一）像$\frac{1}{2}$这样的数叫做分数，这节课我们就一起来认识分数.（板书课题：分数的初步认识）

咱们再看胎儿图片，把胎儿的身长平均分成两份，头部的长度约占了其中的一份，就可以说头部的长度约占整个身长的$\frac{1}{2}$. 在胎儿图上还能再找到一个$\frac{1}{2}$吗？

谁来说一说？

对，从下巴开始到脚底的长度占整个身长的$\frac{1}{2}$. 你说得真完整.

谁能像他一样说一说这个圆形图片的$\frac{1}{2}$？

把一个圆平均分成两份，其中一份就是这个圆的二分之一. 你表达得真清楚！

圆形纸片的$\frac{1}{2}$我们找到了，咱们手里还有长方形的纸片，请你动手折一折，找到它的$\frac{1}{2}$，并涂上颜色. 完成后在小组交流你的想法.

哪位同学愿意上台展示一下你们组的做法？

哦，你们组想到了横着对折，竖着对折，沿对角线对折的方法. 其他小组也是这样想的吗？

同学们展示了三种折法. 尽管折法不同，但表示的意义相同，你发现了吗？

对，都是把长方形纸平均分成两份，每一份都表示这张纸的$\frac{1}{2}$.

……

这节课，我们认识了一个新朋友——分数. 通过这节课的学习，你有什么收获？

哦，你知道了一半就是$\frac{1}{2}$，还认识了很多分数，知道了把一个数平均分成几份，每一份可以用几分之一表示，还知道了分数各部分的名称. 你学会的知识可真多啊！

【评析】　上边的案例摘录可以说是模拟上课部分实录. 从中我们可以感受到，它既不同于真实的师生互动的课堂，也不同于教研活动中采用的说课. 既像是单口相声，又像是在演话剧. 对于模拟上课，不少学生既有似曾相识之感，又有雾里看花之惑：例如模拟上课具体含义是什么，模拟上课与真实课堂及说课的区别是什么，如何实施模拟上课，注意事项是什么等. 下面将逐一介绍.

9.2　何谓模拟上课

9.2.1　模拟上课的概念

模拟上课，是指上课者在较短的时间内通过口语、形体语言和各种教学技能模拟正常课堂教学的一种教研形式. 它是一种将个人备课、教学研究与上课实践有机结合在一起的教研活动，在突出教学活动中的主要矛盾和本质特征的同时，又能摒弃次要的、非本质的因素，使教学研究的对象从客观实体中直接抽象出来. 此外，它还具有省时、高效的特点.

模拟上课有这几种形式：第一种，“独角戏”. 这种形式中只有教师，没有学生，讲课教师一人自编自导自演，在没有学生配合的情况下模拟正常上课情境、展示教学过程. 这种模拟上课我们也称为“无生模拟上课”；第二种，“互动式”. 这种形式是有“学生”的模拟上课，但这时的“学生”不是为了学习新知识的真实学生，而是听课老师，或早已学过教学内容的学生. 模拟上课过程中，教师可以提问模拟学生，并对模拟学生的回答做出反馈，教师还可以组织模拟学生开展小组合作交流等. 这种模拟上课我们也称为“有生模拟上课”.

有生模拟上课更能考查讲课教师的应变能力及对教学内容的把握能力等. 但是在选聘城区中小学教师、教师资格认定及教师职称评定等活动中，受报名人数、活动时间、教学内容、学生班级、活动场地等多方面因素所限，组织者常常采用无生模拟上课. 因此，这一形式也常常成为训练师范生模拟上课的主要形式. 本章介绍的模拟上课主要是指无生模拟上课.

在中小学教学实践中，模拟上课，可以让教师在正式上课前尝试体验上课过程，更准确地把握学情和教情，改善预设，提高应变的能力，有助于从感性备课上升到理性备课，进而提高教师备课的质量；教师在通过模拟上课研讨如何提高备课质量的过程中，对一些重要环节进行有针对性的研究，可使教研的主题更明确，重点更突出，提高教研活动的实效；模拟上课，尤其是无生模拟上课，要求教师用语言把自己的教学思路及设想、教学环节展示出来，这无形中提高了教师的语言组织能力和表达能力，促进教师专业发展. 很明显，对师范生模拟上课的训练，必将提高师范生对教育理念的理解及教学语言、教学能力等综合素质.

9.2.2 模拟上课与真实上课、说课的区别

1. 模拟上课与真实上课

与真实上课相比，模拟上课的不同之处主要表现在以下几点.

（1）真实上课中一定有学生，正如平时所说的课堂教学三要素：教师、学生、教学内容. 在真实课堂上，学生是不可缺少的，否则，课堂教学的价值也就无从谈起. 而在模拟上课中，往往是没有学生的，模拟上课者根据自己的课前预设，由上课者一人展示教学过程.

（2）真实课堂一般为 40 分钟左右，要留出适当的时间让学生思考或合作交流、完成课堂练习等，所有的步骤和程序都应该实实在在地执行；而模拟上课时间较短，一般为 10～15 分钟. 由于模拟上课过程中大多没有学生，需要学生完成的任务，教师往往是点到为止，顺势巧妙过渡. 即使有“学生”的模拟上课，由于“学生”早已了解学习内容，他们完成任务的时间比正常课堂所用的时间也少得多.

（3）真实课堂需要完成一个课时的全部教学任务；而模拟上课由于时间所限，经常是片段教学或某一环节教学，是完整课堂教学的部分内容.

（4）真实上课看重学生实际接受新知、发展智能的情况，关注课堂氛围和教学效果；而模拟上课更看重教师课堂教学方案的实施能力，关注教师的教学思想、教学能力和教学基本功.

有一点必须指出，模拟上课过程中虽然一般没有学生，但不等于教师不关注学生，教师心里仍然要时时想着学生，在教学理念及言语表述中，要时刻注意与学生的交往、互动，这种情境下的师生“交流”，是“此时无‘生’胜有‘生’”的一种演绎，对上课者提出了更高的要求.

2. 模拟上课与说课

与说课相比，模拟上课的不同之处主要表现在以下几点.

（1）说课是对课堂教学方案的说明，主要体现教师的教学理念和构思，教师的关键在于描述和假设. 而“模拟上课”是对教学方案的课堂实施，关键体现教师的综合素质和实践能力. 如若说课是一场“讲座”的话，它既有满腹经纶的议论，也有精彩绝伦的演绎；那么模拟上课就是一出“话剧”，有波澜起伏的情节，也有绘声绘色的对话，只不过话剧的演员只有执教者一人.

（2）说课通常要说教材的内容、地位、教学目标、重难点、教学设想等，它不仅要说出怎样教，还要说清为什么这样教，要让听者不仅要知其然，还要知其所以然，比较侧重理性层面. 而模拟上课则是说课的延伸和补充，是对教学流程的具体化，教材的内容、地位、教学目标、重难点等通过模拟上课表现出来，主要解决教什么，怎么教的问题，更侧重于它的实践性.

应该说，模拟上课与说课有着密切联系. 在教学实践中，说课与模拟上课都是正式上课前的准备工作，一般先进行说课，再进行模拟上课. 说课说出了教学方案设计及其理论依据，使上课更具有科学性、针对性，避免了盲目性、随意性. 模拟上课是实践经验的积累，为提高说课水平奠定了基础. 说课与模拟上课都可以展示教师的课堂教学操作艺术，都能反映教师语言、教态、板书等教学基本功. 从教师说课的表现可以预见教师上课的神情. 从说课的成功，在一定程度上可预见其模拟上课的状态.

9.3 模拟上课的实施

9.3.1 模拟上课的流程

如前所述，模拟上课中，虽然一般没有学生，但教学中要时刻做到“心中有生”，要坚持新课程理念，尽量体现学生为主体、教师为主导，坚持启发式教学，教师的定位是学生学习的组织者、引导者与合作者. 由于模拟上课的时间一般为 10～15 分钟，因此，模拟上课一般是完整课堂教学的片段教学. 但是，这个片段教学并非是真实课堂教学过程的“剪切”，而是加工后的片段，应包括课堂导课、过程展开、课堂小结等三个环节，可以因人因课发生变化，具有灵活性.

1. 课堂导课

课堂导课阶段是模拟上课的开始，可用直接导入、经验导入、复习导入、故事导入、悬念导入、问题导入等方式引出教学内容，导课时选用的材料应与书本内容有逻辑关系，避免与教学内容两张皮. 例如，若模拟上课的内容为“同分母分数的加减法”，导课时可先引导学生复习分数的意义，借助加法、减法的意义引出新内容；若模拟上课的内容是“二次函数的图象”，导课时可创设燃放烟花的情景，由绚烂美妙的曲线引出二次函数的图象——抛物线；再如模拟上课“对数”时，可让学生猜想把一张非常大的纸，对折 27 次有多高？先让学生猜想，而不给出结果，引发学生的好奇，带着悬念进入新知识的学习.

课堂导课语言要言简意赅. 切忌话过多，又不符合教学内容. 导课时间不宜过长，一般来说，若模拟上课时间为 10 分钟，导课则控制在 2 分钟以内.

2. 过程展开

过程展开阶段是模拟上课的主体部分. 在带领学生学习新知识的过程中，教师要运用简明生动的教学语言向学生传授知识，交流思想、表达情感. 正如夸美纽斯所说：“教师的嘴就是一个源泉，从那里可以发出知识的溪流. ”由于模拟上课过程中，一般没有学生，所以，上课者的语言显得更为重要. 上课者要做到目标明确、科学简明、通俗易懂、生动形象、层次清晰. 展开过程中，要做到突出重点，有效突破难点；通过类比、对比等方式，加深学生对重点难点的理解，借助具体案例，提高学生的思维能力和解决问题的能力. 如教学“同分母分数加减法”，要重点强调巩固同分母分数加减法的运算法则，同时让学生知其然，还要知其所以然，理解其中的算理. 并通过适当的练习巩固运算法则. 在教学“二次函数的图象”时，要带领学生通过描点画图，分析得出二次函数图象的特征，并进行强调，要求学生记忆和运用.

在过程展开中，教师要坚持新课改理念，以学生为中心，组织学生动手实践、深入探究、合作交流等，体验感受新知识的获得过程，避免注入式讲解. 一般来说，若模拟上课时间为 10 分钟，主讲阶段一般应占 7 分钟左右.

3. 课堂小结

古人写文章讲究设计坚强有力、发人深思的结尾，并形象地称作“豹尾”. 琴弦演奏时，讲究起调动人心弦，主旋律引人入胜，终曲余音绕梁. 同样，对于模拟上课来说，结课的作用不可忽视，结课有助于新知识的巩固强化、总结概括，使知识条理化、系统化，并可提升模拟上课的效果. 或归纳总结，强调重点；或留下悬念，引人遐思；或含蓄深远，回味无穷. 结课时，或新旧联系，铺路搭桥，通过发人深思的结课语言，使学生感到“言已尽而意无穷”，使教学艺术进入启思激情的意境.

课堂小结常用方法有：自然结尾法、归纳提升法、前后呼应法、悬念留疑法、知识延伸法等. 如在“绝对值”结课时，教师可采用归纳法，对整节课内容归纳提升：“通过本节课的学习，我们知道了当 $a>0$ 时，$|a|=a$；当 $a=0$ 时，$|a|=a$；当 $a<0$ 时，$|a|=-a$，由此可见，非负数的绝对值是它本身，负数的绝对值是它的相反数. 并且可以进一步看出，对于任何一个数，我们都可以把它的绝对值号去掉，进而把含有绝对值号的式子化成我们以前常见的不含绝对值号进行计算，同学们在完成课后练习时，感受这一转化思想和过程. ”

再如，“同分母分数加减法”结课时，教师可用“悬念留疑法”：“本节课我们学习了同分母分数的加减法运算，那当我们遇到分母不同的分数时，如何进行加减运算呢？这就是我们下节课要学习的内容. ”

又如，在“对数”结课时，教师可采用“前后呼应法”：“上课开始的时候，我问了大家把一张很大的纸对折 27 次有多高，大家猜想了不同的结果，现在新内容学完了，大家计算一下到底有多高.”，并进一步说明数学的重要性，强调严谨求真的态度和做法.

结课的形式，可以是教师复述，也可以引导学生回顾总结. 一般来说，若模拟上课时间为 10 分钟，结课时间一般为 1 分钟左右. 结课语言要干净、简明、扼要.

9.3.2 模拟上课中的师生互动

不管是真实课堂，还是模拟上课，都要体现以学生为中心的教学理念，师生互动交流是任何课堂不可或缺的环节. 若是有生模拟上课，教师要充分利用“学生”开展互动交流. 但很多模拟上课往往是无生模拟上课，这时，最难处理的就是师生互动环节. 如何实现无“生”胜有“生”的境界？怎样解决抛出的问题或者前后环节的正常过渡呢？一般有两种处理方法，一是教师模仿学生说出学生的回答，二是用一个短停顿让人感到学生已活动，然后教师用自己的话进行后面的内容. 下面以“素数和合数”为例，采用课堂实录与模拟上课的对比的形式（注意画线部分的变化），介绍无生模拟上课中师生互动的几种常用方法.

1. 复述法

通过复述学生的回答的形式传递课堂信息，以达到有效互动. 教师采用的关联语句常有：“正如某某说……”“哦，这位同学说了……”等.

“素数和合数”课堂实录.

师：（电脑出示 3 个同样大小的小正方形）每个小正方形的边长都是 1，用这样的 3 个正方形，你能拼出几个不同的长方形？

生 1：我能拼出两个长方形.

师：说说是怎样的两个长方形？

生 2：是横着的一个，还有竖着的一个.

师：横着的长方形的长是几？宽是几？

生 3：长是 3，宽是 1.

“素数和合数”模拟上课.

师：（电脑出示 3 个同样大小的小正方形）每个小正方形的边长都是 1，用这样的 3 个正方形，你能拼出几个不同的长方形？

师（稍停顿）：这位同学说能拼出 2 个不同的长方形，谁能说说是怎样的 2 个长方形？

师：有同学说横着一个，竖着一个，那么横着的长方形的长是几？宽是几？

师：哦，这位同学说了，横着的长方形的长是 3，宽是 1.

2. 评价法

通过对学生的回答进行巧妙的评价的形式传递课堂信息，以达到有效互动. 它采用的关联语句常有：“对呀，我们知道了……”“这位同学说得很好，对呀……”“真了不起，这位同学居然……”.

“素数和合数”课堂实录.

师：还有一个呢？

生4：还有一个长方形的长是1，宽是3.

师：同学们，这两个长方形实质上是怎样的？

生5：实质上是同样的长方形，只是放的位置不同. 一个横着放，一个竖着放. 它的长是3，宽是1.

“素数和合数”模拟上课.

师：那么还有一个竖着的呢？

师：有同学说了，另一个长方形的长是1，宽是3.

师：同学们，这两个长方形实质上是怎样的？

师：这位同学说得很好，对呀，实质上是同样的长方形，只是放的位置不同，其实，我们只能拼出一个长方形，它的长是3，宽是1.

3. 板书法

通过对学生的回答结果进行板书的形式传递课堂信息，以达到有效互动. 板书时，注意板书要与教学节奏一致，让人感到板书与教学过程融为一体.

“因数和倍数”课堂实录

……

三、探求因数和倍数

1. 求一个数的因数.

（1）出示3，5，18，30，36. 你能从中任意选择一个数，说出它的因数有哪些？

生：我选18.

师：你能说出18的因数吗？

生：1，2，3，6，9，18.

师板书……

"因数和倍数"模拟上课.

……

三、探求因数和倍数

1. 求一个数的因数.

(1) 师[展示 3, 5, 18, 30, 36] 你能从中任意选择一个数，说出它的因数有哪些?

师：你呢？（稍停顿）哦，你选 18，你能说出 18 的因数吗?

师：是呀，18 的因数有[边说边板书：18 的因数：1，2，3，6，9，18].

4. 归纳法

通过对学生的众多的回答进行归纳概括的形式传递课堂信息，以达到有效互动. 它常用的关联语句有："刚才同学们讨论得非常热烈，有的……有的……""刚才大家发言都很积极，大致的想法主要有以下几点……".

"平行四边形面积"课堂实录.

（在猜想平行四边形面积与什么有关时，学生思考讨论后）

师：大家能不能把自己的想法告诉大家?

生 1：平行四边形面积可能与底有关.

生 2：平行四边形面积可能与高有关.

生 3：平行四边形面积可能与边有关.

生 4：平行四边形面积可能与两边的夹角有关.

……

"平行四边形面积"模拟上课（片段）.

（在猜想平行四边形面积与什么有关时，学生思考讨论后）

师：大家能不能把自己的想法告诉大家?

师（稍停顿）：刚才大家发言很热烈，有的认为平行四边形面积可能与底有关，有的认为平行四边形面积可能与高有关，有的认为平行四边形面积可能与边有关，有的认为平行四边形面积可能与两边的夹角有关……

9.3.3 需要注意的几个问题

1. 理清教学思路，做好课前准备

我国古代民间有句谚语：凡事预则立，不预则废. 成功的模拟上课，首先要在教材设计上引人入胜. 在设计教学时，要认真分析教材，明确教学目标，准确把握教学重点、难点，

在此基础上选择模拟上课的内容. 如果课时内容较少，可把全部内容作为模拟上课内容，若课时内容较多，可把教学重点或难点作为模拟上课内容. 在此基础上，精心设计导语、过渡语和结束语. 特别是无生模拟上课，因为只有教师唱“独角戏”，只有精心的预设才有可能换来课堂的精彩.

2. 充满自信，富有激情

模拟讲课时，上课者一上讲台就要有充分的自信，不能一直看讲课稿或黑板，而不直面“学生”，说的每句话每个字都要清楚响亮，尽量避免无意义的行为或胆怯表现，不要有明显的口头禅. 另外，课堂教学不仅是知识的授受，同时也是师生情感的交流与传递. 在模拟上课中，如果教师缺乏感情，语调平平淡淡，似是催眠曲，若有“学生”，教师没有感情，“学生”怎会有学习的兴趣，又怎能富有激情地配合上课者呢？若没有学生，上课者平淡乏味、缺乏情感的语言，更让人感到时间的漫长和上课的无趣. 因此，不管模拟上课时是否有学生，上课者都要精神饱满，充满热情.

3. 合理分配时间，结构层次清晰

因为模拟上课的时间较短，一定要注意时间的合理分配，否则会造成顾此失彼，自乱阵脚. 如前所说，导课要言简意赅，直击主题，一定不要迂回纠缠，浪费时间；主讲阶段是模拟上课的最重要部分，这一阶段要舍得花时间，做到重要知识要讲清、讲实，并采用讲解、提问、分组合作等多种方式开展教学；结课要简明扼要，干脆利索，不要拖拉.

由于模拟上课一般没有学生的配合，缺少了师生、生生互动，真实课堂中的一些生动环节只有教师一人口述完成，不仅缺少了课堂互动的氛围，环节之间所用的时间也大大减少，这样容易淡化教学的结构与层次，因此，上课者做到重点突出，详略得当，并通过语音、语调的变化及适当的停顿，凸显课堂结构层次及环节过渡.

4. 体现新课改理念，讲解内容科学无误

新课改特别强调教学规范转型，教师角色转换、学习方式转变. 模拟上课过程中必须充分体现新课改的教学理念，绝不能只有教师讲，没有学生学的时间. 若有学生配合，要充分利用学生，与学生互动交流，采取提问、分组合作等多种形式，上课者努力做好组织者、引导者、合作者的角色. 若没有学生配合，上课者也要心里有学生，要设置适当的环节，通过语言、手势等体现出以学生为主体的教学理念. 特别注意一点，在任何课堂上，教学内容一定要正确，不能出现科学性错误.

9.4 模拟上课实训

1. 实训 1：无生模拟上课

备选内容：根据自己的实际情况，从以下三个内容中选择一个进行模拟上课.

（1）“平行四边形的面积”（人教版五年级上册）.

（2）“反比例函数”（浙教版八年级下册）.

（3）“等差数列前 n 项和”（人教版必修 5）.

要求：

（1）模拟上课前认真研读课程标准和教学内容，可上网查询相关材料或相关书籍. 以 6 人左右为一小组合作完成，写出较为详细的上课稿.

（2）依据备课内容，自主选择“全部内容”或一个“教学片段”或“环节”进行模拟上课. 突出新课程理念，展示驾驭课堂教学的艺术，体现创新精神和课堂教学研究的能力.

（3）模拟上课时间为 10 分钟，讲课者可以把组内学生当作“临时学生”，但教师不可以提问学生，师生不能互动.

（4）注意重点突出，详略得当，环节紧凑，层次清晰，板书与模拟上课过程同步呈现.

2. 实训 2：有生模拟上课

备选内容：根据自己的实际情况，从以下三个内容中选择一个进行模拟上课.

（1）“圆的面积”（人教版六年级上册）.

（2）“二次根式”（浙教版八年级下册）.

（3）“正弦定理”（人教版必修 5）.

要求：

（1）模拟上课前认真研读课程标准和教学内容，可上网查询相关材料或相关书籍. 以 6 人左右为一小组合作完成，写出较为详细的上课稿.

（2）依据备课内容，自主选择“全部内容”或一个“教学片段”或“环节”进行模拟上课. 突出新课程理念，展示驾驭课堂教学的艺术，体现创新精神和课堂教学研究的能力.

（3）模拟上课时间为 10 分钟，讲课者可以把组内学生当作临时学生，上课者要充分利用临时学生，可以提问学生，有效组织学生开展合作交流等活动，尽量体现以学生为中心的课堂氛围.

（4）注意重点突出，详略得当，环节紧凑，层次清晰，板书与模拟上课过程同步呈现.

3. 附录：模拟上课讲课稿及比赛评分标准

附录 1：模拟上课讲课稿举例——“二次函数与一元二次方程的关系”模拟讲课稿

上课，同学们好！请坐！

同学们，奥运会开幕式都看过吧，好看吗？你喜欢燃放烟花吗？

看来男生更多一些. 你知道燃放烟花中的数学现象吗？

对！就是抛物线. 在火药的作用下，火球升空，那么，火球上升的高度与燃放时间有什么关系呢？同学们想知道吗？

好，先请同学们看课本 70 页例题，四人小组讨论问题①和②.

（稍微停顿）这么快就做完了？同学们真聪明！李丽小组，你们的结果是——，好,（板书 ①$h=5t^2+40t$），你能解释一下吗？

是的，因为 $v_0=40$，$h_0=0$.

张磊，你们组的结果是——，

哦，你们认为——（板书②$t=8$ 秒），你能解释给同学们听吗？

（稍微停顿）你们是从图象上看出来的，都能看出来吗？

刘明，你们的看法是：你们认为——（板书：当小球落地时，$h=0$，所以有 $5t^2+40t=0$，

解得，$t_1=0$，$t_2=8$，8 秒落地）. 还有同学想说说，

你来，嗯，你不明白"$t=0$ 是什么意思？"

哦，那个同学来告诉他：$t=0$，就是刚发射的时候，那时小球也在地面.

看来同学们不但眼光敏锐，头脑也很灵活啊！

下面我们再来看 $h=5t^2+40t$ 与 $5t^2+40t=0$，它们分别是二次函数和一元二次方程，它们有联系吗？能互相转换吗？带着这个问题，让我们走进"议一议"，一起来研究"二次函数与一元二次方程的关系"（板书课题）.

请看大屏幕，老师给出了三个函数，先请同学们小组合作，画出这三个函数的图象.

（稍微停顿）刚才，老师参加了第二小组的讨论，同学们积极发言，配合默契，希望同学们发扬这种好传统，现在我们来看这三个同学的作品，他们画得漂亮吗？

真好！再请同学们看大屏幕，看老师画的图象，有什么不同吗？

老师画得更准确一些！你想画得更准确吗？

好，我们先来研究问题①"二次函数与 x 轴有几个交点？"

你来说——（板书，$y=x^2+2x$ 有两个交点，$y=x^2-2x+1$ 有一个交点，$y=x^2-2x+2$ 无交点）

同学们，刚才我们发现：$h=0$ 时，函数变成了方程，现在呢？

（稍微停顿）对，$y=0$ 时也行！那就让我们来研究问题②吧，

什么！这次不能光凭眼睛观察了吧！那就动手吧！小组合作.

看来有结果了，王凯，你谈谈你们组的看法.（板书：方程 $x^2+2x=0$ 有两个根，方程 $x^2-2x+1=0$ 有两个等根，方程 $x^2-2x+2=0$ 无实根.）

问题①和问题②有联系吗？讨论一下.

同学们已经做出来了，你来说，

你再来，同学们都是这样想的吗？

太好了！你们真聪明！就是——（板书，①交点个数=根的个数，②交点横坐标就是 $y=0$ 时方程的根）.

从刚才的三个例子中，同学们已经收获了丰硕的成果，可是，这毕竟是特例，

（出示问题③）那么对于二次函数 $y=ax^2+bx+c$ 和一元二次方程 $ax^2+bx+c=0$（$a\neq0$），也有这样的关系吗？

老师已经从你们的笑容里看到了结果.

你来说，你再说说，太好了！请看黑板，这就是二次函数与一元二次方程的关系，我们一起读：①当二次函数与 x 轴有两个交点时，对应的一元二次方程有两个不等的根；当二次函数与 x 轴有一个交点时，对应的一元二次方程有两个相等的根；当二次函数与 x 轴没有交点时，对应的一元二次方程没有实根. ②如果二次函数 $y=ax^2+bx+c$（$a\neq0$）与 x 轴有交点，那么交点的横坐标就是当 $y=0$ 时自变量 x 的值，即方程 $ax^2+bx+c=0$（$a\neq0$）的根.

现在，请同学们看课本 71—72 页，看一看：数学家是怎么做的？和你做的一样吗？

是的，只要我们做学习的有心人，你也可以和数学家一样出色！有信心吗？好，带着我们的成果，一起走进习题 2.9-1 题.

来，把你的作品给同学们展示一下，他画得好吗？请画得同样漂亮的同学举手.

同学们真棒！

下面我们再想一想："何时小球上升的高度是 60 米？"张彤到黑板上做，其他同学独立完成.

先看黑板，她是使用方程解答的，同意的请举手！还有同学想说说，好，你来！你是从图象上看出来的，你到黑板前，给同学们画画看！看明白了吗？

就是“直线 $h=0$ 与抛物线 $h=5t^2+40t$ 交点的横坐标”.

还有不同意见！

来，你说说，“你是与 $y=0$（x 轴）类比得到的”太棒了！老师太为你自豪了！同学们，现在明白了吗？

通过今天的课，你一定会有很多收获，先讨论一下，然后请同学们口答：你的收获是——你呢？你,（希望同学们能把这节课的知识点总结：①二次函数与一元二次方程的关系；②用图象法解决问题的方法；③会利用顶点、交点画抛物线草图）.

同学们，下课的时间到了，今天的作业是：72 页随堂练习 1，让我们带着成功的微笑说，再见吧！下课！

附录 2：浙江省高等学校师范生（普通组）教学技能竞赛评价参考标准（模拟上课·板书部分满分 45 分）

项目	评价内容	评价标准	分值
模拟上课 35 分	教学目标 3 分	目标设置明确，符合课标要求和学生实际	3
	教学内容 5 分	重点内容讲解明白，教学难点处理恰当，关注学生已有知识和经验，注重学生能力培养，强调课堂交流互动，知识阐释正确	5
	教学方法 7 分	按新课标的教学理念处理教学内容以及教与学、知识与能力的关系，较好落实教学目标；突出自主、探究、合作学习方式，体现多元化学习方法；实现有效师生互动	7
	教学过程 7 分	教学整体安排合理，环节紧凑，层次清晰；创造性使用教材；教学特色突出；恰当使用多媒体课件辅助教学，教学演示规范	7
	教学素质 4 分	教态自然亲切、仪表举止得体，注重目光交流，教学语言规范准确、生动简洁	4
	教学效果 4 分	按时完成教学任务，教学目标达成度高	4
	教学创新 5 分	教学过程富有创意；能创造性地使用教材；教学方法灵活多样，有突出的特色	5
板书设计 10 分	内容匹配 4 分	反映教学设计意图，凸显重点、难点，能调动学生主动性和积极性	4
	构图 4 分	构思巧妙，富有创意，构图自然，形象直观，教学辅助作用显著	4
	书写 2 分	书写快速流畅，字形大小适度，清楚整洁，美观大方，规范正确	2

第 10 章　说　　课

学习目标

（1）了解说课的内容、模式和评分标准，能独立地对一堂数学课进行评价，并提高评课的能力以及理论联系实际的能力；

（2）在说课案例的学习中，经历说课的整个过程，知道前期分析、教学目标、教学过程、教学反思四个部分应该说什么、怎样说，掌握说课的技巧；

（3）通过学习说课，提高教师专业水平，优化数学课堂教学.

说课作为一种教学、教研手段，最早是由河南省新乡市红旗区教研室于 1987 年提出来的. 实践证明，它有利于提高教研活动的实效，有利于提高教师备课的质量，有利于提高课堂教学的效率，有利于提高教师的自身素质.

10.1　说课案例呈现

案例：“椭圆及其标准方程”说课稿.

各位晚上好，今天我说课的内容是“椭圆及其标准方程”，该节选自人教 A 版普通高中实验教科书数学选修 2-1 第 2 章第 2 节“椭圆”的第一课时. 下面我将从教材分析、学情分析、教学重点、教学目标、教学过程五个方面进行具体说明.

10.1.1　教材分析

“椭圆及其标准方程”是继学习圆以后运用 “曲线和方程”理论研究具体的二次曲线的又一实例，也是圆锥曲线这一章的一节入门课. 从知识上说，它是对前面所学的运用坐标法研究曲线的几何性质的又一次实际演练，同时它也是进一步研究椭圆几何性质的基础；从方法上说，它为我们研究双曲线、抛物线这两种圆锥曲线提供了基本模式和理论基础. 因此，这节课有承前启后的作用，是本章和本节的重点. 另外，对椭圆定义与方程的研究，将曲线与方程对应起来，体现了函数与方程、数形结合的重要思想. 而这种思想，将贯穿于整个高中阶段的数学学习.

10.1.2　学情分析

本节课面向高二学生，学生在学习本节课之前已经学习了直线和圆的方程，初步了解了用坐标法求曲线方程的基本步骤，经历了动手实验、观察分析、归纳概括、建立模型的基本过程，这为进一步学习椭圆及其标准方程奠定了一定的知识基础. 学生对椭圆有了一定的认识，但仍没有上升到成为“概念”的水平，将感性认识理性化将会是他们的一个难点. 学生在初中阶段没有涉及过含两个字母、两个根式的方程化简问题，因而椭圆定义的归纳概括、方程的推导化简对学生是一个考验，可能会有一部分学生探究学习受阻，因此在椭圆标准方程推导时要注意循序渐进，一步一步引导学生.

10.1.3 教学重难点

根据以上对教材及学情的分析，确定了本节课的教学重难点.

重点：椭圆的定义及其标准方程.

难点：椭圆标准方程的推导.

为了突出重点，我将让学生动手实践，自主探索，通过折纸活动揭示椭圆上的点所要满足的数量关系，由此得出定义，推出方程.

突破难点，关键是要抓住“怎样建立坐标系”并把实际问题数学化（即建模）和“怎样简化方程”两个环节来进行方程的推导.

10.1.4 教学目标

根据上述对教材内容的分析和课标要求，教学目标制定如下.

1. 知识与技能

（1）理解椭圆定义，掌握椭圆的标准方程；

（2）能根据条件确定椭圆的标准方程；能以坐标系为桥梁，把几何问题转化为代数问题.

2. 过程与方法

（1）经历从具体情境中抽象出椭圆模型的过程，逐步提高观察、分析、归纳、类比、概括能力；

（2）经历椭圆标准方程的推导过程，进一步掌握求曲线方程的一般方法——坐标法，并渗透数形结合、等价转化的数学思想方法.

3. 情感态度与价值观

（1）在动手折纸得出椭圆定义的学习过程中，养成严谨的数学思维；

（2）通过亲身经历椭圆标准方程的获得过程，感受数学的对称、简洁美，养成扎实严谨的学习习惯.

10.1.5 教学过程

1. 创设情境，导入新课

由于学生已经熟知圆的定义以及形成过程，因此在圆的基础上进一步学习椭圆，并从数学文化的角度，让学生感受圆与椭圆的联系，使学生对椭圆的认识更形象化、可操作化，并渗透具体到一般的思想，我设计了一个折纸游戏，进行导入.

【折纸活动】请拿出预先准备的圆形纸片（圆心为 O，F 是圆内异于圆心的一点），将圆纸片翻折，使翻折上去的圆弧通过 F 点，将折痕用笔画上颜色，继续上述过程，绕圆心一周，观察所得到的图形.

【师生活动】学生动手实践，展示成果，教师再用动画演示折纸的过程，如图 10-1 所示.

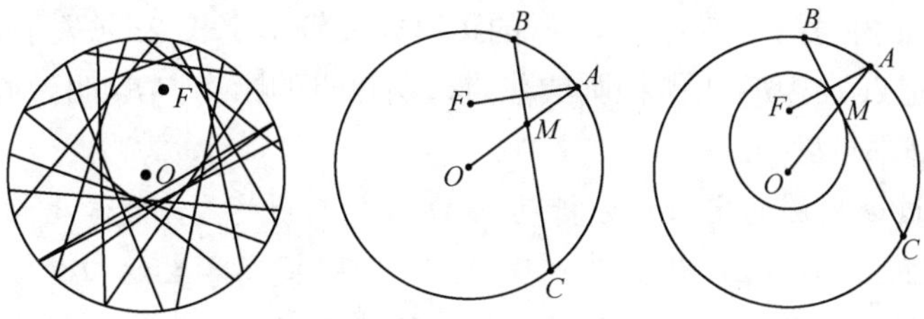

图 10-1

设计意图：通过折纸游戏充分调动学生的学习兴趣，让学生产生疑问，为什么这样做就能产生椭圆，激发学生的探究心理，同时引出今天的课题——椭圆及其标准方程.

2. 自主探究，形成概念

1）椭圆的定义

我国著名数学家罗华庚说："数形结合百般好，隔裂分家万事休."我们对椭圆的认识必须从"形"向"数"转化，即从折纸活动中表现出的几何关系去探究椭圆的定义，由此进入椭圆定义的探究.

探究 1　刚才我们折出了椭圆的轨迹，那这个椭圆究竟是怎样形成的？我们不妨来分析其中的一个折叠过程. 此时圆周上的点 A 与点 F 重合，连结 OA，交折痕 BC 与点 M，那么点 M 的轨迹是什么（图 10-1）？

【学情预设】学生容易回答：就是刚才得到的椭圆.

问题 1：椭圆就是满足一定条件的点 M 的轨迹，那么点 M 满足什么条件呢？

【教师活动】这里学生一般会遇到困难，为了引导学生我设置了如下提示铺设认知阶梯：

（1）如何用数学语言表达点 A 与定点 F 重合？

（2）线段垂直平分线上的点有什么几何性质？

（3）动点 M 与定点之间有什么关系？

设计意图：通过设置层层递进的三个问题，一步步引导学生得出点 M 满足什么条件.

问题 2：你得到了关于椭圆的什么结论？

【学情预设】

（1）学生回答"与两个定点的距离之和等于定长的点的轨迹叫做椭圆"，教师引导，学生补充"平面内".

（2）学生回答"在平面内，与两个定点的距离之和等于定长的点的轨迹叫做椭圆".

注意：既然是定义，就必须严谨，要值得推敲，现在请同学思考：

问题 3：那么这个常数可以是任意实数吗，有什么限制条件吗？

【学情预设】学生可能会遇到障碍，此时教师提醒：如何体现点 F 在圆的内部？

学生回答“点 F 到圆心 O 的距离小于圆的半径，也就是在定义中需要加上‘常数>$|OF|$’的限制”.

问题 4：如果常数=$|OF|$，常数<$|OF|$ 时，轨迹是什么呢？

【学情预设】学生回答，常数=$|OF|$，轨迹是线段 OF；常数<$|OF|$，轨迹不存在.

【师生活动】教师用几何画板展示结果，然后师生共同概括总结后得到：[板书]

椭圆定义：平面内与两个定点 F_1，F_2 的距离之和等于定长 $2a$（大于$|F_1F_2|$）的点的轨迹叫做椭圆. 这两个定点 F_1，F_2 叫做椭圆的焦点，两焦点的距离$|F_1F_2|$叫做椭圆的焦距.

数学语言：$|MF_1|+|MF_2|=2a$.

设计意图： 通过运用圆的定长，分析动点 M 与定点的关系，使学生经历椭圆概念的生成和完善过程，将对椭圆的感性认识提升到理性认识，并提高学生的归纳概括能力，加深对椭圆本质的认识，同时也让学生成为学习的主人，给他们提供一个自主探索学习的机会，培养思维的严谨性.

2）椭圆标准方程的推导

问题是数学的心脏. 在直线和圆方程的基础上，继续用代数方法研究椭圆的几何性质，通过设计层层递进的三个问题让学生主动地进行椭圆方程的推导，体会坐标法在解析几何中的应用，学习数形结合的数学思想.

我们已经知道，在直角坐标平面上直线和圆都有相应的方程，从而就可以用代数的方法来研究它们的几何性质、位置关系等. 那么如何求椭圆的方程呢？

探究 2　已知椭圆的焦距$|F_1F_2|=2c$（$c>0$），椭圆上的动点 M 到两定点 F_1，F_2 的距离之和为 $2a$，求椭圆的方程.

问题 1：求圆的方程的一般步骤是什么？

【师生活动】学生思考，请学生回答.

【学情预设】学生回答出“建系、设点、列式、化简”.

设计意图： 通过让学生回顾求曲线方程的方法和步骤，加深对坐标法的理解，让学生通过类比迁移求出椭圆的曲线方程.

问题 2：根据简单和优化的原则，如何给椭圆建立适当的平面直角坐标系？

【师生活动】由各小组讨论，请小组代表汇报研讨结果.

【学情预设】主要有“以 F_1，F_2 所在直线为 x 轴，以线段 F_1F_2 的垂直平分线为 y 轴，建立直角坐标系”和“以 F_1，F_2 所在直线为 y 轴，以线段 F_1F_2 的垂直平分线为 x 轴，建立直角坐标系”两种方式.

问题 3：在这个坐标系下，求椭圆的方程？

【师生活动】学生自主思考，教师指定一位同学上黑板解题，其他学生则在纸上完成. 教师结合学生板演情况，进行整理、完善.

【学情预设】这里学生在化简时会碰到问题，对于学生化简不出来的情况，我将让学生自己探索，进行一定的思考后，再进行设问：①化简含有根号的式子时，我们通常有什么方法？②对于本式是直接平方好呢还是恰当整理后再平方？让学生豁然开朗，从而帮助学生突破难点.

具体过程如下：

（1）建系：如图 10-2 所示以 F_1，F_2 所在直线为 x 轴，以线段 F_1F_2 的垂直平分线为 y 轴，建立直角坐标系.

（2）设点：设 M（x，y）是椭圆上任意一点，为了使 F_1，F_2 的坐标简单及化简过程不那么繁杂，设 $|F_1F_2|=2c$（$c>0$），则 F_1（$-c$，0），F_2（c，0）.

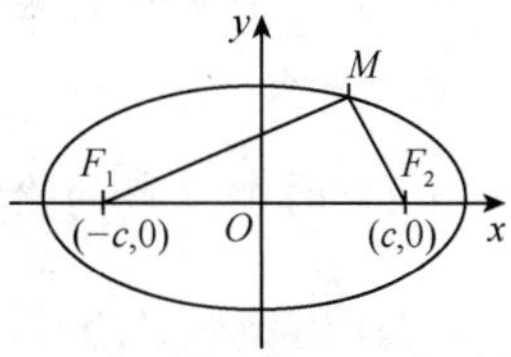

图 10-2

设 M 与两定点 F_1，F_2 的距离的和等于 $2a$，因为 $|MF_1|+|MF_2|=2a$，所以 $\sqrt{(x+c)^2+y^2}+\sqrt{(x-c)^2+y^2}=2a$.

（3）化简：（这里，教师为突破难点，进行设问：①化简含有根号的式子时，我们通常有什么方法？②对于本式是直接平方好呢还是恰当整理后再平方？）

$\sqrt{(x+c)^2+y^2}=2a-\sqrt{(x-c)^2+y^2}$；

两边平方，得：$a^2-cx=a\sqrt{(x-c)^2+y^2}$；

再两边平方，得：$a^4-2a^2cx+c^2x^2=a^2(x-c)^2+a^2y^2$；

整理，得：$(a^2-c^2)x^2+a^2y^2=a^2(a^2-c^2)$.

令 $a^2-c^2=b^2(b>0)$，则方程可简化为：$b^2x^2+a^2y^2=a^2b^2$；

整理成：$\dfrac{x^2}{a^2}+\dfrac{y^2}{b^2}=1(a>b>0)$.

教师指出：方程 $\dfrac{x^2}{a^2}+\dfrac{y^2}{b^2}=1(a>b>0)$ 叫做椭圆的标准方程，焦点在 x 轴上，焦点是 $F_1(-c,0),F_2(c,0),c^2=a^2-b^2$.

问题 4：a，b，c 在图中分别表示什么，有什么几何意义？

【学情预设】学生结合方程和图可以得到结论.

【师生活动】学生作答，教师板书，并总结两种形式的标准方程，并引导学生对标准方程进行思考与理解：

（1）所谓椭圆标准方程，一定指的是焦点在坐标轴上，且两焦点的中点为坐标原点；

（2）在 $\dfrac{x^2}{a^2}+\dfrac{y^2}{b^2}=1$ 与 $\dfrac{y^2}{a^2}+\dfrac{x^2}{b^2}=1$ 这两个标准方程中，都有 $a>b>0$ 的要求，也就是说，焦点在哪个轴上，哪个对应的分式的分母就较大.

设计意图：通过对必修 2 中坐标法研究曲线性质方法的复习，让学生认识到本节课研究椭圆的一般方法和思路. 在标准方程的推导过程中，方程化简是本节的难点所在，通过让学生自己思考，课堂精心设问来突破难点：①化简含有根号的式子时，我们通常有什么方法？②对于本式是直接平方好呢还是恰当整理后再平方？学生通过实践，发现对于这个方程，直接平方不利于化简，而整理后再平方，最后能得到圆满的结果，从而突破本节的难点，培养严谨的数学演算习惯，提高运算能力，并且设计问题 4 从代数转向几何，更加形象化，让学生再次深入理解椭圆的本质.

3. 例题讲解，巩固新知

例 根据下列条件，求椭圆的标准方程.

（1）两个焦点的坐标分别是（–4，0），（4，0），椭圆上一点 P 到两焦点距离的和等于 10;

（2）两个焦点的坐标分别是（0，–2），（0，2），并且椭圆经过点 $\left(-\dfrac{3}{2},\dfrac{5}{2}\right)$;

（3）已知椭圆的焦距等于 8，椭圆上一点 P 到两焦点距离的和等于 10，求椭圆的标准方程.

设计意图：（1）和（2）小题是教材上的例题，设计目的：一是进一步理解椭圆的焦点位置与椭圆标准方程的关系（注意焦点在 x 轴还是在 y 轴上），掌握运用待定系数法求解椭圆的标准方程的方法；二是加深学生对椭圆定义的理解与运用，学会运用椭圆定义求解椭圆标准方程.（3）是（1）和（2）的变式题，其目的是对学生进行分类讨论数学思想的渗透，达到拓展知识、提高能力的目的.

4. 课堂小结，深化新知

1）课堂小结

【师生活动】请同学总结，教师补充.

一个定义：（椭圆的定义）.

两类方程：（焦点分别在 x 轴、y 轴上的两个标准方程）.

两种方法：（坐标法及步骤、待定系数法）.

设计意图：让学生更好地理解与掌握本节课的知识点和数学思想方法，在学生归纳总结的基础上，教师补充点评，帮助学生自行构建知识体系，理清知识脉络，养成良好的学习习惯.

2）作业布置

必做题：课本 P34 练习 2、4.

思考题：

（1）已知 F_1，F_2 是椭圆 $\dfrac{x^2}{25}+\dfrac{y^2}{49}=1$ 的两个焦点，过 F_1 的直线与椭圆交于 A、B 两点，则 $\triangle ABF_2$ 的周长为（　　）.

A. $8\sqrt{6}$　　B. 20　　C. 24　　D. 28

（2）方程 $Ax^2+By^2=1$ 什么时候表示椭圆，什么时候表示焦点在 x 轴上的椭圆，什么时候表示焦点在 y 轴上的椭圆？

设计意图：分层次布置作业，帮助学生巩固所学知识，并留给学有余力的学生进一步探索发展的空间.

10.1.6 板书设计

板书设计如表 10-1 所示.

表 10-1 “椭圆及其标准方程”板书设计

2. 2 椭圆			
1. 定义 2. 标准方程	标准方程 推导过程	例 1	PPT 展示区

案例 10-1 等差数列的前 n 项和.

各位老师早上好:

今天我说课的题目是“等差数列的前 n 项和”. 下面我将从前情分析、目标分析、教学重难点、教学策略以及教学过程五个方面进行本次的说课.

首先是前情分析，本节课选自人教 A 版数学必修 5 第二章第三节，是在学生已掌握等差数列的性质、通项公式的基础上，进一步对求和公式进行探索，是数列这一章的一个重要内容，它不仅在现实生活中有着广泛的实际应用，而且也为今后等比数列前 n 项和公式的探索提供了类比依据. 本节课的教学对象为高二学生，从已有知识和经验，学生已学习了等差数列的性质及通项公式; 从已有能力来看，学生已初步具备抽象逻辑思维能力，能在教师的引导下独立地解决问题，思维活跃度高，但本节课所采用的倒叙相加法是首次碰到的方法，方法比较新颖，学生会感到不习惯.

根据对教学内容的分析、学情分析以及新课程标准的具体要求，我制定了以下三方面的教学目标.

知识与技能: 理解并掌握等差数列求和公式的推导过程、公式的特点及应用.

过程与方法: 通过对公式的推导和应用，体会数形结合的数学思想，体验从特殊到一般、类比与转化的研究方法，学会观察、归纳、反思和提高逻辑推理能力.

情感态度与价值观: 通过生动具体的现实问题，激发学生的探究兴趣，体验数学的实际应用价值，形成对数学分析的严谨性.

由于等差数列求和公式是解题的工具，且公式推导过程中所渗透的数学思想方法是今后学习和工作的必备数学素养，所以我认为本节课的教学重点是等差数列的前 n 项和公式的理解推导及简单应用. 但由于学生的认知水平、探索发现能力有限，公式推导思路的获取则为本节的教学难点. 而关键点在于从首尾法引出倒序相加法.

为突出重点，突破难点，我主要采用讲练结合的教学模式辅之以引导发现法和讨论法，学法方面主要侧重引导学生自主探索，创造机会让学生合作、探究，交流，充分体现了以学生为主的教学理念及以人为本的教学思想.

最后是教学过程，我的教学过程主要分成四个部分，其中第二阶段为本节的重点.

（1）激发兴趣，问题呈现. 向学生呈现泰姬陵的图片，简单介绍泰姬陵，提出陵寝中的三角形图案共需多少宝石? 即 $1+2+\cdots+99+100=?$引导学生回忆高斯采取的首尾配对的方法. 选取该历史素材，不仅可以激发学生学习兴趣，而且对高斯算法的探讨起到承上启下的作用.

（2）启发引导，探索发现. 第二环节主要由三个问题贯穿，第一个问题: 当项数为奇数时如何进行求和? 选取特殊项数 21，即计算第 1 层到第 21 层需要多少宝石数，分析问题发现不能简单模仿偶数项求和的方法，借助 PPT 演示引导学生发现将“全等三角形”倒置，与原图拼凑成平行四边形这一方法，获得算法. 紧接着提出第二个问题，当项数为 n 时该如何解决，让学生自由讨论，体验逆序相加求和这一算法的合理性. 第三个问题则从特殊引申到一般情况，提出问题: 如何求等差数列$\{a_n\}$的前 n 项和 S_n? 我将用图式结合的方法启发，引导学生先把等差数列用项和公差两个元素表示，然后采用逆序相加推导公式，得出两个求和公式. 三个问题环环相扣，逐层递进，符合学生的思考进程.

（3）发散思维，深化目标. 分析课本例题后，我发现如果直接采用课本的例题进行讲解跨度较高，因此另外准备三个问题. 例 1 主要是对公式 1 公式 2 的直接应用，从而达到学生熟悉公式的要素与结构的教学目的；例 2 主要是对公式 2 的变用，让学生从方程角度体会知三必能求一；例 3 是对求和公式和通项公式的联用，体会知三求二；通过这三道例题是学生巩固本节知识点，深入理解本节内容与实际应用间的联系.

（4）最后是课堂小结和课后作业环节. 在课堂小结中，我会从以上三方面着手进行本节课的总结；在课后作业中，我会给出两方面的作业：必做题和选做题. 必做题是让学生巩固所学的知识，熟练公式的应用，将成为本节课的形成性评价，来查看普遍学生对本节课的学习情况. 而选做题则是为了促进数学成绩优秀学生的发展，培养他们分析问题解决问题的能力，达到分层教学的目的.

以上便是我的说课内容，恳请各位同仁批评指正.

案例 10-2　直线与圆的位置关系.

各位评委、老师们大家早上好，我本次说课的内容是“直线与圆的位置关系”.

下面我将从以下六个方面进行我的说课.

1）教材分析

本节课选自人教版普通高中必修 2 第四章第 2 课时，它是学生在已经掌握直线方程和圆的方程的基础上，进一步学习直线与圆的位置关系. 本节内容主要介绍了直线与圆的位置关系，又延续和拓展了直线与圆的方程的应用，也为后续研究圆与圆的位置关系打下基础. 因此本节课起着承前启后的作用.

2）学情分析

学生学习本节内容的认知基础是初中课程中对于直线和圆，学生已能从直观感受上比较圆的半径与直线到圆心的距离来判断直线与圆的关系，并且学习了圆的方程，直线方程和点到直线距离公式. 本节课，学生将更进一步探究直线与圆的位置关系中“数”的关系，学习不同的方法来思考问题，为后续学习打下基础.

3）教学重难点与目标

（1）重点：掌握用几何法和解析法判断直线与圆的位置关系；运用直线与圆的方程解决一些简单的问题.

（2）教学难点：灵活运用几何法、解析法来解决直线与圆的相关问题.

（3）目标：

①知识与技能. 理解直线与圆有相交、相切、相离三种位置关系；能根据给定直线、圆的方程，熟练求出交点坐标，掌握判断直线和圆的位置关系的方法.

②过程与方法. 理解直线和圆的三种位置关系，感受直线和圆的位置关系与它们的方程所组成的二元二次方程组解的对应关系；体验通过比较圆心到直线的距离和半径之间的大小及通过方程组解的个数判断直线与圆的位置关系，从而实现数量关系与位置关系的相互转化.

③情感、态度与价值观. 学生能通过亲身经历数学研究的过程，体验探索的乐趣，增强学习数学的兴趣；感受“方程思想”“坐标法”等数学思想，养成良好的思维习惯.

4）教法和学法

本节课我将采用“启发式”问题教学法，用环环相扣的问题将新课的探究层层深入，站在学生思维的发展上启发诱导.

在学法上，我将采用探究式学习的方法，让学生从几何和代数两个角度来解决直线与圆的位置关系问题，并体会解析法的优越性；在用代数法解决问题本节课的问题时，要求学生能够明确运算方向，把握关键步骤，正确处理较为复杂的数据.

5）教学过程

（1）复习引入，提出问题.

首先提出三个问题，复习巩固前几节课学习过的知识.

①点到直线的距离（为后面做题熟练掌握公式做准备）.

②怎么样利用直线方程来判断两条直线位置关系？（暗示学生后面判断直线与圆位置时也可考虑用方程的方法来解析.）

③直线与圆的位置关系有哪几种？每一种圆与直线交点有几个？（让学生动手画出直线与圆可能的位置关系，观察每一种情况的交点个数.）

如图 10-3 所示，已知直线 l: $3x+y-6=0$ 和圆心为 C 的圆 $x^2+y^2-2y-4=0$，判断直线 l 与圆的位置关系；如果相交，求它们的交点坐标.

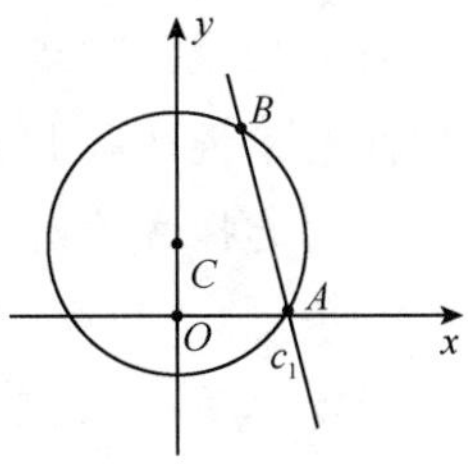

图 10-3

本道题是书上的例题，首先向展示第一种解法，利用点到直线的距离公式求出直线到圆心的距离 d 再和圆的半径 r 比较，从而判断直线和圆的位置关系.

然后再引导学生考虑第二种方法，解析法.

师：复习中我们知道直线与直线的位置关系可以用方程的解析来求得，那么当给出直线方程和圆的方程时，我们是否也能联立方程求得它们之间的关系呢？同学们试着做一做.

生：学生得出方程组的解的个数就是直线与圆相交的个数. 通过相交个数可以判断直线与圆之间是什么位置关系.

（2）探究发现.

通过例子我们可以发现，判断直线 l 与圆 C 的位置关系有两种方法. 一种方法是，判断直线 l 与圆 C 的方程组成的方程组是否有解；另一种方法是，判断圆 C 的圆心到直线 l 的距离 d 与圆的半径 r 的关系. 然后我向学生抛出两个新的问题.

第一，圆的半径为 r，圆心到直线的距离为 d，当 $d>r$，$d=r$，$d<r$ 时圆与直线的位置关系是怎样的？此时圆与直线又有几个交点？

第二，方程组解的情况不同，直线与圆的位置关系又是怎样的.

让学生们在之前画出的图形中标出圆的半径 r，直线到圆的距离 d，并且结合例题，进行观察然后得出结论. 不完整的由我来补充，最后给出学生给学生展示完整的归纳. 这部分学生的教学行为可以锻炼学生自主探索，自主学习，归纳概括的能力.

（3）巩固新知.

了解了直线与圆的位置关系后，我为此安排了此知识点的巩固练习.

练习 1　已知圆 $x^2+y^2-2x+4y=0$ 与直线 $y=kx+4$，问 k 为何值时，直线与圆相交、相切、相离？

本题我将先采用解析法给同学们演练一遍，在得出答案的过程中也复习了直线与圆的位置解析法判断方法的新知识；在解析法大家都掌握的情况下，引导学生们思考另一种方法，从条件中发现将圆的一半转化为标准方程可以看出圆心和半径，再根据点到直线的距离公式列出直线到圆心距离的方程，然后与半径形成不等式，从而根据问题一一解答.

设计意图：是学生将方程的知识与本节课所学的知识进行有机的连接，在判断过程中对内容进行梳理和熟悉.

师生互动：引导学生分析问题，根据问题考虑三种情况，一一解决问题.

练习 2　已知圆的方程为圆 $x^2+y^2=2$，直线 $y=x+b$，当 b 为何值时，圆与直线有两个公共点？

本道题的解法与练习 1 类似，我会让同学们自己动手练习先用一种方法做，再用另一种方法做. 然后请同学回答.

设计意图：这道练习是围绕本节课的核心内容设计的，是为了加深学生对本节课的知识点的印象，使学生巩固新知，灵活运用所学知识，解决问题.

在两道题完成后，我会提醒学生们注意掌握两种判断直线与圆位置关系的方法，但今后在做题的过程中，尽量根据已知条件合理的选择方法解题.

（4）归纳小结.

直线与圆的位置关系的代数解法：解方程组.

直线与圆的位置关系的几何解法：比较 d 与 r 的关系（表 10-2）.

表 10-2　d 与 r 的关系

位置关系	几何特征	方程组解的个数	代数法	几何法
相交	两个公共点	两个不同实数根	$\Delta>0$	$d<r$
相切	有且只有一个公共点	有且只有一实根	$\Delta=0$	$d=r$
相离	没有公共点	无实数根	$\Delta<0$	$d>r$

数学思想方法：数形结合思想、方程解析的数学思想.

设计意图：由学生回顾本节课的主要内容，并进行归纳总结，知识性内容的小结，能将传授知识转化为学生的内在素质，数学思想方法的小结能让学生从更高层次上思考问题，这个过程，既培养了学生思维的严谨性，又有利于学生构建完整的知识体系，养成良好的总结归纳的学习习惯.

（5）布置作业.

教科书 P128. 练习 2、3、4.

设计意图：适当的作业，让学生巩固知识点，复习解题思路，完善解题步骤.

6）板书设计

2.4.2　直线与圆的位置关系

一、直线与圆的三种位置关系：　　　　练习 1　求解过程

		交点个数	解的个数
相交	$d<r$	2	2
想切	$d=r$	1	1
想离	$d>r$	无	无

方法：几何法　解析法

例 1　求解过程

10.2　何 谓 说 课

10.2.1　说课的概念

一般地，说课就是让教师以语言为主要表述工具，在备课的基础上，面对同行、专家，系统而概括地解说自己对具体课程的理解，阐述自己的教学观点，表述自己具体执教某课题的教学设想、方法、策略以及组织教学的理论依据等，然后由大家进行评说. 它是一种展现自己教学思想和教学能力的方式，也是让说课者和评说者相互交流、共同提高的一种教学研究活动. 即，说课就是说“教什么”“怎么教”以及“为什么这样教”. 可见，说课是对课程的理解、备课的解说、上课的反思.

由上可知，说课活动由两部分组成，分别为解说和评说. 重点在于解说，它是以教师口头表达为主，以教育科学理论和教材为依据，针对具体情况和课程特点，以同行为主要对象，在备课与上课的基础上所进行的教学研究系统，它要阐明的问题是教什么、怎么教和为什么要这样教及其理论依据；评说则是针对解说而进行的评议、交流和研讨.

由于说课的目的不同，说课可以是课前，也可以是课后. 前者主要关注教学设计中的思想方法、策略手段，后者主要关注教学设计下所引起的教学效果的探讨和反思. 本书中讨论的说课主要是课前说课.

10.2.2　说课的功能

（1）检查督促功能. 管理者对教师的日常教学行为的检查，一般只停留在教师的日常工作完成与否的层面上. 而通过说课活动管理者可从深层次了解到教师课前准备的质量，由此可督促教师改进教学方法，提高备课质量.

（2）评价测试功能. 通过说课，可以评价教师的教育理论水平，可以评价教师的专业知识程度，可以评价教师的教学业务能力.

（3）培训提高功能. 常规课堂教学侧重体现教师的课堂组织能力，教师对教材的驾驭能

力，教师的专业知识功底，而不能体现教师的教学理论水平. 要说好课，教师就必须钻研教材，钻研教法，钻研教学理论，促使教师提高自身的综合素质.

（4）研究探讨功能. 很多研讨型、竞赛型说课，是为突破某一教学领域中的专门课题，探讨其解决办法而进行的. 这样的说课对提高教师的教科研能力有很大的帮助.

10.2.3 说课与教学设计、上课的关系

1. 说课与教学设计的关系

1）相同点

说课与教学设计都要学习课程标准，吃透教材，理解学生、制定教学策略、设计教学过程等.

2）不同点

（1）概念内涵不同. 说课属于教研活动，研究问题要比教学设计更深入；教学设计的主要任务是设计教学任务完成的方法步骤，属于教学活动.

（2）对象不同. 说课是面对其他教师或专家，说明自己为什么要这样设计教学；而教学设计是要把结果展示给学生，即面对学生去上课.

（3）目的不同. 说课是帮助教师认识教学设计规律，提高教学设计能力；而教学设计则面向学生，它能促使教师优化教学过程，提高课堂效率.

（4）活动形式不同. 说课教师不仅要说出每一具体内容的教学设计，做什么、怎么做，而且还要说出为什么要这样做. 而教学设计的特点是在于实用，强调教学活动的安排，只需要写出做什么，怎么做就行了.

2. 说课与上课的关系

1）说课与上课的联系

说课是对课堂教学方案的探究说明，上课是对教学方案的课堂实施. 两者都围绕着同一个教学课题，从中都可以展示教师的课堂教学艺术，都能反映教师语言、教态、板书等教学基本功. 一般来说，从教师说课的表现可以预见教师上课的神情. 从说课的成功，可以预见其上课的成功. 说好课可为上好课服务. 因为说课说出了教学方案设计及其理论依据，使上课更具有科学性、针对性，避免了盲目性、随意性. 而上课实践经验的积累，又为提高说课水平奠定了基础.

2）说课与上课的区别

（1）要求不同. 上课主要解决教什么、怎么教的问题；说课则不仅解决以上两个问题，而且还要说出“为什么这样教”的问题.

（2）对象不同. 上课是课堂上教师与学生间的双边活动，对象是学生；说课是课堂外教师同行间的教研活动，对象主要为具有一定教学研究水平的专家和同行.

（3）时间不同. 上课一般为 40～45 分钟. 说课常常仅用 10～20 分钟.

（4）活动灵活性不同. 说课比上课更具灵活性，它不受空间限制，不受教学进度影响，

不受教材、年级以及人员的限制.

(5) 评价标准不同. 上课的评价标准虽也看重教师对课堂教学方案的实施能力，但更看重课堂教学的效果；说课重在评价教师掌握教材、设计教学方案、应用教学理论以及展示教学基本功等方面.

说课是介于教学设计和上课之间的一种教学研究活动,对于教学设计是一种深化和检验,能使教学设计理性化，对于上课是一种更为严密的科学准备.

10.3　说课的实施

10.3.1　说课说什么：内容

1. 说课主要展现哪些方面

课堂教学是一个复杂多变的系统，要全面反映教学需要罗列相当多的因素. 同时，教学又是一个“准备—实施—目标达成”的完整过程，因此，我们可以从三个方面来展现：一是准备，即为教学准备阶段而进行的教学背景分析，由教学需要、教学内容、教学环境和教学策略构成；二是实施，由教学过程中各主要环节、教学媒体和教学方法手段构成，主要解释怎么做、为什么这么做；三是目标达成，亦即对教学目标的达成而进行的教学预测或反思，也就是对本课教学设计所引起的教学效果的预测或评价，以及对自己教学设计的评价与反思.

2. 如何展示“课”中诸因素

说课在点明课题后分为三个层次来展开（图 10-4）.

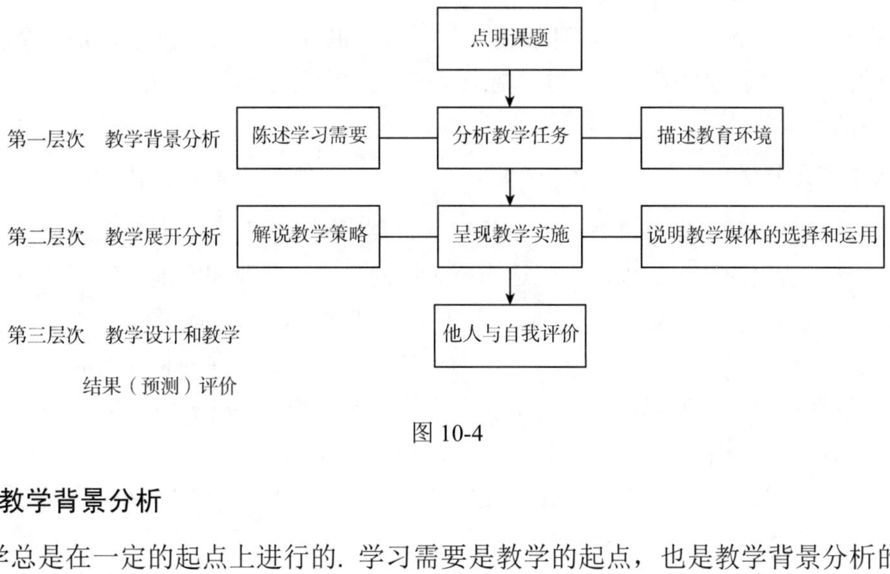

图 10-4

1）教学背景分析

教学总是在一定的起点上进行的. 学习需要是教学的起点，也是教学背景分析的起点.

(1) 陈述学习需要. 学习需要是指学生学习的“目前状况与所期望达到的状况之间的差

距”，即学习需要是学生的学习现状与教学目标（或标准）之间的差距. 通过学习需要的分析，我们可以了解以下三点：①发现学生学习中存在的问题；②分析产生问题的主要原因，以确定在教学活动中解决问题的方法和途径；③回答“为何教”的问题. 学习需要分析从两方面入手，一是学习者起点分析，另一是学习者的终点分析（教学目标）.

A. 学生起点分析. 学生进入教学前的学习状态，即原来具有的知识、技能、态度等，这些是我们在这里所关注的.

B. 教学目标分析. 教学目标的确立有助于教师明确学生“学什么”和教师事后检验学生“学”得怎么样，有助于教师明确学生“怎么学”以及教师“怎么教”的问题.

义务教育数学新课程标准中提出“知识与技能”“数学思考”“解决问题”和“情感与态度”四个目标领域，以及知识与技能目标、过程目标这两个维度，分别为了解、理解、掌握、灵活运用四个学习进展水平和经历（感受）、体验（体会）、探索三个情感目标层次.

普通高中新课程标准提出“知识与技能”“过程与方法”以及“情感、态度和价值观”三个目标领域，并分别有一些行为动词.（详细见《标准（试验稿）》）这里值得注意的是以下三个方面.

第一，在新课程标准的理念下的教学目标，是反映学生通过一段时间的学习后产生的行为变化的最低表现水准或学习水平. 因此，目标的陈述必须从学生的角度出发，行为的主体必须是学生，而不是以教师为目标的行为主体；

第二，目标应该围绕“学生学习之后，能干什么”，或者“学生将是什么样”来描述；

第三，必须描述所期望的现行的教学成果，而不是很远的未来.

（2）分析教学任务. 教学任务的分析，是对学生的起点能力转化为终点能力所需要的从属知识、接纳功能和态度进行详细阐释的过程. 具体说就是确定教学内容的范围、深度和重点，这与“教什么”“学什么”相关. 另一则是揭示教学内容中各项知识、技能之间的相互联系，为教学顺序的安排打下基础.

（3）描述教学环境. 不同的教学环境下的教学策略也有所不同. 因此，这是一个教学设计必不可少的因素. 从教室的选择到师生关系以及学生的学习心理和教师的教学心理状态，都是教学环境的组成部分.

2）教学展开分析

教学背景分析为教学做好准备之后，接着应该展示对教学过程设计的思路. 它关注的是课中“教—学”活动的结构，以及目标达成所采用的方法、手段和实施.

课堂教学活动主要由教学内容、师生行为和教学策略这三个部分的有机结合. 对教学展开分析就是使教师将不自觉的教学行为转化为一种自觉的、有意向的和高效的教学行为.

教学过程的展示主要展现教师如何引发学生的动机、如何展开教学内容、如何安排教学程序以及采取何种手段来达到反馈和强化学习结果.

（1）教学策略制定. 制定教学策略的依据和程序请参照 6. 3 节的内容. 这里再强调以下四个方面.

一是在制定教学策略时，首先需要创设符合学生认知差异的教学组织形式，以及相应的教学手段. 进而为学生提供良好的教学环境和措施来完成他们的认知建构. 在新课程理念倡导下，还需要充分考虑到探究性学习、合作性学习等学习方式的合理运用，帮助学生在探究和体验知识获得的过程中，学习科学探究的方法与精神.

二是教学策略必须针对不同的知识类型和认识过程进行选择.

三是重视练习. 练习是教学中不可缺少的一个环节，也应该加以重视，教师为达到教学目标应设置有目的、有计划、有层次的练习，并落实到教学的各个环节中.

四是教学评价的运用. 这是反馈调控的运用，以便能够根据学生的具体学习情况进行教学调整等.

（2）教学策略的实施. 教学是一个系统，需要将前期分析的解说与教学过程的叙述统一起来. 通过教学策略实施的呈现，能够使上述几个因素都得到充分展示.

教学策略是引发学生学习结果的一组教学材料和程序. 在这里我们依次说清楚教（学）什么、怎么教（学）、为什么这样教和这样教（学）的结果.

（3）教学媒体的选择和运用. 媒体的选择主要从任务、学习者、教学管理、经济、技术和管理等六个因素去考虑.

3）教学设计和教学结果（预测）评价

这一内容是对教师教学元认知的能力要求而提出的，能够更好反映教师自我认识教学，提高教师对教学的评价能力.

说课可以是课前或课后进行. 课前的说课，一般是对为完成教学目标而设计的教学策略方面而进行的交流，对其教学设计实施以后可能出现的结果进行预测；而课后的说课侧重于运用教学策略后的效果的报告，对其教学设计实施以后的教学结果与预期目标做一番比较，从中总结经验教训，并对原有设计提出改进，以提高教学设计能力. 因此，说课中这一活动环节也有两种不同的评价内容.

10.3.2 说课怎样说：模式

一般地，说课包含说前期分析（学习任务、学情、教学重难点），说教学目标，说教学过程，说教学反思.

1. 说前期分析

1）说学习任务

“教材的地位和作用”说得恰当与否，直接反映说课者对教材的理解程度，并影响到教学目标的制订. 对教材理解越深刻，说课内容将越充实、全面，反之就只能是蜻蜓点水、触及皮毛. “教材的地位”，不仅仅是指该内容在教材中的“地理位置”（处于哪一章哪一节），更包含这节内容在教材体系中的意义以及该内容的认知价值、迁移价值和情感价值. 因此，应该站在全局的角度来把握教材的地位和作用，从以下三个方面综合分析. 一是该内容所处的“地理位置”以及安排意图. 这就要求教师不仅要描述该教材安排在哪里，更要分析教材编者是基于怎样的考虑才把它安排在这里. 具体说来，它应该包括：①前面已经安排了哪些知识，作为该内容的基础；②本课包含哪些内容，这些内容之间有何内在联系；③该内容与后续学习内容有怎样的关系或者该内容在后续学习将得到怎样的深化等. 二是该内容的学习，要让学生掌握哪些方面的知识、训练哪些方面的技能或者科学方法、发展他们哪些方面的能力和建立怎样的情感、养成怎样的态度和形成怎样的价值观等. 三是本节内容的学习，对学生的后续学习和终生发展有什么重要的作用.

只有分析透这些内容，教学目标的制订才有基础，否则教学目标将成为无源之水、无本之木.

案例 10-3 “函数的单调性”任务分析.

我今天说课的课题是“函数的单调性”，这一内容是高中数学人教 A 版必修 12.1.3 节的内容.

按现行教材结构体系，函数单调性安排在学习了函数的现代定义及函数的三种表示方法之后，了解了函数关系在生活实践中的普遍性，另外学生已在初中学过一次函数、反比例函数、二次函数等初等函数.

函数单调性的概念是研究具体函数单调性的依据，在研究函数的值域、定义域、最大值、最小值等性质中有重要应用；在解不等式、证明不等式、数列的性质等数学的其他内容的研究中也有重要的应用. 可见，不论在函数内部还是在外部，函数的单调性都有重要应用，因而在数学中具有核心地位.

函数的单调性是研究当自变量 x 不断增大时，它的函数 y 增大还是减小的性质. 如函数单调增表现为“随着 x 增大，y 也增大”这一特征. 函数的单调性是函数的局部性质，在整个定义域上不一定具有.

函数单调性体现了对函数研究的一般方法，这就是，加强“数”与“形”的结合，由直观到抽象；由特殊到一般. 首先借助对函数图象的观察、分析、归纳，发现函数的增、减变化的直观特征，进一步量化，发现增、减变化的数字特征，从而进一步用数学符号刻画. 这对研究函数的其他性质，如奇偶性等有借鉴作用.

2）说学情

一个好的说课方案，应尽可能从学生的“已知”“未知”“能知”“想知”和“怎么知”等五个方面综合分析学生情况，这些方面都是因材施教的基础.

（1）学生的“已知”. 这里的“已知”是指学生已经具备的、与本节内容相关的知识经验和能力水平等. 明确这点很重要，它决定了教与学的起点.

（2）学生的“未知”. “未知”是与“已知”相对而言的，它既包括通过学习应该达成的终极目标中所包含的未知知识与技能等，还包括实现终极目标之前的过程中所涉及学生尚不具备的知识与技能等.

（3）学生的“能知”. “能知”就是通过这节课教学，学生能达到怎么样的目标要求. 它决定学习终点（即学习目标）的定位.

（4）学生的“想知”. 所谓“想知”，是指除教学目标规定的要求外，学生还希望知道哪些目标以外的东西（注：学生学习中，往往会通过提出疑问来体现“想知”. 当然，学生的“想知”可能会超出教学目标或学生的认知水平. 如果真是如此，课堂教学可不予拓展，但建议给学生一个提示性的交代或利用课外时间作个别解答）.

(5)学生的“怎么知”.“怎么知”反映学生是如何进行学习的,它体现学生的认知风格、学习方法和学习习惯等.

案例 10-4 “函数的单调性”学情分析.

此内容的教学对象是高一学生. 他们已在初中学过一次函数、反比例函数、二次函数等初等函数,也学习了函数的现代定义及函数的三种表示方法.

本班学生智力水平参差不齐,基础和发展不平衡,呈现两头尖中间大的趋势. 大部分学生已经具备了一定的抽象概括能力及数学表达能力.

本班学生比较活跃,能在教师的指导下积极主动地与同学探究、发现、归纳数学知识.

3)说重难点

从一定意义上讲,教学过程就是强调重点和突破难点的过程. 因此,确立教学重点、难点成为教学设计的一个关键,也是说课活动必须阐述的一个内容. 要确定重点、难点,就必须搞清什么知识是重点、分析学习难点是如何形成的.

什么是教学重点?指在学习中贯穿全局、带动全面、应用广泛、对学生认知结构起核心作用、在进一步学习中起基础作用和纽带作用的内容. 从数学学科来看,教学重点知识,主要包含了核心知识(数学概念、数学命题等)、核心技能(数学解题技能、数学作图技能等)和核心的思想方法(如方程的思想、函数的思想)等. 这些内容的学习不仅有利于知识本身的系统化,而且还有利于学生能力水平的提升.

所谓难点,就是学生难于理解和掌握的内容. 学习难点是如何形成的呢?一般说来,主要有以下几个方面:①学生没有知识基础或者知识基础很薄弱;②学生原有的经验是错误的;③内容学习需要转换思维视角(如从宏观到微观);④内容抽象、过程复杂、综合性强. 具有上述一个或多个特点的内容,都可能成为教学的难点.

案例 10-5 “函数的单调性”教学重难点.

基于以上分析,得出此课题的教学重点与难点.

教学重点:函数单调性的概念理解.

为了突出重点,先通过实例让学生直观感受函数单调性的概念;再用数学语言进行描述;然后通过对函数单调性概念的应用促进学生对此概念的理解.

教学难点:函数单调性的概念形成.

刚升入高一的学生已经具备了一定的几何形象思维能力,但抽象思维能力不强. 从图形到日常的描述性语言概念再升华到用数学符号语言精确刻画概念这个过程对于他们来说有一定难度. 为了突破这一难点,要让学生经历这一过程,教师再适时地进行点拨.

2. 说教学目标

教学目标是教学设计的出发点和归宿,它对教学活动具有很好的导向和监控作用. 说课时,如何科学地描述教学目标呢?

教学目标是教学活动后促使学生达成的身心发展水平. 因此,教学目标表述必须具备以下两个特征:①必须明确说明对象——即学习什么、掌握什么;②必须用可以检测、或者能够评价的词语来界定目标属性. 根据这样的要求,规范的目标必须考虑以下四个方面的要素:

①谁（行为主体）；②做什么（行为动词）；③做到什么程度（行为水平或行为标准）；④在什么条件下（行为条件）. 当然，在具体描述中，通常①（学生）和④（在学习等之后）被省略而突出②和③.

教学目标应包括三个方面的内容：

（1）知识与技能：即每门学科的基本知识和基本技能.

（2）过程与方法：即让学生了解学科知识形成的过程、“亲历”探究知识的过程；学会发现问题、思考问题、解决问题的方法，学会学习，形成创新精神和实践能力等.

（3）情感、态度和价值观.

案例 10-6 “函数单调性”的教学目标.

（1）知识与技能.

①理解增函数、减函数、单调性、单调区间等四个概念：能用自己的语言说出定义，并知道它们是怎样得出来的.

②初步掌握函数增减性的证明：掌握借助函数图象求（判断）简单函数的单调区间及证明简单函数在给定区间上的单调性的方法和步骤.

（2）过程与方法.

①能从具体实例中得出增函数、减函数的定义，培养观察能力和抽象概括能力.

②通过知识的获得提高和发展学生自我学习和自我发展能力.

（3）情感、态度和价值观：借助开放探究的教学方式，张扬学生个性，培养学生科学严谨、乐于探究的作风.

3. 说教学过程

教学过程是教学活动的启动、发展、变化和结束在时间上连续展开的程序结构. 教学过程是认识过程、心理过程、社会化过程的复合整体. 它表现为教学活动推进的时间序列. 换句话说，它就是教学活动如何引入、如何展开以及如何结束等. 根据学生学习活动的一般过程，教学流程先后顺序一般为导入新课、新课研习、巩固训练、课堂小结等. 当然，新课研习包含多个环节在其中，说课时要根据不同类型的学习内容来进一步地细化.

阐述教学流程是说课的重点，因为教学内容的处理、教学方法的选择、教学目标的达成等，都是通过这个环节来实现的，而且教师的教学理念也必须通过它来体现. 那么，如何在说课活动中阐述教学流程呢？

（1）根据学习过程的要求来阐述教学流程内容.

学习过程经历了定向、活动、反馈与调控阶段. 定向阶段，则要让学习者明确学习内容以及学习目标；活动阶段，学习者根据学习目标与内容开展相应的学习活动；而反馈与调控阶段，则要获取（测量）学生学习效果以及调整学生学习活动等. 因此，阐述教学流程时，必须说明以下主要内容：①教学活动在怎样的情景下开展、怎样体现新课导入和结课的呼应；②怎样呈现相关材料、怎样指导学生开展信息加工、怎样指导学生开展学习内容的整合、怎样指导学生实现知识迁移并使学习内容进一步整合与内化等；③采用怎样的手段来测量或评定学生的学习效果、通过哪些途径收集学生的反馈信息、如何根据学生反馈信息调控学生的学习活动等.

（2）在三维目标的指引下，从教师教和学生学两个方面阐述教与学双边活动的设计.

在教师活动的设计方面，包括设计怎样的情景导入新课、如何组织和呈现教学内容、设计和指导开展哪些实验活动、选择哪些教学辅助设备、如何进行讲解、设计怎样的问题或练习供学生使用、如何进行归纳小结以及怎样板书等；在学生活动方面，围绕教师引导、指导，开展哪些有效的学习活动（如阅读什么材料、观察什么实验、完成什么练习、如何进行实验、怎样开展讨论、如何进行自我学习反馈、如何实现知识迁移等）.

此外，由于教学是围绕着教学重点来开展的，而教学的关键又在于突破难点. 因此在阐述教学流程时，必须就如何突出重点和如何突破难点上多做文章. 此外，学习者学习热情和兴趣制约着学习活动的开展和学习效果的高低. 所以，教学设计的阐述也要体现如何激发学生的学习热情和兴趣等内容.

案例 10-7　《函数的单调性》教学过程.

《函数的单调性》教学过程，具体地可分为五个环节（图 10-5）.

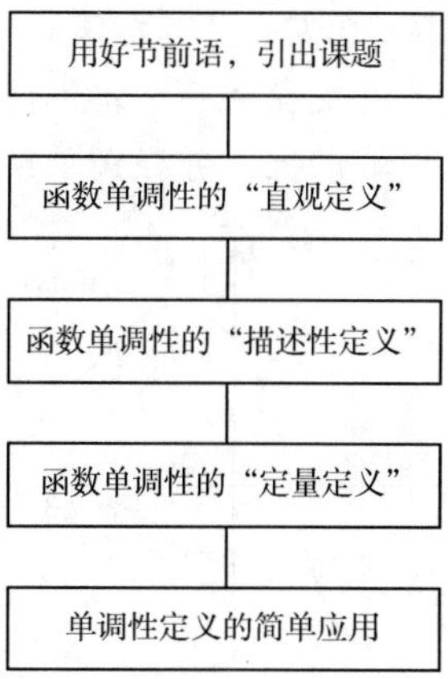

图 10-5

A. 用好节前语，引出课题

函数是描述事物运动变化规律的数学模型. 如果了解了函数的变化规律，那么也就掌握了相应事物的变化规律，因此研究函数的性质十分必要. 在事物变化过程中，保持不变的特征就是这个事物的性质.

问题 1：观察图 10-6 中各个函数的图象，你能说说它们分别反映了相应函数的哪些变化规律吗？

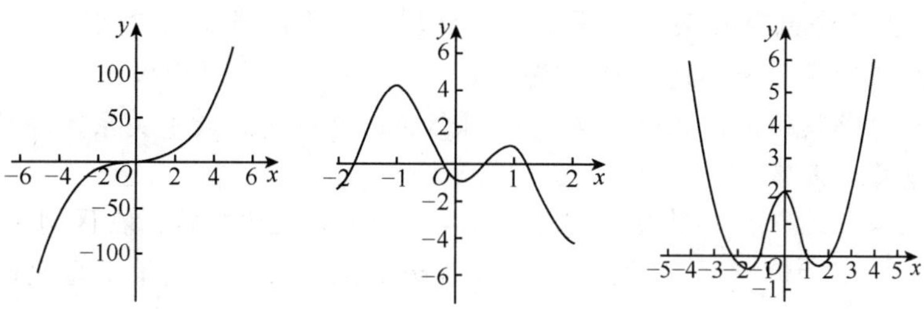

图 10-6

设计意图：从形到数，借助对函数图象的观察，猜测相应的函数的性质. 引导得出单调函数的“直观定义”.

学生可能的回答是，第一个图中的函数图象，自左而右是上升的；第二个图中的函数图象，自左而右，有时是上升的有时是下降的；第三个图中的函数图象，自左而右也是有时上升有时下降的，而且是关于 y 轴对称的.

师：对于运动变化问题，最基本的就是描述变化的快与慢、增与减……相应地，函数的特征就包含：函数的增与减，我们把函数的这种性质称为“单调性”.

教师结合上述直观认识，写出课题：函数的单调性.

B. 函数单调性的“直观定义”

结合上述直观认识，给出单调函数的“直观定义”：

设函数的定义域为 I，区间 $D\subseteq I$. 在区间 D 上，若函数的图象（从左至右看）总是上升的，则称函数在区间 D 上是增函数，区间 D 称为函数的单调增区间；在区间 D 上，若函数的图象（从左至右看）总是下降的，则称函数在区间 D 上是减函数，区间 D 称为函数的单调减区间.

例 1（教科书第 29 页例 1）　图 10-7 是定义在区间[–5，5]上的函数 $y=f(x)$ 的图象，根据函数图象说出函数的单调区间，以及在每一个单调区间上，它是增函数还是减函数？

设计意图：用“直观定义”判断单调性，并强调单调性的“局部性”.

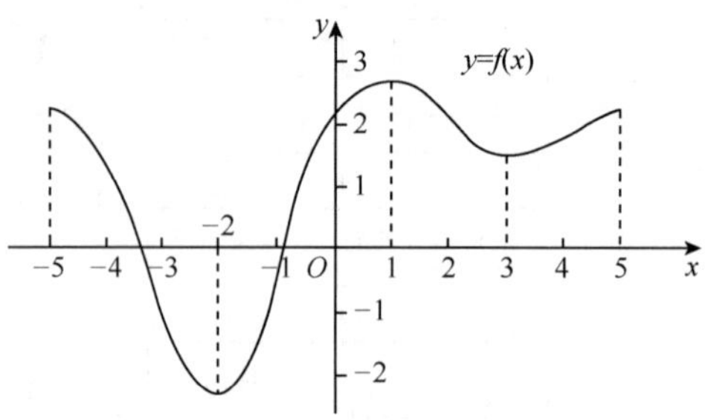

图 10-7

C. 函数单调性的“描述性定义”

仅从图象上观察出函数的性质，只是得到了“定性刻画”，对函数的变化情况只是“大致了解”，显然不够，我们希望“量化”，这样才能准确.

教师借助几何画板作出函数 $y=x^2$ 的图象，并在函数 $y=x^2$ 的图象上任画一点 P，测量出其横坐标与纵坐标，制作表格. 拖动点 P，表格自动增行.

问题 2：根据函数的定义，对于自变量 x 的每一个确定的值，变量 y 有唯一确定的值与它对应. 那么，当一个函数在某一区间上是单调增（或单调减）的时候，相应地，自变量的值与对应的函数值的变化规律是怎样的呢？

设计意图：对函数的单调性的刻画，从图形的刻画过渡到数量关系，即从图形语言的表述过渡到自然语言的表述.

由上面的表格可见，点 P 的纵坐标（即函数值）y 的变化规律：在区间（$-\infty,0$）上，随着自变量 x 增大，函数值 y 减少；在区间（$0,+\infty$）上，随着自变量 x 增大，函数值 y 也增大.

由此得到单调函数的“描述性定义”：

设函数的定义域为 I，区间 $D\subseteq I$．在区间 D 上，若随着自变量 x 增大，函数值 y 也增大，则称函数在区间 D 上是增函数；在区间 D 上，若随着自变量 x 增大，函数值 y 反而减小，则称函数在区间 D 上是减函数.

D. 函数单调性的“定量定义”

虽然完成了对函数单调性的从图形语言表述到自然语言的表述，但这样的描述还不是“量化”的，所以，要把定性的数量变化关系转化为定量的数量变化关系. 这是本课的重点，也是难点所在.

从上面的结论，可以看到，函数在区间 D 上是增函数，那么随着自变量 x 增大，函数值 y 也增大.

问题 3：如果对于区间（a，b）上的任意 x 有 $f(x)>f(a)$，则函数 $f(x)$ 在区间（a，b）上单调增. 这个说法对吗？请你说明理由（举例或者画图）.

设计意图：继续企图通过对描述性定义的辨析，逐渐引出定量定义. 必须是两个变化的量的比较.

问题 4：函数 $f(x)$ 在区间（a，b）上有无数个自变量 x，使得当 $a<x_1<x_2<\cdots<\cdots<b$ 时，有 $f(a)<f(x_1)<f(x_2)<\cdots<f(b)$，能不能说明它在（$a$，$b$）单调增？请你说明理由（举例或者画图）.

设计意图：本问题较为贴近描述性定义，但这是对描述性定义的误解. 通过对函数描述性定义的辨析，逐渐使得同学们认识到要使函数 $f(x)$ 在区间（a，b）上具有单调增的特征，必须允许自变量 x 在区间（a，b）上“任意取”，且只要“取两个”就够了. 也给学生使用符号说明单调性以示范或提示.

从上面的讨论可以看到，函数 $f(x)$ 在区间（a，b）对任意 x 有 $f(x)>f(a)$，也不能说明它在（a，b）单调增；在区间（a，b）上有无数个自变量 x，使得当 $a<x_1<x_2<\cdots<\cdots<b$ 时，有 $f(a)<f(x_1)<f(x_2)<\cdots<f(b)$ 也不能说明它在（a，b）单调增. 那么自变量 x 在区间（a，b）上到底该怎样取值好呢？我们再来看一看具体的函数 $f(x)=x^2$.

教师利用几何画板演示：在函数 $f(x)=x^2$ 的图象上，位于区间（$0,+\infty$）任选两个点，自变量大的函数值也一定大. 并提出

问题 5：在函数 $f(x)=x^2$，$x\in(0,+\infty)$ 的图象上任意取两点，自变量大的函数值也一定大，能否说明函数 $f(x)=x^2$ 在（$0,+\infty$）上单调增？

设计意图：由问题 4 可见，刻画函数单调性不在于所取自变量个数的多少，关键在于是否能够任意取值，而且必须任意取两个.

这个问题的答案是显然的. 教师立即提出“怎样用符号来表示？”的问题. 引导学生获得“只要任意 $x_1<x_2$，有 $f(x_1)<f(x_2)$”即可.

经过议论，获得共识——函数单调性的定义.

E. 单调性定义的应用（课堂练习）

练习 1　画出反比例函数 $f(x)=\dfrac{1}{x}$ 的图象，并回答下列问题：

（1）指出这个函数的单调性；

（2）是否可以说“这个函数在定义域 I 上单调递减”，为什么？

设计意图：通过具体问题，使学生认识函数的单调性是函数在定义域的某个区间上的性质，是函数的局部性质（在整体上未必有）. 进一步认识“任意”二字的意义，加深对函数

单调性的认识.

练习 2　物理学中的玻意尔定律 $p=\dfrac{k}{V}$（k 是正常数）告诉我们，对于一定量的气体，当体积 V 减小，压强 p 将增大. 试用函数的单调性证明之.（教科书第 29 页例 2）

设计意图：函数单调性概念的应用. 逐步掌握利用单调性定义证明一个函数在某区间上具有某种单调性的步骤. 加深对函数单调性的理解.

F. 课堂小结

这节课，我们学习了“函数的单调性”，“如果函数在区间（a，b）单调减，那么这个函数有什么特征？”

设计意图：企图明确，$f(x)$ 在区间 D 上是减函数 $\Leftrightarrow f(x)$ 的图象在区间 D 上是下降的 $\Leftrightarrow$ 在区间 D 上自变量增大函数值减小. 类似地，$f(x)$ 在区间 D 上是增函数 $\Leftrightarrow$ $f(x)$ 的图象在区间 D 上是上升的 $\Leftrightarrow$ 在区间 D 上自变量增大函数值也增大.

教师总结研究问题的过程（突出思想方法）：“图形直观—定性刻画—定量刻画”，最后用不等式，即“大小比较”的方法刻画一种变化规律，描述一个变化过程.

G. 布置课后作业

教科书第 39 页，习题 1.3，第 1，2，3 题.

板书：函数的单调性.

图形直观：设函数的定义域为 I，$D\subseteq I$，在 D 上，若函数的图象（从左至右看）总是上升（或下降）的，则称函数在 D 上是增（减）函数，D 称为函数的单调增（减）区间.

定性刻画：设函数的定义域为 I，$D\subseteq I$，在 D 上，若随着自变量 x 增大，函数值 y 也增大（小），则称函数在 D 上是增（减）函数.

定量刻画：函数单调性的定义.

4. 说教学反思

说课活动中，如何进行反思呢？这是一个值得深入探究的问题. 一般说来，教学反思，是指教师对教学实践的再认识、再思考，并以此来总结经验教训，进一步提高教育教学水平. 教学反思是教师提高个人业务水平的一种有效手段，教育上有成就的大家一直非常重视反思. 反思的具体内容包括以下方面.

（1）教学预设中的成功之处. 例如，对教材分析和学生分析有哪些独到之处；根据学生学习情况，准备了哪些调控措施；怎样有效地激发学生学习兴趣；如何落实对学生学习结果的反馈与监控；在课程资源开发中有哪些过人之处等.

（2）教学预设中尚存在的不足或难以把握之处. 具体包括：对教学目标的定位特别是隐性目标（如过程与方法、情感态度与价值观等）存在哪些困惑；学情分析还有哪些难以把握的地方；教学设计中设计的活动中哪些可能无法达到预期的效果等.

10.4　说课实训

本部分说课训练采用课前说课与课后说课，但说课的模式都是按课前说课. 这样设计的原因是考虑到学生缺乏教学经验，对他们来说，说课比较抽象，期望通过感性经验来帮助学生理解教学设计的依据.

1. 实训 1：课前说课

【内容】根据自己的实际情况，从以下两个内容中选择一个进行说课.

（1）“任意角的三角函数”（人教 A 版必修 4）；

（2）“全等三角形的判定”（人教版八年级上册）.

【要求】

（1）说课前认真研究课程标准、教材及相关教学参考资料，在教学设计的基础上，写出较为详细的说课稿以及相应的演示文稿.

（2）依据说课稿，进行说课练习. 其他同学作为说课者的同行，认真听评.

（3）每个同学的说课时间为 10 分钟左右.

（4）要求脱稿，并结合板书进行说课.

2. 实训 2：课后说课

【内容】与实训 1 的内容相同.

【要求】

（1）说课前进行模拟上课，并认真修改说课稿以及相应演示文稿.

（2）依据说课稿，进行说课练习. 其他同学作为说课者的同行，认真听评.

（3）每个同学的说课时间为 10 分钟左右.

（4）要求脱稿，并结合板书进行说课.

第 11 章　说　　题

学习目标

（1）了解说题的内容、模式和说题技能评定标准，学会如何进行说题，并提高说题的能力；

（2）在数学说题案例的学习中，经历说题的整个过程，知道说题的四个部分（怎样解题、来源背景、延伸拓展、教学分析）的流程，了解说题中应注意的一些问题，掌握说题的技巧；

（3）通过学习说题，提高数学教师的教学能力，提升数学教师的数学素养.

随着中学数学教学研究的不断深化，教研活动的内容和方式都在发生变化，尤其在“说”的活动方面，继“说课”之后，又出现了“说题”这个崭新的名词. 它可被认为是说课的一个部分，即对课中的一个数学题进行解说. 因其切入点小，因此它能更清晰地反映教师所处的教学高度.

11.1　说题案例呈现

【说题题目】在$\triangle ABC$的两边AB，AC上，分别向外作正方形$ACGH$和$BAFE$. 延长BC边上的高DA，交FH于M.

（1）如图 11-1 所示，当点D在线段BC上时，求证：$FM=MH$.

（2）如图 11-2 所示，当点D在线段CB的延长线上时，（1）中的结论还成立吗？说明理由.

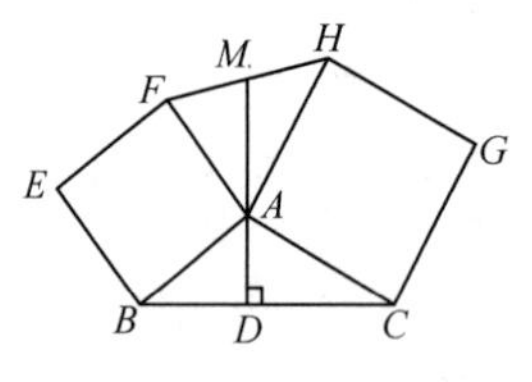

图 11-1

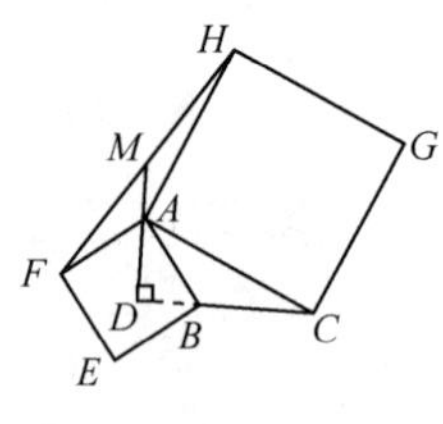

图 11-2

【说题过程】各位老师好！下面我将从审题分析、解题方法、题目变式、中考链接四个方面进行本次的说题.

11.1.1　审题分析

【题目背景】本题选自人教版八年级下册 100 页的习题.

【知识考点】主要有正方形的性质、全等三角形的判定、全等三角形的性质.

【题目分析】

（1）已知△*ABC* 以 *AB*，*AC* 为边向外作正方形是两小题的共同条件. △*ABC* 的高 *AD* 位置的不同是两小题的区别之处.

（2）正方形的边相等、角为直角以及∠*MAD* 为平角是图形中隐含的条件.

【重点难点】

（1）重点：发现“K 字形”全等三角形是破解本题的关键.

（2）难点：如何添加辅助线构造全等的三角形.

【学情分析】学生可能会遇到的问题：

（1）不能从图形中提取隐含条件获取有效的信息.

（2）无从下手，不会构造全等三角形.

11.1.2　解题方法

基于以上的问题，我将抛出三个问题帮助学生更好地理解题目.

（1）正方形有哪些性质？

（2）证明线段相等的方法有哪些？

（3）如何证明线段 $FM=MH$ 呢？

方法一

分析：（1）过点 F 作 $FP\perp AM$，垂足为点 P，过点 H 作 $HQ\perp AM$，交 AM 的延长线于点 Q.

证明$\triangle ABD\cong\triangle FAP$，得 $FP=AD$；同理$\triangle ACD\cong\triangle HAQ$，得 $HQ=AD$；再证明$\triangle MPF\cong\triangle MQH$.

$\therefore FM=MH$.

由此可见，此题的关键就是构造全等图形.

具体解法：（1）解：过点 F 作 $FP\perp AM$，垂足为点 P，过点 H 作 $HQ\perp AM$，交 AM 的延长线于点 Q. 如图 11-3 所示.

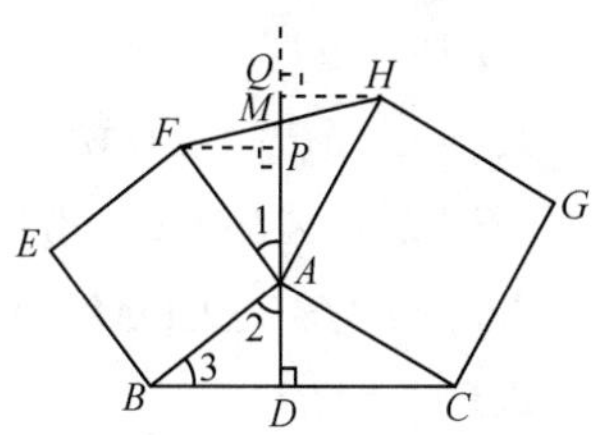

图 11-3

∵四边形 $ABEF$ 是正方形，

$\therefore AB=AF$，$\angle BAF=90°$，

$\therefore \angle 1+\angle 2=90°$.

$\because AD\perp BC$，

$\therefore \angle 2+\angle 3=90°$，

$\therefore \angle 1=\angle 3$.

又$\because \angle FPA=\angle ADB=90°$，

$\therefore \triangle FPA\cong\triangle ADB$（AAS），

$\therefore FP=AD$，

同理可证：$\triangle HQA\cong\triangle ADC$（AAS），

$\therefore HQ=AD$，

$\therefore FP=HQ$，

又∵ $\angle FMP=\angle HMQ$，$\angle FPM=\angle HQM=90°$，

∴ $\triangle FPM\cong\triangle HQM$（AAS），

∴ $FM=MH$.

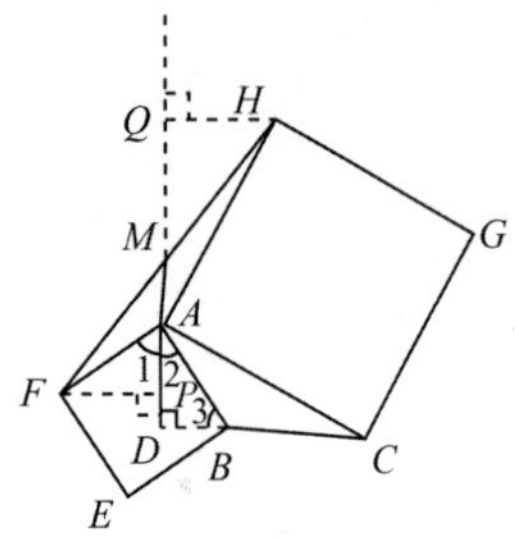

图 11-4

此处要注意辅助线的作法一定要清楚说明.

分析：（2）过点 F 作 $FP\perp AM$，垂足为点 P，过点 H 作 $HQ\perp AM$，交 AM 的延长线于点 Q，如图 11-4 所示.

证明$\triangle ABD\cong\triangle FAP$，得 $FP=AD$；同理$\triangle ACD\cong\triangle HAQ$，得 $HQ=AD$；再证明$\triangle MPF\cong\triangle MQH$.

∴ $FM=MH$.

具体解法：（2）解：过点 F 作 $FP\perp AM$，垂足为点 P，过点 H 作 $HQ\perp AM$，交 AM 的延长线于点 Q

∵四边形 $ABEF$ 是正方形，

∴ $AB=AF$，$\angle BAF=90°$，

∴ $\angle 1+\angle 2=90°$.

∵ $AD\perp BC$，

∴ $\angle 2+\angle 3=90°$，

∴ $\angle 1=\angle 3$.

又∵ $\angle FPA=\angle ADB=90°$，

∴ $\triangle FPA\cong\triangle ADB$（AAS），

∴ $FP=AD$.

同理可证：$\triangle HQA\cong\triangle ADC$.

∴ $HQ=AD$，

∴ $FP=HQ$，

又∵ $\angle FMP=\angle HMQ$，

$\angle FPM=\angle HQM=90°$，

∴ $\triangle FPM\cong\triangle HQM$（AAS）.

∴ $FM=MH$.

我们会发现辅助线添法、证明方法、步骤完全与（1）相同.

方法二

分析：（1）作 $FO\parallel AH$，交 DM 的延长线于 O 点，连接 OH，如图 11-5 所示. 由此可证$\triangle ABC\cong\triangle FAO$（AAS），可得 $FO=AC=AH$，

所以四边形 $AFOH$ 为平行四边形，即得 $FM=MH$.

（2）延长 DM，作 $FO\parallel AH$，交 DM 的延长线于 O 点，连接 OH，如图 11-6 所示. 由此可证$\triangle ABC\cong\triangle FAO$（AAS）；即证 $FO=AH$;

也就证明四边形 $AFOH$ 为平行四边形，即可证明 $FM=MH$.

【解题规律】从上面两题，我们发现两个问题中$\triangle ABC$ 中 BC 边上高的位置虽然变化，但构造全等三角形并证明的解题思路是不变的.

【解后反思】综合性几何问题的图形通常是由若干个基本图形组合而成，因而，学生不仅

要具备对复杂图形的分解能力. 同时，还应具备添辅助线构造全等三角形的能力.

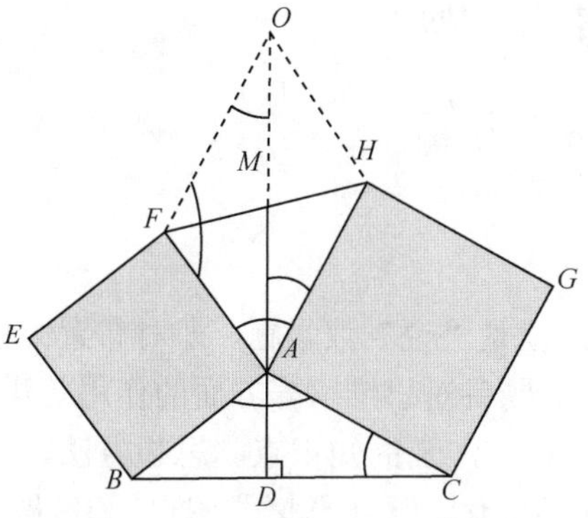

图 11-5

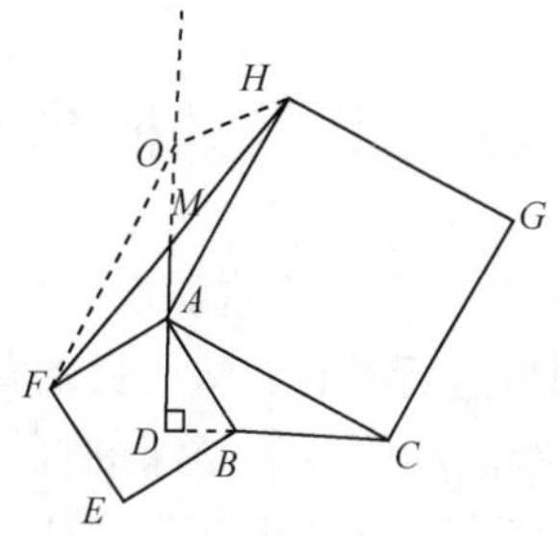

图 11-6

【易错提示】而学生经常会发生如下错误：①证错三角形；②找错对应元素；③推理步骤混乱等情况. 针对这些情况就需要学生课后多加练习.

【数学思想】本题体现了数学中常见的转化思想、类比思想和建模思想. 将线段相等问题转化成三角形全等问题，利用构造法，添加辅助线来解答.

11.1.3　题目变式

变式 1：探究图中包含的线段关系. 如图 11-7 所示.

连接 BE、FC，思考：BE 与 FC 有什么数量关系和位置关系？

证明$\triangle BAE \cong \triangle FAC$.

得出 $BE=FC$.

变式 2：探究图中包含的面积关系. 如图 11-8 所示.

思考：$\triangle ABC$ 和$\triangle AFH$ 的面积有怎样的关系？

$\triangle APF \cong \triangle AQB$，得 $FP=BQ$.

得出 $S_{\triangle ABC}=S_{\triangle AFH}$.

（等底等高）

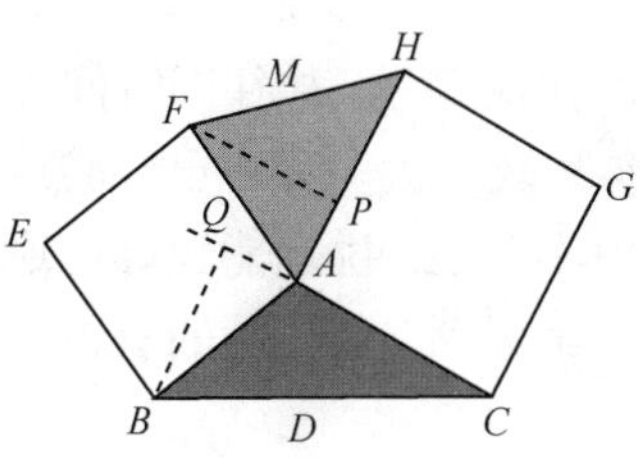

图 11-7

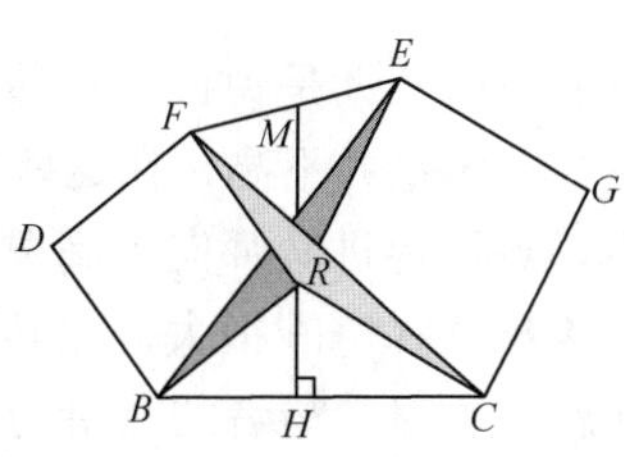

图 11-8

以上就是我本次说题的内容，请各位评委批评指正.

【案例评析】　上述案例说题者从审题分析、解题方法、题目变式、中考链接四个方面展开，内容较为全面，分析较为详细. 但是，此案例还存在一些缺陷，比如数学思维方法不够突出，解题反思过于简单，变式的由来不够清晰等.

11.2 何谓说题

11.2.1 说题的概念

“说题”，是由“说课”一词代借而来. 简言之就是“说”数学题，即对布置给学生练习的数学题目进行解说：从题目的背景、题目的解法、题目对思维培养方面的作用等进行分析、说明. 说题活动的目的是深刻剖析题目的类型、特点、涉及的知识点、思想方法，全面认识题目的来源和背景，更准确地认识解题规律、解法的优化、题目的变式、推广和解题反思. 更重要的是，能预测学生将会遇到的思维障碍、分析障碍的形成原因及解决策略，进而为教师优化教学活动提供指导.

说题包括学生说题和教师说题. 教师说题是类似于说课的一种教育教研展示和讨论活动，是说课的延续和创新，是一种深层次备课后的展示. 学生说题，能培养学生解题的思维习惯、思维品质，提高学生解题能力，让学生养成“说题、想题、做题、反思”的学习习惯，努力提高学生的解决问题能力. 本书中若没有特别说明，说题指的是教师说题.

11.2.2 说题的功能

1. 说题能优化习题教学过程，提高课堂效率

说题活动能引领教师在数学问题上进行深挖细掘式探索，改变或加深教师对问题的原认知，让教师站在一个新的高地上品味数学问题，进而优化问题解决过程设计，改善原来过程短暂甚至缺失的状况，使学生在过程中体会方法和思想，在过程中发展能力与个性.

通过说题，教师教学分析意识得到增强，教学策略实施更具科学性、针对性，课堂效益会明显提高.

2. 说题为教研活动搭建了新平台，能促进教师提高教学质量

学校常规的教研活动是说课、集体备课、听课、评课等. 但往往因时间、活动无新意等多种原因导致开展质量并不高，在这些常规活动中参与教师大多凭自己经验或已有的积累就可以完成分内任务，促进教师向更高发展的推动作用不明显. 说题能较好地避免这些不足，它形式新颖，素材选择空间很大，尤其是组织起来非常灵活. 说与听的双方经过思维碰撞，能重新认识问题，这对参与者的吸引力也比较强.

3. 说题能助推教师成长

说题展现了教师对问题的深层次思考，这些思考与见识要靠平时教学行程不断反思、总结，它考验了教师平时的积累. 教师经常参与说题活动，会促进自己平时不断研究数学问题，归纳总结教与学的根本之法，寻求问题解决背后的大智慧. 经年累月，集腋成裘，在有了更多的教学思考与智慧后，必然也就成就了自身的完善和教学的成功.

11.2.3　说题与说课的关系

1. 相同点

（1）目的相同. 说题的目的与说课一样，都是提升师范生的专业素质.

（2）表达方式相同. 二者最突出的特点是以口头语言为主，以板书、多媒体为辅.

（3）活动的过程相同. 二者都要求主体以相关教育理论为指导，精心准备，深入思考，通过解说和评说两部分达到智慧互补、交流提升的目的，具有较强的研究性.

（4）操作安排相同. 二者均不需要学生参与，不受教学进度、时间、空间及人数的限制，简便灵活，且一次个人说题或说课一般将时间控制为 10～20 分钟，短时高效.

2. 区别

说题与说课的主要差异在于解说的内容不同：说课的内容是“课”，即某一节课的内容在整部教材中的地位作用、教学目标、教学重难点以及教学方法、教学程序、理论依据等，说课能展现出教师对课程标准、教材编写意图及基本要求的理解程度；说题的内容是“题”，是针对某一道（类）数学题的解说，更偏重于数学问题的解决，且内容跨度大，要求教师整体把握课程体系.

说题是说课活动精细化的表现，它将教学研究的内容及范围缩小，更有针对性，体现了以小见大的新理念.

11.3　说题说什么：内容

从说题的主体来看可以分为教师说题和学生说题，我们主要介绍教师说题. 教师说题，就是要把审题、分析、解答和反思的思维过程按一定规律一定顺序说出来. 说题的内容和侧重点因“题”而异，但无论何题，一次完整的说题应至少包括四个方面的内容，如图 11-9 所示.

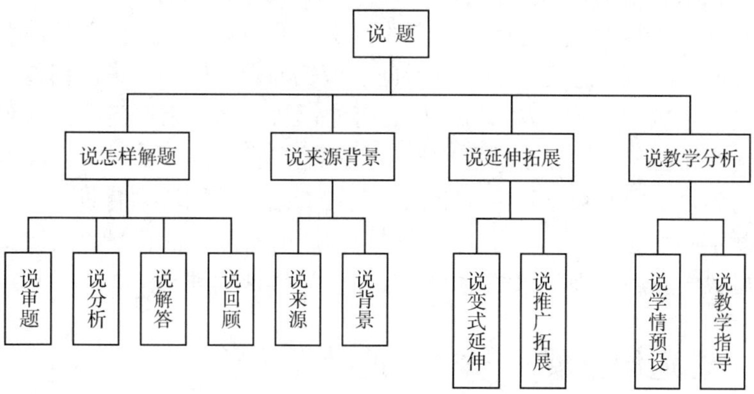

图 11-9　说题内容

11.3.1　说怎样解题——众里寻他千百度

说题建立在解题的基础之上，解题理论自然也要为说题所用. 本环节可以按照“审题—分析—解答—回顾”的流程进行解说，这有助于教师在解题理论的指导下，养成良好的解题习惯.

（1）说审题. 说出题目类型、已知条件、要求的结论、难点及成因，特别要注意挖掘题中隐含条件，以求深入、全面理解题目信息.

（2）说分析. 说题设条件（隐含条件）、结论等对思路形成的作用；说形成解题思路的关键点如何突破；说如何寻找解题途径，逐步发现和形成一些解题规律；说如何实现解题程序的优化.

一般地，探索解题途径的常用方法有四种：一是化整为零，将问题分解成小问题逐一击破；二是运用化归思想，将未知问题转化为已知问题解决；三是运用分析法和综合法，将已知条件顺推、待求结论逆推；四是运用创造性思维，迁移类似问题的解法和规律.

（3）说解答. 说解题的方法、步骤，说解答的规范化表述. 要求合乎逻辑、层次分明、严谨规范、简洁明了.

（4）说回顾. 回顾是“怎样解题”环节不可或缺的一部分. 美国教育心理学家波斯纳（MichaleI I. Posner）说“成长=经验+反思”. 说回顾的核心内容包括：回顾解题的思维过程，总结走过的弯路及其原因；归纳问题的特征、数学本质、求解策略. 例如，可以将一道题当成一类题目的典型，归纳整理出这类问题的特征和基本解题思路；反思问题的解答是否科学正确、逻辑是否清晰、是否存在一题多解（如能否进行解法优化）、解决问题的思维方法是否能够迁移、题目本身是否有误或是否合理等. 通过解题回顾，可以逐渐总结出解题的策略或元认知知识，对今后的解题有着重要的作用.

11.3.2　说来源背景——问渠那得清如许

（1）说来源. 数学题的来源主要有高考试题、模拟考试题、教材例题、课后习题或是改编题等. 同时，还需简要阐述此题的设计意图以及选择此题的目的.

（2）说背景. 每一个经典问题都有丰富的背景，说题时应指出问题所涉及的数学知识，探寻问题解决中所用的数学思想方法，分析问题考查的数学能力，道出问题与相关内容（如教材、课程标准、考试大纲等）的联系. 如有可能，从高观点来看问题，即说问题的高等数学背景. 高等数学背景在中学数学试题中有显性和隐性两种呈现方式. 一般地，显性呈现的试题是直接以高等数学中的数学符号、概念、定理、结论、性质为背景，隐性呈现的试题则间接以高等数学中的思想方法为背景. 还可以说问题的实际生活背景、历史文化背景等，这些体现了“发展数学应用意识”“数学的文化价值”等课程理念.

11.3.3　说延伸拓展——接天莲叶无穷碧

（1）说变式延伸. 根据奥苏伯尔的有意义学习理论，有意义学习的根本要素是新旧知识建立实质性的联系，因此组织合理的变式教学有助于学生进行有意义学习，深刻理解问题的内在本质. 说题者可以将一个问题进行多种变化，说改变问题条件的变式，说改变问题结论的变式，说变式的设计意图；也可以从变式是否给学生带来认知负荷的改变这一角度进行水平变式（不改变认知负荷）和垂直变式（改变认知负荷）. 通过变式延伸，可以得到一系列新的题目，甚至得到更一般的结论，体现“以不变应万变”的思想.

（2）说推广拓展. 说如何将问题一般化或特殊化，从而进行推广拓展，说推广后的结论. 推广拓展的方法包括：归纳与整理、类比与猜想、引申与推广、特殊化、一般化等.

本环节通过对数学题的变式延伸及推广拓展，“尽量追求问题的普遍化”，力求达到“窥一斑而见全豹”的效果.

11.3.4　说教学分析——且把金针度与人

（1）说学情预设. 从学生的认知规律和学习心理的角度，说预设的学生的知识状况、能力状况、学生解答题目的思维障碍（难点）、学生需要做什么知识上的准备（预习）.

（2）说教学指导. 说如何引导学生观察问题、分析问题，找到解决问题的突破口；在解决难度较大的问题时，说如何分散难点，增强解题方法的可接受性；说如何设计教学流程，合理安排时间，激发学生的兴趣. 说教学方法的选择，要注意体现主体性、思维性、启发性的原则，因材而论，因人而异.

总而言之，说题时应根据数学题的特点，合理选择“怎样解题”“来源背景”“延伸拓展”“教学分析”各版块所列出的小点，有所侧重，相互穿插渗透，有机地整合，不强求说出所有小点. 在此基础上，加入当前课程的教学理念和相关理论依据，注重问题解决的实效性，清晰简洁地表达自己的见解，突出自身的教学个性，鼓励创新.

11.4　说题怎样说：模式

一场完整的数学说题活动是由备说、解说和评说三个部分组成.

11.4.1　备说

一般地，说题前应对数学题进行思维加工，备说过程的主要任务包括：选题、解题、研题及撰写说题稿.

1. 选题

问题是数学的心脏，没有好的问题，就没有数学课堂的异彩纷呈. 因此选题是说题的第一步. 要“说”得出彩、“说”得有意义，就要精选“好题”. “好题”从何而来？可从教材例题、课后习题、中高考及高校自主招生考试的试题中选取. “好题”的标准是什么呢？从建构主义的教学观的角度看，“好题”必须契合学生已有的知识经验，贴近学生的最近发展区，刺激学生以原有的知识经验作为新知识的生长点，进而形成新的知识经验. 具体地，“好题”应具备以下四个特点.

（1）探究性. “好题”应具有一定的探索性或创造性，要求学生具有一定程度的判断力、能动性和独立见解，能够启迪思维，激发学生的探究意识.

（2）启发性. 一方面，“好题”的解答中应该含有关键的数学原理，以启发学生通过寻找相应的模式或运用基本技巧将其解决；另一方面，“好题”还应促进学生对数学知识和思想方法的掌握.

（3）发展性. “好题”本身应具有一定的发展空间，如条件与结论可以作一定的变化，从而引出新问题或得到新结论，或者问题可以延展、拓广到某种特殊情形或一般情形.

（4）开放性. “好题”的开放性，一方面体现为解法的多样性，另一方面体现在来源的开放性. “好题”可以蕴涵实际生活背景、历史文化背景、高等数学背景等.

2. 解题

说题既要“展示‘解’的思维过程，又要探索‘解’的内部境界”. 说题源于解题，又高于解题，是较高层次的研究活动. 它建立在解题的基础之上，需要较强的解题能力. 如果说题者不能成功求解问题，何谈对解题思维过程的阐述，更遑论对题目的数学本质的挖掘和教学方面的分析.

3. 研题

研题是说题的生命线，若没有对数学题的钻研探索，那么它只会是“冰冷的美丽”，而无法化作“火热的思考”，说题也就会黯然失色.

解题活动和研题活动之间有着密切的关系. 一方面，解题是开启研题之门的“钥匙”. 如果解题存在困难，那么研题之门将无法打开. 解题中的“一题多解”“多题一解”“巧思妙解”及思维过程等都是研题的重要内容；另一方面，缺乏对习题的研究（即研题）正是制约数学教师解题水平的因素之一. 不研题，则无法全面挖掘习题的价值，也不能深刻总结出解题的策略或元认知知识，也使思维能力的增长受阻. 有效的解题和研题活动正是说题者解说质量的保证，但二者并非说题者的“专属”准备工作，评说也可以促进这两方面的发展.

4. 撰写说题稿

经历上述解题、研题的过程后，可以撰写说题稿了. 撰写时，应多问“为什么”，并力求得出满意的解释. 此外，必须注意说题稿的格式规范，比如数学公式、符号、图象等. 如果是电子稿，应该用专业的公式编辑器、几何画板等工具制作.

11.4.2 解说

解说是说题活动的中心环节，是说题者在精心备说的基础之上，通过大脑的思维加工、组合，在多媒体等媒介辅助下，主要运用口头语言将说题信息传递给他人的过程. 如何解说？这些问题虽没有成熟的模式可搬，但在解说中应注意以下问题.

（1）处理好说题与解题的区别. 说题与解题不同，说题的核心在于说理，关键在于通过问题解决的过程，深层次揭示题后的潜在问题，暴露数学的思维，总结出数学的方法和规律，突出数学的本质. 所以不能把说题简单地等同于解题中一题多解的叙述.

（2）处理好说题与上课的区别. 上课有具体的教学对象，是师生互动、生生互动的教学实践活动. 上课时教解题往往展示的是所研究内容的某些方面. 教师的说题对象是教师，所以倾向于理论上的阐述，侧重于对题目的全方位研究后的一种探讨行为.

（3）说题要注意详略得当，突出重点. 说题的时间一般是 10～20 分钟，所以教师必须在说题时选择其中的主要问题进行研究，切忌面面俱到，泛泛而谈. 需要凸显“题魂”的特色说题，这就需要选准“说”法，找准“说”点，把握“说”度，才能把题说好、说透.

11.5　说题实训

【内容】根据自己的实际情况，从以下题中选择一个进行说题.

题 1　跳绳时，甩到最高处时绳的形状是抛物线. 甲、乙两名学生拿绳的手间距离 AB 为 6 米，手到地面的距离 AO 和 BD 均为 0. 9 米，身高为 1. 4 米的小丽站在距点 O 水平距离为 1 米的点 F 处，绳子甩到最高处时刚好通过她的头顶点 E. 以点 O 为原点建立如图 11-10 所示的平面直角坐标系，设此抛物线的解析式为 $y=ax^2+bx+0.9$.

（1）求该抛物线的解析式；

（2）如果小华站在 OD 之间，且距离点 O 为 3 米，当绳子甩到最高处时刚好通过他的头顶，试求小华的身高；

（3）如果身高为 1. 4 米的小丽站在 OD 之间，且离点 O 的距离为 t 米，绳子甩到最高处时超过她的头顶，结合函数图象，写出 t 的取值范围.

题 2　（2010 年高考数学安徽卷文科第 17 题）如图 11-11，已知椭圆 E 经过点 A（2，3），对称轴为坐标轴，焦点 F_1，F_2 在 x 轴上，离心率 $e=\dfrac{1}{2}$.（1）求椭圆 E 的方程；（2）求 $\angle F_1AF_2$ 的角平分线所在的直线的方程.

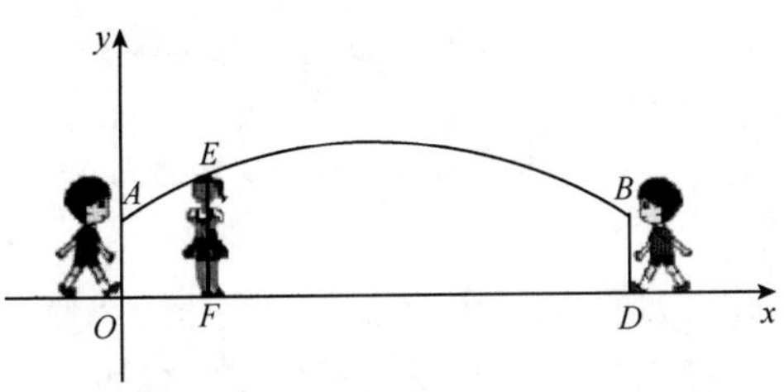

图 11-10

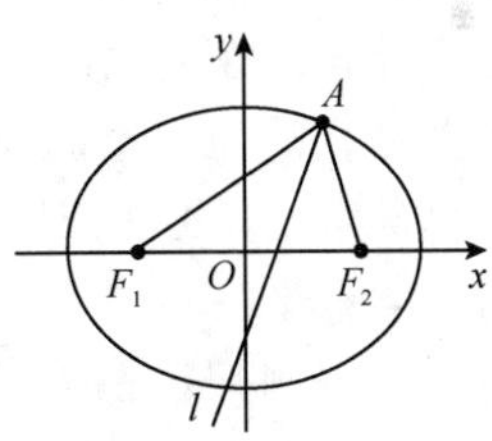

图 11-11

【要求】

（1）说题前认真备题，写出较为详细的说题稿.

（2）依据备题情况，按 6～8 人小组进行说题. 说题者解说完毕后，与小组成员一起交流、讨论.

（3）突出课程理念，解说解法及数学思想方法等，展现解题能力及解题教学能力.

（4）说题时间为 15 分钟左右.

第 12 章　评　　课

学习目标

（1）了解评课的含义、内容、类型，理解评课的基本原则，能独立地对一堂数学课进行评价，并提高评课的能力以及理论联系实际的能力；

（2）在数学评课案例的学习中，经历评课的整个过程，掌握评课的质性与量化方法，体会两种不同类型的评课方法之间的联系与区别；

（3）通过学习评课，提高自身教学水平，优化数学课堂教学，在评课过程中学会批判性地审视一堂课.

本章从一个初中数学教学案例的评析入手，引出评课的概念、类型以及基本原则，接着详细地介绍了评课的两种不同类型的方法，并期望在方法的学习过程中，经历评课的过程，学会客观地对课堂进行评价，体会评课在教学实践中的作用与意义.

12.1　评课案例呈现

评课是听课活动结束之后的继续与深化，是对课堂教学的成败得失及其原因的切实且中肯的分析和评价. 特别地，要从教育教学理论的角度对一些现象做出正确的解释和说明. 同时，评课也是教师在日常教学活动中不可或缺的教研活动. 教师通过评课，不仅能够提升自身的教育教学水平，还能在应用教育教学理论阐释教学现象的过程中，提升自身的科研水平，最终达到教学水平与科研水平同步提升的目的.

下面通过案例来认识数学课的评课概要. 这节课的教学内容是初中八年级“解一元一次不等式”（华师大版）. 案例主要包括教学主要过程和评课概要两部分，内容如下.

教学主要过程	评课概要
（一）创设情境 师：这几天我们都在研究不等式，请看大屏幕，说一说，它们有怎样的共同特征？ (1)$a+3\neq 1$；(2)$y-8<2y$；(3)$3x+7\geqslant \frac{x}{4}+1$；(4)$-2x>-8$. （小组讨论后，选派代表发言，总结以上不等式的共同特征.） 特征：只含有一个未知数，含未知数的式子是整式，未知数的次数是 1.	[点评] 通过让学生发现不等式的共同特征，培养了学生的观察分析能力；通过小组讨论，培养了学生的合作意识，提高了交流能力；通过选派代表发言，提高了学生的语言表达能力. 这样做，在改变传统灌输式教学的同时，还把学习的主动权归还给了学生. 给学生提供了更广阔的发展空间，更有效地提高了学生的综合素质.

（二）探索新知

师：介绍一元一次不等式的概念.

师：你能写出一个一元一次不等式吗?

（让学生巩固，应用一元一次不等式的概念.）

师：找一找，哪些是一元一次不等式?

$(1)-x>5$; $(2)y-3x\neq 7$; $(3)x^2>4$; $(4)\frac{2}{x}+1<9$;

$(5)\frac{x}{2}+\frac{x}{3}+\frac{x}{4}\geqslant 1$; $(6)9>5$; $(7)a+\frac{a}{2}<3$.

师：做一做，解一元一次方程 $\frac{x+7}{2}-5=\frac{5x}{4}$.

师：在我们动手解这个一元一次方程的过程中，我们感受到了解一元一次方程的一般步骤：去分母，去括号，移项，合并同类项，化未知数的系数为 1. 下面，我们把“=”改成“<”，就把一个一元一次方程变成了一元一次不等式，它又如何解呢?

师：解下列不等式，并将解集在数轴上表示出来.

$(1)2x-1<4x+13$; $(2)2(5x+3)\leqslant x-3(1-2x)$.

师：第二题就可以让大家“大显身手”了.

师：现在，请思考一元一次不等式与一元一次方程的解法有哪些类似之处，又有什么不同呢?

（学生小组讨论后，发表自己的见解.）

师：下面我们共同看一个文字叙述题.

当 x 取何值时，代数式 $\frac{x+4}{3}$ 与 $\frac{3x-1}{2}$ 的值的差大于 1?

师：试一试，总结出解一元一次不等式的一般步骤，其中需要注意什么?

（三）快乐套餐

1. 解下列不等式，并把解集在数轴上表示出来:

$(1)2x+1>3$; $(2)2-x<1$; $(3)2(x+1)<3x$;

$(4)3(x+2)\geqslant 4(x-1)+7$.(书上P62:1、2题)

2. 解不等式: $\frac{2x-3}{3}>\frac{3x-2}{2}$

3. 求下列不等式的正整数解:

［点评］通过让学生写出一个一元一次不等式，及时地巩固了新知，并提高了学生的应用意识，给学生创造了更多的机会去感受成功的喜悦.

［点评］“找一找”这个活动，可使学生熟练地运用新学的知识并充实完善知识体系.

［点评］让学生亲自动手解一个一元一次不等式，通过和解一元一次方程对比，感受二者之间的异同，从而探索出解一元一次不等式的一般步骤.

［点评］做第一题时，结合不等式的特征，引导学生想出办法解决问题，让学生体会“数形结合”的数学思想.

［点评］通过“大显身手”，可及时地检查学生对新知的掌握情况，并使学生获得成功的喜悦.

［点评］引导学生及时地发现问题、解决问题，不断地总结经验，体验成功的喜悦.

［点评］让学生提高分析问题的能力，并再次体验一元一次不等式的解法.

$(1)-4x\geqslant-12$; $(2)3x-11<0$.	［点评］本题要求学生在会解一元一次不等式并能把一元一次不等式的解集表示在数轴上的基础上,学习解决带有附加条件的问题，这样的设置既充分发挥数形结合的魅力，又为后续解一元一次不等式组的学习做好了铺垫.
（四）畅所欲言 通过今天的学习，你有哪些收获和疑惑?	［点评］通过答疑解惑，及时地完善了学生的知识体系；通过让学生谈谈学习后的收获和疑惑，提高了他们的语言表达能力，培养了他们的表演欲望.
（五）挑战自我 求满足 $3x+4>5x+1$ 的最大整数解.	［点评］设置这个环节，可以满足不同层次的学生对数学学习的需要，体现了"让不同的人在数学上得到不同的发展"这一理念.
（六）布置作业: 书上 P63 习题 13.2 的 3、4 题.	

注：该案例援引并稍作修改自沃苏青、张金飞著的《新课程初中数学评课稿精选》第 83 页，宁波出版社 2007 年出版.

12.2 评课概述

12.2.1 评课的定义

所谓评课，顾名思义，就是评价课堂教学. 它是在听课活动结束之后，对课堂教学的成败得失及其原因进行评议的一种活动，是加强教学常规管理，开展教育科研，深化课堂教学改革，促进学生发展，推进教师专业水平提高的重要手段. 具体来说，是指评课者根据课堂教学目标，分析执教者在课堂教学中的教材处理、教学程序、教学方法和手段、教师基本功和教学效果等情况，对教师和学生在课堂教学中的一系列活动以及活动所引起的变化进行价值的判断，并从教育理论的高度对课堂教学中所出现的一些现象做出正确合理的解释. 评课是教师应该具备的一项基本功. 它有利于促进教师转变教育思想，不断总结教学经验，进而提高教师教学水平和科研能力.

12.2.2 评课的作用

对于教学活动来说，评课是一项经常性的且必不可少的活动. 评课是提高教师自身教学水平，学校加强教学常规管理，开展教育科研，深化课堂教学改革，推进素质教育实施的关键. 抓住这个重要工作，有利于促进整个教学改革的顺利发展. 它具有以下作用：

（1）管理作用. 学校领导通过评课检查、指导、督促、评估教学工作，不断完善教学管理工作，同时促进教师提升教学能力，提高教学质量.

（2）导向作用. 在评价过程中，通过评价内容、标准和评价体系的构建，为教师的“教”和学生的“学”以及应达到的程度指明方向.

（3）诊断作用. 对教师在课堂活动中的教材处理、教学方式的选择和学生的学习习惯等方面做一个透视，有针对性地对课堂的教与学进行评析，最后提出具体的改进意见，这实际是一个“诊—断—治”的过程.

（4）调控作用. 通过评议课堂教学是否已经达到了预期的教学目标，为教师提供丰富的信息，克服和纠正教学活动中偏离教学目标的部分，努力缩短与教学要求的差距，不断完善教学活动，进而提高教学质量和效率.

（5）鉴定作用. 通过评课来区分评价对象的优劣程度，或是用评价结果来衡量评价对象是否已经达到其规定的最低标准，与教师的资格鉴定、职称晋升等有所联系.

（6）激励作用. 从评课中，教师可以反思自己的成功和不足，找到原因，促使他们扬长避短，不断学习，激发教师教与学的活力和创造性.

（7）沟通作用. 评课的过程也是评课者与执教者之间相互沟通交流的过程，具有沟通意见、协调关系、融洽感情的作用.

（8）反馈作用. 通过评课的信息反馈，可以调节教师的教学工作和学生的学习活动.

（9）科研作用. 评课既是教研活动，也是科研活动. 它在教学实践和教学理论之间架起了一座桥梁，帮助教师认识教学规律，从教学实践中总结成功经验，或是发现问题并进行探究. 如此反复循环，教学的教育科研能力必然会有很大的提高，同时也为教师的专业发展开拓了一条有效途径.

在评课时，其多种作用总是综合地发挥作用，它们并不是完全独立的. 此外，也应该注意到这些作用的两重性. 总之，评课是管理指导、诊断调控、鉴定激励、沟通反馈和科研的综合体，是教师研究课堂教学最直接、具体、有效的一种方法和手段.

12.2.3　评课的类型

评课的类型多样，从不同角度出发，评课可以划分为不同类型. 不同类型的评课其特点和要求都有所不同.

依据评课的目的，可将评课分为观摩性评课、培训性评课、研究性评课和考核性评课.

依据组织形式，评课可划分为个别面谈式、小组评议式、书面材料式、调查问卷式、陈述答辩式、师生评议式和自我剖析式等形式.

另外，依据评课主体不同，评课还可分为同事之间互相学习、共同研讨的评课，学校领导诊断、检查的评课，以及上级专家鉴定或评判的评课等.

此外，还可以将评课分为诊断型、研讨型、学习型、检查型、鉴定型、相互型、评判型、庭辩型、欣赏型和书评型等类型.

12.2.4　评课的基本原则

特级教师徐世贵认为，所谓评课原则就是评课者在评课时应遵循的指导思想. 他指出，针对当前评课存在的问题和评课的需要，评课者在评课时应遵循实事求是原则、坦率诚恳原则、兼顾整体原则、激励性原则、差异性原则、讲究方法原则.

对于评课的原则，不同的学者有各自不同的见解，但是深入挖掘，不难发现，评课的基本原则都离不开客观性原则、差异性原则、兼顾整体原则和激励性原则.

客观性原则，即客观地从实际课堂教学出发，要求评价标准符合课堂教学的要求，而不是根据评课者的主观想法评价.

差异性原则，即在评课过程中，评课者应根据课堂教学内容、形式等的不同，评价标准的侧重点也应有所不同，而差异性原则的实施应以客观性原则为基础.

兼顾整体原则，即在评课过程中，既不能只关注一节课的整体分析，也不能只是注重局部评价. 评课者应该树立整体意识，在评课过程中，始终把局部和整体有机结合起来.

激励性原则，即评课不仅要使执教者发现自己教学中的问题，而且还能使其进一步改进教学方法和手段，激发执教者的积极性，不断提高自身的教学水平.

12.3 如何评课

如何评课，方法是关键. 只有运用正确的方法对课堂教学进行评价，才能对其做出正确的判断，才有可能将评课的价值体现出来. 从不同的视角看，评课的方法也有所不同. 本节将从质性和量化的角度来介绍两种最常采用的评课方法.

12.3.1 质性的评课方法

如何评课，是一个如何做的问题. 它涉及了操作层面，是评课的关键. 质性方法是评课时采用的一种常用方法，它是指通过文字、图片等描述手段，对执教者的各种特质进行全面充分的揭示，以彰显其意义. 对于不同类型的课堂教学，评课内容应有所不同且有所侧重.

1. 例说

下面以第一节中“解一元一次不等式”这个教学案例为例，说明如何评课.

（1）本课时的地位与作用. 不等式知识是初中阶段学习一元一次方程和二元一次方程组之后的内容，是进一步探究现实世界数量关系的重要工具. 应用不等式性质解一元一次不等式是一项基本技能，也是学生以后学习一元一次方程、函数以及进一步学习不等式知识的基础. 从这个意义上说，本课时是基础知识的技能课.

评课者在评价这节课时，通过对执教者例、习题设置“通过让学生写出一个一元一次不等式，及时地巩固了新知，并提高了学生的应用意识”“‘找一找’这个活动，可使学生熟练地运用新学的知识并充实完善知识体系”等的评价，认为执教者已较好地体现了这节课“基础知识的技能课”的定位.

（2）设定教学目标的理念. 理念是行动的指导，行动是理念的深化，有没有好的理念作为课堂教学的指导，也就决定了教学效果的好坏. 然而，理念是“上层建筑”，较难进行衡量，而教学目标作为理念的具体化，作为教学的预设，其对教学具有更直接的指导价值. 因此，评价预设的教学目标的达成度，特别是教学目标中的过程与方法、情感态度价值观是评课的一项重要内容.

比如，评课者所评的“注重学生参与，充分体现以学生为主体的思想. 教学设计注意在创设情境的过程中进一步理解和巩固知识点，重视让学生在复习解一元一次方程的过程中，体会‘转化’的思想方法，重视学生对一元一次不等式与一元一次方程解法的比较、探索与归纳，渗透数形结合的思想. 通过让学生实际演练、类比、分析归纳、合作交流等活动，掌握问题解决的方法、步骤，体验在有意义的活动中发展数学能力，形成学习数学的积极态度以及良好的合作精神”，就是对执教者的教学目标理念设定的肯定.

(3) 关于重点和难点. 本课时的重点是类比、归纳、数形结合等结果的表述和表示. 难点是学生对类比、归纳缺乏数学表述的经验.

评课者所作的“让学生亲自动手解一个一元一次不等式，通过对比解一元一次方程，感受二者之间的异同，从而探索出解一元一次不等式的一般步骤”“本题要求学生在会解一元一次不等式和把一元一次不等式的解集表示在数轴上的基础上，学习解决带有附加条件的问题，这样的设置既充分发挥数形结合的魅力，又为后续解一元一次不等式组的学习做好了铺垫”等评价，说明执教者较好地突出了本课时的重点，突破了难点.

(4) 关于教学设计和教学方法. 本节课教学中教师以“问题情境—数学活动（包括探索、归纳、交流等）—拓展提高”的模式讲解教学内容，使学生在解决数学问题的过程中学习、理解数学的思想方法，学会数学的思考. 教师在教学过程中积极引导全体学生在数学学习过程中亲身参与、独立探索、类比归纳、数形结合、合作交流. 在有意义的活动中，发展数学能力，较好地贯彻了数学课程标准和新教材的先进理念及思想.

另外，在教学中语言流畅且富有节奏感，多媒体课件的制作，板书的设计，时间的安排等都较科学、合理.

(5) 一点建议. 本课时涉及一种重要的思想方法——类比归纳，学生对使用这种方法还缺乏经验，一节课显然不能使其完全掌握，因此在以后的教学实践中应加以重视.

2. 评课内容

从上面的评课内容中，我们可以看到评课主要评以下六个方面.

1) 评教学思想

教师的教学思想是其教学行为的灵魂，同时也是其教学实践和教学价值观的体现. 所以，针对课堂教学的评课，首先应从教师教学思想方面做出评析.

具体点评的内容有：本节课的教学，教师是否正确地把握了课程的基本理念（具体内容要指出）；是否有利于学生的可持续发展和终身学习；教授与反馈是否注意到教育对象的全体性，突出个性，体现差异性；教与学的组织是否体现教师“主导”与学生“主体”的角色作用；是否体现了数学文化价值观的渗透；是否注重对学生创新能力和数学应用意识的培养；是否关注学生的学习动机、兴趣、习惯、信心等非智力因素的发展，等等.

2) 评教材处理

教材是根据课程标准的要求和学生的心理特点和知识水平而编写的. 教师要上好一节课，必须认真钻研教材，吃透教材，科学地处理教材，精心地组织教材.

评价一堂课在教材处理上是否科学、合理、有效，一般可以从以下三个方面去考虑.

(1) 教学目标. 教学目标是教学的出发点和归宿点. 具体点评的内容有：知识与技能目标是否清晰，所用的行为动词是否准确无误；过程与方法目标是否适当，所用的行为动词是否从学生实际出发；情感态度与价值观目标是否具体，所用的行为动词是否适当，目标设计的整体性是否全面、具体、适宜；“三维目标”的整合是否自然和谐地体现在每一个教学环节中，教学手段是否都紧密地围绕目标，并为目标服务；在课堂结束时目标的达成情况如何；等等.

(2) 教学重难点. 具体点评的内容有：教学重点是否把握准确，教学过程是否做到突出重点；教学难点是否把握准确，教学过程中难点是否突破；如果教学难点没有突破，有什么巧妙的方法突破等.

（3）教学内容. 课堂教学内容包括教材的选择，知识的发展过程，例题、课堂练习、作业的选配，教学重难点的处理，课堂教学的反馈与小结，教材中对培养学生数学思想方法、数学价值观的挖掘等.

具体点评的内容有：教师讲授的知识是否具有科学性、思想性、教育性；教学内容是否客观，难易程度是否符合学生的最近发展区；例题、习题、作业的选配是否科学合理；是否围绕教学目标，反映教学目标；教学层次的安排是否符合认知规律，各教学环节是否依据知识和思维线索自然过渡；教学难度、密度的安排是否科学；内容安排上是否提示获取知识的思维过程；教学信息反馈是否及时；是否根据课堂实际情况进行灵活调整；是否渗透数学思想；课堂小结是否做到画龙点睛；等等.

3）评教学基本功

教师的教学基本功是指教师从事教育教学工作所必须具备的基本技能. 教学基本功是教师上好课的一个重要条件，所以评课需要评价教师的教学基本功.

具体的评价内容主要有以下方面.

（1）教师的课堂语言是否准确生动，富有感染力和幽默感；语速是否快慢适度；语调是否高低适宜，抑扬顿挫；讲解时使用的数学专业术语是否准确清楚，无知识性错误；过渡是否自然，无废话和口误.

（2）教师是否具备宽厚扎实的数学专业知识，能否流畅完整地解答学生提出的课堂疑问.

（3）教师是否注意培养学生运用各种数学语言来解决数学问题和实际问题.

（4）教师是否具备较强的教学应变能力，能否机智处理教学中不曾预料的问题.

（5）板书是否布局合理、格式规范，设计层次是否分明，条理是否清晰，是否无笔误和错别字；书写是否流利，字迹是否工整美观，画图是否准确精美.

（6）教师的教态是否自然亲切、精神饱满、举止从容、仪表端庄、态度热情、表情配合讲解变化是否生动、富有感染力；身体是否尽量面向全体学生，与学生眼神交流是否广泛.

（7）教师实践操作和运用各种教具，以及现代化教学手段的熟练程度及应用是否恰如其分；在课堂演示时位置把握是否得当，照顾到全体学生，并达到良好效果.

（8）是否留给学生独立思考的时间与空间.

（9）教学时间分配是否合理.

4）评教学方法

教学方法是教师为了实现教学目标，完成教学任务，在教学过程中运用的方式与手段的总称.

具体点评的内容有：在本节课中，教师选择的教学方法是否可行合理；教学方法是否多样化；采取的教学方法与教学内容、学生的实际情况是否相符；是否启迪学生的思维，发展学生的数学能力；是否创造宽松、愉快的学习情境；是否创设实践情境，启发实践思考；是否引导学生广泛地参与教学活动；是否有教学方法的改革与创新，尤其对评析一些素质好的骨干教师的课，要细心观察其课堂上的思维训练的设计、对学生创新能力的培养、课堂教学模式的建立等方面的独到之处；是否恰当地使用现代化多媒体辅助教学设备，是否从教学的实际需要出发，做到适用、适时、适当.

5）评学生活动

教学活动中普遍存在着教师与学生、学生与学生之间的交往活动. 课堂教学是一种双边活动，它强调的是在教学中教师教与学生学的统一. 因此，在评课中，我们不仅要关注教师的教，而且要特别关注学生的学.

评课主要观察学生学习中的四种状态：①参与状态：看学生是否全员参与，参与的程度有多大. ②交往状态：看课堂上是否有多向信息联系与反馈，人际交往是否有良好的合作氛围. ③思维状态：看学生是否具有问题意识，敢于发现问题、提出问题，发表自己的见解；看学生提出的问题是否有价值，探究问题是否积极主动，是否具有独创性. ④情绪状态：看学生是否有适度的紧张感和愉悦感，能否自我调控学习情绪.

6）评教学效果

教学效果是一堂课教学质量的反映，也是衡量课堂教学是否成功的标准.

具体点评的内容有：是否在规定的时间内完成了教学任务；是否实现了三维教学目标；学生是否掌握了思考问题的一般方法并能熟练运用；学生是否建立了不同知识之间的内在联系，正确把握了数学知识的结构、体系；是否体现了数学的人文价值，帮助学生树立学好数学的信心，提高学习数学的兴趣，充分发挥数学的育人功能；学生能否恰当地运用数学语言进行表达和交流；能否把相关学科问题、生活实际问题抽象成数学问题，并运用所学知识、技能去分析解决它.

12.3.2 量化的评课方法

评课的量化方法是指通过将评课内容转化为量化的数据，经过测量这些相关数据，并以量化方法来分析数据，进而对评价对象做出价值判断的一种方法.

评课的量化方法有很多，本小节主要分三部分介绍：第一部分参照江玉安在《评课的三个基本问题：内容、标准与思路》中针对语文课进行评课的量化方法，制定出数学课的评课量化方法；第二部分介绍崔允漷的研究成果之一——课堂观察的 LICC（Learning, Instruction, Curriculum, Culture）范式；第三部分介绍评课的一般步骤.

1. 评课的内容、标准与思路

江玉安认为评课者最起码应该明确三个问题：从哪些方面去评价、依据什么标准去评价、按照什么样的思路去评价，也就是要明确评课的内容、标准与思路. 这三个问题是评好课的关键的问题.

一堂课要评价的东西有很多，并且确定一节课的“可评价内容”是很复杂的，也没有什么统一的标准或依据. 一般来说，可以从以下几方面去考虑：教学目标、教学内容、教学过程、教学方法、教学效果、教师素质等.

根据不同的评课目的，评课的具体内容或侧重点也不同. 如果是新教师，评他的课就应该重点评价他的素质；如果是观摩学习一种新的教学方法，就应该重点评价这个教师的教学方法及学生的学习效果等；一般的评课要考虑教学目标、教学过程、教学方法、教学效果几项.

评课要以教学法规、教育教学理论、名家观点、实践经验与课例等为依据.

通常所说的课堂评价标准，主要是指根据教育教学理论或法规等制定的课堂各方面的具体要求或标准. 一个较合理的评课“标准”体系可以包含以下项目：评价内容、一般标准、特殊标准和参考分值. 结合江玉安的语文量化评价标准，并依据《标准（2011）》、教育学、心理学等理论制定出的数学的评价标准. 具体如表 12-1 所示.

表 12-1　数学课的评课标准

<table>
<tr><th colspan="2">评价内容</th><th>一般标准</th><th>特殊标准</th><th>参考分值</th></tr>
<tr><td colspan="2">教学目标
（10%）
（从广度和深度两方面评价）</td><td>教学目标明确、全面恰当.
（1）注意三维目标的落实或全面素养的提高；
（2）符合本学段要求、教材特点和学生实际</td><td>进行了数学概念的教学和必要训练（如有合作学习、习题演练等环节或活动），同时注意学生的学习方法、习惯、兴趣、情感、态度等的指导和培养</td><td>A. 9～10
B. 6～8
C. 3～5
D. 0～2</td></tr>
<tr><td colspan="2">教学内容
（10%）
（从理解和处理教材两方面评价）</td><td>（1）对教材理解正确、无误；
（2）能科学地、创造性地处理（取舍、补充）和运用教材</td><td>对数学概念及知识点前后理解的准确把握</td><td>A. 9～10
B. 6～8
C. 3～5
D. 0～2</td></tr>
<tr><td colspan="2">教学过程
（15%）
（从课堂结构、教学条理和教学时间三方面评价）</td><td>课堂结构科学合理，能根据课型和教材特点设计教学过程.
（1）结构完整；
（2）各部分（教学环节、步骤、层次等）之间逻辑性强、思路清晰、过渡自然；
（3）时间安排恰当</td><td>（1）有情境导入、整体感知、理解感悟、练习积累、总结延伸等必要环节；
（2）遵循从数学语言到数学符号的统一结合，以及从整体到部分再到整体的基本规律</td><td>A. 13～15
B. 9～12
C. 5～8
D. 0～4</td></tr>
<tr><td rowspan="2">教学方法
（30%）</td><td>学法
（15%）</td><td>主要评价学生主体地位的体现：
（1）以学生的学习实践为主；
（2）学习方式合理有效，注重学生自主学习，合理有效地运用合作、探究的学习方式，学生真正参与，兴趣浓厚；
（3）注重学习方法与习惯的指导</td><td>（1）以动手操作等实践活动为主（机会多，时间长）；
（2）有自主思考、合作学习的环节；学生提出问题、解决和回答问题的机会多等；注意学生通过联想、想象等进行情感体验；
（3）注意读书、写字方法、姿势等细节的指导</td><td>A. 13～15
B. 9～12
C. 5～8
D. 0～4</td></tr>
<tr><td>教法
（15%）</td><td>主要评价教师主导作用的发挥与教学方法的运用：
（1）善于提出问题，问题有价值，难度合适、适时、有启发性；
（2）善于示范、讲解；
（3）能够合理地评价、指导，因势利导；
（4）尊重学生、面向全体、因材施教，特别关注学习困难学生的进步</td><td>（1）导入新课方法恰当，能激起学生学习兴趣；
（2）尊重学生独特的体验；善于运用各种教学媒体、教学手段、有感染力的语言等创设情境；引导学生理解和体验. 情感目标落实自然；
（3）解题训练指导科学合理</td><td>A. 13～15
B. 9～12
C. 5～8
D. 0～4</td></tr>
<tr><td rowspan="3">教学效果
（20%）</td><td>情绪表现
（5%）</td><td>主要评价课堂氛围和谐融洽</td><td>（1）多维互动活而不乱；
（2）学生学习兴趣浓厚，思维活跃；
（3）学生对后续学习信心足</td><td>A. 5
B. 4
C. 3
D. 0～2</td></tr>
<tr><td>素质与目标达成
（10%）</td><td>主要评价学生素质与学习效果的情况.</td><td>（1）学生知识掌握全面扎实；
（2）解题能力强或有提高；
（3）达到目标要求</td><td>A. 9～10
B. 6～8
C. 3～5
D. 0～2</td></tr>
<tr><td>整体效果
（5%）</td><td>主要评价学生参与面广（人数多）</td><td>（1）各类学生均得到应有的发展；
（2）全面达成教学目标</td><td>A. 9～10
B. 6～8
C. 3～5
D. 0～2</td></tr>
<tr><td rowspan="3">教师素质
（15%）</td><td>教态、语言
（5%）</td><td>主要评价课堂教态和教学语言</td><td>（1）教态亲切、自然，感情丰富、健康；
（2）教学语言准确、简洁、生动. 普通话标准</td><td>A. 5
B. 4
C. 3
D. 0～2</td></tr>
<tr><td>板书与多媒体运用
（5%）</td><td>主要评价板书的书写和多媒体的运用</td><td>（1）板书规范、简洁、美观；
（2）教学媒体运用熟练；
（3）多媒体的应用能有效地利用自己的特长来提高教学效果</td><td>A. 5
B. 4
C. 3
D. 0～2</td></tr>
<tr><td>知识面与教学机智
（5%）</td><td>主要评价知识面的广度与教学中的灵活程度</td><td>专业知识扎实；思维敏捷、灵活；驾驭课堂能力强</td><td>A. 5
B. 4
C. 3
D. 0～2</td></tr>
</table>

尽管评课的依据很多，也不可能有一个适用于所有课的评价标准，因此，在评课中要特别把握以下两点：

（1）评价标准应尽量表述为“行为目标”；

（2）评价标准的表述应尽量考虑“教学进程”因素.

纵观人们评课的各种思路，江玉安认为比较合理的不外乎四种情况，可称其为“2×2”模式. 其中的一个“2”，是指评课的两条主要线索，即评课内容和课的进程，也就是说可以分别以评课内容或所听课的进程为主要线索进行评课；另一个“2”，是指每一条主要线索之下又可以采用的两种评课方法，即不论各项优劣仅按照评价内容逐项评价和优缺点归类集中评价两种情况，即如下四种情况：①以评课内容为主要线索，优缺点分散随机评价；②以评课内容为主要线索，优缺点分别集中评价；③以课的进程为主要线索，优缺点分散随机评价；④以课的进程为主要线索，优缺点分别集中评价.

以上四种情况，各有优点与局限性，具体评课时，就要根据听课对象与场合灵活选用，也可以综合运用其中的几种模式.

2. 课堂观察的 LICC 范式

在评课之前，需要评课者进行课堂观察. 所谓的课堂观察，就是观察课堂. 参照崔允漷的科研成果，他将课堂分为四个要素（图 12-1）：学生学习（learning）、教师教学（instruction）、课程性质（curriculum）和课堂文化（culture），这就是课堂观察 LICC 范式.

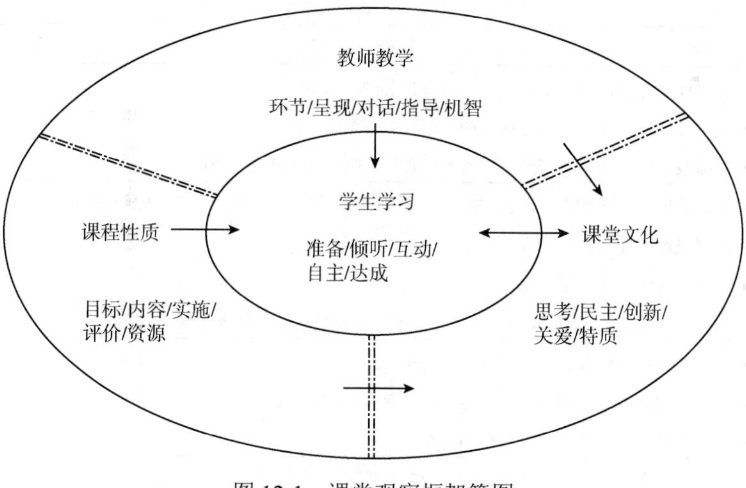

图 12-1 课堂观察框架简图

其中学生学习是课堂的核心，另外三个是影响学生学习的关键要素，图中的箭头表明各要素间的关系. 出于观察的需要，遵循理论的逻辑，将每个要素分解成 5 个视角，再将每个视角分解成 3～5 个可供选择的观察点. 这样，就形成了“4 要素 20 视角 68 观察点”(表 12-2). 这为我们理解课堂、确定研究问题、明确观察任务提供了一张清晰的认知地图和实用的研究框架.

表 12-2　课堂的 4 要素 20 视角 68 观察点/课堂观察框架

<table>
<tr><td colspan="2">维度一：学生学习</td></tr>
<tr><td>视角</td><td>观察点举例</td></tr>
<tr><td>准备</td><td>● 课前准备了什么？有多少学生作了准备？
● 怎样准备的（指导/独立/合作）？学优生、学困生的准备习惯怎样?
● 任务完成怎样（数量/深度/正确率）</td></tr>
<tr><td>倾听</td><td>● 有多少学生倾听老师的讲课？倾听多少时间？
● 有多少学生倾听同学的发言，能复述或用自己的话表达同学的发言？
● 倾听时，学生有哪些辅助行为（记笔记/查阅/回应）？有多少人发生这些行为</td></tr>
<tr><td>互动</td><td>● 有哪些互动/合作行为？有哪些行为直接针对目标的达成？
● 参与提问/回答的人数、时间、对象、过程、结果怎样？
● 参与小组讨论的人数、时间、对象、过程、结果怎样？
● 参与课堂活动（小组/全班）的人数、时间、对象、过程、结果怎样？
● 互动/合作习惯怎样？出现了怎样的情感行为</td></tr>
<tr><td>自主</td><td>● 自主学习的时间有多少？有多少人参与？学困生的参与情况怎样？
● 自主学习形式（探究/记笔记/阅读/思考/练习）有哪些？各有多少人？
● 自主学习有序吗？学优生、学困生情况怎样</td></tr>
<tr><td>达成</td><td>● 学生清楚这节课的学习目标吗？多少人清楚？
● 预设的目标达成有什么证据（观点/作业/表情/板演/演示）？有多少人达成？
● 课后抽测有多少人达成目标？发现了哪些问题</td></tr>
<tr><td colspan="2">维度二：教师教学</td></tr>
<tr><td>视角</td><td>观察点举例</td></tr>
<tr><td>环节</td><td>● 教学环节怎样构成（依据/逻辑关系/时间分配）的？
● 教学环节是怎样围绕目标展开的？怎样促进学生学习的？
● 有哪些证据（活动/衔接/步骤/创意）证明该教学设计是有特色的</td></tr>
<tr><td>呈现</td><td>● 讲解效度（清晰/结构/契合主题/简洁/语速/音量/节奏）怎样？有哪些辅助行为？
● 板书呈现了什么？怎样促进学生学习的？
● 媒体呈现了什么？怎样呈现的？是否适当？
● 动作（实验/制作/示范动作）呈现了什么？怎样呈现的？体现了哪些规范</td></tr>
<tr><td>对话</td><td>● 提问的时机、对象、次数和问题的类型、结构、认知难度怎样？
● 候答时间多少？理答方式、内容怎样？有哪些辅助方式？
● 有哪些话题？话题与学习目标的关系怎样</td></tr>
<tr><td>指导</td><td>● 怎样指导学生自主学习（读图/读文/作业/活动）？结果怎样？
● 怎样指导学生合作学习（分工/讨论/活动作业）？结果怎样？
● 怎样指导学生探究学习（实验/课题研究/作业）？结果怎样</td></tr>
<tr><td>机智</td><td>● 教学设计有哪些调整？结果怎样？
● 如何处理来自学生或情境的突发事件？结果怎样？
● 呈现哪些非语言行为（表情/移动/体态语/沉默）？结果怎样</td></tr>
<tr><td colspan="2">维度三：课程性质</td></tr>
<tr><td>视角</td><td>观察点举例</td></tr>
<tr><td>目标</td><td>● 预设的学习目标是怎样呈现的？目标陈述体现了哪些规则？</td></tr>
</table>

续表

维度三：课程性质	
	● 目标是根据什么（课程标准/学生/教材）预设的？适合该班学生的水平吗？ ● 课堂有无生成新的学习目标？怎样处理新生成的目标
内容	● 怎样处理教材的？采用了哪些策略（增/删/换/合/立）？ ● 怎样凸显本学科的特点、思想、核心技能以及逻辑关系？ ● 容量适合该班学生吗？如何满足不同学生的需求？ ● 课堂中生成了哪些内容？怎样处理的
实施	● 预设哪些方法（讲授/讨论/活动/探究/互动）？与学习目标适合度如何？ ● 怎样体现本学科特点？有没有关注学习方法的指导？ ● 创设什么样的情境？结果怎样
评价	● 检测学习目标所采用的主要评价方式有哪些？ ● 如何获取教学过程中的评价信息（回答/作业/表情）？ ● 如何利用所获得的评价信息（解释/反馈/改进建议）
资源	● 预设哪些资源（师生/文本/实物与模型/实验/多媒体），怎样利用？ ● 生成哪些资源（错误/回答/作业/作品），怎样利用？ ● 向学生推荐课外资源？可得到程度怎样
维度四：课堂文化	
视角	观察点举例
思考	● 学习目标怎样体现高级认知技能（解释/解决/迁移/综合/评价）？ ● 怎样以问题驱动教学？怎样指导学生独立思考？怎样对待学生思考中的错误？ ● 学生思考的习惯（时间/回答/提问/作业/笔记/人数）怎样？ ● 课堂班级规则中有哪些条目出现或支持学生的思考行为
民主	● 课堂话语（数量/时间/对象/措辞/插画）是怎样的？怎样处理不同意见？ ● 学生课堂参与情况（人数/时间/结构/程度/感受）是怎样的？ ● 师生行为（情境设置/叫答机会/座位安排）如何？学生间的关系如何？ ● 课堂/班级规则中有哪些条目体现或支持学生的民主行为
创新	● 教学设计、情境创设与资料利用怎样体现创新的？ ● 课堂有哪些奇思妙想？学生如何表达和对待？教师如何激发和保护？ ● 课堂环境布置（空间安排/座位安排/板报/功能区）怎样体现创新的？ ● 课堂/班级规则中有哪些条目体现或支持学生的创新行为
关爱	● 学习目标怎样面向全体学生？怎样关注不同学生的需求？ ● 怎样关注特殊（学习困难/残障/疾病）学生的学习需求？ ● 课堂话语（数量/时间/对象/措辞/插画）、行为（叫答机会/座位安排）怎样呈现？ ● 课堂/班级规则中有哪些条目体现或支持学生的关爱行为
特质	● 在哪些方面（环节安排/教材处理/导入/教学策略/学习指导/对话）体现特色？ ● 教师体现了哪些优势（语言/学识/技能/思维/敏感性/幽默/机智/情感/表演）？ ● 师生学生关系（对话/话语/行为/结构）体现了哪些特征（平等/和谐/民主）

上述68个观察点并不是要求每堂课都需要观察68个点，它只是说明课堂是非常复杂的，充满着丰富的信息. 通过解构课堂，一是为观察者开展课堂观察提供知识基础或问题基础；二是让观察者认识到个人的能力是有限的，课堂观察需要集体合作.

3. 评课的一般步骤

评课一般步骤分为四个阶段：准备阶段、课后调研、整理阶段和评课阶段.

准备阶段包括熟悉课标，掌握教材，了解执教者的基本情况，设计记录表和评价表.

（1）课堂记录表. 一般的课堂记录表的表头包括学校、班级、教师姓名、课题、听课时间等. 记录用的课堂记录表可以分为两栏，一栏为课堂教学实录，第二栏为评析，如表 12-3 所示.

表 12-3　听课记录表

学校	班级	授课人	时间
教学科目	章节	课题	课型
课堂实录（板书、投影、教学过程）			评析

（2）评价表. 常见的课堂评价表如表 12-4、表 12-5 所示.

表 12-4　××中学高中新课标课堂教学评价表

学科		班级		日期	年　月　日　第　节	
授课教师				课题		
评价内容		评价要点				
		主导作用（教师行为）		得分	主体地位（学生状态）	得分
教学设计		1. 渗透新课标理念，依据课标和学生的实际，有效利用课程资源，确定教学内容和三维教学目标.（5 分）			明白自己的学习任务，具有必备的知识储备. 为达到学习目标而积极参与教学活动.（5 分）	
教学设计		2. 教学策略、学习策略、评价策略设计合理. 注重课前预测、课堂分析、课后反馈、反思.（5 分）			明白自己的学习任务，具有必备的知识储备. 为达到学习目标而积极参与教学活动.（5 分）	
教学实施	知识技能	正确把握课标，引导学生自主掌握必需的知识与技能.（5 分）			扎实掌握本节课所学习的知识与技能.（5 分）	
教学实施	过程方法	1. 激发参与学习的热情，充分挖掘教材内涵，为学生获取新知识确定适宜的思维类型；根据学习情况，灵活调整教学环节.（5 分）			1. 能通过多种途径接收所需信息，主动参与教学探究.（5 分）	
教学实施	过程方法	2. 掌握学习规律，由浅入深，循序渐进，教学过程有序，层次分明.（5 分）			2. 思维活跃，能运用已有经验和技能独立地分析并解决问题，有创新意识.（5 分）	
教学实施	过程方法	3. 引导自主、合作、探究学习；各层次学生有效参与率高，能进行有效的互动.（5 分）			3. 能选择有效的学习方式来获取本节课所学的知识，逐步学会学习.（5 分）	
教学实施	过程方法	4. 现代教育技术手段运用恰当，语言规范，板书工整.（5 分）			3. 能选择有效的学习方式来获取本节课所学的知识，逐步学会学习.（5 分）	
教学实施	情感态度与价值观	1. 创设与提供民主、平等、宽松的学习氛围，充分肯定学生的发现、探索和创新行为.（5 分）			1. 对所学内容具有浓厚兴趣.（5 分）	
教学实施	情感态度与价值观	2. 关注学生的生活世界，引导学生积淀经验，使知识传授得到认同.（5 分）			2. 通过所学知识对个人及社会相关问题形成正确认识.（5 分）	
教学效果		1. 作为学生有效学习的组织者、引导者、合作者、激励者，角色到位.（5 分）			1. 各个层次的学生处于良好的学习状态.（5 分）	
教学效果		2. 面向全体，关注差异，促进不同层次学生发展；基本实现教学目标，按时下课.（5 分）			2. 教学目标得以落实，每位学生在原有基础上，得到发展.（5 分）	
建议						
总评		总分（　　）　等级：优（　　）良（　　）一般（　　）差（　　）				

听课人：　　　　所教学科：　　　　单位：

表 12-5 ××中学高中新课程课堂教学评价表

<table>
<tr><td>学科</td><td></td><td>学校</td><td colspan="3"></td><td>姓名</td><td colspan="3"></td></tr>
<tr><td>时间</td><td colspan="5">年 月 日 第 节</td><td>班级</td><td colspan="3"></td></tr>
<tr><td>课题</td><td colspan="5"></td><td>课型</td><td colspan="3"></td></tr>
<tr><td rowspan="2">评价项目</td><td rowspan="2" colspan="3">评价标准</td><td rowspan="2">权重</td><td colspan="4">评价等级</td><td rowspan="2">计分</td></tr>
<tr><td>优</td><td>良</td><td>中</td><td>差</td></tr>
<tr><td rowspan="2">知识与技能</td><td colspan="3">1. 教学目标明确，以校为本，切合学生实际，不但有认知、技能目标，而且还有情感目标，体现了知识的基础性、实践性、发展性</td><td>10</td><td>10</td><td>8</td><td>6</td><td>4</td><td></td></tr>
<tr><td colspan="3">2. 教学内容适宜，能根据教学要求，把握知识之间的联系. 教学能突出重点，突破难点</td><td>10</td><td>10</td><td>8</td><td>6</td><td>4</td><td></td></tr>
<tr><td rowspan="5">过程与方法</td><td colspan="3">3. 教学设计科学合理，教学各个部分联系紧密，时间分配得当，教学思路清晰，组织严密，过程流畅，容量得当</td><td>10</td><td>10</td><td>8</td><td>6</td><td>4</td><td></td></tr>
<tr><td colspan="3">4. 立足学生的学，注重学生参与，注重自主学习，注重探究活动，突出学生的主体地位</td><td>10</td><td>10</td><td>8</td><td>6</td><td>4</td><td></td></tr>
<tr><td colspan="3">5. 教学方法有利于激发学生的学习兴趣，教师在教学过程中起组织者、引导者、促进者的作用</td><td>5</td><td>5</td><td>4</td><td>3</td><td>2</td><td></td></tr>
<tr><td colspan="3">6. 教具直观，手段先进；能根据教学需求，充分利用教学资源；恰当使用多媒体辅助教学，体现学科特色</td><td>5</td><td>5</td><td>4</td><td>3</td><td>2</td><td></td></tr>
<tr><td colspan="3">7. 教师所提问题富有挑战性，把学生的困难、问题和经验当成课堂教学的生长点，促进学生思维能力和学习能力的提高</td><td>5</td><td>5</td><td>4</td><td>3</td><td>2</td><td></td></tr>
<tr><td rowspan="2">情感与态度</td><td colspan="3">8. 教学基本功扎实. 教态亲切自然，教学语言简洁、流畅，富有感染力；板书板画工整合理；演示操作正确熟练；有教学应变能力</td><td>10</td><td>10</td><td>8</td><td>6</td><td>4</td><td></td></tr>
<tr><td colspan="3">9. 充分发挥教师的主导作用，能根据学生实际情况，采用多种教学组织方式调动学生的学习积极性，关注学生的感受，善于引导学生自己发现问题、提出问题、解决问题，培养学生独立学习的能力</td><td>10</td><td>10</td><td>8</td><td>6</td><td>4</td><td></td></tr>
<tr><td rowspan="2">效果与价值</td><td colspan="3">10. 思维积极，气氛活跃. 在教学过程中，不同程度学生的学习积极性和主动性得到了充分发挥</td><td>10</td><td>10</td><td>8</td><td>6</td><td>4</td><td></td></tr>
<tr><td colspan="3">11. 完成教学目标，教学效果良好. 大多数学生对所教知识能正确理解，灵活应用，顺利完成知识和技能目标. 教学中渗透着数学思想教育，让学生的探究能力、创造精神及情感意志得到了培养，自信心得到了增强</td><td>15</td><td>15</td><td>12</td><td>9</td><td>6</td><td></td></tr>
<tr><td rowspan="2">综合评价</td><td colspan="9">评价</td></tr>
<tr><td colspan="9"></td></tr>
<tr><td colspan="10">听课教师：</td></tr>
</table>

听课阶段需注意进入课堂，根据听课记录表记录，或是根据课堂教学评价表记录. 课后调研、整理阶段需要在课后搜集学生的个别反映、整理听课记录、拟好提纲，确定评价重点后进行. 评课阶段是在做好前面三个阶段的准备工作后，就进入实施评课阶段. 在这一阶段，评课者根据收集整理的课堂信息，有组织有秩序地发表自己的见解，同时注意聆听、记录他人的评价. 以上四个步骤就是一个完整的听课评课过程.

12.4 评课技能实践

评课过程是一个复杂的过程. 因评课主体的主观性，故要求评课的客观性，即要求评课“出乎其外”. 但出于培养师范生或准教师评课的目的，又必须要求师范生或准教师思考“如果我是讲课人，怎样处理会更好些”，即要求评课要“入乎其内”. 所以评课是一个“出乎其外，入乎其内”的过程，也只有这样才能充分发挥出评课的效果. 那么，该采取什么样的形式来促进评课技能的提高？我们认为通过下列技能的训练，能达到较好的效果.

（1）到中学观摩课堂教学，并评课. 到中学去观摩课堂教学，并进行评课是评课技能训练最直接的形式. 在观摩一线的课堂教学中，我们身临其境，能够切实地感受到课堂效果. 但这种方式要求比较高，比如要求评课者要及时地记录课堂中发生的教学事件，并进行有效的分析. 这就要求我们在听课评课时，不需面面俱到，而要有所侧重，要选取合适的评课方法. 是采用质性分析，还是采用量化分析？如果采用质性分析，其分析的重点是什么？如果采用量化分析，要采用哪个量表对哪些内容进行量化处理？

（2）选用自拍自评的方式，或从网络上下载并观看教学视频，并对其进行评价，思考“如果我是讲课人，怎样处理更好些”这样的问题. 采用这种方式，决定了评课者可以反复对视频材料进行观看，从而使得评课者能够客观地对课堂进行评价. 特别地，如果采用量化的方法，评课者就能反复地观看，对视频，对数据进行量化，从而达到客观的目的.

（3）选择数学教材中的一个知识点进行小组轮流上课并合作互评，使用课堂评价表为小组成员打分. 这可以说是“同课异构”的评价，这种方式往往能起到相当好的效果. 一方面是因为参与者的双重身份，既是授课者，又是评课者，个人在参与的过程中就会无意识地对自己的课堂教学与他人的课堂教学进行比较，就会不自觉地思考“如果我是讲课人，怎样处理更好些”；另一方面，通过参与者的讨论与交流，参与者会及时地改进自身的教学，从而在一定程度上促进评课目的的达成.

（4）评课各种方法的优缺点及适用范围. 上面三点是评课的主要形式与方式. 除此之外，我们还要不断地对评课进行深层次的分析，也可以是本源性的反思. 比如弄清楚评课各种方法的优缺点及适用范围，只有弄清楚了这一点才能采用适切的方法进行评课.

12.5 评 课 实 训

1. 实训 1：模拟上课所拍视频的评课

【训练内容】

选择其他同学“9. 4. 1 实训 1：无生模拟上课”的一个视频，进行评课训练.

【训练目标】

（1）熟悉并掌握评课的内容、方法和程序；

（2）能对视频进行恰当的评价，并提出若干改进的建议.

【训练程序】

（1）选择其他同学“9. 4. 1 实训 1：无生模拟上课”的一个视频，认真观看视频，做好听课笔记；若有必要，反复观看视频，熟悉每个教学细节.

（2）选择一种合适的评课方法，并选择一份合适的评课量表；如有需要，可以参考别人的量表，在此基础上根据实际情况，自己制作一张评课量表.

（3）使用该方法和量表，再次观看视频，做好记录，填写量表中的内容.

（4）撰写评课报告，给出结论、证据和改进的建议.

2. 实训 2：网络教学视频的评课

【训练内容】

从网上选择完整的一节数学课的教学视频，进行评课训练.

【训练目标】和【训练程序】与实训 1 相同.

说明：实训 1 建议多次观看视频，实训 2 建议只看一次视频，而且边看视频，边填写评价量表中的内容.

实训篇之二：微观实训

第 13 章　情境创设

学习目标

（1）了解情境创设的含义和作用，理解情境创设的原则、类型，掌握创设情境的方法与途径；

（2）通过案例学习，掌握概念课、命题课、习题课情境创设的技巧；

（3）通过情境创设技能实训，提升情境创设技能以及教学能力，优化数学课堂教学.

教学意义上的“情境”内涵大于“情景”，“景”是实物、是实景，是具体有形的，它的作用是在教学过程中把复杂问题简单化，抽象知识具体化，继而提高学生理解和掌握知识的效率；“境”则是境界、意境，是无形的、需要体会领悟的，它是融汇在教学的内容和过程之中，触动学生内心世界不断波动的情感因素，它不仅有利学生掌握基本知识和形成必要技能，还能够促进学生在情感、意志、态度和价值观等方面的健康发展.

13.1　情境创设案例呈现

请看下列课例：勾股定理教学设计（表 13-1）.

表 13-1　勾股定理教学设计

问题与情境	师生行为	设计意图
活动 1　创设情境——激发兴趣 在北京召开的第 24 届国际数学家大会，是最高水平的全球性数学科学学术会议，被誉为数学界的“奥运会”. 本届大会会徽的图案，如图 1 所示. 它像一个转动的风车，挥舞着手臂，欢迎来自世界各国的数学家们. 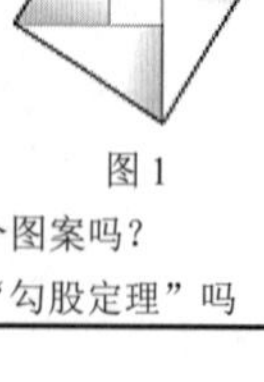 图 1 （1）你见过这个图案吗？ （2）你听说过“勾股定理”吗	教师出示照片及图片. 学生观察图片发表见解. 教师作补充说明： 这个图案是由我国汉代数学家赵爽用来证明勾股定理的“赵爽弦图”加工而来，展现了我国古代对勾股定理的研究成果，是我国古代数学的骄傲. 教师应重点关注： （1）学生对“赵爽弦图”及勾股定理的历史是否感兴趣； （2）学生对勾股定理的了解程度	通过欣赏图片，了解历史，介绍与勾股定理有关的背景知识，激发学生学习的兴趣，自然引出本节课的课题

续表

<table>
<tr><th>问题与情境</th><th>师生行为</th><th>设计意图</th></tr>
<tr><td>活动 2 观察特例——发现新知
毕达哥拉斯是古希腊著名的数学家. 相传在 2500 年以前，他在朋友家做客时，发现朋友家用地砖铺成的地面反映了直角三角形的三边的某种数量关系.
（1）同学们，请你也来观察图 2 中的地面，看看能发现些什么？
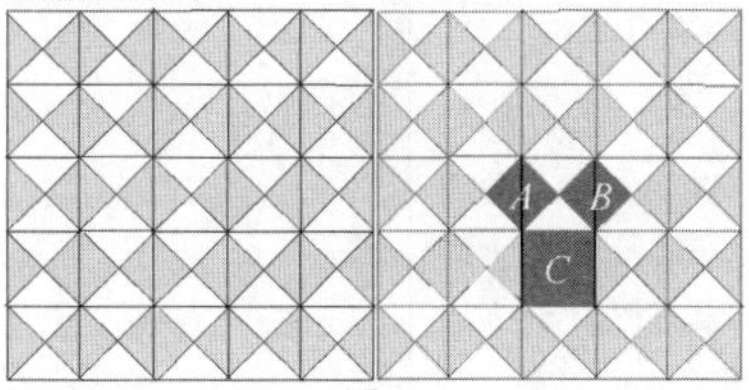

图 2
（2）你能找出图 2 中正方形 A，B，C 面积之间的关系吗？
（3）图 2 中正方形 A，B，C 所围等腰直角三角形三边之间有什么特殊关系</td><td>教师展示图片，提出问题.
学生独立观察图形，分析思考其中隐藏的规律.

学生通过直接数等腰直角三角形的个数，或者用割补的方法将正方形 A，B 中小等腰直角三角形补成一个大正方形得到：正方形 A，B 的面积之和等于大正方形 C 的面积.

教师引导学生，由正方形的面积等于边长的平方归纳出：等腰直角三角形两条直角边的平方和等于斜边的平方</td><td>通过讲传说故事来进一步激发学生学习兴趣，使学生在不知不觉中进入学习的最佳状态.

“问题是思维的起点”，通过层层设问，引导学生发现新知</td></tr>
<tr><td>活动 3 深入探究——交流归纳
（1）等腰直角三角形是特殊的直角三角形，一般的直角三角形是否也具有“两直角边的平方和等于斜边的平方”呢？
如图 3 所示，每个小方格的面积均为 1，以格点为顶点，有一个直角边分别是 2、3 的直角三角形. 仿照上一活动，我们以这个直角三角形的三边为边长向外作正方形.
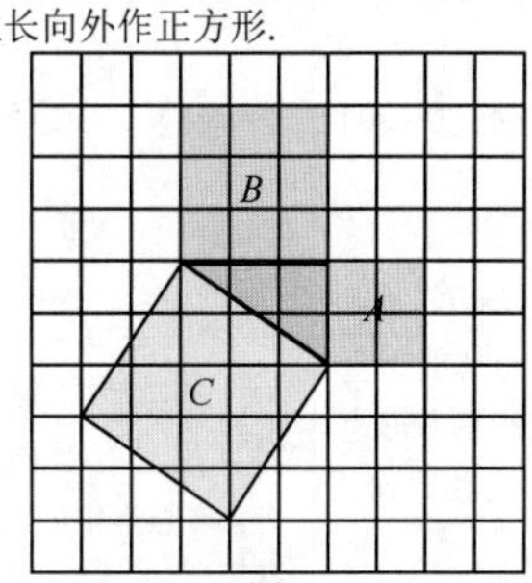

图 3
（2）想一想，怎样利用小方格计算正方形 A，B，C 面积？
<table><tr><th></th><th>A的面积(单位面积)</th><th>B的面积(单位面积)</th><th>C的面积(单位面积)</th></tr><tr><td>图2</td><td></td><td></td><td></td></tr><tr><td>图3</td><td></td><td></td><td></td></tr><tr><td>A、B、C 面积关系</td><td colspan="3"></td></tr><tr><td>直角三角形三边关系</td><td colspan="3"></td></tr></table>（3）正方形 A，B，C 面积之间的关系是什么？
（4）直角三角形三边之间的关系用命题形式怎样表述</td><td>教师出示图表.
学生独立观察并计算各图中正方形 A，B，C 的面积并完成填表.
教师参与小组活动，指导、倾听学生交流. 针对不同认识水平的学生，引导其用不同的方法得出大正方形的面积.
学生分组交流，展示求面积的不同方法.

学生利用表格有条理地呈现数据，归纳得到：正方形 A，B 的面积之和等于正方形 C 的面积.
在上一活动“探究等腰直角三角形三边关系”的基础上，学生类比迁移，得到：两直角边的平方和等于斜边的平方.
师生共同讨论、交流、逐步完善，得到命题 1：如果直角三角形的两直角边长分别为 a、b，斜边长为 c，那么 $a^2+b^2=c^2$.

教师应重点关注：
学生能否主动参与探究活动，在讨论中发表自己的见解，倾听他人的意见，对不同的观点进行质疑，从中获益</td><td>渗透从特殊到一般的数学思想. 为学生提供参与数学活动的时间和空间，发挥学生的主体作用；培养学生的类比迁移能力及探索问题的能力，使学生在相互欣赏、争辩、互助中得到提高</td></tr>
</table>

续表

问题与情境	师生行为	设计意图
活动 4　拼图验证——加深理解 （弦图验证） （1）观察图 4，思考：如何利用此图的面积表示式验证命题 1？ 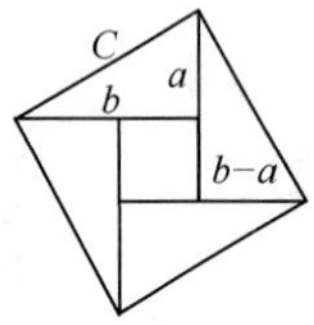 图 4	教师展示图片，提出问题. 学生观察图形可得：大正方形面积=四个全等直角三角形面积+中间小正方形面积. 再由代数恒等变形能得到 $a^2+b^2=c^2$，即验证了命题 1. 教师指导学生阅读教材，了解赵爽是如何利用拼图的方法来证明命题 1 的.	
（拼图验证） （2）仿照图 5、图 6 的思路，只剪两刀，将边长为 a，b 的两个连体正方形，拼成一个新的正方形？ 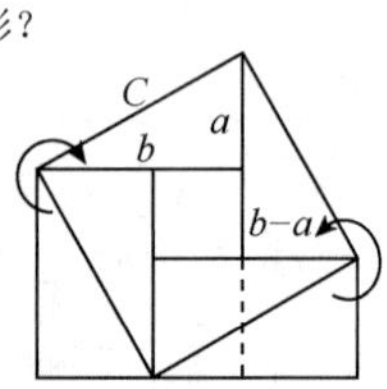 图 5 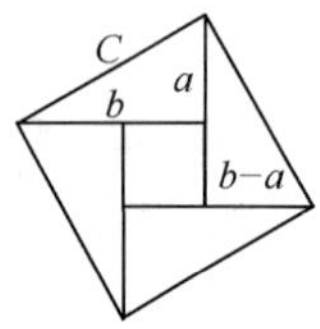 图 6	引导学生拼图的关键是：构造以 a，b 为直角边的直角三角形. 结合纸片，即在线段 MN 上确定一点 P，使分得的新线段与已有边长 a，b 构成需要的直角三角形. 通过小组讨论，学生可能出现以下方法确定点 P： 情况 1，在线段 MN 上截取 $MP=a$，得到 $NP=b$，从而确定点 P； 情况 2，通过折叠，得到边长为 $a–b$ 的正方形，它实际上是赵爽弦图的黄实，延长小正方形的一边与线段 MN 相交于点 P. 构造了以 a，b 为直角边的直角三角形，令斜边为 c，沿直角三角形的斜边分割从而拼得边长为 c 的正方形，完成拼图.	
（3）怎样根据拼图活动的结果证明勾股定理呢？ （定理命名）结合本节内容给出定理的概念. 向学生对比介绍古今中外对勾股定理的研究成果，指出我国是最早发现勾股定理的国家之一，据《周髀算经》记载：公元前 1100 年人们已经知道“勾广三，股修四，径隅五”. 把直角三角形中较短的直角边称为勾，较长的称为股，斜边称为弦. 将此定理命名为勾股定理	鼓励学生代表作示范演示，展示分割、拼接的过程. 再利用多媒体动画演示. 学生容易想到：未剪之前，图形面积是 a^2+b^2，在拼图过程中，构造了以 a，b 为直角边的直角三角形，得到斜边为 c. 拼接之后新的正方形边长是 c，面积为 c^2. 从而得到直角三角形三边的关系：$a^2+b^2=c^2$. 教师应重点关注： （1）学生能否进行合理的分割，对不同层次的学生有针对性地给予分析、帮助； （2）学生能否用语言准确地表达自己的观点	对学生进行爱国主义教育，增强学生的民族自豪感

设计说明：为了让学生在学习过程中自我发现勾股定理，首先把复杂的学习任务进行分解，以便学生的理解可以进一步深入. 在教学情境设计时，首先对教材进行科学的加工和拓展，使课本上的知识鲜活起来. 在情境设计过程中，从探究等腰直角三角形的三边关系入手，再自然过渡到探究一般的直角三角形，引导学生去观察、思考、探索、发现，进而得到勾股定理. 然后学生通过小组合作，讨论交流，进而验证勾股定理. 学生在经历知识产生、形成和发展的过程中，感受数学学习的乐趣.

案例启示：设计一开始创设了“赵爽弦图”，立刻引起了学生注意力，激发他们学习的兴趣. 这样的数学情境赋予了学生数学学习的乐趣，既能拉近数学知识与学生之间的距离，又能将学生引入一种渴求参与课堂的状态，使学习毫无外部强迫的痕迹. 毕达哥拉斯地砖图的情境创设，教学活动从“数小方格”开始，起点和难度低，学生能够容易接受. 通过层层设问，引导学生发现新知，并较为有效地培养学生的问题意识. 学生通过直接数等腰直角三角形的个数，或者用割补的方法将正方形 A，B 中小等腰直角三角形补成一个大正方形得到：正方形 A，B 的面积之和等于大正方形 C 的面积，再由代数恒等变换能得到 $a^2+b^2=c^2$，即验证了命题结论. 这样的情境引入和课堂设计会让学生大开眼界，觉得这节课很有意思和乐趣. 勾股定理的验证既是本节课的重点，也是本节课的难点，为了突破这一难点设计了拼图活动，通过拼图验证问题对学习勾股定理起到良好的作用. 并根据课本中设计的思路，引导学生剪两刀，将边长为 a，b 的两个正方形，拼成一个新的正方形，逐渐和学生的认知结构联系起来，纳入到学生的知识理解结构中去，从而扩大和改善了学生知识结构.

13.2 情境创设的原则、类型与方法

情境创设应遵循课堂教学的规律. 在教学过程中应从教学需要出发，在一定的教学目标指引下，构建符合学生学习的心理特点、接近生活实际且与教学内容相适应的情境，让学生在富有活力和创意的课堂上展开自主的学习和探究.

13.2.1 情境创设的原则和类型

1. 情境创设的原则

（1）真实性原则. 教学情境是由教学的具体环境和教学内容、师生情感等所构成的教学氛围. 教学应该在和真实情境相类似的环境中发生. 在真实情境中的学习，可以在提高学生学习的参与度，促进其对所学内容意义建构的同时，减少知识与解决问题之间的差距，提高学生知识迁移的能力. 因此，教师要善于捕捉“生活现象”，调动学生积极性. 新课程标准要求数学要紧密联系学生熟悉的生活实际，可以从他们的经验和已有知识出发，引导探索知识. 但凡熟悉的事物总让人感到亲切，在熟悉的生活场景中，更易引发学生的积极性，从而使他们从容不迫地探索新知.

教师要积极设计“生活情境”，开展教学演练. 数学教学如能在具体的生活情景中加以演练，有利于学生实践能力的提高. 真实的情境一方面拥有认知上的价值，另一方面则可以更加接近学生的实际体验，从而调动其通过自身的生活经验去探讨问题，来自真实情境中的问题最具有针对性与挑战性，解决此类问题更能显示情境的价值和现实意义. 因此可以说，学生对学习意义的认识和主题认知的程度来自于情境创设的真实性的程度. 所以，教师在情境创设时，对情境展开的过程，媒体的效果，问题情境的出现以及细节的运用都应力求真实.

（2）适宜性原则. 教学情境设置不能随意设置，要符合学生的认知结构和原有水平. 根据认知心理学理论，学习者的认知活动的发展，是以一定的顺序与一定的阶段最终形成一种结构的. 所以，在进行相关情境的创设时，应该将出发点定位在对学生认知结构的分析和对教学内容的把握上. 教育家奥苏伯尔曾说：“如果我不得不把教育心理学归结为一句话，那就是你必须从学生的原有的认知结构出发. ”所以教师在创设情景时，老师在把要探索认知的内容进行问题设计时，应尽可能使这一设计符合学生原有的数学知识结构，使问题的难度处

于学生“最近发展区”，因为这样的问题与学生原有的认知水平相适应，即与学生原有的知识建立某种联系，使它能内化到学生所掌握的知识体系中，从而具备引导学生探索与研究的价值，能更有效激发学生的探究欲望，这既符合学生的认识规律，也符合教学规律的逻辑性，同时也有助于培养他们的探索精神和创造性思维能力.

（3）整体性原则. 良好的开端是成功的一半. 一节数学课的开始，教师若能善于结合教学实际，创设合理的问题情景，教学效果将明显增强. 但情景的创设不只在课的开始阶段，而且在整个知识的发生、发展、规律的揭示、形成和应用过程中，也就是说在整个课堂教学过程中，教师都可以根据具体情况创设合理的情景提高学生的参与热情. 学习环境的四大要素是情境创设、协作信息、会话以及意义建构，因此情境是学习系统中的一个有机组成部分. 无论何种情境，其设计都无法脱离其他环节. 所以，只有考虑到与其他三个环节的衔接，情境创设才能有利于相关要素的展开，从而协助学生完成对新知识意义的顺利建构. 此外，作为教师还必须清醒地意识到情景创设只是一种教学手段，并非是教学目的，数学教学的目的是让学生在掌握知识的同时，发展学生的各种能力，并最终将这些知识应用于不同的情景.

（4）多样性原则. 一位好教师在上讲台之前，首先对学生做到心中有数，正所谓心中装着学生，只有细致地把握学生的心理特点、知识基础和智能水平，熟悉他们的内心世界，才能针对学生的特点，恰当地选择和运用科学手段、方法，结合教材创设教学情境. 建构主义认为，对世界的理解和赋予意义都是由每个人根据自己的经验解释的. 不同的人的经验是有差异的，对客观世界的解释也是多样化的. 基于建构主义的理论，教师应该从不同的角度，不同方面，围绕学习主题，提供有丰富学习资源和学习工具的多变与多样化的情境，使学习者选择自己熟悉的情境进入，让学生在其中灵活运用学习资源或者自由运用器材，以适合自己实际特点的方式完成意义建构. 除了要足够多样化之外，学习情境还应该能够提供多层次多角度的经验，使学生有机会进行多样化和不同层次的建构.

（5）兴趣性原则. 作为数学情境的材料或活动，要尽量富有吸引力，形式新颖，让学生有新奇感，同时要言简意赅，便于理解，设计的情境不能冲淡课堂的主题，适得其反. 教师通过设置问题情境，组织学生对未知东西的探索，使学生有可能掌握比在一般学习活动中获得更概括的知识. 问题情景必须能够激起学生学习新知识的愿望和需要，即要能激发学生的学习兴趣，调动学生的学习积极性. 爱因斯坦曾说，成功的教育能够激发学习者“对于对象诚挚的兴趣和追求真理与理解的愿望”，学生学习与研究问题的直接动力来自于浓厚的兴趣. 学习心理学的研究成果表明，人们首先注意那些最新的信息，然后才实现对世界的感知认识，因为最新的信息具有吸引力和刺激性，学生对数学情境的兴趣也来自于能否有新的信息提供. 所以情境创设要富有变化，善于创新，一方面与学生的生活经验有一定的联系，另一方面还要有新的信息的刺激，情境的内容应该富有新意.

2. 情境的类型

情境有多种分类方式，上海辞书出版社出版的《辞海》（1989）中，将情境分为三类：真实情境、想象的情境和暗含的情境. 真实的情境是指人们周围现实存在的他人或群体；想象的情境是指在意识中的他人或群体；暗含的情境则是指他人及其行为中包含的一种象征意义. 《MIT 认知科学百科全书》的作者将情境分为：物理的或基于任务的（包括人工智能或信息的外部表征）；环境的或生态的（如工作坊或商业中心）；社会的或互动的（教育、教学或临床背景中）. 认知分享理论也特别强调情境在学习中的作用，认为可以将学习情境分为物理性和社会性两种. 麦克莱伦认为情境可以是真实的工作场景，即高度的真实，也可以是真实工作环境的“虚拟”代用品，即一种可停留的环境，如影像或多媒体程序. 可见，情境的分类具有多层次，以不同的标准进行分类，就有不同的情境类别. 所以情境既可以是观念的、虚拟的，又可以是物理的、真实的；既可以是基于学校与课堂的，又可以是基于社会、自然和日常生活中的.

教学中的情境是多样而复杂的，根据分类的标准不同可以有多种类型. 李吉林根据刺激物对儿童感官或思维活动所引起的不同作用，将情境大致分为：实体情境、模拟情境、语表情境、想象情境及推理情境. 分类的标准也可以是情境创设手段和目的等.

1）依据情境创设的手段分类，主要有实体情境、模拟情境、语表情境

实体情境：即以物体原型为主的情境. 创设实体情境，就是要把学生带入自然、社会中，从生活中选取某一典型场景，鲜明地展现在学生的眼前，或在课堂出示实物、标本等. 实体情境因其本身的具体化，使学生看得到、摸得着，易于感受，易于理解，可以发展学生的观察能力、思维能力，从而加深对事物的感知. 如直线和平面的判定定理的探求过程如下.

（1）直观感知.

提问：根据同学们日常生活的观察，你们能感知到并举出直线与平面平行的具体事例吗？

生 1：日光灯与天花板，树立的电线杆与墙面.

生 2：门转动到离开门框的任何位置时，门的边缘线始终与门框所在的平面平行（由学生到教室门前作演示）.

（2）动手实践.

教师取出预先准备好的直角梯形泡沫板演示：当把互相平行的一边放在讲台桌面上并转动，观察另一边与桌面的位置，给人以平行的感觉，而当把直角梯形的腰放在桌面上并转动，观察到的另一边与桌面给人的感觉就不平行. 又如老师直立讲台，则大家会感觉到老师（视为直线）与四周墙面平行，如老师向前或后倾斜则感觉老师（视为直线）与左、右墙面平行，如老师向左、右倾斜，则感觉老师（视为直线）与前后墙面平行（老师也可用事先准备的木条放在讲台桌上作上述情形的演示）.

设置这样的情境，是为了让学生更清楚地看到线面平行的关键因素是什么，使学生学在情境中，思在情理中，感悟在内心中，学自己身边的数学，感悟空间观念与空间图形性质.

模拟情境：是指根据教学的需要，抓住事物的主要特征，运用图像、音频、视频、角色扮演等手段进行呈现，模拟出特定的情境. 模拟情境的创设，可利用多媒体技术模拟真实场景，使学习者在可重复、可控制的虚拟情境中获得各项科学知识与技能，把声音、图像、文字有机地结合起来，化静为动、化数字为图形，做到动静结合、图文并茂、声情兼备，从而为学生营造了一个更加真实的情境.

例如，三角形有一个重要性质：它的重心、垂心与外心共线，且垂心到重心的距离与重心到外心的距离之比是 2. 这个性质对任意三角形都是成立的，但课本上并没有把它作为定理，而只作为一个例题，不少学生即使完成了这道题，也未把它作为三角形的一个普遍性质，而且很容易遗忘. 借助“几何画板”的模拟可使这个例题的教学效果更佳. 利用“几何画板”任意画一个$\triangle ABC$及其外心 Q、重心 O 和垂心 P（图 13-1）.

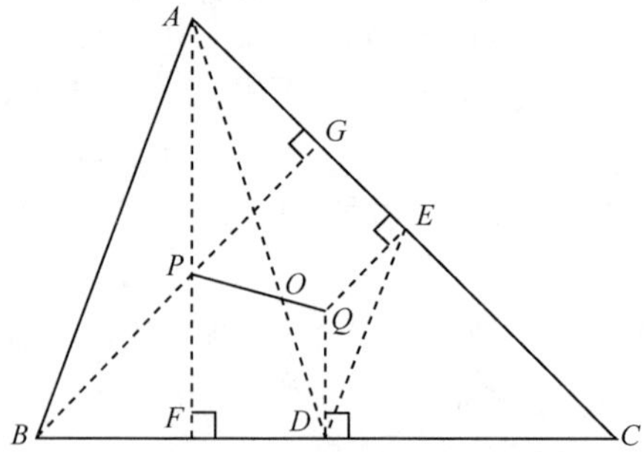

图 13-1

随意地拖动△ABC的边或顶点，使学生看到，随着△ABC的形状变化，其外心 Q、重心 O 和垂心 P 也在作相应的变化，但无论怎样变，这三个点始终位于同一直线. 再测出 PO 和 OQ 的长度，计算出 PO 和 OQ 长度的比值，把这些数值显示出来，然后再随机拖动△ABC的边和顶点，使学生看到随着△ABC的形状变化，所显示的 PO 和 OQ 长度也相应地变化，但无论怎样变化，它们的比值始终是 2. 通过这样的动态演示，可以使学生比较直观地看到这个性质对任意三角形都是成立的，而不是某个三角形的结论. 由此可加深学生对这个结论的理解，也激发了学生证明该命题的兴趣.

语表情境：是指运用语言表述某一种情境. 教师使用语表情境，要符合实际，富有启发，能表达丰富的思想情感. 在教学中，教师除了利用专业术语向学生介绍数学概念、定理、法则外，如能恰当地运用诗词点缀数学课堂，既可启迪思维，又能增加情趣，有时还能起到画龙点睛的作用. 如学生刚接触题目，未弄清题意，不知如何求解时，告诉学生“不识庐山真面目，只缘身在此山中”；分析时，抓住问题本质，解决主要矛盾，好像“射人先射马，擒贼先擒王”；想了许久，终于有了头绪，但又不能使问题彻底解决，还要继续思考，犹如“千呼万唤始出来，犹抱琵琶半遮面”；陷入困境，感到困惑，努力后得出新的思路，教师可配以诗句“山重水复疑无路，柳暗花明又一村”；对某一问题想了许多方法都未能求解，不经意时，偶得一法，使问题顺利完成，就像“踏破铁鞋无觅处，得来全不费工夫”或“有心栽花花不开，无心插柳柳成荫”；经过反复思考，问题终于解决，心情舒畅，兴奋不已，则有“两岸猿声啼不住，轻舟已过万重山”的感觉.

2）依据情境创设的目的分类，主要有探究学习型情境、合作学习型情境

是指为探究学习任务创设的教学情境. 探究学习情境与问题学习情境是密切相关的. 一般情况下，学生在一定的问题情境的刺激下会主动参与探究. 例如在学习镶嵌时，提出下列探究问题：

探究 1：拼拼看能否用正三角形镶嵌成一个平面图案？

探究 2：分别用正四边形和正六边形能否镶嵌成一个平面图案？

探究 3：拼拼看，用正五边形能否镶嵌成一个平面图案？

让学生亲身经历体会从具体情景中发现数学问题，进而寻求解决问题的方法.

教师将学生的这四种拼图过程演示给学生，如图 13-2 所示.

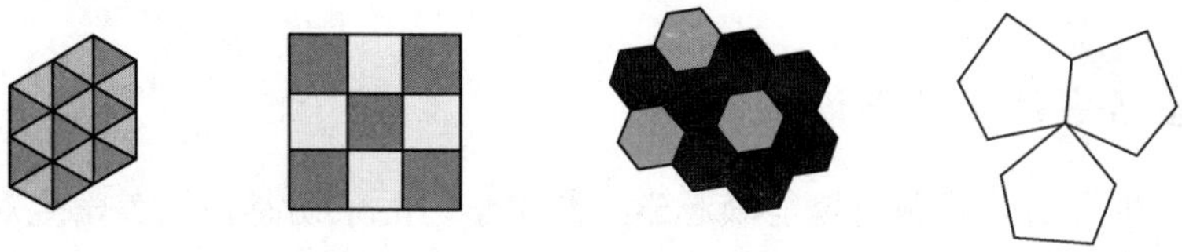

图 13-2

学生思考，感受镶嵌的含义，产生探究的欲望，为什么正三角形、正四边形、正六边形能够镶嵌成一个平面图案，而正五边形却不能拼成平面图案？这些内容中蕴涵了什么样数学规律，从而引出探究问题. 这样的情境创设将促进学生主动探究、乐于探究.

指为在教学中的合作学习而创设的教学情境. 如学习平行四边形的判别方法时，可设计下列两个问题让学生进行合作讨论.

讨论 1：将两长两短的四根细木条（其中两长和两短的木条长度分别相等），用图钉钉在一起，做成一个四边形，如果等长的木条成对边，那么无论如何转动这四边形，它的形状都是平行四边形；你能说出这种方法的道理吗？

讨论 2：若将两根细木条中点用钉子钉合在一起，用橡皮筋连接木条的顶点，做成一个四边形，转动两根木条，这个四边形是平行四边形. 你能说出其中的道理吗？

此外，依据不同的标准，还有其他的分类方法. 如数学教学情境按教学过程的性质分，主要有概念情境、问题情境、思想方法态度的情境等. 各类教学情境不是彼此割裂而是相互联系，不同分类的情境彼此有交叉与重叠. 在现实的教学中，应根据教与学的实际需求选择创设的情境，对其进行优化组合以取得教学的最佳效果.

13.2.2　情境创设的方法

1. 利用数学历史、数学文化的背景创设情境

数学是一门具有悠久历史的学科，数学文化是人类文化的重要组成部分. 数学课程应帮助学生了解数学在人类文明发展中的作用，逐步形成正确的数学观. 世界的文明史给我们留下了无数宝贵的数学文化遗产，可以为我们的数学教学增光添彩. 引入数学历史进行情境的创设，一方面不但可以增强学生对数学的感性认识，另一方面还能开拓学生的视野.

例如，学习尺规作图时，可向学生介绍“几何作图三大难题”及其起源和解决过程；学习圆的知识时，涉及圆周率 π，可向学生介绍刘徽、祖冲之计算 π 的故事，指出在当时条件下，祖冲之计算出 $3.1415926<\pi<3.1415927$，精确到小数点后七位数，是艰辛的工作，是一项具有世界意义的成就，创造了当时世界上最精确的纪录. 这个纪录一直保持了一千年左右，直到 1427 年才被中亚细亚的一位数学家用更精确的计算打破. 讲解无理数时，向学生介绍数学发展中的三次危机，说明数学发展的过程也是一个不断克服困难和完善的过程，毕达哥拉斯学派的成员希帕索斯因发现无理数 $\sqrt{2}$ 竟被投入大海，献出自己宝贵的生命. 在学完一元二次方程后，为使学生对方程有全面的了解，向学生介绍发生在三百多年前“结巴”数学家塔尔塔利亚与“怪杰”卡丹之间的数学解题大赛等.

数学史的发展如同人类文明的发展，充满犹豫、徘徊，经历数不尽的艰难曲折，同时又是迷人和令人鼓舞的. 以数学史创设教学情景，可以让学生更多地了解数学，热爱数学，进

而学好数学.

2. 利用生活中的问题创设情境

创设贴近学生生活的问题情境能唤起学生数学学习的亲切感，培养学生对所学知识的兴趣，从而体会数学的价值. 因此在数学教学中，可根据学生生活的体验，有效地创造生活情境，采用灵活多样的切入方法，让学生在熟悉的生活情境中愉快地探究问题，找到解决问题的方法.

图 13-3

例如，学生对函数符号的内涵理解比较困难，老师可以结合生活中具体的例子加以理解，让学生产生深刻的印象.

从形式上：f 是对应法则，不是 $f*x$，function 作名词是作用，功能的意思，在这里我们可以把 f 理解成一种作用，更像一种力的作用，$f(f(x))$ 就好像一个人被一个人接连打了两拳，而 $f(g(x))$ 是不幸地被两个不同的人打了两拳，如图 13-3 所示.

从变换上：李善兰把“function”翻译成函数原因如下：他把“f（ ）”理解成一个变换装置，比如神奇的魔术箱，因此他把 f（x）翻译成函天，就是函中之天的含义，就是把 x 放入函中，变出一个 y，因此函数的函就是匣子、箱子的意思. 函在古代表示信件的意思，是两个人沟通的桥梁和工具，而函数就是两个数之间的桥梁.

从直观上：f 就像一个车间，x 就是原材料，y 就是产品，把 x 扔到 f 里面加工出来就是 y. 所以 f（x）就是一个数值转换器，如图 13-4 所示.

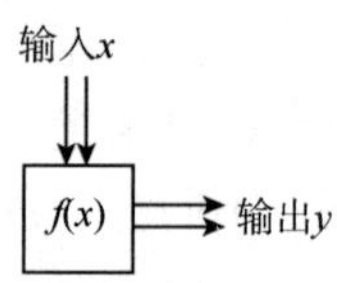

图 13-4

3. 利用学生数学学习的认知冲突创设情境

情境的设计必须以引起学生的认知冲突为基点，这样才能引起学生的学习的内在需求. 教师根据新学的知识、方法及学生已有的认知结构，设计一个包含新知识、新方法或新思维的问题情境，学生运用旧知识、旧方法、习惯思维于新问题情境时便会产生认知冲突，由此产生疑问和急需找到解决方法的内在需求. 在这种需要的驱使下，教师展开教学，定能收到事半功倍的教学效果.

如“方程的根与函数的零点”设置如下情境:

师：方程对我们来说并不陌生，同学们会求方程 $2x-6=0$ 的解吗?

生共同回答：$x=3$.

师：那如果我在前面加上一个 $\ln x$ 情况会怎样呢？请问同学们会求方程 $\ln x+2x-6=0$ 的解吗?

（见学生回答有困难，教师做了如下提示）

师：同学们想一想这个方程用我们以前学过的知识可以解吗?

生：应该不能吧.

师：确实不能，一元一次方程的解法不能用，一元二次方程的解法也不能用. 那退一步我们能不能确定这个方程解的个数呢?

（学生小组讨论）

第一小组的同学举手回答：作函数 $y=\ln x$ 和函数 $y=-2x+6$ 的图象，两个函数图象只有一个交点，所以方程的解只有一个.

第二小组同学：我们也是画出函数 $f(x)=\ln x+2x-6$ 的图象看到它在定义域 $(0,+\infty)$ 上是单调递增的与 x 轴只有一个交点.

师：精彩！精彩来自两个方面，一是讲解的思路很清晰；二是把方程的问题转化为函数的问题来解！我们经常会遇到无法用公式法求解的方程，这两组同学将方程的问题转化为函数来研究，这就是今天我们要学习的内容——方程的根与函数的零点.

让学生从熟悉的环境中发现新知识，使新知识和原有的知识产生联系，符合学生学习的认知规律，在知识的冲突中调动学生的学习兴趣，以此来得到新的解决问题的方法.

4. 利用数学实验创设情境

数学实验就是让学生通过观察演示、动手操作，获得对抽象的数学概念、定理、结论等的感性认识，再通过加工上升为理性认识，是学生在教师的启发和引导下发现数学过程的一种体验.

例如，在讲解球面距离时，高中《立体几何》课本定义球面距离为："在球面上，两点间的最短距离，就是经过这两点的大圆在这两点间的一段劣弧的长度，我们把这个弧长叫做两点的球面距离". 学生会问两点的球面距离为何最短，课本并没有说明，一些老师也感到难以解释清楚，很多老师绞尽脑汁，又是多媒体辅助加上兴趣引入，又是 Flash 动画演示，可还是未给学生讲清楚. 可是如果让学生亲手做个实验，学生就能很快明白，并且印象深刻，不会轻易忘记.

下面是实验教学设计方案中的一个导入片段.

背景：上海东方航空公司的一架班机在从上海飞往美国洛杉矶的途中突遇强气流，使飞机上下颠簸造成部分乘客受伤，飞机在阿拉斯加紧急迫降，请问这种做法科学吗？（教师挂出世界题图，并画出飞机的飞行路线图）

生：不科学，因为上海和洛杉矶都在北纬 30° 稍北的位置，似乎沿北纬 30° 圆弧飞行距离最近，若由上海到阿拉斯加再到洛杉矶，岂不是飞机在绕行？

学生讨论，但基本上有一个共识：寻求地球上从上海到洛杉矶最短弧长.

师：怎样的圆弧最短呢？

教师拿出了地球仪、橡皮筋. 然后告诉同学们：我们来实验一下.

学生顿时沸腾起来，纷纷要求上讲台拉一拉橡皮筋.

实验一：两位学生上台，一位学生将橡皮筋的两端固定在上海和洛杉矶，另一位同学将橡皮筋沿纬线圆放置，橡皮筋却经过了阿拉斯加. 通过这一现象，学生们达成感性共识：沿大圆运行，弧长较短.

师：同学们的这种认识是合理的，但是否正确呢？让我们再次做实验.

实验二：教师拿出一个用萝卜削成的球形，在其上选了两点分别代表上海和洛杉矶，让一位学生上台用刀经过上海和洛杉矶截出两个圆（一个大圆，一个小圆），然后让全班同学观察弧长，进一步检验了结论"大圆弧最短".

5. 利用小故事创设情境

故事是学生最喜爱的文学形式之一，它不仅能激发学生的学习兴趣，而且故事中蕴含的思想情感能起到教育学生的作用. 数学小故事有时反映知识形成的过程，有时反映知识构成的本质，用这样的故事来创设情境，能够进一步改善学生数学学习的情感.

例如，学习抛物线时，可以讲下面的小故事：美国的国会大厦由 W·桑顿博士筹建于公元 1792 年. 1814 年为英国侵略军所烧毁，公元 1819 年重建. 在国会大厦巨大圆顶厅的南面是雕塑厅. 该厅的设立是源于 1864 年，当时各个州都要求捐献他们的两位著名市民的塑像. 直至 1857 年，众议院都与雕塑厅相连. 在这个厅里，当时有一位叫阿达姆的议员，发现了一种奇特的声学现象：在厅一边的某个定点，人们能够清楚地听到位于厅的另一边的人的谈话，而所有站在两者之间的人，都听不到他们的声音，他们发出的噪声也并不会使传递于大厅间的谈话声变得模糊. 阿达姆的桌子正巧坐落在抛物天花板的一个焦点，这样，他便能很容易地窃听到位于另一个焦点的其他国会议员的私人谈话.

运用故事化的教学情境，能激发学生的好奇心、求知欲，使学生在听故事的同时，不知不觉学到了数学知识，同时学生的学习兴趣也被调动起来.

6. 运用信息技术创设情境

在数学情境教学中利用信息技术，能为课堂提供更好的教学环境，达到更好的教学效果. 信息技术（这里的信息技术包括了多媒体、网络和数学软件等）在数学教学中的使用，能让抽象的数学知识直观化、形象化，启发学生的数学思维，引导学生探索新知识. 而且信息技术在课堂教学中的使用帮助教师减轻了负担，节约了时间，更好地建立了教学情境.

例如，学习三角函数图象时，让学生课前利用专题网站进行预习，课上先利用 Flash 动画创设情境，接着利用思维导图、几何画板、电子表格、自编程序进行问题探究和合作交流，随后利用专题网站的学习测评、自我小结等进行效果评价，课后再次利用专题网站进行复习巩固. 下面是函数 $y=A\sin(\omega x+\phi)$ 的图象的教学片断. 运用 Flash 的动画功能将函数 $y=\sin x$ 的图象经过怎样的变换得到函数 $y=A\sin(\omega x+\phi)$ 的图象，很直观形象地演示出来，并在课堂上让学生通过 Flash 功能亲自动手探索，获得亲身体验，对数学的概念和内涵有更为深入的理解.

（1）探究 A 对函数 $y=\sin x$ 的影响（图 13-5）.

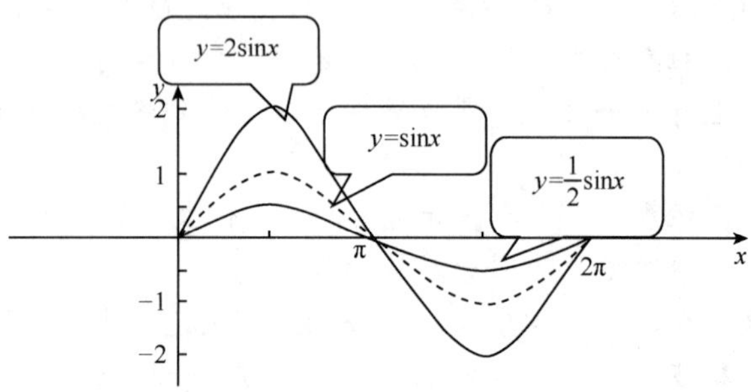

图 13-5

（2）探究 ω 对函数 $y=\sin x$ 的影响（图 13-6）.

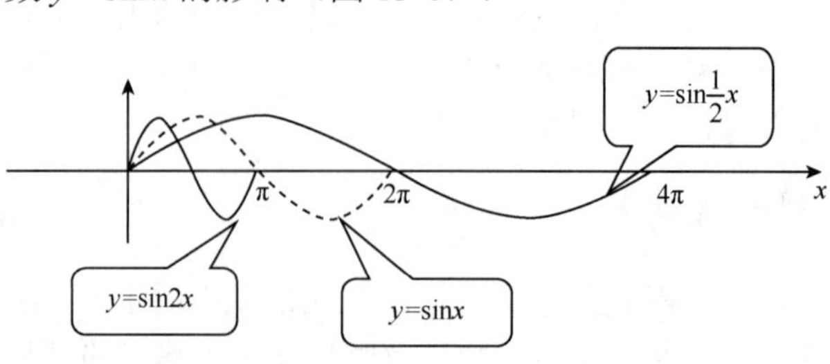

图 13-6

（3）探究ϕ对函数$y=\sin x$的影响（图 13-7）.

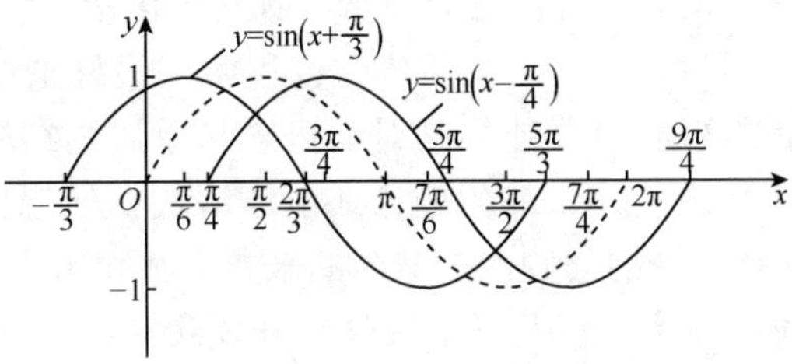

图 13-7

（4）如何由$y=\sin x$变换得到$y=3\sin\left(2x+\dfrac{\pi}{3}\right)$（图 13-8）. 引导学生自行画出草图，老师在此基础上用课件演示整个变化过程.

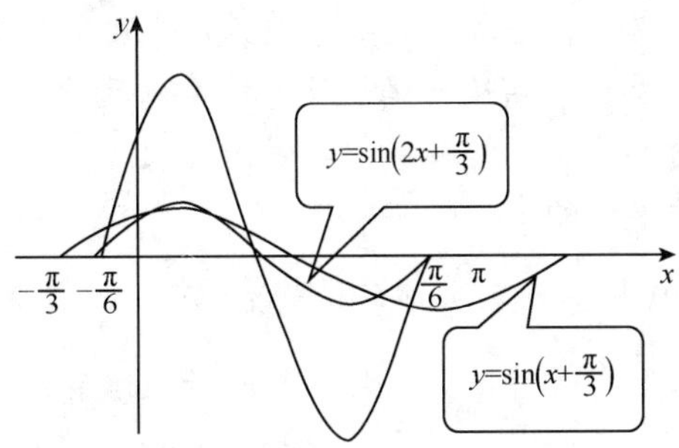

图 13-8

函数图象变化较复杂，通过设计问题启发学生使用 Flash，从千变万化的变式中寻找到三角函数变化规律的本质，从而使学生能够很好掌握函数从$y=\sin x$图象到$y=A\sin(\omega x+\phi)$的图象的变化过程. 这“形”中的直观和“数”中的抽象，让学生在“一惊一喜”中达到一悟皆通的效果. 信息技术的多媒体性、动态性等特点有助于数学概念的表征，有助于学生主动构建数学知识，信息技术能提供自动推理和符号演算的教学环境，有助于抽象思维的训练.

13.3 情境创设实训

顾汝左老师指出：“情境创设要紧扣所要教学的数学知识和技能，离开这一点就不是数学课”. 下面从数学课的三种课型：概念课、命题（定理、公式）课、习题课（复习课），来谈谈怎样有效创设课堂情境.

【活动一】概念课情境创设.

【活动目的】再现概念的发生过程.

数学概念建立过程中主要表现为两种形式，即概念的形成与同化的过程. 所谓概念的形成是人们对客观事物的反复感知和进行比较、分析、抽象、概括出一类事物关键的本质属性的过程. 这个心理过程是以学生的直接经验为基础，通过各种例证的分析，经历由表及里，由部分到整体，由具体到抽象以及辨别、类比、形式化，归纳概括出一类事物的本质属性，从而形成数学概念. 概念同化是以间接经验为基础，是利用已掌握的概念去学习新概念，或修改、改造旧概念使之适应新需要的过程. 概念同化学习需要概念本身具有逻辑意义，同时具备同化新概念所需要的知识经验. 概念同化学习的心理过程往往经历定义、分类、同化、辨认、强化的过程. 在概念的建立过程中，最好把概念的形成和同化结合起来，既了解概念形成背后的事实，又能加强对新概念和原认知结构中旧知识之间联系的理解，使概念教学不仅能够解决是什么的问题，还能够解决如何想到的问题，以及有了这个概念以后将如何建立、发展理论的问题，把概念的来龙去脉和历史背景弄清楚.

案例 13-1 弧度制（普通高中课程标准实验教科书数学 4）.

情境一 弧度制引入.

问题 1：同学们，你知道科学家用什么来表示星球之间的距离吗？

学生：光年. 光在真空中走 1 年的路程叫 1 光年，即约九万四千六百亿公里（或五万八千八百亿英里）.

老师：为什么要用光年来表示星球之间的距离？

学生：两星球之间的距离比较遥远，光年一般是用来度量很长的距离.

老师：距离可以用米、厘米、英尺、码等不同的单位度量，物体的重量可以用千克、磅等不同的单位度量，不同的单位制能给解决问题带来方便.

设计意图：认识到度量单位的多样性.

问题 2：$\sin 30° = \dfrac{1}{2}$ 中 30 和 $\dfrac{1}{2}$ 分别是什么度量单位？

设计意图：一个式子中存在两种度量单位，有时带来运算不便，以度为单位度量角的大小是一种常用方法，为了进一步研究的需要，比如 $y=\sin x$，在坐标系下画出它的图象，y 是实数，如果 x 用角度制，那么横纵坐标就不统一，非常不方便；另外，在角度制下，当把两个带着度、分、秒各单位的角相加、相减时，由于运算进率非十进制，总给我们带来不少困难. 那么我们能否重新选择角的度量单位，使在该单位制下两角的加、减运算与常规的十进制加减法一样去做呢？这种认知冲突使得弧度制的引入顺理成章.

情境二 1 弧度角.

问题 3：在平面几何中，1° 的角是怎样定义的？

在平面几何，我们把圆周分成 360 等份，每一份叫做 1 度的弧，把 1 度的弧再细分就得到分和秒，1 度的弧所对的圆心角叫做 1 度的角. 根据这个定义，整个圆周就是 360 度的弧，即圆周长是 360 度，1 度=60 分.

设计意图：复习角度制，从历史的角度看，度、分、秒最初是度量圆弧这样的曲线的长度单位，在圆弧与圆心角之间建立一一对应后，度、分、秒便成了度量角的单位. 现今的学生已经认识到圆周这样的曲线的度量单位和半径的度量别无他法，而度、分、秒是度量角的单位，用度、分、秒定义弧长、弦长很不舒服，从而比较自然地接受弧度制的概念.

问题 4：用圆周的度量单位度量半径，但说半径是多少度、分、秒是很别扭的. 为了消除这种别扭，能否用半径的度量单位来度量圆周长？

圆的周长公式：$c=2\pi r$.

整个圆的周长是 2π 个半径，周角是 2π 个单位，平角是 π 个单位.

如果说把圆周分成 360 份还有一定的主观成分在里面，那么以半径长为单位分周长为 2π 个单位就不以人的意志为转移的客观规律. 这也可作为弧度制在理论上比角度制优越的一种解释.

问题 5: 1 弧度的角怎样定义?

在定义 1 弧度角时，以半径为单位，把圆周分成 2π 份，把半圆分成 π，每一份弧所对的圆心角就是 1 弧度的角.

则有 1 弧度的定义：长度等于半径长的圆弧所对的圆心角叫做 1 弧度的角.

分析弧度制的定义，进一步得出弧度制定义与圆的大小无关，1 弧度角的大小是完全确定的.

【案例分析】从初中用“角度制”来度量角的大小，到高中既用“角度制”又用“弧度制”度量角的大小，对学生的认知结构来说是一次改善. “弧度制”顾名思义，是用弧的长度来度量角的大小（角度制实际上就是用角的大小来度量角的大小的），既然是用弧的长度来度量角的大小，那么 1 弧度又如何定义呢？结合数学史让学生理解：为什么引入弧度制？弧度是什么意思，有什么作用？这是阐明弧度制的关键. 通过介绍弧度制的发展历程，学生体会到引入弧度制的好处，逐渐认识到任何新知识的学习都会为我们解决实际问题带来方便，也认识到角度制、弧度制都是度量角的规定，二者虽然单位不同，但是互相联系的、辩证统一的. 结合概念自身的特征为学生创设一系列巧妙的问题情境，极大限度地调动学生的积极性，训练其思维能力.

数学中有许多具有相似属性的概念，对于这些概念的教学，教师可以先引导学生研究已学过的概念属性，然后创设类似的问题情境，引导学生去探索，尝试给新概念下定义，这样新的概念容易在原有的认知结构中得以同化与构建. 这类数学概念形成的问题情境创设一定要抓住新旧概念的相似点，为新的数学概念的形成提供必要的认知基础.

【巩固作业】如何创设一种有利于培养学生理解数学概念的数学情境?

【活动二】命题新知课（公式、定理课）情境创设.

【活动目的】创设发散思维情境进一步理解公式.

所谓命题的探究过程，是指两个方面：一是定理的发现与导出的过程；二是证明的思路探索与推理论证的过程. . 关于定理公式的传统教学，往往会忽略数学定理的发现、证明思路的猜想和证明方法的尝试、选择、评析，给人以一种假象：数学是一种人造的完美规则系统. 这种完美形式在一定程度上颠倒了数学发现的过程，掩盖、湮灭了数学发现、数学创造、数学真实应用的思维活动，如果讲授定理时，照本宣科式地塞灌给学生，无疑将会抑制学生的探索、发现、创新，阻碍学生思维的发展和能力的提高，学生得到的仅仅是死板的数学知识. 命题课要达到的教学目的是：揭示公式、定理的来龙去脉，揭示其推导、论证中所用的具有代表性的数学思想和数学方法.

案例 13-2 点到直线的距离（普通高中课程标准实验教科书数学必修 2）.

引入情境

出示学生熟知的具体实例：当火车在高速行驶时，周围会产生负压，如果旅客离铁轨中心的距离小于 2. 5 米时，就可能被吸入车轮下发生危险.

让学生直观感受几何要素——“点到直线的距离”，引发学习好奇心和研究兴趣.

点到直线的距离公式的推导过程

问题情境

问题 1: 如何求点 $P(2,0)$ 到直线 $x-y=0$ 的距离?

问题 2: 如何求点 $P(4,2)$ 到直线 $2x-y+2=0$ 的距离?

问题 3: 如何求点 $P\ (x_0,y_0)$ 到直线 $Ax+By+C=0$ 的距离（ $A^2+B^2\neq 0$ ）?

设计意图：由于教材上对于点到直线的距离公式的证明比较抽象，所以补充了两个由浅入深的具体问题，为后面推广到一般情况作好铺垫. 问题 1，由于点和直线的位置非常特殊，所以学生容易回答，教师要鼓励学生利用多种方法解决问题 1. 改变问题 1 中几何元素：点、直线的位置，引出问题 2，类比问题 1，让学生独立思考问题 2 的不同解法. 只要求学生说明解题思路，最后引导学生类比问题 1，推导出点到直线的距离公式.

下面是问题 1 的解题思路.

方法一　利用三角函数.

解：过点 P 作 l 的垂线 PQ，垂足为 Q，

$\because l: x-y=0, \therefore \angle QOP=45°$，$\because P(2,0)$，

$\therefore |OP|=2, \therefore |PQ|=|OP|\sin 45°=2\times\dfrac{\sqrt{2}}{2}=\sqrt{2}$.

由于点和直线的位置比较特殊，直角三角形较为明显，并且出现了特殊角，所以可以利用三角函数来解决问题. 但如果直线位置不具特殊性，三角运算将较为繁杂，故此法具有一定的局限性.

方法二　利用定义.

解：过点 P 作 l 的垂线 PQ，设垂足为 Q. $\because l: x-y=0, P(2,0), \therefore PQ: y=-(x-2)$，

$\therefore \begin{cases} y=x \\ y=2-x \end{cases}, \therefore x=2-x, \therefore \begin{cases} x=1 \\ y=1 \end{cases}. \therefore Q(1,1), \therefore |PQ|=\sqrt{(2-1)^2+(0-1)^2}=\sqrt{2}.$

结合点到直线的距离的定义，学生容易想到利用定义解决问题.

方法三　利用函数的思想.

解：设直线 l 上的点 $Q(x_0,y_0)$，则 $d_{P-直线l}=(|QP|)_{\min}$，$\because x-y=0, \therefore x_0-y_0=0$,

$\therefore |QP|=\sqrt{(x_0-2)^2+y_0^2}=\sqrt{x_0^2-4x_0+4+x_0^2}$
$=\sqrt{2(x_0-1)^2+2}\geqslant\sqrt{2}.$ 当 $x_0=1$ 时，取得等号，即点 $Q(1,1)$.

可将求点到直线的距离转化为两点之间的距离，再通过二次函数求最小值的方法解决本题.

强调：①点 $Q(x_0,y_0)$ 在直线 l 上，故 x_0、y_0 满足直线方程；②当等号成立时，指明此时点 Q 的坐标，并与方法②得到的点 Q 的坐标进行比较.

方法四　利用直角三角形的面积公式.

教师：由于 $PQ\perp l$，所以我们还可以想到什么方法来计算呢？

教师：应该如何构造三角形呢？

如何添作辅助线是学生的一个思维难点.

解：过点 P 作 l, x 轴的垂线 PQ, PR，交点为点 Q, R. ∵$P(2，0)$，$y=x$，∴$R(2，2)$，

∴$|OP|=2$，$|PR|=2$.

∵Rt△OPR 中，$|OR|\cdot|QP|=|OP|\cdot|PR|$，∴ $2\sqrt{2}\times|QP|=2\times2$，∴$|QP|=\sqrt{2}$.

【案例分析】

对于这一节内容，有两种不同的处理方法：一种是仅让学生理解、记忆公式，直接应用而不讲公式的探寻过程，这样的教学不利于对学生数学思维的培养；另一种是本案例所体现的方法，通过强调对公式的探索过程，提高学生利用代数方法处理几何问题的能力. 由于点

到直线的距离公式的证明过程含字母运算，比较抽象，如果没有整体算法步骤的分析，学生的思路势必会缺乏连贯性，所以这里设置问题情境，从特殊到一般再到抽象，由浅入深，循序渐进. 这节课对公式的教学进行研究性学习，让学生真正成为课堂的主人. 在推导公式的过程中，学生通过克服困难的经历，以及获得成功的体验，锻炼了意志，增强了信心. 其实所有公式的教学、定理的教学都应朝这个方向努力. 在实际教学中，学生想到的推导方法不一定是上述几种，继而在公式的推导中学到了许多重要的数学思想和方法，培养了发散性思维. 由于课堂上时间紧，许多同学创造性的推导方法不能进行展示、交流，可以请同学们撰写一篇题为《点到直线距离公式的多种推导方法》的数学小论文，作为本节课的作业，允许小组合作完成. 数学教材中的定理、公式是一个知识体系. 在公式、定理教学中，应抓住该节所讲的公式、定理在体系中的“最近发展区”，寻根问题的本源，以旧知识为基础创设问题情境，由此启发学生理解新的公式或定理.

【巩固作业】在命题新知课（公式、定理课）上创设情境应该注意什么？

【活动三】习题课情境创设.

【活动目的】习题课上创设可以揭露问题本质的争论性情境.

习题课的目的是加深学生对基本概念的理解，从而使概念系统化、具体化，牢固掌握所学知识系统，逐步形成合理的认知结构. 学生的学习活动是在不同的情境中解决问题，所体现的是把已经掌握的基本概念，基本公式、法则、定理，迁移到不同的情境下并加以应用，通过比较和择优找出解决当前问题的方法. 在数学教学中，教师要善于创设具有争论性的问题情境，引导学生不受成规的约束，通过变换命题、变换解法等方式，提出新的见解和异议，探索解题的内在本质和规律.

案例 13-3

高中函数习题课上有这样一道题：“已知函数 $y=\log_2(x^2-ax-a)$ 的值域为 $\mathbf{R}$，试确定实数 a 的取值范围”.

学生甲：因为 $x^2-ax-a>0$ 恒成立，所以得 $\Delta<0$，求得范围 $-4<a<0$.

学生乙：因为函数 $y=\log_2(x^2-ax-a)$ 的值域为 $\mathbf{R}$，并不是定义域为 $\mathbf{R}$，所以 $\Delta\geqslant 0$ 求得范围 $(-\infty,-4]\cup[0,+\infty)$.

到底哪种解法正确，让学生去辩论，去争执，最终通过分析、释疑达成学生乙正确的共识.

几种释疑形式：

（1）正面解释：要使 $y\in\mathbf{R}$，必须 $t=x^2-ax-a>0$，即 t 必须在 $(0,+\infty)$ 内取遍所有的正实数，因此，只有当 $\Delta\geqslant 0$ 时，才符合题意.

（2）反面解释：若是 $a\in(-4,0)$，那么取 $a=-1$ 即可否定答案. 因为当 $a=-1$ 时，$t=x^2+x+1=\left(x+\dfrac{1}{2}\right)^2+\dfrac{3}{4}\geqslant\dfrac{3}{4}$，于是 $y=\log_2 t\geqslant\log_2\dfrac{3}{4}$，显然 $y\notin\mathbf{R}$.

（3）对比解释：即给出一些题，让学生自行进行求解、反思. 例如：①求函数 $y=\log_4(x^2-2x+3)$ 的值域；②求函数 $y=\log_4(x^2-2x+10)$ 的值域；以及③求函数 $y=\log_4(x^2-2x-1)$ 的值域.

上述三种形式的释疑，是比较普遍的. 而这样的释疑显然是在学生的讨论中纠正了错误，学生乙也恍然大悟，发挥了学生的主体性和主动性.

不妨在本题的教学中进一步把学生带入问题情境中：函数的值域由什么来确定？

这时学生会领悟到应该先求函数的定义域，从而来查看其对值域的影响.

令 $t=x^2-ax-a>0$，则 $\Delta=a^2+4a=a(a+4)$. 当 $\Delta<0$，即 $-4<a<0$ 时，$x\in\mathbf{R}$；当 $\Delta=0$，即 $a=-4$，或 $a=0$，若 $a=-4$，则不等式为：$(x+2)^2>0$，所以 $x\in\mathbf{R}$ 且 $x\neq-2$；当 $a=0$，则不等式为：$x^2>0$，所以 $x\in\mathrm{R}$ 且 $x\neq0$；当 $\Delta>0$，即 $a<-4$ 或 $a>0$ 时，方程有两根 $x=\dfrac{a\pm\sqrt{a^2+4a}}{2}$，则不等式解为：$x<\dfrac{a-\sqrt{a^2+4a}}{2}$ 或 $x>\dfrac{a+\sqrt{a^2+4a}}{2}$.

至此水到渠成，学生终于明白原题所求参数的取值范围是 $(-\infty,-4]\cup[0,+\infty)$.

【案例分析】

在本题中，已知函数的定义域是实数，求 a 的取值范围和已知函数的值域是实数，求 a 的取值范围，是两个完全不同的题目. 通过设置问题情境，老师让学生去阐述辩论. 其实结果之所以不同，是因为他们各自对问题理解的不同，从而让学生对定义域和值域有了更加深入的理解，激发了学生自己对错解产生的原因进行评判，凸显知识的本质，深化对知识的理解，克服认知上的片面或错误.

在数学教学中，教师不能仅凭个人经验和思维习惯来推断学生的认知水平、思维层次水平，教师应在讲课之前通过各种途径了解学生的认知结构，结合自己的学习经验、过去的教学经验以及学生的认知特点，站在学生立场上思考问题，预测到学生在课堂上对知识的理解、技能的掌握、方法的运用等可能出现的问题和产生的错误. 然后有针对性地设计教法，设计容易出现错误认识的问题或活动，适时合理地“设置错误”引发学生讨论争辩，从而得出解决问题的正确方法. 另外，呈现的问题活动要和学生以前的学习经验相结合；选择的问题要涵盖关键的概念和可能的错误概念；设计的活动要能引起学生对错误概念的认知冲突.

【巩固作业】创设一个含有多种问题变式的教学案例.

第 14 章　讲　　解

学习目标

（1）了解讲解的总体要求以及各种课型的讲解要求；

（2）通过案例学习，掌握概念课、命题课、例题、习题课讲解的技巧；

（3）通过讲解技能实训，熟悉并掌握讲解的规范，能对自己或他人的讲解过程进行评价，提升讲解能力.

数学讲解技能就是教师利用语言，运用适当的教学媒体引导学生认识、理解和掌握数学概念、公式、定理、法则等的教学行为. 教师的讲解技能对教学效果有很大的影响：第一，语言是信息的载体，是交流思想的工具，教师的语言质量直接影响着学生对数学知识、数学方法、数学思想的掌握与数学能力的发展；第二，语言是思想的直接体现，数学事实需要用语言表达，从这个意义上说，学习数学也就是学习数学语言.

14.1　讲解案例呈现

案例 14-1　“函数的奇偶性”讲解片段.

师：在了解了函数奇偶性的定义之后，我们来仔细地观察一下奇偶函数的图象，从图象中，大家可以发现什么性质呢？

（PPT 中展示 $y=x^3$ 和 $y=x^2$ 的图象，并请一位同学回答他观察得到的图象的性质.）

师：看来同学们对奇偶函数图象的性质都已经很清楚了，奇函数的图象关于原点对称，偶函数的图象关于 y 轴对称，反过来说，图象关于原点对称的函数是奇函数；图象关于 y 轴对称的函数是偶函数. 那么，我们利用奇偶函数图象的性质，能做什么呢？

师：我听到下面有两种回答，总结一下，就是奇偶函数图象的性质可以用来判断函数的奇偶性，除此之外呢，它还可以简化函数图象的画法.

师：那么，奇偶函数图象的性质是如何来简化函数图象的画法的呢？下面来看一个例题. 大家能否试着画出它在 y 轴左边的图象呢？可以在自己的草稿纸上试一下. 我请一位同学上来画一下另一半的图象.

（PPT 展现例 1，请一位学生到黑板上画出函数在 y 轴左侧的图象.）

例 1　已知 $f(x)$ 是偶函数，试将图象补充完整.

师：××同学已经在黑板上把函数图象画出来了，如图 14-1 所示. 我们可以看到，她在画的时候，是利用偶函数的对称性来画图的. 我们可以从她的图中发现，她先找出了四个点，分别是两个端点，以及这一段上的最大值点和最小值点，用这些点做对称，得到 y 轴另一侧的点，然后用光滑的曲线连起来. 在初中的学习中，画函数的图象我们一般都采用五点法，因此，我们可以在这位同学的图的基础上，再增加一个点，使图象更好地对称. 大家是不是也是这样画的呢？还有其他的画法吗？

师：刚才，我们是利用奇偶函数图象的性质画出了函数的简图. 利用奇偶函数图象的性质，还可以判断简单函数的奇偶性，下面大家来看一下例 2. 我们可以利用它的图象来判断函数的奇偶性. 显然，$f(x)=2x$ 是奇函数，因为它的图象关于原点对称，而 $f(x)=2-|x|$，我们知道 $f(x)=|x|$ 是偶函数，$f(x)=2-|x|$ 的图象是关于 y 轴对称的，所以 $f(x)=2-|x|$ 是偶函数. 在这里呢，我们把这种用函数图象来判断函数奇偶性的方法叫做图象法.

师：接下来，我们来着重关注一下 $f(x)=2-|x|$ 这个函数的图象. 从图象可以得出，它是关于 y 轴对称的，它的定义域是 **R**. 但如果我把它的定义域改一下，变成 $x\in(-\infty,1]$，那么它还是偶函数吗？显然，它就不是偶函数了，因为它的图象不对称. 为什么不对称呢？因为函数此时在 $x>1$ 时没有图象，也就是没有定义. 因此，在判断一个偶函数的时候，我们要注意，如果一个函数的定义域不关于 y 轴对称，那么这个函数肯定不是偶函数. 我们再来看一下图 14-2.

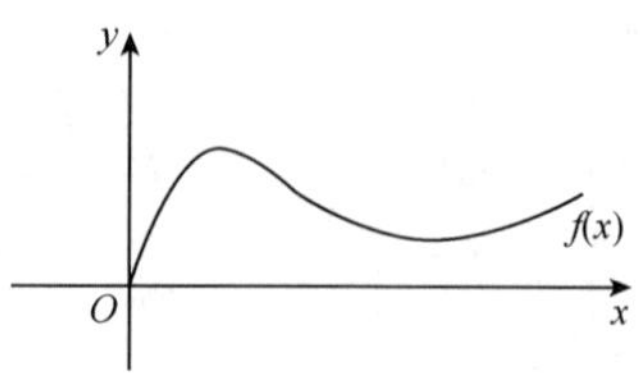

图 14-1

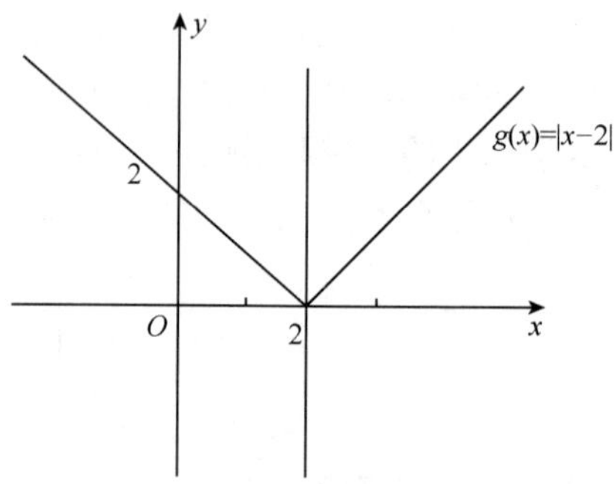

图 14-2

此函数既不关于 y 轴对称，也不关于原点对称. 因此，对于这类函数，它们既不是奇函数也不是偶函数，大家觉得应该取一个什么名字呢？在数学中，对于此类函数，我们把它取名为非奇非偶函数. 接下来我们总结一下函数奇偶性定义中的几点说明.

师：首先，函数具有奇偶性的前提是定义域关于原点对称，如果一个函数定义域都不关于原点对称，那么它肯定就不是奇函数了；第二，如果函数是偶函数的话，那么，它在定义域上的任何一点 x，肯定都有 $f(-x)=f(x)$. 类似地，奇函数也是，要满足 x 的任意性. 在有了上面两条之后，如果一个函数是奇函数或者是偶函数，那么就说这个函数具有奇偶性.

师：下面我们用定义来证明一下 PPT 上的例题.

$$f(x)=x+\frac{1}{x}.$$

师：从刚刚关于奇偶函数的说明中，我们可以知道，要判断这个函数的奇偶性，首先需要看它的定义域，显然这个函数的定义域是 **R**，因此我们就可以来讨论它的奇偶性了. 接下来我们要分析的是 $f(-x)$ 和 $f(x)$ 的关系. 我们来计算一下 $f(-x)$，通过提取负号，可以发现有 $f(-x)=-f(x)$ 成立，因此这个函数是奇函数.

师：在解答了这个例题之后，我有一个问题想要问大家，$f(x)=x^3+2x$ 在 $x=0$ 时的取值是多少？是不是如果一个奇函数在零点有意义的话，它的函数值就一定会是零吗？答案是肯定的，至于这个命题的证明，大家可以课后去解决，并跟老师交流.

师：在解答了这个例题之后，我们来小结一下用定义判断函数奇偶性的步骤. 首先，我们要判断函数的定义域，如果一个函数的定义域是关于原点对称的，我们再通过计算来发现 $f(-x)$ 和 $f(x)$ 的关系，如果有 $f(-x)=-f(x)$，那么函数就是奇函数；若有 $f(-x)=f(x)$，那么这个函数就是偶函数. 若既满足奇函数的条件，又满足偶函数的条件，那么这个函数就是既是奇函数又是偶函数；若既不满足奇函数的条件，又不满足偶函数的条件，那么这个函数就是非奇非偶函数.

【案例评析】 上述案例基本上是以教师解说为主. 解说的重点是如何判断一个函数的奇偶性. 教师从判断的步骤和判断的方法等方面详细地作了说明，并从中衍生出依据函数奇偶性对函数进行分类的知识. 讲解具有科学性、逻辑性和启发性.

14.2　讲解的基本要求

讲解的目的是准确、清晰地传递数学知识，启发学生的数学思维，培养学生的认知能力；同时，激发学生学习数学的兴趣，促进师生的情感交流. 因此，在讲解过程中需要满足以下要求，即清晰性、科学性、启发性及艺术性. 但在不同的课型中，对讲解也有不同的要求，本书以概念课、命题课、例题、习题课为例来进行说明.

14.2.1　讲解的总体要求

1. 清晰性

（1）发音正确、口齿清楚. 除了用标准的普通话讲课外，教师对数学中常用的英文字母和希腊字母等也要正确发音.

（2）声音大小适中. 讲话的声音太小，学生听起来费力，易使他们疲劳，甚至使后排有些学生听不清楚教师在讲什么. 声音过大，常使人听起来不舒服，会变成一种噪声，而抑制学生的数学思维. 一般情况下，教师讲话的声音要以使最后一排同学能听清楚为原则，切忌讲话虎头蛇尾.

2. 科学性

科学性是数学教学口头语言最基本的特征. 数学中每个概念都有确切的含义，每个命题都有确定的条件制约其结论. 如果教师在讲解的时候用词不当，则会造成学生概念模糊、思维混乱. 因此，它要求教师的讲解必须用词准确、表达正确、逻辑性强、符合科学原理. 数学课堂讲解的科学性要求主要体现在语言的规范性、准确性、严谨性、逻辑性以及精练性上.

1）数学课堂教学语言的规范性

数学课堂教学语言的规范性是指教师的课堂语言要符合语言的约定俗成或明文规定的标准. 包括语句符合现代汉语的语法规范及数学语言的句法规则. 口头语言方面，要发音准确、清晰，能正确读出数学表达式；书面语言方面，书写格式及几何作图应符合数学学科应有的规范化要求. 一般地，新教师在以下两个地方容易出现不规范的现象.

（1）随意通用数学符号（字母）. 为了研究问题的方便，某些数学事件，或过程的某一环节可用一个字母（或符号）表示，也可以用其他字母（符号）表示，这个字母有时是某种文字词或词组中的第一个字母，如复数集用字母 **C** 表示，C 是英文词组 complex numbers（复数）的第一个字母；有的则是随意用一个字母来表示，如椭圆的长半轴用字母 a 表示. 但并不是在任何条件下，这个字母就一定表示该事件或某一环节.

全体实数构成的集合通常用字母 **R** 表示. 不等式 $x^2+1>0$ 的解集，如采用语言表达时，应说成是"一切实数"或"实数集". 个别老师在语言表达时，说不等式的解集为"**R**". 这样随意通用数字符号（字母），显然是不规范的.

（2）违背逻辑性. 如直线的斜率一般用字母 k 表示. 求过点 (x_0,y_0) 的直线方程，应分斜率存在与不存在两种情况讨论，得到方程 $y-y_0=k(x-x_0)$ 或 $x=x_0$. 有的老师在上课时，分"k 存在与不存在两种情况讨论，显然是不妥的，它除了语言不规范外，还有既然说到字母"k"，"k"哪有不存在之理（这样说就隐含"k"是存在的）. 不仅如此，还会误导学生下面的错误. 先写出分式 $\dfrac{a}{m+1}$，然后分 $m+1=0$ 与 $m+1\neq 0$ 两种情况讨论. 事实上，写出"$\dfrac{a}{m+1}$"后，已隐含条件"$m+1\neq 0$"了，就不必分两种情况讨论了.

数学的课堂教学是一门逻辑性很强的学问，它由许多环节构成，每个环节的教学对学生都起着示范、引导作用. 因而数学教学语言一定要规范，否则就会产生负面影响.

另外，教师切忌将日常生活用语代替数学专门术语，数学教学语言应有数学语言的特点. 例如把"移项"说成"搬家"、把"提取公因式"说成"拿出来"等皆为不规范的说法.

教师的表述要符合语法规则，避免语病，关联词合理搭配使用. 例如有"因为"就应有"所以"与之对应，在"非要"之后就要接"不可". 对数学中常用的一些词如"即、则、亦即、或、和、且"等都要真正弄懂其含义，不要用错. 那种不假思索、信口开河、病语连篇的情况必须力戒.

2）数学课堂教学语言的准确性

数学课堂教学语言的准确性是指数学课堂教学语言的思想内容应符合客观实际，符合科学原理.

（1）数学课堂教学语言所述内容、所举事例要真实可信，符合客观实际. 比如，不能为了讲课方便而简单地说："因为要使方程 $x^2=2$ 有解，就产生了无理数". 这样说既不符合"数"的概念发展扩充的实际，也违背了数学发展的客观规律，不明白的地方要去探求，而不是蒙混过关，欺骗学生.

（2）数学教师切忌讲解内容违背科学原理，出现知识性错误.

3）数学课堂教学语言的严谨性

数学是一门非常严谨的科学，数学中用来表示定义、定理、性质等的语句，都是十分确切和精练的，有时甚至多一字，少一字都不行，会造成很大的差别. 例如，轴对称与对称轴，顺序交换，意义也不一样. 数学语言的语义和句法都有严格的规定，教师在课堂教学中不得随便变更，例如不能将"角 ABC"写成"ABC 角". 这就要求对概念、定义、定理、法则等的阐释，对数学专门用语和数学符号的表述一定要严谨、准确.

严谨性是数学的主要特点之一，只有教师的教学语言严谨周密，才能培养出学生严谨的逻辑思维，防止疏忽某些关节. 例如关于椭圆的定义，教师在说明椭圆的定义时总是说："平面内到两个定点的距离之和为常数且该常数大于两定点之间的距离的点的轨迹是椭圆”，这种严谨的表述突出了“常数大于两定点之间的距离”这一条件，这样就有利于学生对椭圆定义的完整掌握，减少或避免因忽视这一条件而出现的错误.

4）数学课堂教学语言的逻辑性

数学课堂教学语言的逻辑性要求，取决于数学严密的逻辑性和数学课堂教学语言必须体现数学知识自身的内在联系. 数学概念和逻辑推理都遵循固有的规律，数学学科体系的构造都运用着一般的或特定的逻辑方法. 因此，数学教师就必须把数学学科内在的逻辑性，通过明确的语言体现出来.

5）数学课堂教学语言的精练性

数学里每一个概念、定理的叙述都是非常精练简洁的，没有任何多余的部分. 这就要求数学教学语言在保证科学性、规范性的条件下要尽量做到言简意赅，精练扼要，反对废话连篇. 例如诱导公式有几十个，但可归纳为两句话“奇变偶不变，符号看象限”. 有些很复杂的语句就应该向学生强调说明某种“简化语”的含义，这样就不必每次啰唆交待. 如三角形全等的公理“如果两个三角形的两边和它们的夹角对应相等，那么这两个三角形全等. ”可简化为“边角边”；又如用图象法解一元二次不等式，其求解规律可概括“‘大于’取两边，‘小于’取中间”. 意思就是说对 $ax^2+bx+c>0$（$a>0$）其解集为两根的两边，对 $ax^2+bx+c<0$（$a>0$）其解集为两根的中间，其中的“大于”“小于”指不等式中的不等号. 这些“简化语”的使用，一方面可帮助学生记忆，另一方面可提高教学效率.

3. 启发性

启发性是讲解的又一重要特征，可以说启发式教学主要就是通过教学语言的启发性来体现. 这一特征要求教师的讲解必须生动形象、引人入胜、节奏恰当、富有感情. 具体说来，要注意以下几点.

（1）创设一个富有启发性的思维环境. 例如在讲“等比数列求和”问题时，可先讲古代印度国王重赏发明 64 格国际象棋的西萨的故事：国王问西萨要什么奖赏，西萨说他要麦子，第一格放一粒，以后每格都是前一格的二倍，这 64 格都摆完就行了. 国王听后哈哈大笑，觉得这个要求太低了，于是吩咐手下去办. 可令国王大惊失色的是把国库中所有的麦子都用完后，64 格还远没摆完. 讲到这时学生们一定会非常惊讶，都想弄清这 64 格的棋盘究竟能摆多少麦子. 见此火候已到，老师接着说今天我们学习完“等比数列求和”，就可解决这个问题了. 这样一下子就激发了学生的好奇心，调动了学生学习的主动性，使学生学习数学兴趣大增.

（2）恰当使用生动形象的比喻，以启发学生，帮助理解所学知识. 例如在讲解合并同类项时，为避免学生出现类似 $3a+4b=7ab$ 的错误，教师比喻说：“3 头牛与 4 只羊放在一起，只能还是 3 头牛和 4 只羊，绝不可能成为 7 头牛或 7 只羊”. 这一深入浅出的比喻，胜过教师唠叨多遍，使学生很快理解“不同类的项不能合并”.

（3）合理运用语速语调，以增强教学语言的感染力. 语速语调是情感的外在表现，语言中有了情感，才能以情感人，使人从中得到启发，受到感染. 作为教学语言，如果平淡乏味、单调刻板、千字一腔、缺乏节奏感，则不仅不能唤起学生的求知欲，还会成为抑制学生思维的催化剂，加速学生疲劳. 所以教学语言要做到快慢适中、高低适宜，使教师的讲授与学生的思维始终保持协调合拍. 教师要善于根据不同的教学内容，不同的情景，不同的对象来调节教学语言的节奏和转换语调. 比如重点的地方应适当放慢速度，加重语气，提高语调；重要的语句要重复说明，使学生句句入耳；提出问题时要有问的语气，并有停顿、间歇，使学生意识到要思考教师提出的问题，并利用教师停顿的间歇时间进行思考；当启发或提醒学生或指出错误时，更要注意一字一停，提高语调，以引起学生的警惕. 例如在讲直线的倾斜角概念时，对定义中“直线向上的方向”“x 轴的正方向”“最小的正角”这三个地方，必须加重语气并略做停顿，以突出倾斜角的这三个条件；在讲命题“两条不重合且有斜率的直线平行的充要条件是它们的斜率相等”时，对“不重合”“有斜率”要反复强调，并举反例予以说明，最好引导学生自己举例，加深印象.

4. 艺术性

数学教师应根据不同的教学目的、内容、对象、方式以及场合气氛，在合乎科学性的前提下，尽量使其教学语言艺术化，提高语言的表现力和感染力. 具体地，至少可以在以下方面实现讲解的艺术性.

一是善于运用贴近学生生活的事例，简明扼要的口诀，脍炙人口的名言以及充满时代气息的语言，把教学内容讲得生动、通俗，学生就能更深刻地理解知识.

例如：数列求和时的“斗转星移”. 波利亚说：“老师为学生所能做的最大好事是通过比较自然的帮助，促使学生自己想出一个好念头”. 在讲解求等差数列前 n 项和一节内容时，“倒序相加法”是一种必须让学生接受并掌握的方法. 为了求出 $s_n = a_1 + a_2 + \cdots + a_n$ 的值，我们先把和式写成如上从 a_1，a_2 依次排列到 a_n 的形式，随后再把次序倒过来，让 $s_n = a_n + a_{n-1} + \cdots + a_1$. 然后两式相加求得 $s_n = \dfrac{n(a_1 + a_n)}{2}$，为了让学生对这种操作手法印象深刻，记忆长久. 可先不直接给出“倒序相加法”的名称，而在总结时让学生自己对这种方法进行命名. 曾有一学生在课堂上发言说：“让我来命名，就以武侠小说中的招式命名，先乾坤大挪移，而后双剑合璧，干脆叫斗转星移寻合璧. ”一下子整个教室哄堂大笑. 这是一种赞同的笑，领悟的笑，也是对这位学生能以众人皆知的小说影视语言来形容枯燥晦涩的数学术语的由衷赞叹和钦佩.

二是适时运用幽默的语言. 幽默风趣的语言是课堂教学的润滑剂，能抑制学习中的疲劳和困苦，吸引学生的注意力，让学生在积极愉快的氛围中进行敏捷思考. 课堂教学只有妙趣横生，充满生机，才能使学生感到津津有味，得到良好的教学效果. 值得注意的是，教学语言的幽默应做到适时适度，才会对教学起到促进和催化作用，否则会弄巧成拙. 比如，王老师在讲授“函数的单调性”时，当课堂进行到当堂练习、达标检测阶段时，在安静的环境下，突然有个学生打了两个响嗝，班级里一片哗然. 这时，王老师对全班学生说：“今天讲的内容比较单调难理解，大家要好好地消化”. 同时，用眼神扫视所有学生. 这样的处理不仅化解了尴尬，也具有一定的教育性.

三是运用恰当的评语鼓励学生. 中学生的情感是比较敏感的，若能在教学数学时运用艺术化的语言，可以提高学生学习数学的积极性. 评语给出时教师一定要仔细斟酌，不能过于假大空. 比如在学生刚刚学习“立体几何”时，有些学生的思维不能马上从三维平面转换到三维立体上来，空间想象能力欠缺，这在一定程度上会造成学生的学习焦虑. 这时教师可以这样开导：“要是不能够想象出三维空间中点、线、面的关系，大家可以去学校的美术室观察一些几何体，用自己的眼睛和手去感受那些线条和平面. 没有什么知识是学不会的，只是早晚而已. ”教师通过这样富有艺术性的语言，就使得学生的学习自信心得到提升.

14.2.2　各种课型的讲解要求

1. 概念课

数学概念是数学基础知识的基本内容，在具体讲解中，可以遵循以下的四个程序.

1）认识概念

在讲解一个概念前，首先应围绕这个概念明确五个方面的问题：①这个概念讨论的对象是什么，有什么背景？②概念中有哪些规定和条件？与过去学习的知识有什么联系？这些规定和条件的确切含义是什么？③概念的名称、术语有什特点？与日常用语比较与其他概念，术语比较，有无容易混淆的地方？应如何理解这些区别？④这个概念有没有重要的等价说法？为什么等价？⑤根据概念中的规定和条件，能归纳出哪些基本性质？各个性质又是有概念中的哪些因素决定？这些性质在应用中有什么作用？能否派生出一些重要的数学思想方法？

2）引进概念

数学概念本身是抽象的，所以新概念的引入一定要从学生的知识水平出发，密切联系实际. 概念产生、发展的途径不同，因此引入概念的途径也不同.

对原始概念的引入，应通过一定数量的感性材料来引入. 但需要注意，事例的引入一定要抓住概念的本质特征，要着力揭示概念的真实含义.

例如，在讲解“平面”这个概念的时候，可以从常见的桌面、黑板面、平静的水面等物体中抽象出来，但在讲解中一定要注意突出“无限延伸性和没有厚度”的本质特征. 有些概念则可以借助生动形象的直观模型和教具，使学生从感性认识逐步上升到理性认识，形成清晰的概念. 尤其在立体几何教学中，由于学生的空间想象能力有限，所以模型和教具的使用也是更为重要. 但是，教具的使用也要得当，要注意科学性和准确性.

对于那些由旧概念深化、发展而来的新概念，不要将其直接给予学生，一定要从理解上下工夫，应精心选用引人入胜的方法.

例如，“数列极限”这个概念可这样设计：

师：0.9 的循环和 1 是否都是有理数?

生：是.

师：哪个大?

生：1.

师：大多少?

生：……

师：看，如果 0. 9 取无限循环，就有 $0.9999\cdots=3\times(0.3333\cdots)=3\times\frac{1}{3}=1$ 了.

这样再引入“数列极限”的概念，因为 0. 9 的循环是可以无限的，用有限的方法无法找到它的准确值，现在就可以自然、顺畅地引入这一新概念.

3）形成概念

在教学中，引入概念，并使学生初步把握了概念的定义，不等于就形成了概念. 要想让学生形成概念，还必须在感性认识的基础上对概念做辩证分析，用不同的方法揭示不同概念的本质属性.

（1）反复练习，巩固概念. 正面阐述概念的本质属性后，应安排巩固练习. 例如，引入因式分解后，可选择下列例题让学生回答：下列由左边到右边的变形，哪些是因式分解?为什么?

$m^2(x+2)(x-2)=m^2x^2-4$;

$a^2-9=(a-3)(a+3)$;

$a^3-9a=a(a^2-9)$;

$x^2-y^2+1=(x-y)(x+y)+1$;

$x^2y+x=x^2\left(y+\frac{1}{x}\right)$.

（2）通过变式深化概念的理解. 例如，钝角三角形的高，我们要按照图 14-3 建立概念，然后再用其他图形（图 14-4 或图 14-5）让学生练习，增强思维的灵活性.

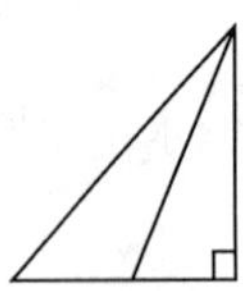

图 14-3

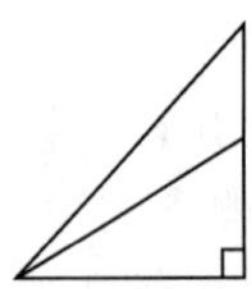

图 14-4

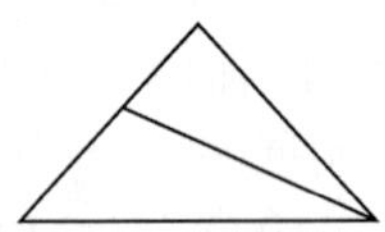

图 14-5

（3）用新旧概念的对比加快形成概念. 数学是一门系统的科学，数学知识则是由概念和原理组成的体系，每一个概念总要与其他概念发生联系. 在讲解过程中，讲清新旧概念的联系与区别，有助于学生建立合理科学的概念体系，更好地掌握概念. 比如，在学习平行四边形的概念时，可以将平行四边形与正方形、长方形、四边形的概念进行对比，梳理出这四者之间的联系与区别.

（4）运用数学史理清同一概念. 数学学习的过程与数学概念发展的历史过程是相似的. 数学概念的外延和内涵随着学习的深入是不断充实的，所以应将数学概念纳入到它自身的矛盾运动中去，并进行分析.

例如，“角”的概念开始局限于平面内，且在 180° 内，即：锐角，钝角，直角；以后发展到平角，周角；又出现了任意角（正角）；规定了旋转方向后，又有了正角、负角的概念；若在空间内，又有了空间的两直线所成的角，直线和平面所成的角，平面与平面所成的角；等等.

（5）运用正反例消除概念混淆. 概念引入后，还应从反面消除模糊认识，严格区分易混淆概念.

例如，讲“三线八角”后，可设计一些稍复杂的图形提问下列叙述是否正确？（图 14-6）

∠1 与∠2 是同位角. ∠3 与∠4 是同位角. ∠5 与∠6 是内错角.

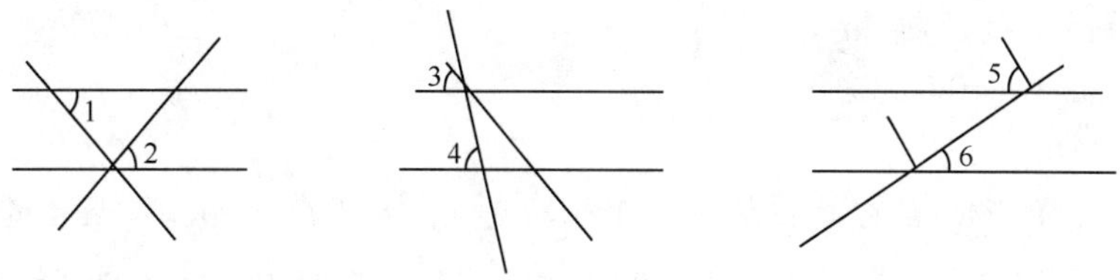

图 14-6

这样学生就能认准对象，概念清晰.

4）深化概念

根据学生的认识规律，不能指望一次成功，在概念形成后，还应采取措施加深学生对于新知识的理解.

（1）抓住重点，分散难点，有计划地安排概念的形成与深化过程. 例如，三角函数的概念，就应先抓住正弦函数作为重点. 又由于正弦函数概念涉及比的意义、角的大小、点的坐标、距离、相似三角形、函数知识，其中“比”是最本质的特征，所以是正弦函数的重点. 但这个“比”的比值又是由角的大小来确定的，因而函数概念和距离是教学中的难点和关键. 考虑到要将难点分散，可先给学生复习一下距离的有关概念，然后紧扣函数这一基本线索，引导学生去思考并解决：“为什么在角的终边上所取的点是任意的，而相应的比值却是确定的？ ”

（2）把概念教学与定理，公式，以及解题融为一体，使学生在应用中加深对概念的理解. 例如，方程的“根”和函数的“零点”，表面上看来都很容易掌握，但如果在教学中不能将把这两个概念与根的判别式、函数的性质、绝对值的性质等有关知识有机结合起来，学生就不能熟练应用.

例如，已知 $y=ax^2+bx+c$ 的图象如图 14-7 所示，若 $|OA|=|OC|$，求 a，b，c 之间的关系.

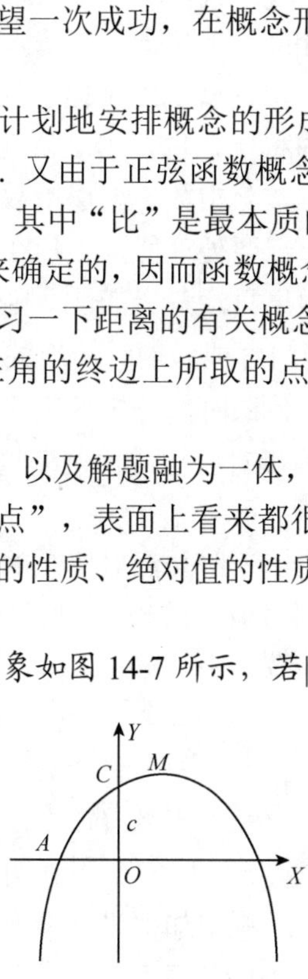

图 14-7

有的同学可能得到错误结论：$b+ac-1=0$.

答对的同学可能有两种解法.

解法一：因为抛物线的开口向下，则 $a<0$.

又顶点 M 在第一象限，故 $-\dfrac{b}{2a}>0$.

所以 $b>0$，且（$-b+\sqrt{\Delta}$）÷ $2a<0<$（$-b-\sqrt{\Delta}$）÷ $2a$.

因此 $OA=|$（$-b+\sqrt{\Delta}$）÷ $2a|=|$（$-b-\sqrt{\Delta}$）÷ $2a|$，

且由于 $OC=c>0$.

因此$|OA|=|(-b-\sqrt{\Delta})\div 2a|=|(-b-\sqrt{\Delta})\div 2a|=(-b+\sqrt{\Delta})\div 2a$ $|OC|=|c|=c$.

由已知可得$(-b-\sqrt{\Delta})\div 2a=c$,

即 $4ac(b-ac-1)=0$, $ac\neq 0$,

所以 $b-ac-1=0$.

解法二: 由$|OA|=|OC|$点 C 是抛物线与 Y 轴的交点. 所以 $OC=-c$, 即点 A 的坐标为($-c$, 0). 所以 $a(-c)2+b(-c)+c=0$, 即 $c(ac-b+1)=0$, 而 $c\neq 0$, 所以 $b-ac-1=0$.

比较两种解法, 后者显然是较佳的.

为了讲清楚数学中的基本概念, 教师对概念的两个特性一定要把握住: 一是概念具有确定性和灵活性; 二是概念具有的本质属性. 概念的确定性指的是概念的内涵与外延要确定, 不能含糊不清, 变化无常. 但是还应该注意, 概念的确定性是相对的, 是在一定条件下的确定, 不是永恒不变的. 由于客观事物的不断发展, 人类认识事物的不断加深, 反映客观事物本质属性的概念也在不断地发展变化, 这就反映了概念的灵活性. 例如代数学, 在开始时是计算的科学, 进而是研究方程理论的科学, 现在则是研究结构的科学. 又例如“指数”概念的发展, 由正整数到零指数、负指数、分指数、无理指数, 由有限运算到无限运算.

概念的确定性与灵活性的关系一定要处理好, 教师在备课时, 如果只注意确定性, 将使概念僵化, 甚至会出现前后矛盾; 如果只注意灵活性, 则否定了概念的内涵与外延的区别, 也不能反映事物的本质. 学生在回答问题或做题时出现的错误, 往往是对一些数学概念的本质属性没有真正地把握. 因此教师在备课时, 一定要突出概念的本质属性. 例如, 讲“相似多边形”, 就必须突出“对应角相等, 对应边成比例”这两个条件. 两个条件只有一个成立时就不能判定相似性.

综上所述, 我们可以得出这样的结论: 加深对概念的理解, 是提高解题能力的基础; 反过来, 只有通过解题实践, 才能加深对概念的理解. 所以, 概念与解题、基础和能力都不可以偏废, 而应相辅相成, 辩证统一于教学中.

2. 命题课

在进行命题教学时, 首先要重视指导学生区分命题的条件与结论, 其次要引导学生探索由条件到结论转化的证明思路. 由于数学证明常会用证明一个等效的命题来代替原命题的真实性, 因而还要注意引导学生在证明过程中如何进行命题的转换, 一定要展示完整的思维过程, 并要注意命题转换时的等价性, 不能随意替换. 特别通过一个阶段的教学后, 要用及时归纳和小结证明的手段和方法, 使学生掌握演绎法的原理和步骤, 逐步掌握综合法、分析法、反证法等证明方法(高中还有数学归纳法). 命题课教学还要注意以下方面.

(1) 对基本命题, 要详细讲解, 认真作图, 教学语言要准确精练, 论证格式要严格, 书写要规范, 便于学生模仿. 在引导探索时, 要允许学生有一个适应和准备的过程, 对练习及作业中出现的共同性问题应及时在课堂中集体纠正.

(2) 要着重介绍命题证明的思路, 想想条件与结论有无必然联系和依赖性. 通常宜采用“分析与综合相结合”的方法, 即假定结论成立, 看其应具备什么充分条件或从已知条件出发, 看其能推出什么结果. 即前后结合进行分析. 此外, 还可考虑是否需要添加辅助元素(线、角、元等），把欲证的问题进行分解、组合或进行其他合理的转换.

（3）在命题教学中，不宜把思维过程嚼得过碎，更不能采用灌输式教学方法. 例如，不要总是由教师给学生进行化难为易的讲解，也不要步步提示或做铺垫，也就是俗话说，过多的铺垫导致没难度，教师应积极引导，培养学生知难而进的品质，经历化难为易的思维过程的训练，进行学习的有效迁移. 使学生养成独立思考、勤奋、目标明确、坚持不懈等良好的个性品质，体会成功的喜悦，提高进一步学习的兴趣，增强学好数学的信心.

（4）在命题教学中，对学有余力的学生要适时适度地对他们做专题研究的训练，揭示知识间的内在联系，让他们获得超出原有知识框架的认知水平，有助于他们思维的发展和创新，把命题研究和所学知识重新组织，建构新的认知结构. 对于学习吃力的同学，更应该多加关注，从细小的基础开始，帮助他们建立知识结构.

3. 例题、习题课

例题、习题的教学过程要着力展现解题思维的全过程，充分发掘教材中没有具体表述的能力、智力的教育因素，注意对解题策略、思维方法、解题技巧等进行分类、归纳、评价.

根据例题、习题的难度，学生的知识基础及思维能力水平，铺设合适的梯度，设计好同类知识的训练题组，但是避免题海战术.

例题、习题的教学，应让师生共同交流解题思维的过程，引导学生自己动脑、动手、动口，积极参与解题教学活动；引导学生自我评价、优化解题思路，改进解题策略，经历自我优化的过程，从而寻求最优的解题方法.

例题、习题应解决学生在“解决问题学习”中的四个问题.

（1）对教材中的习题必须引导学生认真过好“审题关”，对实际碰到的数学问题，更要解决好“抽象成数学模型”这个问题. 审题包括读题、识题和剖析. 先读懂题目，然后把题目的文字叙述准确地转译为图式、换成数学符号的表达形式，进而剖析题目的已知条件（尤其要注意隐含的已知条件），求解问题的实质. 同时，要让学生掌握“分析法”“综合法”“数形结合法”等思维方法. 切忌教师一讲到底，变成填鸭式的教学.

（2）例题、习题应力求举一反三，但又不是盲目举一反三，造成时间的浪费. 教师要注意归纳、分类整理有关的解题规律与解题思路.

（3）认真抓好学生解题书写的规范化.

（4）注意引导学生学会自我评价，优化自己的解题思路和解题策略，鼓励创新思维，培养创新意识.

总之，在讲解过程中，教师要善于运用多种手段，揭示数学本质以及所蕴涵的数学思想方法.

14.3 讲解技能实训

1. 实训 1：概念讲解

【内容】根据自己的实际情况，选择以下任一内容进行教学.

（1）分式的概念（人教版八年级上册）；

（2）函数的概念（人教 A 版必修 1）；

（3）古典概型（人教 A 版必修 3）.

【要求】

（1）展现概念的发生、发展过程，体现概念引入的合理性与必要性；

（2）揭示概念的本质属性，并与相关概念进行辨析；

（3）训练时间为 15 分钟；

（4）以 6～8 人为小组对讲解过程进行研讨，并形成书面报告.

2. 实训 2：命题讲解

【内容】根据自己的实际情况，选择以下任一内容进行教学.

（1）角的平分线的性质（人教版八年级上册）；

（2）平方差公式（人教版八年级上册）；

（3）对数函数的运算法则（人教 A 版必修 1）；

（4）直线与平面平行的判定（人教 A 版必修 2）.

【要求】

（1）展示命题的引入过程，详细论证命题；

（2）解释命题的条件与结论；

（3）讲解时间为 15 分钟左右；

（4）以 6～8 人为小组对讲解过程进行研讨，并形成书面报告.

3. 实训 3：例、习题讲解

【内容】根据实际情况，选择以下任一内容进行教学.

内容一：跳绳时，甩到最高处时绳的形状是抛物线. 甲、乙两名学生拿绳的手间距离 AB 为 6 米，手到地面的距离 AO 和 BD 均为 0. 9 米，身高为 1. 4 米的小丽站在距点 O 水平距离为 1 米的点 F 处，绳子甩到最高处时刚好通过她的头顶点 E. 以点 O 为原点建立如图 14-8 所示的平面直角坐标系，设此抛物线的解析式为 $y = ax^2 + bx + 0.9$.

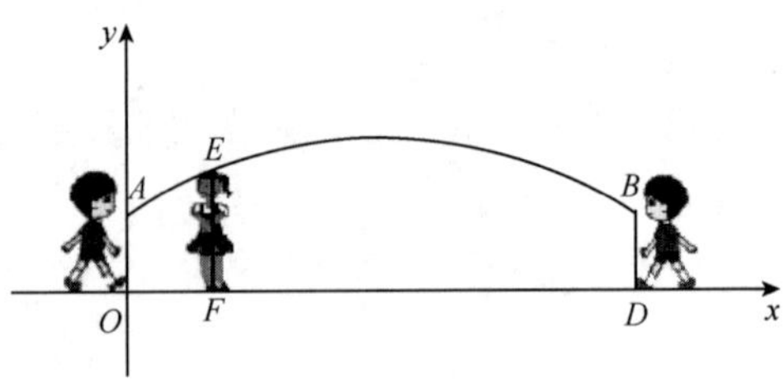

图 14-8

（1）求该抛物线的解析式；

（2）如果小华站在 OD 之间，且距离点 O 为 3 米，当绳子甩到最高处时刚好通过他的头顶，试求小华的身高；

（3）如果身高为 1. 4 米的小丽站在 OD 之间，且离点 O 的距离为 t 米，绳子甩到最高处时超过她的头顶，结合函数图象，写出 t 的取值范围.

内容二：（2010 年高考数学安徽卷文科第 17 题）如图 14-9 所示，已知椭圆 E 经过点 A（2，3），对称轴为坐标轴，焦点 F_1，F_2 在 x 轴上，离心率 $e=\frac{1}{2}$.

（1）求椭圆 E 的方程；

（2）求 $\angle F_1AF_2$ 的角平分线所在的直线的方程.

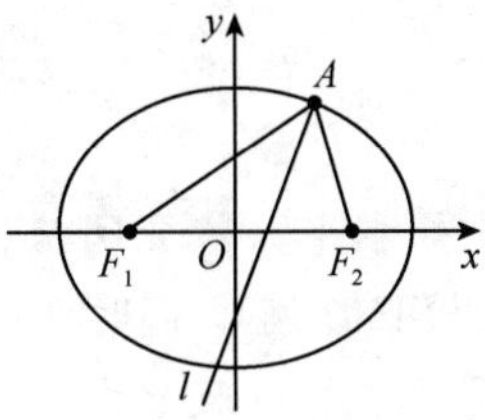

图 14-9

【要求】

（1）引导学生审题、剖题，找到解题思路；

（2）详细书写规范的解题过程；

（3）引导学生对解题过程进行反思；

（4）讲解时间 15 分钟左右；

（5）以 6～8 人为小组对讲解过程进行研讨，并形成书面报告.

第 15 章　提问与启发

学习目标

（1）了解提问、回答的类型和认知水平，体会问与答的互动性与有效性；

（2）通过案例学习，加深对课堂提问的理解，同时也可潜移默化地学习提问与启发的方法；

（3）通过提问技能实训，提升提问技能以及启发学生.

提问是课堂教学的基本活动与环节. 提出难易适度的、有层次性的、有逻辑性的问题，是有序、有效开展教学活动，实现教学目标的基本保证. 本章我们就来探讨一下课堂教学中如何进行提问.

15.1　提问案例呈现

在本章的开始，我们先来看两则教学案例.

案例 15-1　“抛物线的概念”一课中的导入教学片段.

师：前几节课我们学习了椭圆、双曲线的概念，同学们还记得这两种曲线的定义吗？（学生很快回答了这两种曲线的第一定义.）

师：能把这两种曲线的定义统一起来吗?

生：平面内与一个定点的距离和一条定直线的距离的比是常数 e，当 $0<e<1$ 时，点的轨迹为椭圆；当 $e>1$ 时，点的轨迹是双曲线.

师：那么当 $e=1$ 时又会是什么轨迹呢？（学生议论纷纷）今天我们就来学习当 $e=1$ 时的轨迹——抛物线.

接下来，教师运用教具进行演示，得出轨迹图形后，运用以前学过的求轨迹的方法，学生认真阅读课本内容（抛物线方程的推导过程），得出抛物线的方程，引出抛物线定义.

点评：教师从已学的椭圆和双曲线的概念入手，寻找它们的共同点，能够更好地引发学生对圆锥曲线的认识. 通过教具的演示，能较快地吸引学生的注意力，让学生在主动参与的环境下学习，能很好地提高数学课堂教学效率，激发学生的学习兴趣.

案例 15-2　用拆分法分解因式的教学片段.

师：同学们用不同的方法将 x^6-1 分解因式.

生 1：$x^6-1=(x^3)^2-1=(x^3+1)(x^3-1)=(x+1)(x-1)(x^2+x+1)(x^2-x+1)$.

生 2：$x^6-1=(x^2)^3-1=(x^2-1)(x^4+x^2+1)=(x+1)(x-1)(x^4+x^2+1)$.

师：为什么同一个式子会得出不同的答案?

这一问，立即引起了学生的兴趣，思维活跃起来，可能还会引起争论. 在经过检查，发现两种解法均未发生运算错误，在学生中一定会产生各种猜想.

生：也许 x^4+x^2+1 还能继续分解，得到 $(x^2+x+1)(x^2-x+1)$.

师：你能验证这个猜想吗?

生：只要利用多项式乘法公式加以验证即可.

点评：教师并不直接抛出问题：x^4+x^2+1 如何分解，而是创设问题情景，引起学生的思维冲突，即利用对 x^6-1 的不同分解，将 x^4+x^2+1 的分解隐含其中，诱发和促进了学生的思维发展. 可见，合适的问题情景，高超的提问技巧，是诱发和促进学生思维发展的动力因素.

在课堂教学中，提问是一种较常用的教学方法，也是教学中最重要的部分之一，同时也是课堂互动经常使用的形式. 对于它的研究可以追溯到 2000 多年前孔子的“启发式”提问和苏格拉底的“产婆式”提问，他们用提问成功地引导学生进行学习，让人称颂至今.

15.2　基于认知水平的提问类型

15.2.1　早期提问的类型

在提问的类型上，早期的心理学家把提问分成两大系统即“封闭与开放”和“记忆与思考”. 封闭性问题在数学学科中应该说是最具有代表性的一种提问，数学封闭性问题一般情况下只有一个正确的答案；同时，数学教科书也已开始较多地出现开放性问题，这些开放性问题允许有广泛的反应范围，不仅包括认知的要求，还包括情感的表现、移情的作用、态度和价值的感受. 记忆性的问题需要学生回忆已有的知识，比如案例 15-1 中的一些数学公式和定理等，它是教师经常提问的一种类型；相反，思考性问题需要学生运用已有的知识去创造新的知识，比如数学中的一些公式的诱导公式和一些定理的推论等常规内容，再比如案例 15-2 中的认知冲突下的非常规内容.

15.2.2　基于认知水平的提问分类

1. 布鲁姆的提问分类系统

20 世纪 50 年代以后，最广泛采用的提问类型来源于布鲁姆的认知分类系统. 布鲁姆的理论把提问分成“记忆”“理解”“应用”“分析”“综合”“评价”六种类型. 这种分类粗略地描绘了问题类型的层次，具体见表 15-1.

表 15-1　布鲁姆基于认知的提问分类系统

问题类型	说明
记忆水平的提问	要求学生说出记忆型的知识概念、原理
理解水平的提问	要求学生对知识进行理解、对比
应用水平的提问	要求学生运用掌握的知识进行判断或交际
分析水平的提问	要求学生通过分析弄清事物之间的关系或事项的前因后果，最后得出结论
综合水平的提问	这类问题可帮助学生将所学知识用一种新的或创造性的方式组合起来，从而形成新的知识体系
评价水平的提问	这类问题帮助学生根据一定的标准做出判断

2. 基于认知的提问二维分类

有研究者在布鲁姆的认知领域六层次分法（识记、理解、应用、分析、综合、评价）的基础上又进行了二维分类法，将记忆性、理解性提问归为低层次提问，将应用性、分析性、综合性、评价性提问归为高层次提问.

在数学问题的类型上，贝尔认为，教师和学生用来讲授和学习数学的问题类型，都是和每节课的认知目的和情感目的最紧密地联系在一起的. 贝尔根据布鲁姆的目标分类将数学课堂中教师提问的问题类型分成以下几种：即事实、技能、概念、原理的认识、理解、应用、分析、综合、评价.

王秋海改进了贝尔的分类，提出了新的二维分类方法.

首先，把数学课堂上所有可能提问的数学事件罗列出来，可以发现四种类型：数学事实、数学概念、数学原理和数学技能. 所有的操作结果、所有客观存在的数学现实，都可以归入“数学事实”；凡是人为规定的数学事件属于“数学概念”；所有的数学公理、定理、公式、规则、约定都可以归为“数学原理”. 注意，数学概念可能包含若干数学事实，而数学原理又可包含若干数学概念，它们之间具有递进的关系，后者的层次要高于前者. 而凡是通过操作可以程序化的、自动化的数学行为则称为“数学技能”.

其次，他从学生的思维水平出发，将认知情况分为四种水平：认知水平、理解水平、推理水平、探索水平. 认知水平包括事实的确认、回忆、辨别等浅层次的活动；对事实的分析、对运算的说理、为程序操作作出说明都是理解水平；应用及综合、各种定理的推导证明都是推理水平；探索水平，一是对数学事件做出自己的价值判断，二是寻找各种可能的答案，需要学生进行认真的思考，通常带有一定的难度.

最后，将上述两者加以交叉，可获得 16 种小类的提问分类，具体见表 15-2.

表 15-2　王秋海的提问分类系统

知识	思维水平			
	认知	理解	推理	探索
数学事实	F1	F2	F3	F4
数学概念	C1	C2	C3	C4
数学原理	P1	P2	P3	P4
数学技能	S1	S2	S3	S4

于是，可将比较复杂的数学课堂提问分辨开来，弄清其中的差别，便于对教师的课堂提问进行细微化的分析.

在案例 15-1 中，教师的提问就是在学生对数学事实“平面内与一个定点的距离和一条定直线的距离的比是常数 e，当 $0<e<1$ 时，点的轨迹为椭圆；当 $e>1$ 时的轨迹是双曲线”的认知或理解水平的基础上，进行了“当 $e=1$ 时又会是什么轨迹呢”的推理或探索水平的提问.

在案例 15-2 中，教师的提问同样是在学生对数学技能“生 1：$x^6-1=(x^3)^2-1=(x^3+1)(x^3-1)=(x+1)(x-1)(x^2+x+1)(x^2-x+1)$；生 2：$x^6-1=(x^2)^3\ -1=(x^2-1)(x^4+x^2+1)=(x+1)(x-1)(x^4+x^2+1)$”的认知或理解水平的基础上，进行了“为什么同一个式子会得出不同的答案”的推理或探索水平的提问.

不管是哪种认知水平下的分类，我们还可以将不同类型的提问方式简单地归类于以下几类中：

识记性提问：要求学生回忆、描述记忆中已有的知识，不需要理解所学的知识.

管理性提问：为了维持课堂纪律的提问.

过渡性提问：结束上一个知识点，转而到下个知识点的提问.

提示性提问：重新开始关于某个知识的提问，基于学生没有回答或回答错误的提问.

重复性提问：重复学生的回答进行提问.

理解性提问：需要对所记忆的知识进行一定的理解.

评价性提问：要求学生进行判断，这样的判断是基于学生能依据一定的标准作出决定.

比如，王秋海的提问分类系统中，可以将数学事实、数学概念和数学原理归类于识记性提问；数学技能可以归类于理解性提问. 而布鲁姆的提问类型分类也可以一一进行对号入座.

15.3　基于 SOLO 模式的学生回答类型

课堂提问，教师并不是完全根据个人的喜好而随意提问，他需要根据学生的回答进行启发引导，尤其在数学课堂的问题链教学中. 而在师生互动中，学生的回答也是至关重要的部分，教师需要针对学生的回答进行理答、重复、评价、追问等. 数学课堂教学需要充分考虑学生的认知水平、学习反馈、进度程度，不然后续内容的教学将会受到极大的阻力，而这些，对教师的提问和启发提出了较高的要求.

约翰·比格思认为，学习结构的复杂性主要包括两个方面：一是量的方面，即学习知识点的数量；二是质的方面，即如何建构学习的知识点. 根据这两方面，约翰·比格思把学生回答按其结构的复杂程度分为 SOLO（structure of the observed learning outcome，可观察的学习结果结构）的五个水平，即前结构水平（prestructural，P）、单一结构水平（unistructural，U）、多元结构水平（mcutistructural，M）、关联水平和扩展抽象水平（relational，R；extended abscract，E），具体见表 15-3.

表 15-3　学生回答类型的复杂性水平、表现特征与结构示意图

回答类型	表现特征	SOLO 模型描述的回答结构示意图
前结构水平（P）	学生并没有真正理解学习内容，只是用一种不负责任的态度来应付任务，或被以前所学的无关知识所困扰，找不到任何解决问题的办法	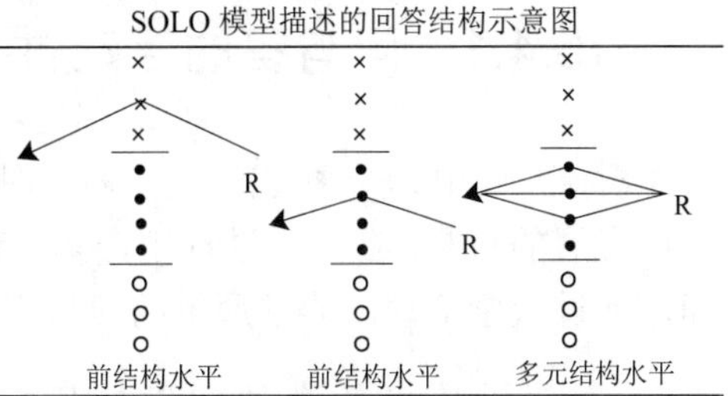
单一结构水平（U）	学生关注题干中的相关内容并找到了一个解决问题的办法	
多元结构水平（M）	学生找到构成问题越来越多的，正确的相关特征，但学生只是简单罗列这些要点，还没有将它们有机整合的能力	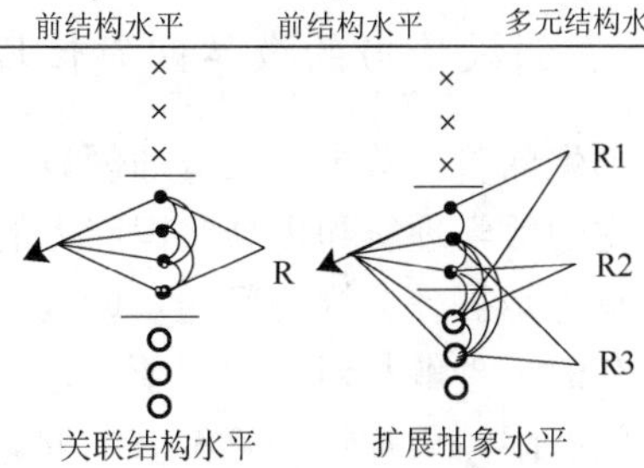
关联结构水平（R）	学生会整合各部分内容而使其成为一个有机整体，表现为能回答或解决较复杂的具体问题	
扩展抽象水平（E）	学生会归纳问题以学习更多抽象知识，代表一种更高水平的学习能力，这一水平的学生表现为更强的钻研和创造意识	注：R，R1，R2，R3 为学生对问题的回答；“弧线”为信息之间的相互联系；“×”为无关或者不合适的信息；“●”为有关而且明显给出的信息；“○”为有关的假定的但是没有明显给出的信息

续表

回答类型	表现特征	SOLO 模型描述的回答结构示意图
功能性思维方式的说明	①SOLO 理论中的思维方式具有累积性，即一种思维方式的出现并不代替以前的思维方式，后发展起来的思维方式与早先形成的思维方式可以并存. ②五种思维方式构成了一种内包含的关系，并且在每一个思维方式中又有多个水平循环出现. 在具体学习中，学生的理解一般存在多个单一结构水平—多元结构水平—关联水平（简称 U—M—R）的循环	

在案例 15-1 中，学生回答出的数学事实“平面内与一个定点的距离和一条定直线的距离的比是常数 e，当 $0<e<1$ 时，点的轨迹为椭圆；当 $e>1$ 时的轨迹是双曲线”，就是单一结构水平（U）下的回答.

在案例 15-2 中，学生回答的数学技能“生 1：$x^6-1=(x^3)^2-1=(x^3+1)(x^3-1)=(x+1)(x-1)(x^2+x+1)(x^2-x+1)$；生 2：$x^6-1=(x^2)^3-1=(x^2-1)(x^4+x^2+1)=(x+1)(x-1)(x^4+x^2+1)$”，就是多元结构水平（M）下的回答.

根据 SOLO 模式下的学生回答类型和教师的课堂提问类型可以对学生回答进行以下分类：

机械性回答：学生的回答是教师或其他学生已经给出的答案；不需要回忆已有的知识或进行理解就能作答.

识记性问答：学生通过回忆已有的知识进行回答，不需要进行理解.

理解性问答：学生经过思考、理解后作答.

创造性问答：运用已有的知识创造性地形成自己的想法、认识，进行作答.

如在 SOLO 模式下的学生回答类型中，多元结构水平下的回答就可以归类于创造性回答.

15.4 问与答的互动性与有效性

15.4.1 问与答的互动性

《标准（2011）》指出，数学教学时数学活动的教学，是师生之间、学生之间交往互动与共同发展的过程. 在教学过程中，知识的传授不应只是教师单纯的讲解与学生简单的模仿，而应通过教学活动，通过师生的问与答，让学生经历知识的形成与应用过程.

1. 创设恰当的数学问题情境

师生问答，首先要求教师创设恰当的数学问题情境，该提问是能够实现提问的目的、促进学生的数学理解和提高认识能力的. 因此，教师需要处理好以下四点.

首先是提什么样的问题，即设计有价值的问题. 课堂提问实际上是实现师生交往互动、沟通交流、理解与对话的重要手段，也是培养学生独立思考、合作交流能力的重要途径. 课堂时间有限，教师设计有价值的问题显得十分重要. 教师可以从设计符合学生认知规律的问题、设计有利于培养学生能力的问题、针对不同场景设计不同类型的问题等方面来设计有价值的问题.

其次是为什么要提出这个问题，即提出问题的目的. 所提出问题是否符合本次课教学内容的要求，是否符合学生的数学知识现状和认识水平，是否能够引起学生的注意和兴趣？问题的难度是否合适，是否具有开放性，是否能够激发学生的数学思维，是否符合维果斯基“最近发展理论”的要求，是否有利于教学互动的开展？这些问题都是教师在选择数学问题时需事先思考的问题.

再次是如何提出问题，包括教师提出问题和学生提出问题两方面. 关于教师提出问题，有学者将数学课堂教学中创设情境的提问方式归纳为“七问”，分别是自问、即问、追问、串问、反问、辩问和趣问. 这七种提问方式，是数学教师经常要用到的，有时课堂用到好几种提问方式；但什么时候用什么提问方式，什么内容的问题用什么提问方式，都需要教师提前认真思考、恰当选择. 关于学生提出问题，主要指教师要给学生提问的机会. 数学问题提出是数学活动经验的源泉之一，在数学课堂中，只有教师提问绝不是高效的数学教学，教师应尽可能让学生自主发现问题、主动提出问题.

第四是怎样解决问题. 解决问题是数学教学的目的. 教师在提出数学问题之前，就应该思考问题的解决方案. 但应注意的是，一个数学问题往往有多种解决方案，有些解题方案甚至是教师事前无法想到的，只有在数学课堂这种特殊的氛围中才可能被发现. 因此，在互动过程中，教师既要为学生创造解决问题的条件，把课堂作为向学生提出问题并一起探讨问题的平台，作为师生、生生之间交流合作的平台，使学生在交流合作中解决问题、获取知识、掌握技能、并形成良好的思维品质；同时，又要注意“数学倾听”，及时掌握学生的学习进展情况，及时发现学生解决问题时的思维闪光点，将学生有新意的解决问题的方案分析清楚，并与其他学生共享.

2. 提高课堂师生互动性的一些举措

教学中应注重学生“互动”，突出学生“互动”，课堂上大胆引入小组合作和互动探究成为课堂教学必须呈现的环节. 那么，如何提高课堂中学生“互动”的有效性，优化组织形式，科学调控与评价，最大化地提升课堂教学效益呢？方厚石老师的一些尝试为我们提供了一定的启示.

1）预设问题，驱使学生要“动”

课前问题预设要以学生的心理发展为主线，以学生的眼界为视角，从学生的现有知识水平和情感状态出发，准确把握学生的“现有发展水平”，充分预测学生可能的思维活动与课堂生成的策略.

通过构建有意义的问题串、知识链，刺激学生诉求的欲望与冲动，激发学生思维主动地、愉悦地投入，让学生真正通过自己实质性的思维活动获取数学知识、数学思想方法，并逐步发展数学能力. 同时，有效地把握追问不仅是学生探究性学习的动力，也是理性思维深入的标志.

2）建构平台，保障学生能“动”

（1）以“小黑板”创设机会，调动学生爱“动”. 通过构建小黑板互动平台，营造互动氛围，促进有效互动，提升课堂教学质量. 具体做法是：以 6 人为一小组，每组有一块小黑板，课堂上，以问题为起点，以解决问题为目的，按照自身的需要、意愿和情感. 围聚在小黑板的四周，进行组内合作与组间互动.

（2）以“展示”激发动机，促进学生想“动”. 让学生把展示的内容固化在小黑板上，方便了学生的组织表达与概括分析，学生可以借助小黑板向别人分析、讲解问题，增强了学生展示的信心，提高了学生在课堂上展示的愿望.

（3）以“对话”营造氛围，引领学生愿“动”. 在和谐民主的气氛中，在真诚平等的师生关系下，采用“问答”对话的方式，激发学生积极思考并主动获取知识. “对话”中，教师要尊重学生的观点，设法引爆现场的争辩，智对“课堂意外”，正视数学教学的“生成性”，善待“错误生成”，强化数学教学的“建构性”，引领学生爱动.

（4）以“独思”奠定基础，保证学生敢“动”. 在教师科学、合理的引导设问下，学生主动探索、动手、动脑和合作交流，教师教学的重点是引导学生对知识、问题的思想方法进行探索，揭示规律，培养学生的思维能力. 在教学预设和教学过程中，教师对有价值的问题留有充足的时间让学生独立思考、总结反思，形成有效的互动探究.

3）研究策略，监控课堂不能“乱动”

（1）随意互动与随机提问策略，课堂“互动”的真实督促. 随意的互动必须要有随机的检查，才可能产生积极的互动效果，其目的是为了对“互动”进行督促，打消学生侥幸的心理和消极的互动，检查互动学习效果.

（2）课件当堂达标训练策略，课堂“互动”的现实检测. 围绕教学目标，根据教学重难点，设置 3～5 道小题，利用 5 分钟左右的时间，对课堂所学的基本概念、重要知识点和基本题型进行直接应用.

（3）课后独立巩固策略，课堂“互动”的持续巩固. 课后独立巩固检测主要是通过课前预设，对课堂上基本概念、基础知识和基本题型进行直接应用，注重题目多样性和层次性；注重常规题和操作性、实践性问题的结合，以学生独立测试的方式完成为主；注重及时收交、批改和反馈；注重问题的发现、矫正和变式练习；在检测方式上，注重学生在单位时间内单独思考与独立完成.

4）科学评价，鼓励学生保持持续的“动”力

（1）及时性诊断评价，课堂“互动”的助推器. 及时性诊断评价就是依据课堂实际适时、适当地从课堂行为出发进行诊断性评价，强调激励与表扬，让学生体会到成功的快乐，增强学生的自信心.

（2）反馈性量化评价，课堂“互动”的动力机. 反馈性评价主要通过学生的自我陈述以及小组讨论记录、活动开展过程的记录等来反映，也可通过行为表现和学习的结果反映出来，小组民主评选和教师推荐性评价相结合，实施量化评比，建构教学活动评价目标多元化，评价方法多样化的评价体系.

3. 教师捕捉互动机会的能力

为了更好地促成课堂互动，教师捕捉互动机会的能力显得非常重要. 数学课堂教学互动的机会既要靠教师去创造，又要靠教师去捕捉. 课堂教学有“预设”，但更多的是“生成”. 创造互动机会大部分可以通过课前的教学设计来实现，而捕捉计划却只能是在数学课堂教学过程中完成，而且有些互动机会是稍纵即逝、难以捕捉的.

在数学课堂教学中，教师要捕捉互动机会，首先要关注班级全体，要给全体学生均等的参与互动的机会. 但事实上，许多数学教师因为对学生的期望的差异，与不同学生的互动方式是不同的，给不同学生的互动机会也是不均等的. 教师要做到合理给予学生期望，应该深入了解和认真研究教师对学生期望的形成过程，在此基础上努力使自己对所有的学生都抱有信心. 换言之，就是要求教师给予所有的学生以同等的互动机会，使所有的学生享受到同等的课堂待遇. 如果能这样，那么每个学生都可以从教师那里得到积极的信息反馈，增强参与教学互动的自信心和自觉性，数学课堂的互动机会才会更多.

15.4.2　问与答的有效性

提高教师问与学生答的有效性，有如下四条策略.

（1）问题明确简洁策略. 教师提问时的语言表达，要用学生能够理解的简单语言提问. 对于属于数学逻辑推理性提问，要用严格的、科学的数学语言进行提问. 提问中，若使用通俗语言也只能是对原问题的某些词语进行解释，如对那些理解问题有困难的学生，给以启发性的提示等. 学生回答后，教师要给予分析和确认使问题有明确的结论，强化学生的学习.

在案例 15-1 中，教师的提问就是在学生对数学事实“平面内与一个定点的距离和一条定直线的距离的比是常数 e，当 $0<e<1$ 时，点的轨迹为椭圆；当 $e>1$ 时的轨迹是双曲线”已知的基础上，进行的“当 $e=1$ 时又会是什么轨迹呢”提问，这就符合问题明确简洁策略.

（2）兼顾全体学生策略. 对不同学生的提问难度，应当与其数学水平相适应. 但课堂不应该是个别学生与教师的课堂，教师应尽量与全班学生互动交流. 提问既面向全体又层次分明，合理分配答问对象，切实发挥学生的自主性与促进教师自身发展. 教师要做到扩大学生课堂参与的同时，还要变换问答技巧.

在案例 15-2 中，教师的提问“同学们用不同的方法将 x^6-1 分解因式”，该提问针对全体学生，难度不大，就符合兼顾全体学生策略.

（3）设计问题链策略. 教师的课堂提问不应是零散琐碎的，应注意问题与问题之间的衔接. 好的问题是经过精心设计的，在此过程中做到明确问题的类型与层次、增强问题设计的针对性以及问题的可迁移性，并预想学生可能的回答及处理方法. 问题链的设计，需要注重其深度和广度，协调低层次和高层次问题的比例，注重发展学生的数学思维. 注重问题链的设计，尤其是在新旧知识的过渡处设问，在重点、难点、易混处设问，在理解教材的关键处设问.

案例 15-1 中的导入教学片段设计有问题链，在回顾椭圆和双曲线概念的基础上，先进行“能把这两种曲线的定义统一起来吗”的提问，接着在学生统一了椭圆和双曲线定义后，进行“当 $e=1$ 时又会是什么轨迹呢”的重点提问. 同时，案例 2“用拆分法分解因式的教学片断”也设计有问题链，先提问“同学们用不同的方法将 x^6-1 分解因式”，接着在学生用不同方法分解 x^6-1 的基础上，进行“为什么同一个式子会得出不同的答案”的提问，然后在学生猜想“也许 x^4+x^2+1 还能继续分解，得到 $(x^2+x+1)(x^2-x+1)$”的基础上，进行“你能验证这个猜想吗”的提问，环环深入.

（4）灵活处理，留空思考策略. 教师提问之后，应该给予学生充分的时间独立思考，然后教师边引导边让学生回答，或以讨论、汇报等其他方式回答. 特别是在教学内容变换或提出较难问题时，都要给学生一段认识问题和思考问题的时间. 在此过程中，教师可以灵活地运用候答时间，如板书、准备多媒体等. 教师需要根据学生的回答，做到澄清、追问、转问和悬置，给予学生有效的信息反馈. 依照教学的进展和学生的思维进程提出问题，把握提问的时机. 当学生思考不充分或抓不住重点，对问题不能正确理解时，教师不要轻易代替学生回答，应从不同的侧面给予启发和引导，培养他们独立思考的意识和解决问题的能力.

案例 15-1 中的导入教学片段中最后一个提问“当 $e=1$ 时又会是什么轨迹呢”，是采取“灵活处理，留空思考”策略的，因为这里是教学的重点. 同时，案例 15-2 的最后一个提问“你能验证这个猜想吗”，也是基于教学重点采取“灵活处理，留空思考”策略的.

只有教师有效性地进行课堂提问，学生才能较好地和教师进行课堂互动. 教师在采用以上策略进行课堂提问时，还要注意学生的回答. 正如图 15-1 所示：课堂提问的过程是师生对话、交流的过程. 教师和学生都是提问的主体，但在实际教学中学生提问的情况少，教师提问的情况多，教师更具主导地位；教师不但提出问题，面对学生的回答和反馈还要进行必要的理答与引导. 学生通过回答教师提出的问题达到知识的增长、认识的提高、思维的发展.

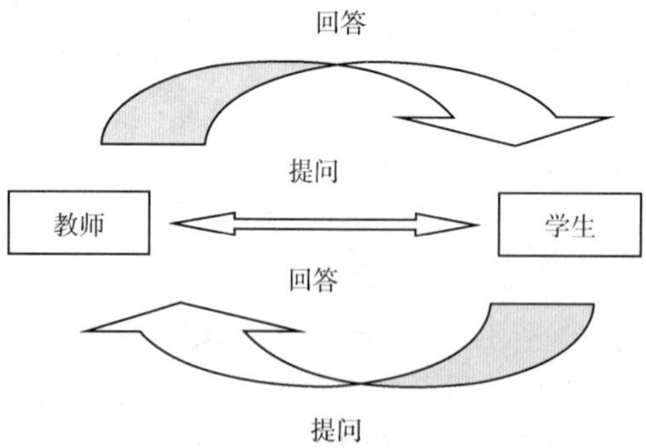

图 15-1

15.5　提问技能实训

【训练内容】

认真阅读“双曲线概念”的教学案例，进行评课训练.

在双曲线概念的教学中，当得出双曲线定义：“平面内与两定点 F_1，F_2 的距离的差的绝对值是常数（小于 $|F_1F_2|$）的点的轨迹叫做双曲线”以后，再通过演示实验. 教师设计了如下四个问题：①将“小于”改为“等于或大于”，其点的轨迹又是什么呢？②将绝对值去掉，其结果如何呢？③令常数为 0，其余不变，其点的轨迹又是什么呢 ？④将括号中的小于 $|F_1F_2|$ 这个条件去掉，应如何讨论点的轨迹？

【训练目标】

（1）熟悉并掌握课堂提问和启发学生的方法和原则；

（2）提升提问技能以及启发学生的能力.

【训练程序】

（1）教师在讲完定义之后这样设计问题是否恰当？请作出你的分析评价；

（2）如果是你来讲授这个内容，将如何设计课堂提问？

（3）结合这一教学案例以及你对上述两个问题的思考，谈谈数学课堂提问在课堂教学中的作用.

（4）自选一段数学课堂教学片断的录像，认真观看，然后说出在这段教学过程中教师是如何设计课堂提问的？该教师的提问类型与学生的回答类型是什么？

第16章　数学学习指导

学习目标

（1）了解教师在课堂中应该指导什么，何时指导，如何指导，导向何方，以及指导有哪些注意点；

（2）了解作业指导的方法；

（3）通过指导技能实训，提升指导的能力.

在教学中，“以学生为主体，以教师为主导”，教师的导，一方面体现在引导，同时也体现在对学生学习的指导. 教师对学生的指导，主要包括对学习内容的指导，对学习方法的指导，对学生作业的指导等.

16.1　指导案例呈现

案例 16-1　小学数学二年级上册“角的初步认识”.

1. 创设情境，提炼问题

同学们请看屏幕. 仔细观察，你能发现什么？

生 1：这是一片工地.

生 2：有很多挖掘机在工作.

从图中我们可以看到，繁忙的工地上，挖掘机正在紧张地工作着. 谁知道挖掘机是怎样工作的？

通过上面的观察，我们知道了铲斗臂是怎样工作的. 请小朋友再仔细观察，你能发现哪些数学信息？

生 1：挖掘机上有角.

生 2：有的角大，有的角小.

正是因为铲斗臂能够自由地拉直与弯曲，所以也就能够形成各种各样大大小小的角，也就是说，“铲斗臂上的角能大能小”.（在屏幕情境图中呈现）.

那么，小朋友能提出哪些关于角的数学问题呢？

生 1：它们都是什么角？

生 2：为什么有的角大，有的角小？

生 3：怎样画角？

小朋友提出的问题还真不少，今天我们首先来研究“挖掘机在工作时，铲斗臂可以形成什么样的角？”.（屏幕上呈现问题，同时定格例题 1 中的四个铲斗臂模型图.）

2. 学习例题 1

1）指一指

请同学们伸出右手食指，试一试，能不能将铲斗臂形成的角指出来？

哪位同学愿意到台上来指出这些角？大家可要看清楚了，看能有哪些发现！

教师让一位学生上台，他分别指出了前 3 个角所在的位置，既用“数”的方法指出了 3 个角，而非指出角的两条边；同时又说明“第 4 个不是角”.

听听同学们怎么评价. 大家有什么不同意见？

要指出一个角，正确的方法应该是：从顶点开始，分别指出两条边（教师同时利用动作语言说明）. 请同学们一起随老师指出这些角：第一个角（动作与语言描述相结合）——从顶点出发，先指出一条边，再指出另一条边，这是一个锐角. 第二、三个角——结合动作分别说明是“钝角”与“直角”. 第四个角——它的顶点在哪儿呀？原来藏在了“关节”处，这是一条边，这是另一条边；原来它也是一个角，谁知道这是什么角？这是一个“平角”.（板书）

2）做一做

上面呢我们分别指出了这些角. 请小朋友认真思考一下，想一个什么办法，能让我们进一步来研究角？

生 1：想一想生活中哪里有角.

生 2：画角.

生 3：用三角板画角.

这样好不好，我们先来做一个角，通过做一个活动角，来帮助我们进一步研究. 请大家想一想，通过做一个活动角，我们要研究什么数学问题？伴随学生的回答，屏幕呈现活动要求——转动一下，可以形成什么样的角？

那么，请同学们猜想一下，到底可以形成什么样的角？学生猜想“可以形成锐角、钝角、直角与平角”.

教师组织交流：

哪个组的同学愿意告诉大家，通过做活动角，转动角的两条边，可以形成什么样的角？

生：（结合动作描述自己的发现）用图钉将两根纸条的一端钉住，然后通过转动解释形成的分别是锐角、直角、钝角与平角. 再转动将两根纸条重合在一起，学生解释“这就不是一个角了”.

下面请同学们做好准备，随屏幕上的演示，分别作出几种角：固定一条边不动，转动角的另一条边，分别得到锐角、直角、钝角、平角；继续转动，最后角的两条边重合在一起，这是不是角？是什么角？

生 1：直线角.

生 2：线段角.

生 3：射线角.

在数学上，我们把这样的角叫做“周角”.

伴随着计算机演示与学生的同步活动，屏幕分别定格呈现用纸条做成的锐角、直角、钝角、平角、周角象形图与数学图，并同时呈现每种角的名称.

3）画一画

上面我们通过做活动角，发现了两种新的角——平角和周角. 如果我们再进一步研究角，接下来该干什么了？有的同学在前面已经想到了——是不是应该画角？下面请小朋友试一试，先画出锐角、直角和钝角.

再请同学们试一试，看能不能画出平角和周角.

指名学生上台展示，交流画法：

生 1：先画一条直线，然后在中间点上一个“点”，就画出了一个平角.

生 2：我觉得周角只画一条射线就可以了.

我们听听其他同学的意见. 你们觉得这样画角有什么问题没有？

生 1：在直线中间点上一个“点”，它还是一条直线，我觉得不像是平角，只是平角的两条边成了一条直线.

生 2：射线就是射线，怎么会是周角呢？

那么，想一个什么办法，能使它们看起来像平角与周角？（学生表情告诉老师“他们没能想到办法”）还记得我们是用什么方法得到平角与周角的吗？

生 1：是用转动的方法.

生 2：当角的两条边成一条直线时，就成了一个平角；当角的另一条边转动一周，两条边重合时，就成了一个周角.

看来，只有在图中把“旋转”表示出来，看起来才像是平角与周角. 那么，用什么符号来表示“旋转”呢？

生 1：用箭头.

生 2：画阴影.

教师演示：一般情况下，是在角的两条边之间画一条“弧线”来表示旋转所成的角. 同时让学生修改图形，即在自己画的平角与周角图上添加“弧线”.

4）说一说

通过上面的学习，我们知道了除锐角、直角、钝角以外，还有另外两个新的角——平角和周角. 请同学们仔细观察，这几种角有什么相同的地方？

生 1：都是旋转得到的.

生 2：都有顶点.

生 3：还有两条边.

请同学们想一想，能不能把角的两条边延长与缩短？（计算机动态演示）也就是说，“从一点起，画两条射线，就组成一个角”.（屏幕呈现）

请小朋友用动作告诉老师，角可以用哪一个符号来表示？

不管是哪种角，都可以用符号“∠”来表示.（教师板书）

为了能区别每一个角，通常我们要用数字给每个角作编号，像屏幕上的 5 个角，每个角分别记作——∠1，∠2，∠3，∠4，∠5.（在教师分别板书的同时，学生随教师一起写出每个角的记法）它们分别读作——角 1，角 2，角 3，角 4，角 5.（学生随教师读）

5）练一练

（1）三角板上有几个角？分别是什么角？

提出问题——交流认识——呈现结论：三角板上有三个角，其中一个直角，两个锐角.

（2）连线：呈现五种角的图形，与它们各自的名称连一连.

（3）呈现 5 个钟表图：说一说分针与时针所成的角分别是什么角.

3. 学习例题 2

1）比一比

呈现例题 2：请大家猜想一下，角 1 和角 2 到底哪个大？说一下你是怎么想的？

生：角 2 大. 因为要是把两个角重合起来，好像是角 2 要大.

要知道角 1 和角 2 哪个大，光凭猜想还不行，接下来还应该怎么办？是不是要验证我们的猜想了？请小朋友认真思考一下，想一个什么办法，能验证我们的猜想？学生想到“用三角板比一比”.

请小朋友拿出练习纸，（将例题 2 呈现在纸上，角 1 和角 2 分别为 60 度和 70 度）下面我们就利用三角板试一试，看是不是角 2 比角 1 大.

学生尝试后，积极要求发言，教师指名学生交流认识：

生 1：（先用三角板上 60 度的角测量角 1）角 1 和三角板上的这个角一样大；（再用三角板上 60 度的角测量角 2）角 2 比三角板上的这个角要大. 所以角 2 比角 1 大.

生 2：角 2 的边离三角板要远一些，而角 1 的边正好靠近三角板，所以角 2 比角 1 大.

（计算机动态演示上述学生想到的测量方法，同时将角 2 比角 1 大的部分呈现为阴影）角 2 的边离三角板要远一些，而角 1 的边正好与三角板上的边重合. 这说明，两个角相比较，角 2 两条边张开的要大一些，而角 1 两条边张开的要小一些，所以角 2 比角 1 大.

看来，要比较角的大小，就要看角的两条边张开的大小——角的两条边张开得越大，这个角就越大.

2）想一想

（屏幕呈现 3 行 × 3 列角的图形案例：3 行角的大小分别是 30 度、60 度和 90 度，每行中三个角的边长不同，每一列角的边长相同而角的大小不同.）

仔细观察，你能发现什么？为什么？

生 1：横着看，角一样大. 因为角的两边张开的同样大.

生 2：竖着看，角越来越大. 因为角的两边张开的越来越大.

（计算机演示：每列 3 个角不能完全重合）角的两条边张开的大小不同，所以纵向看 3 个角大小不同.（计算机演示：每行 3 个角能够完全重合）角的两条边张开的大小是一样的，所以 3 个角同样大.

再仔细观察边的长短，有没有新的发现？

生 1：边长不同.

生 2：边越来越长.

每一行 3 个角同样大，但是它们的边长不同，这说明角的大小与边的长短有没有关系？

那么，角的大小与边的长短为什么没有关系？学生表情告诉教师“不能回答”. 想象一下，如果将角的两条边无限延长，两边张开的大小变了没有？再想象一下，如果将角的两条边缩短，两边张开的大小变了没有？正是因为不能改变角的两边张开的大小，所以不论将边延长还是缩短，都不会改变角的大小.

（屏幕呈现）角的大小要看两条边张开的大小，张开得越大，角越大. 角的大小与角的两边画出的长短没有关系.

通过上面的学习，我们知道了角 2 比角 1 大. 那么，角 2 和角 1 分别有多大？角 2 比角 1 大多少？这就是我们下节课将要研究的内容.

【案例评析】　该案例中的教师在课堂教学中做到了适时指导、合理指导：

（1）以实践活动为主线突出学生学习的主体作用. 指一指、做一做、画一画、说一说、练一练、比一比、想一想等一系列学习任务的指导构成了学生课堂活动的基本框架，改变了学生仅凭眼看耳听获取知识的学习方式，真正实现了“在游泳中学习游泳”的学习要求.

（2）以提出启发性的问题为手段突出教师的引导作用. 在角的认识阶段，指导启发学生想到“做一个活动的角，通过画角帮助我们进一步研究”，并且不要忽略“我们要研究的数学问题——转动一下，可以形成什么样的角”；在角的大小比较学习中，启发学生想到“用三角板比一比，能验证我们的猜想”.

（3）以理论为指导设计符合儿童认知规律的教学过程. 从学生现有的发展水平（锐角、直角与钝角是学生已有的认识）到潜在的发展水平（用图形表征平角与周角）之间，即学生的最近发展区；指一指、做一做、画一画三部曲，是为帮助学生达到潜在的发展水平所架设的“脚手架”，同样也遵循了布鲁纳关于儿童智力发展从动作水平到表象水平，再到分析水平的心理过程.

16.2　数学学习指导

教师是教育目的的实践者，教育活动的设计者、领导者和组织者. 尤其在课堂实践中，教师的指导作用显得尤为重要. 学生虽然是认识和发展的主体，但学生是未成年者、未知者和发展者. 学生在课堂学习的过程中，往往会碰到学习的困难. 碰到难点，学生不知道如何思考时需要教师的指导；不知道如何组织小组合作学习时需要教师的指导；不知道如何进行独立思考并完成实践任务时需要教师的指导……教师在课堂中的指导能够使教学顺利地进行，能够帮助学生有效地学习，帮助学生解决难点和疑点.

16.2.1　学习方法指导的意义与范畴

学习方法指导，可简称为学法指导，指教育者通过一定的途径对学习者进行学习方法的传授、诱导、诊治，使学习者掌握科学的学习方法并灵活运用于学习之中，逐步形成较强的自学能力的过程. 简言之，学习方法的指导主要包括三个方面：一是在具体学习情境中指导学生掌握具体的学习方法；二是指导学生充分认识具体学习方法的适用范围；三是在具体学习情境中对学生进行运用和改进相应学习方法的指导.

学习方法指导的意义和价值包括：①学习方法指导是解决“教”与“学”矛盾的有效方法；②学习方法指导有利于大面积提高教育教学质量；③学习方法指导是改变中小学生教育现状，实施素质教育的客观要求.

学习方法指导对于学生学习的具体价值，主要表现为以下几个方面：①有利于学生顺利完成从感性认识到理性认识的飞跃；②有利于学生牢固掌握所学知识，掌握科学的学习方法；③有利于激发学生的求知欲和学习热情；④有利于学生总结自己的学习活动经验；⑤学习方法指导既是培养学生的学习能力的重要因素，又是培养开拓型、创造型人才的需要.

可以从不同的标准，对学习方法指导进行分类. 以学科为标准，可以分出中小学语文、数学等各学科学习方法指导. 以方法的构成要素为标准，可以分成基本认知方法指导（如指导学生如何观察、如何记忆等）；学习程序方面的指导（如指导学生如何做计划等）；学习工具、手段使用方面的指导；学习原则、要求方面的指导（如何确定学习日标、如何调整学习态度、如何保持较强的学习动机、如何克服畏难情绪、如何克服考试焦虑、如何与别人进行学习方面的合作等）. 以学习任务的难度，可以分为指导学生如何进行模仿性学习、如何进行抽象概括性学习、如何进行问题解决学习、如何进行探究发现学习等. 根据教育目标的分类，可以分为指导学生如何进行语言符号的学习、如何进行操作技能的学习、如何进行态度情感的学习等.

考虑到可操作性，为教师提供系统的帮助，对学习方法指导的范畴进行如下梳理：

以课堂为界限，分为课堂学习方法指导和课外学习方法指导. 前者根据学习的时序及各种学习任务的要求，主要分成以下几类：学习计划制订方法指导、预习方法指导、听讲与课堂笔记方法指导、质疑与提出问题方法指导、复习方法指导、应试与知识的实践运用方法指导. 后者包括课外阅读方法指导和综合实践活动方法指导两个方面.

就普通的学习方法而言，教师指导学生学习时，要帮助学生养成相应的学习能力和良好的学习习惯，主要有：

（1）指导学生养成正确的心理状态. 例如，迅速学习、不拖延时间的学习习惯；心平气和、耐心学习的习惯；学习注意力集中、专心，不为外界分心影响的学习习惯等.

（2）指导学生拟订自学计划的能力. 养成学生自己支配自学时间，合理安排完成各科作业的能力；培养学生在没有教师指导的情况下，自觉完成学习任务的习惯和能力等.

（3）指导学生熟练地运用字典、词典、百科全书、地图、挂图等学习工具.

（4）指导学生在图书馆查阅图书目录索引、查找参考资料.

（5）指导学生利用书本上的索引、目次、附录、描图等用以收集资料.

（6）指导学生掌握阅读.

（7）指导学生做笔记、写报告.

（8）指导学生掌握有效记忆和温习教材.

（9）指导学生学会独立思考，自己发现问题，确定疑难问题所在，培养学生分析问题和解决问题的能力.

（10）指导学生学会自己组织材料，通过阅读，写出报告，把学到的知识和实际经验系统组织起来，报告给同学.

16.2.2　课堂中教师指导的内容

数学学习指导的内容由以下几个方面构成：其一，动力系统，即学习动力的培养，包括对数学学习的需要、动机、兴趣、毅力、情绪等非智力因素的指导，主要解决的是“愿不愿学”的问题；其二，数学学习能力的开发，包括思维能力、自学能力和创造能力等的培养，主要解决的是“能不能学”的问题；其三，操作系统，即对数学学习过程的各个环节及其方法的指导，包括预习、上课、作业、复习、总结等方法，主要解决的是“如何学”的问题，这方面的内容也是学习指导的重点；其四，数学学习策略的指导，包括元认知的发展与培养，主要解决“能不能学好”的问题. 下面针对第三点内容进行阐述.

1. 合作学习指导

所谓数学合作学习，是数学教学中学生学习的一种行为方式，是学生在小组或团队中为了完成共同的数学课堂学习任务，按照明确的责任分工进行的互助性学习，通常以小组学习为主要形式. 皮亚杰学派的发展理论认为，师生的思维和智慧可以被整个群体共享，而不是某一位或某几位学生完成意义建构，学生通过讨论学习内容、解决认知冲突、阐明充分的推理而最终达到对知识的理解，提高自己的认知水平. 教师有效指导学生合作学习，可以使得学生准确地获取知识、解决困难以及增强学生的团队合作意识. 在合作学习指导中，教师应该做到以下方面.

（1）小组合作学习前，教师要进行合理的策略分配. 小组合作学习不能仅停留于表面形式，简单地把学生分成几个小组，而是根据实际情况进行小组合理分工. 小组合作要遵守一定的规则，有一定的分工和任务驱动，每一位学生都要被指定担任一种角色，并且要轮流担任，实现小组角色的互换，增强学生互动的有效性，体验到小组合作学习的乐趣.

（2）小组合作学习时，任务设计要明确. 在合作学习之前，教师向学生说明学习的内容和目标是什么，说明完成任务的过程及要求；每个小组在明确学习任务之后，各自根据任务分工在独立思考的基础上进行合作探究. 同时教师启发学生运用已有知识经验解决问题，鼓励学生担负起在小组合作学习中的责任，促进学习的迁移. 每个学生根据自己的理解互相交流，形成小组的学习成果.

2. 数学思维指导

《标准（2011）》明确指出，高中数学课程应注重提高学生的数学思维能力，这是数学教育的基本目标之一. 什么是数学思维?数学思维是人脑和数学对象交互作用并按一般的思维规律认识数学本质和规律的理性活动. 具体来说，数学思维就是以数和形及其结构关系为思维对象，以数学语言和符号为思维载体，并以认识发现数学规律为目的的一种思维. 它具有一般思维的特征，又具有不同于一般思维独有的特点；数学思维的概括性比一般思维的概括性更强，有时表现为一种较强的数学能力. 在数学思维学习过程中，教师应该做到以下三点.

（1）排除心理障碍，营造良好的学习氛围. 通过教师的语言上和行动上的鼓励，帮助学生发展敢于发问、善于发问、敢于质疑、善于质疑的思维品质. 在学生回答问题时，要消除学生的恐惧心理，尽量避免学生因为害怕回答错误而禁锢智力的发挥和阻碍新思想的产生. 教师要用发展的眼光看待学生，不要以旧观念和教师权威来束缚学生的思想，要注意保护学生的好奇心和培养学生的想象力.

（2）加强数学思维方法的学习和实践. 加强数学思维方法的感知和领悟；鼓励学生要善于观察，勤于思考和实践；要为学生创造数学尝试的机会，除在课堂上开展有效的探索性、研究性学习活动外，还要让学生参加一些有新意的科技活动，如小调查、小实验、小创造、小改革等.

（3）培养学生良好的思维品质. 发展学生的创造性思维能力，提高学生的数学素养和促进学生思维品质的提升是数学教育的主要任务. 这里有很多比较有效的方法，其中采用变式教学可以培养学生思维的深刻性；发展求异思维可以培养学生思维的广阔性；教会思考联想可以培养学生思维的灵活性；运用辨异对比，可以培养学生思维的批判性；整理知识结构，可以培养学生思维的组织性. 总之，注重学生思维品质的培养，是提高学生思维能力的一条有效途径.

3. 学习方法指导

学习方法是指学生进行学习所采用的常用方法，它的好坏在很大程度上决定了学生学习效果的高低. 好的学习方法往往起到事半功倍的效果，而不好的学习方法，则往往阻碍学生的发展，所以教师要注意对学生学习方法的指导. 学习方法指导是指教师对学生学习方法和学习效率提高的指导，这起着至关重要的作用. 这里我们主要讨论教师对学生的指导，充分关注了教师与学生主体之间的关系. 在学习方法的指导过程中，教师应该做到以下四点.

（1）创设学习环境的方法指导. 主要解决学习环境方面的问题，比如创设适宜学生学习的安静愉悦的环境，使得学生可以全身心地投入到作业的完成当中去；通过数学游戏环节的引入，创设积极向上的课堂氛围，在这样的氛围中师生能够融洽配合.

（2）知识掌握与方法运用方面的指导. 主要解决学习活动方式、策略方面的问题. 学习活动方式、策略在学生的数学学习中具有重要的地位与作用，这就要求教师要合理地安排学习活动方式，采取灵活有效的策略.（少阐释“必要性”，多说明“如何做”）

（3）对学习过程安排的指导. 主要解决学习程序方面的问题，其实，这也就是预设方面的问题. 在从事教育教学活动之前，我们必须有个计划，先讲什么，后讲什么；也要思考清楚，为什么要有先后顺序，前后内容之间的衔接是什么. 也只有这样，我们的教学活动才不会生硬；也只有这样，教学活动才会有序. 当然，我们还要注意教学中出现的生成性问题，这一方面要求我们的预设要更加全面，另一方面要求我们必须有足够的教学机智来处理教学活动中出现的生成性问题.

（4）综合实践活动方法指导. 包括与人协作（在小组中聆听、欣赏和磋商）的态度与技能；与人沟通（有效地沟通和表达）的方式与技能；收集和运用各类信息的能力（明智地寻求、汲取、分析、管理和汇报资料，对独立收集、整理信息方法的掌握）.

除了学习方法指导的内容，我们还应该注意学习方法指导的方式与操作方法. 学习方法指导的方式除了直接进行指导外，即直授式外，还可以在某些节点处进行归纳，即归纳式；在重点难点处进行点拨，即点拨式；在跨越较大处进行连接，即连接式；还可以追本溯源，从源头处进行指导，即追溯式. 学习方法指导的操作方式可以按照课堂教学的流程进行：课前预习，设计学法；课中学习，授之学法；课后复习，指点学法；课外活动，升华学法.

4. 其他学习过程中的指导

（1）预习指导. 预习的方法主要可以分为以下几种：阅读法、回顾法、笔记法、操作法和讨论法. 指导学生在预习时要明确预习目的、保证预习质量、科学安排预习时间、养成良好的预习习惯、避免过粗和过细两种倾向.

（2）课堂笔记指导. 针对学生的课堂笔记，要注意的问题：要随时做好记笔记的准备；分清板书内容的重要程度；规范学生记笔记的习惯和流程；不要抄写别人的笔记；可以课后对笔记进行整理；一节课下课后应把下节课要用的课本、笔记本和笔都整理好.

（3）复习指导. 为了使学生避免浪费时间和精力，教师要指导他们及时复习. 一方面，教师在指导学生时，可先带领学生尝试回忆：回忆上课的经过；回忆老师怎样引入新课；回忆自己疑惑的部分老师如何讲解，自己的理解是否和老师讲的一致；回忆关键地方教师是如何启发、引导的；回忆刚学的新知识，新知识是如何从旧知识推导或引入的，新旧知识有哪些联系等. 另一方面教师在指导时，可让学生用彩笔把书上的重点、难点、关键点和容易忽略之处勾画出来，在每页空白处记上简要体会或概括课文内容的话语，以及有利于记忆、带有提示性的语句或心得，以便以后看书时能从这些地方迅速得到启示，回忆起书中的主要内容和关键之处. 另外，对书上出现的新概念，可以在书的空白处把概念名称写下来，复习时查找起来会比较方便.

指导学生复习时，要提醒学生注意以下几个问题：注意复习时机；动用多感官协同复习；注重学生之间的互相讨论；注意克服复习中的“高原现象”——进行较长时间的复习之后，虽然意识到还应该继续努力，但却打不起精神，注意力不集中，甚至越复习越乱.

案例 16-2　某校数学的复习十二技.

为了让学生牢固地、全面系统地掌握教学知识，不仅要指导学生复习知识，更重要的是要教给学生一些正确的复习方法.

温习课文：课本是复习的重要依据. 要让学生温习课文，也可以让学生相互交流阅读课本的方法. 对课文中的说明部分和结语，要字字推敲，不能粗心放过. 如“只有一组对边平行的四边形叫做梯形”，这句话中“只”字不能少，少了这个“只”字，变成“有一组对边平行的四边形”，那就不一定是梯形了.

说理例证：对于重要的数学知识要求学生结合具体例证加以说明，以加深对知识的理解，提高运用知识的能力. 如一个三角形，如果你知道它一个角的大小，你能知道它是锐角三角形还是钝角三角形吗?要求学生学会分析说理、例证. 已知的角可能有三种情况：①钝角，②直角，③锐角. 如是①或②两种情况，则可断定这个三角形是钝角三角形或直角三角形，而如果已知的角是锐角，那么就难以断定这个三角形是怎样的三角形.

阅读批注：学完一部分内容，教师应让学生自觉地阅读课本重点章节及复读，边读边对重点语句加圈点或记号. 有时还可根据自己对课文的理解补充一些批语、注解. 例如，在学习互斥事件和对立事件时，对互斥事件，对立事件的理解可以用集合语言或图形语言来批注. 把在任何一次实验中不可能同时发生和不能同时发生分别用 $A\cap B=\varnothing$ 和 $A\cap B=\varnothing$ 且 $A\cup B=\Omega$ 来描述，这样有利于把握概念的本质.

对比小结：就是把若干既有区别又有联系的知识放在一起进行对比复习. 小结其异同点，抓住本质特征. 如将比的基本性质、小数的基本性质、分数的基本性质与商不变的规律对比，将除法、分数与比的意义对比.

提问追踪：就是让学生自己给自己提出问题，自己解答，解答了一个问题，接着再设计一个问题，一个接一个地追踪下去，碰到困难，再去读书问老师找答案. 这有利于弄清知识的来龙去脉. 如复习数的整除时，可问“整除与除尽有何异同？”“零除以一个不为零的数叫整除，还是叫除尽？”“12 能被 4 整除，12 能整除 4，这两种说法确切吗？”.

其余七技内容包括：歌诀概括、图象表格、回忆再现、整理归纳、多种思维、设疑讨论、弥补缺漏.

（4）课外阅读指导. 课外阅读指导要注意以下问题：①提高学生课外阅读的积极性，使学生形成课外阅读的习惯；②帮助学生选好课外读物. 最好是结合学科教学，列出课外阅读书目供学生选择；③对学生进行阅读方法的指导，使学生掌握常用的阅读方法；④结合课堂教学，有计划有重点地阅读；⑤注意有组织地开展课外阅读活动，深化学生课外阅读的兴趣，提高阅读的效率；⑥处理好个别指导与集体指导，分散指导与集中指导的关系.

除了以上指导内容外，还有作业指导、应试指导等，作业指导具体将在 16.3 节进行阐述.

16.2.3 教师应何时进行指导

教师在进行课堂教学时，为了教学的顺利进行，需要在适当的时候对学生的学习进行指导. 在教学开始时，可以指导学生自主获取新知识、新概念，此时指导即为引导；指导学生明确学习目标. 在教学中，给学生设置一系列的学习任务时，应该指导学生明确学习任务，明确学习任务设置的目的；在任务实践中，如若学生碰到难点和疑点，教师应该对学习方法、解题思路等及时作出指导，以便学生能够继续思考问题；在组织学生小组合作学习时，要指导各小组明确合作学习的任务和目标，指导各小组合作学习的步骤.

然而，虽然教师在课堂实践中承担着指导者的角色，但是教师不能一味地指引学生. 在教学中还要充分发挥学生的主体作用，鼓励学生积极、主动地思考. 教师的指导对于学生的学习而言，只是起到一个启发的作用，即所谓“在旁指导，点到为止”. 教师也可以在学生自主思考之后再进行一些适当的指导.

16.2.4 教师指导的方式

设置情境模式进行指导. 如前文案例中借助挖掘机的工作特点引导学生对角的思考，通过情境模式间接地指导学生本节课的学习内容和学习目标.

教师口头语言的直接指导. 如进行提问、质问、强调语气等方式对学生进行指导. 通过提问可以让学生明确思考的问题是什么，接下去应该往哪步走；通过对学生回答的质问可以指导学生思考自己回答的是否正确与合理；通过强调语气可以指导学生学习内容的重点所在.

教师书面语言的指导. 通过板书以及习题的演练可以指导学生掌握学习内容、重难点以及掌握学习的思路和解题方法.

教师多媒体的指导. 教师可以借助 PPT 向学生展示学习的任务和步骤是什么，如图 16-1 所示.

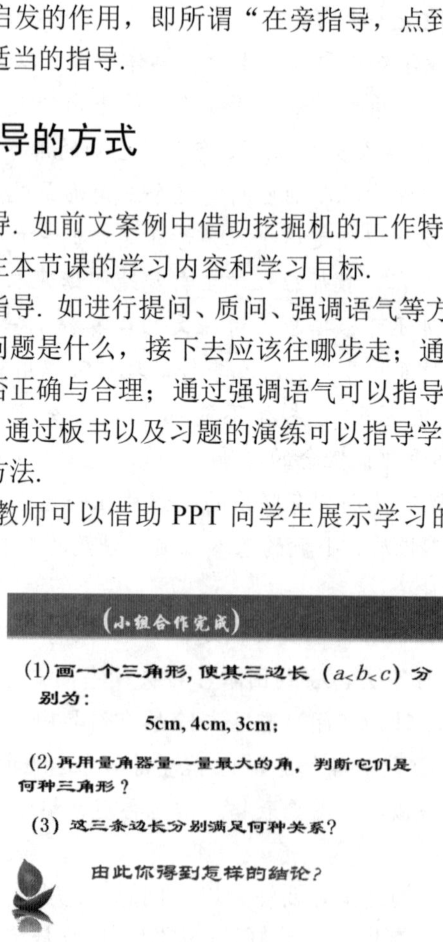

图 16-1

教师可以在 PPT 上直接展现学习的任务和步骤，来指导学生获得结论，从而达到学习目标.

16.3 作业指导

做作业是学生巩固知识、训练方法、发展思维必需的重要学习环节，它是在老师指导下进行的有目的的学习活动. 作业包括课内作业和课后作业. 学生有效地完成教师布置的作业是学习过程的重要组成部分，及时地批改作业是教师了解学生信息的重要来源.

作业的布置与指导是教学过程的重要环节之一，具有促进学生认知发展的作用. 当前，作业的布置与指导需要在“能力定位”“高认知层次内容”“合作学习方法”以及“激励性评价”四个方面有所转变，以真正发挥其功能. 具体而言，目标定位应从知识点的记忆和掌握发展为能力的提升，内容选择应从低认知层级向高认知层级发展，方法采用应从个人单独学习发展为合作学习，评价应多采用恰当适宜的口头激励性评价.

16.3.1 学生作业指导的开展

教师可以从以下三方面开展对学生的作业指导.

第一，指导学生在作业过程中要能寻找解题出现错误的原因. 教师在教学过程中除了从正面讲授概念、公式、法则、定理和解题方法等知识外，还必须从反面举例说明所学知识中易犯错误的地方，从纠正错误中启发学生正确理解概念、公式、法则、定理.

学生作业中常见错误的原因有：概念、法则模糊不清，导致推理、计算结果错误；不顾隐含条件，导致结果错误；不能正确分类讨论，导致结果乱中出错；推理过程不等价，导致错误结论.

教师可以指导学生制作“错题收集本”，将问题、错解、错误的原因和正解整理起来，最好还可以让学生写上反思. 经常翻翻错题本，避免下次再犯同样的、类似的错误.

第二，指导学生在作业过程中要会一题多解、一题多变、一题多用，培养学生的解题能力，不能靠偏题、难题、题海战术来提高学生的解题速度. 例题选讲在于精，注意题目的典型性、灵活性、综合性；而学生在作业过程中，经过自己审题、思考、解答，对题目的条件、结论、背景、实质、方法、蕴涵的思想有比较充分的认识. 对同一题目来说，由于不同的思维方式可以采用不同的解题方法，一题多解，同时寻找最优解，可以提升学生的思维水平.

第三，指导学生在作业完成后要进行总结. 学生在解数学作业题时，往往就把题目做完了事，不作回顾、总结和反思，这不利于解题能力的培养和知识的深化. 特别是在每章结束时，教师要指导学生总结这一阶段的作业中用到哪些数学方法、数学思想，解决了哪些主要问题. 这样不失时机地且长期坚持引导学生自我回顾总结，就能使学生完整地、准确地理解和掌握数学思想方法.

16.3.2 作业批改的方式

作业批改的方式有多种，除去教师课后批改外，还有如下方式：

(1) 随堂批改作业. 新课后，简单的作业可当堂完成，集体讨论答案，教师当堂集中统一批改，并适时点评.

（2）小组批改作业. 把不同水平的学生每四人或六人组成一个小组. 每次上课前 5 分钟由教师提供参考答案，小组内互相批改，并把批改的情况和典型范例、错题情况向老师和全班同学汇报.

（3）教师抽查和面批. 教师对小组批改后的作业要进行抽查，了解作业和批改的情况，对作业中存在的明显问题要复批.

（4）及时做好信息交流. 由课代表和小组组长汇集作业中出现的典型错题，分析错误原因，给出正确答案，可贴在教室墙上或写在专门本子上供学生传阅；收集作业中的新颖方法、巧妙解法、多种解法，及时向全班进行交流.

这样的做法，有助于使学生变被动为主动，使教师变演员为导演，充分发挥了教与学双方的积极性，提高了教学质量.

16.3.3　作业面批

下面对“面批”这一方式作进一步地论述.

作业面批，是指师生面对面、合作研讨、在作业中寻找教师的教和学生学的问题及解决问题的对策、促进师生共同发展的作业批改方式. 面批的方式，能把课堂知识的理解和巩固，与回家作业的批改、讲评、辅导有效结合在一起. 相对于只评价作业的结果，而不关心作业的过程，缺乏针对性和个性化的传统批改形式，作业面批更能适应新课程改革后的教学.

1. 面批的优点与作用

（1）增强学生学习的自觉性和自主性，养成良好学习习惯；

（2）能帮助学生掌握知识，及时反馈教学信息；

（3）能了解学生思维，强化作业过程，改善教学效果；

（4）能加强师生之间和学生之间的交流与合作，和谐师生关系，促进教学相长；

（5）能减轻教师批改作业的负担，有更充裕的时间去思考如何改进教学.

2. 面批的方法与策略

（1）关注面批的时间. 对于课堂作业，可以采取两种方式. 一是随堂有选择性地面批. 学生在课堂练习的过程中，教师除了巡视指导外，也可以对已经完成作业的学生进行简单的面批. 通过当堂批改获得教学反馈，可以及时发现问题是个别的还是普遍的，以便及时加以补救或纠正. 二是课间批改，即在课间休息时教师在教室里当着学生的面批改作业. 对于课外作业，可充分利用第二天的早读、午间活动、中午作业整理课、自习课、晚自习等时间完成面批任务.

（2）把握面批的时机. 面批需注意时机和方式，尤其是对待学习有困难的学生，搞清楚难点，在课堂上进行分析并搞懂. 课堂的练习，学生因为不理解而做错，面批时教师再耐心地讲解一遍，帮助学生渡过这个难关. 面批时发现有错误的地方，可以先作出提醒，不要急着打叉，在面对面交流的过程中，引导学生自行分析，直到把难点全部搞懂. 这样，使学习有困难的学生对作业产生一种“我也能做对”的学习体验，从而培养了他们靠自己的努力去获取成功的习惯.

（3）注意面批对象和方式的选择. 面批更多的是加强个别辅导、帮助学生学习的一种有效方法. 它不仅注重作业的结果，更注重思维的过程. 面批对学生来说就是一个获得及时单独辅导的好机会. 因此，面批的首选对象是学习有困难的学生，其次是作业态度不端正的学生，再次是作业质量不高或有抄袭现象的学生. 若时间允许可以选择自己所教的全体学生. 面批的方式有教师为主的指导性面改和教师辅助下的生生互批等，也可以结合起来使用.

此外，还要注意合理使用面批的符号，进行人性化的评价，重视面批时的情感交流等问题. 因为传统的批改是"人—物"交流，教师面对的是作业本，而面批时还要面对学生，更有"人—人"的交流，这是一个充满情感的过程. 所以，要保护学生学习的积极性和自主性.

16.4　指导技能实训

【训练内容】

针对该技能的某一方面，确定一个为期 4～5 周的学习方法指导技能的训练单元，按下述训练目标要求和训练程序步骤学习、训练.

【训练目标】

（1）对学生的学习状况进行科学论断，及时、准确地把握学生学习的成效及其原因；

（2）针对学生学习的成效及其造成这一成效的原因，及时、准确地确定对学生的学习进行指导的策略（指导什么，如何指导和何时指导）；

（3）能够将所确定的指导策略及时、富有成效地付诸实施.

【训练程序】

（1）用 2～3 周的时间学习与某一学习方法有关的知识，就指导学生掌握某一学习方法，提高认识，熟悉并尽可能掌握某一学习方法的有关知识. 具体措施，可以以教研室（组）或年级组为单位，在自学的基础上，每周组织一次业务学习讨论，或请教育专家、优秀教师集中讲解某一学习方法指导方面的知识与技巧；若组织讨论，应事先给出一些讨论参考题.

（2）在熟悉有关内容的基础上，结合对学生进行学习方法指导的实际情况，写出具有一定字数和质量要求的学习心得、经验总结或小论文. 然后组织教师对这些心得或论文进行评议，作出成绩判定，并将其作为业务考核评价成绩之一. 若有条件，可从中选出一些优秀或比较优秀的心得、论文，或者向有关刊物推荐发表，或者由学校（系、部、室）汇编成参考资料，以鼓励教师学习业务、提高技能水平，并供其他教师学习参考.

（3）查阅具有一定代表性的学习方法指导的典型案例进行认真阅读，并写阅后感.

（4）设计一些在进行学习方法指导中经常遇到的问题，提出解决措施.

（5）结合学习方法指导实际，按照学习方法指导的有关要求，设计一个针对性和操作性都很强的学习方法指导方案，之后以年级教研组为单位对方案进行交流评议. 评议之前可由学校先组织优秀教师及年级教研组负责人拟出评议方案，制定出科学性和实用性强、能为多数教师接受的学习指导技能评价量表；评议之后，将评议结果作为教师业务水平考核的依据.

第 17 章　观察与倾听

学习目标

（1）了解观察与倾听的内容以及在教学过程中的重要性;

（2）知道观察与倾听的方法，在今后的教学中能够学会观察学生状态，倾听学生的想法;

（3）通过技能训练，提升观察与倾听的能力.

《标准（2011）》明确指出在课堂教学中，教师要善于观察学生，积极听取学生的心声，对于提高学生的学习主动性和学习效率很有帮助. 而数学作为一门基础学科，它的作用是十分重要的，它承担着理科启蒙的任务，对一个学生的理性思维的形成起着决定性的作用. 因此，作为数学老师应该把握好课堂的尺度，善于观察学生，积极听取学生的心声，充分发挥课堂的舞台作用.

17.1　观察与倾听案例呈现

案例 17-1　一元一次方程教学片断：怎样列方程？

师：参观完大桥后，在途中我们遇到一位老大爷正在吃力地拉着一辆装满大米和面粉的手推车上坡，几位同学立即上前帮助其推车. 有位同学问道：车上的面粉一袋重量为多少啊？（引出问题）

问题：一辆手推车装满时，可装半袋面粉加 180 斤大米，或者 4 袋面粉加 5 斤大米，求 1 袋面粉的重量.

师：同学们能很快用算术方法解决吗？

（学生思考）

师：那能否通过列方程解决吗？

生：设 1 袋面粉的重量为 X 斤，则 $\frac{1}{2}X+480=4X+5$.（教师板演）

师：请问等式的左边表示什么量？等式的右边表示什么量？

生：都表示手推车满载时的重量.

师：这就告诉了我们怎么样来列方程？

师：列方程的实质——在描述题目的过程中，先随便“拉出”一个量，根据题意用两种不同的方式表示“它”，中间用“等号”连接，方程即列成.

师：对此能理解吗？有什么疑问？

生：随便“拉出”一个量好像有些不妥.

师：是吗？那么请一位同学随便“拉出”一个量，我们来试试看.

生：4 袋面粉的重量.

师：（板演）4 袋面粉的重量可以用 $4X$ 表示，也可以用 $\frac{1}{2}X+180-5$ 表示，所以可得方程 $4X=\frac{1}{2}X+180-5$.

师：能否用这种方法来列方程呢？请大家合作，列出的方程越多越好!

（学生合作讨论后，得出下列方程）

生：表示半袋面粉的重量，得 $\frac{1}{2}X=4X+5-180$.

表示 180 斤，得 $180=4X+5-\frac{1}{2}X$.

表示 5 斤，得 $5=\frac{1}{2}X+180-4X$.

表示 1 袋面粉的重量，得 $X=\dfrac{4X+5-180}{\frac{1}{2}}$ 或 $X=\dfrac{\frac{1}{2}X-5+180}{4}$.

（教师板演，共列出了 7 个方程）

师：黑板上 7 个方程中，哪个思维最方便、快捷？

生：表示“满载”.

师：这说明，“拉出”的量是否适当，对列方程的方便、快捷有很大的影响. 因此，对“列方程的实质”这段话，可以作出怎样的改进？

生：可以把随便“拉出”一个量改为选择一个合适的量.

师：（板演）为便于记忆，可概括为：选择一个合适量，用两种方法表示，再用等号连接.

师：现在我们来求出此题的答案.

（师生互动，写出解题过程，强调检验、作答）

【案例评析】　教学设计符合初中生的认知水平，一个合适量的“拉出”，衍生了问题的一系列不同解法，教师准确地观察到学生的疑问，耐心地倾听学生的各种想法，最终归纳出列方程解决实际问题的实质，使学生的思维始终处于活跃状态. 他们不仅充分利用已知解决未知，并在解决未知的过程中，有效拓展了思维，有利于培养学生的发散性思维，从而引导学生列方程解决实际问题.

17.2　课堂观察的内容与方法

科学视角下的“课堂观察”源于西方科学主义思潮，作为一种研究课堂的方法，发展于 20 世纪 50～60 年代，美国课堂研究专家弗兰德斯（N. A. Flanders）于 1960 年提出，后经不断修正：“互动分类系统”，即运用一套编码系统（coding system），记录课堂中的师生语言互动，分析、改进教学行为，则标志着现代意义的课堂观察的开始.

一般地，课堂观察是指观察者带着明确的目的，凭借自身感官（如眼、耳等）及有关辅助工具（观察表、录音录像设备等），直接或间接（主要是直接）从课堂情境中收集资料，并依据资料作相应研究的一种教育科学研究方法.

17.2.1 教师观察学生行为的意义

1. 改善学生学习与发展现状

1992 年由美国全国教师教育评估委员会确立的，新教师评估标准的十大原则之一是：“教师要明悉学生的学习与发展，能够为他们的学习提供机会以支持其智力开发、社会上的成功与个人的发展.”因此，专家型教师必须以一种前瞻性的眼光观察学生的行为、洞悉学生的心灵. 对一个有观察力的教师而言，学生的欢乐、兴奋、惊奇、疑惑、恐惧、受窘和其他内心活动的最细致的表现，都应该是教师解读学生心灵的密码. 古人云：“轻者重之端，小者大之源.”学生的一言一行、一举一动其实都是他们内心世界的外显表露. 这些貌似微不足道、细枝末节的现象，实际上透露着太多的教育信息，对于信息敏感度强的教师，可以及时地对学生进行唤醒、鼓舞、引领、点拨甚至感化. 而对于漠视或者无视这些现象的教师，他的“冷眼旁观”对孩子的成长造成的只有放任自流.

案例 17-2 一（2）班，一位执教才 5 个月、年龄 20 岁出头的女教师正在上数学课“人民币的认识”，她要求学生四人合作学习，讨论：买本子需一元钱，现在有一些面值为壹角、贰角、伍角、壹元的人民币，你是怎样取出一元钱的？有哪些不同的取法？教师的话音刚落，就见孩子们迅速地按早已习惯了的方法四人集合在一起，当我再仔细观察每个小组时，发现坐在最后左角的一组中有一孩子撅着嘴，满脸不高兴的样子，一手撑着头独自坐在自己的座位上，同组的其他三位同学正在一起讨论. 与我一起听课的一（2）班的班主任也注意到了这位学生，轻轻地走过去，劝他参加小组活动. 他没有理睬班主任，只是用目光斜视他的三位同伴，一会儿，玩起了自己手中的铅笔. 当同桌在汇报小组活动情况时，他动作飞快地抢走同桌（小组的组长）桌上的学具硬币盒，摇晃着，大概是嫌发出的声音不够响，不过瘾，他加大了摇晃动作的幅度，使劲摇晃. 男孩始终没有参与学习活动，上课的教师也没有看到他的表现. 课后，我和这个小男孩寒暄了几句，我问他：“为什么不参加小组讨论，能告诉我吗？”他说：“她们不欢迎我.”我又问：“她们为什么不欢迎你呢？”男孩说，“她们老跟我作对，我也跟她们作对. 下课时我把她们推到男厕所去了. 她们也把我推到女厕所去了.”“那她们上课时也和你作对吗？”我问. 小男孩说：“反正她们不欢迎我，我就不参加！”……像案例中这个把自己的生活情绪带进课堂的小男孩，以放弃自己学习的方式来和同学“作对”. 他不懂这样的代价实在太大. 但要是每位教师，不管是年轻的，还是经验丰富的，都能够有意识地去关注每一位学生的反应和变化，能够透过学生行为的表面现象而快速地洞察学生作出这种反应背后的意图和原因. 这样，学生才不会在他的懵懂无知中浪费他的生命.

在新课程推进的过程中，教师往往较多地关注课堂教学呈现方式的转变，往往不能对学生的行为表现作出专业的分析与判断，从而无法及时、巧妙地驾驭课堂生成，导致课堂效率低下. 行为表现是一个人的素质和潜能的外显. 关注学生的行为，善于从恰当的途径去观察，既体现了“以生为本”的理念，也是教师职业与专业发展的基本要求. 教师只有在准确观察和分析学生行为特点的基础上，才能全面掌握学生的信息，从而运用相应的教学策略，更加有效地促进学生的发展. 英国著名哲学家罗素提出：我们不应该把观察学生当作手段，而应该把学生发展本身当作根本目的. 所以教师教的出发点和落脚点都应该是为了学生的发展，教师的教应该为了学生的学. 在教学中，如果教师总是看教案或者看天花板，即使看学生也会心不在焉，那么他很难获得来自学生丰富的反馈信息，教师观察学生，是获得学生学习信息的渠道，也是师生展开对话的基础.

数学作为一门基础学科，它承担着理科启蒙的任务，对一个学生的理性思维的形成起着决定性的作用. 因此，作为数学老师应该把握好课堂的尺度，善于观察学生，充分发挥课堂的舞台作用. 作为一名教师要善于运用课堂观察的技巧，使静态、陈旧的课堂变得更加趣味，成为名副其实的高效课堂，不断提升自己的专业水平. 正如美国科学哲学家库恩所说："理论始于观察，观察渗透理论."

2. 发现差异，调适教学

每一个学生都是与众不同的，自幼就在各方面有很多差异，如个性、天赋、体质、家庭背景、学习目标、学习动机、学习投入感、行为、操行、学习成绩等都会有所不同. 而学生个体或群体之间存在的这些差异是要靠教师自觉的观察、感知才能了解的. 美国教育家艾斯纳曾强调，教师应当认识到教学中每一个儿童由于其情境的差异而形成的多样性. 这样才可以清楚地认识各种个别差异的存在，顺应每个学生的特性，加以适当的教导，使人人都有充分的机会发挥潜质，取得理想的学习效果.

关于学生在学习上的个别差异，斯诺（Snow）在其探讨有关问题的大量研究中，用一个组合的词"能力倾向"（aptitude）来表示个别差异，其构成要素分为三类：智力及前备知识、成就动机及相应的个性特征、认知风格及学习风格. 这三类构成能力倾向的要素，大致反映了一个人在认知、情感、意动三个方面的心理特征，三类构成能力倾向的要素对学习有着不同的影响.

学生的智力和前备知识，与学生活动的质，即学习活动的种类有着密切的关系；学生的情感，主要是动机，对学习活动的量，即学习者在学习过程中所表现的坚持性和努力程度起作用；学生的认知风格和学习风格，反映学习者处理信息的特定方式，这些方式将决定学习者的意愿，促进或抑制学习活动的进行. 三类能力倾向结合起来，学习者才能投入到学习活动，产生学习成果，而学习成果又会反过来影响能力倾向的发展，它们之间是互为因果的关系.

当教师能够识别、感知和明了学生个体差异时，必然会形成一种对学生行为的前瞻期待. 因此，教师可以在观察之后通过两种途径来干预和影响学生的学习行为，一是在学生的能力倾向复合体形成之前，对学生的认知、意动和情感施加影响，使干预之后所形成的能力倾向复合体更有助于学生的学习和身心发展. 二是在明了学生不同的能力倾向后，通过调试自身的教学策略、教学指导方式，使教学更"适合"，从而提高教学的效率.

3. 引起反思，促成新目标的确立

在教师专业发展中，自我反思是教师自我成长的核心因素. 只有当教师致力观察之后，才会在获取到的信息中提取意见，反思自身的做法、确立自身的发展目标. 因此，关注学生行为是一个教师从教学新手一步步向专家型教师转变的重要途径. 观察与反思能够增进教师技能、改进教学，使之成为一个更有能力、更有思想的专业人员. 从课堂教学的角度看，课堂上的观察不仅可以帮助教师解决教学过程中的相应问题，而且有助于提升教师自身教学素养. 一个专业的教师应该具备"行中观""行中思"的素养. 例如在教学活动的进行中，教师应第一时间观察学生的反应状况并立即加以思考，一边调整自己的教学方向，一边继续进行教学活动；能够就课堂中学生的某一行为或某个细节，迅速准确地进行剖析、反思自身的

教学行为. 在课堂观察方面，对一个敏锐的教师来说，他能清楚地觉察到学生群体乃至个人在学习动机、注意力、唤醒度、兴奋度上的变化. 对于课堂上的不良行为，如和周围的同学说话、睡觉、呆坐不动或是不理睬教师的提问，面露沮丧、生气的表情等，可以迅速而准确地对这些行为作出判断，并成功地将之转移，或是给予回应，悄无声息地提高课堂教学的向心度，使学生不再游离于课堂之外.

17.2.2 学生行为观察的内容

教师对学生行为的观察是一种专业观察. 为使观察更加系统和全面，教师必须在观察前就有一定的目标，并拟订行动方案，这样才不至于陷入为观察而观察的简单程式中.

行为观察目标的确定可以以新课程确立的学生发展目标为依据，也可以针对学生的问题行为展开观察. 就课堂观察而言，应关注课堂教学中的“真实问题”，可以就学生学习的参与程度、课堂交往行为、课堂思维状态、课堂情绪状态等方面展开观察与研究. 比如，观察学生的学习态度，可以通过观察学生在课堂中举手发言的次数、学习的速度、作业完成情况以及听课的专注程度等来判断学生的学习态度是否积极，注意力是否集中. 再比如，观察学生的课堂交往行为，可以着重观察学生在回答问题或到黑板前练习时是否胆怯、恐惧，对学习活动是否焦虑或不耐烦，与同学能否融洽相处，有无挑衅或攻击行为，有无退缩、冷漠的行为表现等. 所有这些对教师课堂管理能力的提升都是十分有用的.

教师可以参照一些观察线索进行观察. 观察线索可以帮助教师将观察的焦点集中于学生具体的行为表现. 比如要观察学生的沟通技巧，教师可以从积极倾听、清晰表达、合理策略三个方面展开，其每一个方面所对应的目标行为表现是：能耐心、积极聆听对方的发言，理解对方的意图；能运用语言、表情、体态等清晰表达自己的观点；能适时、适地、适人地综合运用交流和沟通的方式方法. 这样，就使教师的观察有了明确的目标导向，可以减少盲目性. 另外，教师也可以根据需要编制观察提纲和观察线索.

17.2.3 观察方法及能力培养

1. 教师观察学生的方法

1）确定观察对象，进行持续观察

在教学活动中，细心的教师会发现，总有那么几个学生无法参与其中，仔细分析，可以将他们分为三类学生：

（1）注意力不集中的学生，他们活泼好动，注意力持续时间短；

（2）学习有困难的学生，他们常常沉默不语，心不在焉；

（3）对所学学科缺乏兴趣的学生，他们常常不愿参与到教学活动中.

当然学生单次的行为表现并不足以使教师做出正确的判断，而是需要教师对其进行连续性的观察，以此来确定观察对象. 教师在课堂教学中，可以一节课内多次的跟踪关注或者多节课连续的观察，教师用眼神或者走到身边予以提醒，可以收到较强的教学监控效果，对学生的学习态度具有十分重要的影响.

2）关注学生课堂表现，抓住教学生成点

教学不是预先设计的课程方案的执行过程，而是一个动态生成的过程，它需要教师在课程预先设计的基础上，关注学生思维的起伏、情感的波澜，随时调节教学环节. 为此，要求教师要有敏锐的观察力，要善于见微知著，一叶知秋. 通过观察学生上课的表现，及时地了解学生学习的情况，抓住教学中的生成点从而做出积极反馈，正确的给予鼓励和强化，错误的给予指导和矫正，做到及时发现问题，及时解决问题.

很多公开课上常常会看到这样尴尬的场景，教师全身心投入地在示范，但学生的积极性却不高，如何点燃学生内心的火把，让孩子能够参与到教学当中来呢？教学中我们要善于观察全体学生的表现，发现学生中的榜样，抓住学生的生成点，让孩子引导孩子，而且孩子的示范往往比教师的带领更加有效.

教学目标的生成与灵动基于学生不可预期行为的增加，通过观察能及时发现个别学生的特殊情况，从而制定出正确的教学方法，使教学双方在愉快的氛围中完成教学任务，达到教学相长的目的. 教学课堂的生成体现了课堂教学的丰富性、开放性、多变性和复杂性，激发了师生的创造性和智慧潜能，从而使课堂真正焕发出生命活力. 所以当学生有错误时，要学会化错误为精彩，把错误当成资源，利用好这些错误点，也就生成了新的教学点.

3）剖析观察结果，不断反思改进教学

“在课堂教学中，让学生全员参与、全程参与整个教学过程”是每位教师孜孜以求的努力方向. 但由于学生的生理特点、认知水平的不同，往往很难做到这一点. 这就要求教师在课堂上要注意观察每一位学生，是不是每个学生都参与了?是不是每个学生的积极性都被调动起来了？如果每个学生都能在课堂上有所收获，那么教学无疑是成功的. 如果观察结果显示学生的参与度不理想，教师就应及时反思，利用平行班教学的优势，及时调整教学策略，以便提高学习效率.

2. 教师观察能力的培养

巴甫洛夫曾说过：“没有精心的观察，虽长眼睛也等于盲人. ”生活需要发现的眼睛，而发现的基础是仔细的观察. 教师如果要成为一名专业人士，必须在教学实践中，不断摸索教学规律，并力求做到“察其言而知其行，观其色而会其意”，以发展自己的观察能力，彰显教师职业的专业性. 那么教师应该如何培养自身的观察能力呢？

（1）培养强烈的观察动机. 所谓动机，是引发行动的最根本的因素. 只有具备强烈的观察动机的教师，才能在教育实践中进行认真仔细的观察. 而动机的形成，一是基于教师的兴趣，这就要求教师喜爱教育事业，对学生发生的变化感兴趣，能够细心的观察学生所发生的一切；二是基于教师的热情，热情促成动机的形成，有了良好的动机教师才能全面地观察.

（2）培养良好的观察个性. 观察并不是随心所欲的事情，想什么时候观察就什么时候观察，需要有耐心细致的性格，锲而不舍的毅力和一丝不苟的态度. 这是因为，事物的本质和特点通常都被其表面现象所掩盖，不是用眼睛就能够看出来的. 往往需要经过深入的感知、分析才能了解事物的内涵，掌握事物的本质. 特别是教师的观察对象是好动、处于青春期的儿童和青少年，而且都有各自形成个性的独特环境，想要准确地把握每个学生的特点、正确地施教并非易事，教师只有具备足够的细心、耐心和毅力等个性品质，才能切实把握学生的真实情况，进行有的放矢的施教.

（3）注意发挥多种感官的作用. 教师的观察力是以眼睛为主的视觉、听觉、嗅觉、肤觉等各种感官协调活动的能力. 要具有观察力，必须做到眼疾和耳聪，善于运用眼睛、耳朵等感觉器官. 并且更重要的是各种感觉的协调运用，对于观察力的提高有着明显的效果.

17.3 倾听的内容与方法

教学过程是师生相互交往、相互交流的过程，在这一过程中信息的传递是双向甚至是多向的. 学生和教师的交流需要信任、默契，同时教师要不断提高自己驾驭教材，驾驭课堂的能力，教师微笑而耐心的倾听，往往能闪现出学生独到的见解.

教师既是传递信息的源头，也是传递信息的归宿. 在课堂教学中，教师不仅要做一个头脑清晰的讲授者，还要做一个反应敏捷的倾听者. 课堂倾听是指教师在课堂上有效地觉察学生的言语反馈信息的教学行为. 教师与学生沟通的纽带是师生之间的相互倾听与应答，而关键在于教师的耐心倾听. 这种基于耐心倾听的沟通，是唤起学生主体意识，使学生积极投入学习的重要条件，是课堂教学得以健康推进的载体和动力.

17.3.1 教师倾听的意义

1. 形成民主的课堂氛围，实现师生有效沟通

教师课堂倾听即意味着教师不再将学生视为自己的附属品，强行将学生纳入自己的思维框架中，而是把学生视为鲜活的生命存在，允许学生从自身的知识经验、情感个性出发，表达自己的思想和见解. 教师真诚的倾听，使学生感受到理解和尊重，他们会毫不隐讳地表达真实的思想和观点，或对教师的观点大胆质疑，师生之间产生思维碰撞和情感共鸣，课堂上洋溢着民主、平等的教学气氛. 教师真诚的倾听，使学生感受到欣赏和信任，当学生发现自己内心思想被老师倾听并认可时，他们就与老师建立了更进一步的交往关系. 教师成为倾听者并以倾听的姿态影响学生，唤醒了学生的倾听意识，使课堂中师生的交流和沟通更加顺畅.

2. 深入理解学生，提供针对性的帮助

课堂教学是以帮助和促进学生的成长和发展为目的的，而所有的帮助和促进必须建立在对学生理解的基础之上，教师课堂倾听的过程就是对学生理解的过程. 课堂上学生有机会言说和表现，教师可以了解学生对重点、难点知识的掌握和运用情况，了解学生存在的疑惑点，在此基础上做出相应的启发、点拨、引导，解除学生的疑惑，并将他们的思考引向深入. 教师通过倾听实现对学生的理解，不仅包含认知层面，更包含情感方面. 教师悉心地倾听，走进学生丰富的内心世界，了解学生的欲望、需求、价值观，触摸到学生的思想脉搏，表现出尊重、信任、关心，并及时加以协调和疏导，这种师生情感的交融有助于实现对学生的理解，从而给学生提供针对性的帮助.

3. 凸显学生主体，促进学生进步和发展

新课程理念下的课堂教学，倡导以学生为主体. 教学中确认学生为主体并不等于学生事

实上取得了主体地位，只有学生具有能动性，才可能体现主体性. 教师真诚的倾听，就是把学生作为一个独立的生命体来接纳，赋予学生应有的表达权，使学生以主体的身份参与到学习中. 教师通过课堂倾听，激活学生已有的经验，促使学生能够运用已有的知识和经验解决实际问题. 教师通过课堂倾听，促成学生精彩观念的诞生，该过程伴随着激动人心的体验和日益深入的思考，这就是学生自主建构知识的过程. 教师真诚的倾听，使学生感受到尊重和欣赏，他们会更加投入和满怀激情，正如有了几十年倾听经验的达克沃斯教授所言“发现有人对他们自己的思想感兴趣，他们便成为如饥似渴的学习者”. 显然，没有教师的课堂倾听，学生的主体地位就会丧失，学生也就不能得到应有的进步和发展.

4. 积累和丰富教学经验，促进教师自身发展

传统教师的形象即教师是知识的权威，传授知识是教师的职责所在. 社会的进步和教育的发展，动摇了教师知识权威的地位，教学成为教师和学生互为学习的过程. 教师通过课堂倾听，准确了解学生对于重点知识的掌握、难度知识的理解、规律和方法的运用等情况，以此为依据及时调整课堂教学进度和改进教学行为. 课堂教学中，学生是重要的、富有生命活力的资源，他们的生活环境、知识经验、兴趣爱好等各不相同，教师以开放的态度，接纳学生不同的观点和情感体验，捕捉学生精彩的思想和智慧，丰富自己的教学内容. 而且，在与学生的交流沟通中，教师也会不断反思、修正自己的观点，形成新的见解，即在帮助学生思想发展的过程中，促进自己思想的发展. 教师课堂倾听有助于提高教师的道德品质，当教师从不会倾听到学会倾听，教师可能会反省并领悟自己以往的教育过失，对学生表现出友善、仁爱的态度，从而促进教师的道德品质和行为方面的发展.

17.3.2　倾听的内容

1）倾听学生的愿望和需求

学生在教育生活中的愿望和需求往往不是通过他们的行为，而是通过他们的声音表达出来. 它可能是一段叙说、一个句子或者一个简单的感叹词，以及一声呼喊和连绵不断的啜泣. 对这些声音所表达的欲望和需求的倾听、理解和应答，就成了教师倾听的重要任务.

2）倾听学生的情感

对学生情感动向和状态细致入微的把握，并及时加以协调和引导，是成功教育者的重要标志. 一个善于倾听的教师，能迅速准确地从学生发出的各种声音中听出愤懑、悲哀、快乐和喜悦等各种情感，同时在教学上做出适当及时的反应和调整.

3）倾听学生的思想

孩子也有思想，它们可能只是些零碎的、简单的、幼稚的观念和看法，但这些思想却构成了他们未来发展的现实基础，他们就是在自己的思想中生活和发展，在自己的思想中与教育者沟通的——他们不是思想的容器，只等待着教师向里面灌注教师的思想. 一个具有倾听意识和习惯的教师不会仅仅满足于倾听学生的欲望和情感，他还善于倾听声音背后的某种思想和观念的萌芽，并尽量认可它们的价值和意义. 当学生发现自己那些隐藏不露、羞于见人的思想被教师倾听并认可时，他们就与教师建立了更深一步的交往关系——思想上的交往. 于是，他们对自己充满了自信，真正意识到自己作为一个人而不仅仅是作为一个学生的尊严

和价值.

4）倾听学生间的差异和区别

倾听始终是面向具体和特殊的生命个体的倾听. 当各种声音汇集在教师耳边的时候，教师的任务是听出这些声音的差异，听出它们所反映的不同个性和人格. 这是一种本体论的差异——是存在者与存在者之间、生命与生命之间的差异. 这样的倾听是面向具体的倾听，因为他在不同的声调中听出了“具体的人”. 教师在课堂上倾听学生，了解学生间的差异，才能够更好地因材施教.

17.3.3 教师倾听方法及倾听智慧的培养

1. 教师倾听的方法

1）平等和接纳

课堂教学中，教师和学生是平等的主体，拥有平等的话语权，教师要舍得放权，时时想到自己是教学的组织者、引导者和促进者，教学是否有效不是看教师讲授多少知识或者讲得好不好，而是看学生获得了多少知识. 教师有了平等的理念，才能表现出真诚和谦逊，表现出对学生的尊重和欣赏，在平等、轻松的课堂氛围中，学生才能发出真实的声音，才能产生精彩的观点.

教师开始倾听学生，就意味着接纳，这要求教师必须搁置原有的观念和认识，即教师在倾听时不受预设答案的制约，敞开心扉接受学生所表达的思想和观点，不管这些观点和老师是否一致的. 接纳的态度还要求教师能换位思考，站在学生的角度，“思想着学生的思想，体验着学生的体验”，与他们进行心与心的交流与沟通.

2）专注与敏感

教师对学生的发言要保持专注. 学生发言时，教师要注视说话的学生，经常用点头、微笑等方式表达自己的关注，适时加入一些话语，如“是吗？”“我明白了”“接着说”等，表现出教师的兴趣，鼓励学生表达自己的想法和观点.

教师要对学生的话语保持敏感. 这种敏感表现为教师既能听出学生认知方面的信息，又能听出学生情感方面的信息；既能听出言语本身的含义，又能听出言外之意，体察学生内心的思想情感，并提供可能的帮助.

3）等待和思考

耐心等待是倾听的智慧，教学中多种情况需要教师富有智慧的等待，“学生需要时间思考，学生在心里组织语言，学生有新颖的想法要慢慢道来”. 因此，不能随意打断学生的发言，要舍得花费时间让学生思考和表述，善于等待的课堂不是浪费时间，学生们会独立地解决问题. 如果感到学生的发言偏离主题时，教师可以适时插入一个澄清性质的问题，使学生的思维回归主题.

倾听与思考是密不可分的，学生在发言时，教师要不断地在内心思考学生的表述和想法，“他在说什么”“他说的对吗”“他为什么这么说”“应给他提供怎么样的帮助或者补充”等，为后面的回应提供依据.

4）参与与回应

教师的倾听并不是被动的倾听，更不是顺从的倾听，虽然我们主张教师要倾听学生不同的观点，但并不意味着教师对学生的所有观点都不作判断. 学生自由地表达自己的观点时，教师只是倾听，而不向学生做任何的反馈，可能导致学生判断的错误，教师要在倾听的基础上，主动参与到学生的话语中，这种参与不是控制和干涉，而是引导和促进.

教师要通过回应的方式给学生提供切合实际的帮助. 对学生精彩的回答给予肯定与鼓励，对学生错误的回答给予分析纠正；对学生的观点进行点拨，或展开讨论；教师也可以扼要描述一下学生的表达，确认一下是否真正理解了学生的想法；可以对学生进行追问"你为什么这么想？"让学生自信地说出自己的想法；有时需要质疑学生的观点，让其再深入思考，等等. 需要指出的是，教师的回应是对学生的帮助和欣赏，不是代替学生思考，更不是直接告诉标准答案.

总之，教师要逐步养成倾听的习惯，并在实践中提升倾听素养和能力，有效地帮助学生学习和发展，更使课堂因教师智慧的倾听而生机盎然.

2. 教师倾听智慧的培养

1）广开言路，挖掘学生的思维潜能

教师能够在多大程度上促进学生的主动发展，取决于其对学生思维潜能的把握与挖掘. 而这种把握与挖掘的关键在于教师进行了怎样的教学设计. 杜威曾指出："教学方法上的基本错误，在于假定学生的经验是可以想当然的. "教学设计不能是教师的一厢情愿和闭门造车，否则我们从一开始就远离了倾听教育. 课前调研是使课堂成为倾听者的课堂的重要前提，也是课堂真正成为学生自主的课堂的前提. 因此，课前教师必须走近学生，倾听学生对将要学习内容的认识，了解其认知基础、已有经验和思维潜能，才有可能在实施课程时进一步挖掘学生的思维潜能，使课堂绽放生命的精彩，倾听到学生成长"拔节"的声音.

案例 17-3 在教学"商不变规律"时，教师出示 $12\div3=120\div30$ 这个等式，让学生改写这个等式. 学生经过自主探究、合作交流后汇报结果. 接下来教师想引导学生通过这些等式把商不变规律找出来，突然一只小手高高举起："老师，我认为这道题还可以改写成 $12\times\cdots$"，教师一听到"乘"，没等学生说完就打断了他的话："原题中是除法而不是乘法，所以你说的不正确，坐下. "

这位学生要说的是 $12\times30=120\times3$，显然这和商不变规律的教学没有关联，但作为三年级的孩子，能说出这样的等式，教师应该为他骄傲，为他高兴. 然而，这位教师一心为了自己"心中"的目标，无视了他的观点. 有时学生的回答可能与老师预设的不同，但是教师不要急着去否定学生，也许他们会发掘出不同的思想，这位教师可能由于经验较少，反应不快等原因，没有真正了解学生的想法，没有挖掘出学生的思维潜能.

2）有效参与，催生学生的精彩观念

课堂教学中的倾听是师生双方交往互动的过程，单方面的倾听是不存在的. 倾听教育中的课堂追求师生互动中智慧的共享和双向的观念创生. 为了促进学生的积极言说，作为倾听者的教师应当积极参与到学生的言说之中. "一个人倾听另一个人的讲话并做出反应的方式，对于建立相互间的满意关系，并进而进行有效的交流起关键作用". 参与不是打断、不是催促、更不是替代，而是积极等待、虚心听取、生成思想、适时介入、机智应对、有效引导，这样才能催化学生精彩观念的诞生.

案例 17-4 一次研究课上，教师让孩子们解决一个问题：一个圆形花坛周长是 18.84 米，花坛的面积是多少平方米？一位学生这样解答：18.84 ÷ 3.14 ÷ 2=3（米），18.84 × 3 ÷ 2=28.26（平方米）. 这一想法打破了常规思维，不在教师的预设之内. 教师便乘机追问：你能说一说你是怎么想的吗？谁料该生涨红了脸、“嗯、嗯”地说不出来. 等待既是给言说者也是给倾听者机会：咱们同学也可以考虑一下，这种想法有没有道理. 同学们开始埋头思考，许多同学一筹莫展. 教师也迅速地思考合理的释义，无意中看到同学翻开的课本上圆面积公式推导时圆片的剪拼示意图，教师果断介入，迅速在黑板上画了这幅图. 先前发言的学生快步冲上前，滔滔不绝地利用图形讲演起来：我决定把算式调整一下，变成 18.84 ÷ 2 × 3，这样更便于理解. 这实际上就是算由圆转化成的长方形的面积……言毕，掌声雷动. 也许该生原来的解决是直觉甚至是巧合，但教师的有效参与的确催生出学生的精彩观念.

当教师对言说者善意的等待未能赢得应有的回报时，教师就应当将等待“转嫁”于倾听着的学生，使更多的学生卷入深度思考的行列，同时也为教师赢得宝贵的冷静思考时间. 如果对群体的等待短时间内很难有所收获，教师的适时介入、积极引导对于精彩观念的诞生就显得尤为重要. 当然，一些问题的研究可能并非师生课内所能解决，抑或超出了教师即时处理的能力范畴，果断巧妙的搁置不仅保证了教学时间的有效利用，也有利于将学生的思考引向课外，同时，也为教师的反思再实践提供了可能.

3）积极反馈，引领学生的智慧对话

只有单方面的信息输出，对话也就无法展开，有效教学也就不能形成. 因此，教师对学生的倾听需要予以积极的反馈. 当教师不仅向言说的学生积极反馈言语和非言语的信息，而且真诚地体验言说者的认知和情感历程并对此做出反应时，双方才能走向情智的共生. 当然，教师对言说者积极的反馈可以而且应当适时转化为倾听者学生的积极反馈，从而使得生生之间的对话展开成为可能. 教师倾听智慧的最高境界便是促成了生生之间的真诚倾听和自由对话，而教师只是倾听.

案例 17-5 教学“圆的认识”一课，在导入环节，教师创设了这样一个情境：生活中你们见过哪些物体是圆形的 ？学生回答（略）. “那你们知道车轮为什么是圆的吗？”“我知道”（好几个声音响起来）教师好像根本没有听见这些声音，紧接着说：“好，没关系，学了这节课你们就知道了”.

令人奇怪的是，教师问“你们知道车轮为什么是圆的吗 ？”这一问题后，竟然对学生的“我知道”充耳不闻，是怕学生回答对了搅了他的教学预设？是不相信学生的原认知和生活经验？还是他的课堂只许教师说，而学生只能听？教师要对学生的话语适时的进行反馈，如果教师都不懂得倾听，那么他的学生怎么能够很好地去倾听呢？日本著名教育学者佐藤学语：“要想让学生学会倾听，教师首先要懂得倾听学生，除此之外，别无他法.”所以，教师要懂得倾听，并为学生做好榜样.

4）理性反思，优化倾听的策略选择

教师倾听智慧的生长离不开实践的锤炼，更需要理性反思自己和同事在倾听的教育情境中临场处理的策略和经验. “在某种情境下个人所看到的和所选择的回应方式有多种可能”，而反思能够提升教师在倾听情境中的策略选择能力. 反思不是一般地回想倾听与对话过程，

而是要通过探究处于倾听回应的决策和技术及伦理等层面的问题以提升倾听的智慧和素养.我们不仅要反思对“突发事件”中基于教育教学经验和聪明机智的“灵机一动”式的瞬时反应，也要反思在实践中教师积极主动地展示出来的对各种倾听情境进行创造性和艺术化处理背后所蕴藏的高层次的教育智慧，挖掘智慧背后的信念、方法与价值.当然，我们更要反思倾听过程中处理不当甚至失败的教学活动，回顾情境场景，寻求适合于情境中的学生主体和教师自己个性风格的处理策略，以积累经验.

案例 17-6　教学“认识人民币”时，课件出示——一把小刀，8 角；一支铅笔，5 角；一块橡皮，6 角；一把尺子，4 角.

师：1 元钱可以买什么？

生：什么都可以买.

师：什么都可以买吗？

全班：不能.

显然，这位教师没有理解学生，没有集中精神，认真地倾听学生的回答.实际上，这是个多善于思考的孩子啊，他想到一元钱可以买一把小刀，可以买一支铅笔，可以买一块橡皮，还可以买一把尺子.倾听，多么重要！如果老师当时追问一句：那么你说说，1 元钱可以买什么呀？并且在学生回答后，及时评价：啊，真不简单，你想问题真全面！这是否又会是一个截然不同的结果？一个善于倾听的教师，必定是站在学生的立场上，去感受学生的语言的.面对课堂的“节外生枝”，教师应智慧地倾听，灵活地应对！所以教师要在实践中不断反思自己的策略选择，也许教师换一种更优化的策略反馈给学生，那么学生也许也会带给你不同的精彩.

倾听本身就是处理教育事件的艺术和智慧的源泉.一个具有倾听意识和习惯的老师一定能站在学生的立场上，根据学生的现有知识水平进行思考，并在最短的时间内，甚至在瞬间作出决定，敏锐捕捉并有效利用学生创造的资源，展开议论，适时点拨，数学课堂因教师的倾听而精彩！学会倾听是掌握理解的一把钥匙.愿我们每一位数学教师都能用心倾听、用心感悟每一个孩子的不同声音.“倾听生命和响应生命”，让我们的数学课堂成为一个动态生成的课堂，成为一个精彩的课堂.

17.4　观察与倾听技能实训

【实训目标】

（1）能进一步巩固本章学到的课堂观察、倾听的基本方法；

（2）通过学习和练习，改进自己的教学实践；

（3）能运用课堂观察、倾听改进自己的教学，不断提升专业水平.

【实训素材】

孙维刚老师讲授《一元一次方程》教学实录.

【实训过程】

（1）阅读《一元一次方程》相关教材，写出一份教学设计；

（2）最好能在课堂中亲身实验，并将自己的课堂录像，观看录像回顾自己是否在课堂上对学生进行了有效的观察和倾听.

第 18 章　总　　结

学习目标

（1）理解不同的数学课堂总结的方式，掌握数学课堂总结应当注意的问题；

（2）通过案例的学习，进一步加深对不同数学课堂总结方式的理解，明白在教学中应当根据教学内容和教学对象的不同选取恰当的课堂总结方式；

（3）通过总结技能训练，提升数学课堂的总结的能力.

好的总结能在课堂结束时起到“画龙点睛”的作用，不仅能使学生对所学知识进行巩固复习，对未知知识产生求知欲，也能使教师接收到学生学习结果的反馈，为下一堂的讲课埋下伏笔.

本章首先通过两则案例，简要说明课堂总结的作用，接下来具体说明总结的内容、方法和需要注意的地方，最后希望通过技能的实训进一步加深对总结技能的认识与理解.

18.1　总结案例呈现

数学教学中，导入设计巧妙，可能会一石激起千层浪，起到激发学生主动学习的作用. 而良好的课堂总结，则犹如画龙点睛，可再次掀起教学高潮，产生余味无穷的效果. 因此，教师要精心设计课堂总结，在热烈、愉快的气氛中把一堂课的教学推向高潮.

我们先来看两则教学案例.

案例 18-1　“分数的意义”一课中的课堂总结片段.

师：在这一节课大家已经知道了什么，还有什么不明白的地方，有什么问题想问吗?

生 1：我知道了分数对我们的生活很有作用.

生 2：我知道了分数不是表示一个完整的数.

师：为什么这样认为呢?

生 2：它表示一个整体与它的一部分的关系.

师：说得真好！你真正了解了分数的意义.

生 3：我想知道分数还能表示一个整数吗?

师：问得好!谁能帮助他解决这一问题?

生 4：我能，比如把一张长方形纸平均分成 4 份，取其中的 4 份，就是这个整数的 4/4，也可以用 1 来表示.

生 5：我还想知道分数能不能像整数那样进行四则运算?

师：分数也能像整数那样进行四则运算，这在我们以后的学习中即将遇到.

【案例点评】　这种交流式总结的形式可以很恰当地调动起学生思维的积极性，将课堂交给学生，让学生畅所欲言，各抒己见，交流探讨，相互启发，相互促进；教师在关键处或学生遇到困难时站出来给予学生恰当的指引与点评. 可以培养学生的语言表达能力与逻辑思维能力，增进师生之间，尤其是学生与学生之间的相互沟通与情感交流.

案例 18-2 “圆的面积”一课中的课堂总结片段.

在课堂结束时，教师拿出了一张圆纸片，问：“这张纸片的面积是多少？谁会算？”有学生立即举起了手但又立刻放下，说：“老师，这个圆的面积没办法求出来，它缺少条件！”老师追问道：“喔，那要求圆的面积必须知道的条件是什么？”学生异口同声地答道：“半径！”教师告诉学生圆的半径为 10 厘米后，学生很快给出了圆的面积的答案. 教师并没有结束，而是将圆对折后问这个半圆的面积是多少？接着又把半圆对折问“现在它的形状是怎样的？像什么？面积是多少？”学生面露难色. 教师告诉学生：“这是我们下节课要研究的问题. 有兴趣的同学也可以课后先去研究一下哦.”

【案例点评】 这位教师的课堂总结不仅让学生回顾了本堂课应当掌握的知识，而且在最后设置了一个问题，激发了学生们的求知欲. 这种悬念式的总结方式，在“欲知后事如何”戛然而止，从而给学生留下了一个有待探索的未知问题，激起了学生学习新知的强烈愿望，使“且听下回分解”成为学生的期待.

由以上两则案例，我们可以看出针对不同的教学内容，教师可以选取不同的总结方式. 当然数学课堂总结方法的选取不是单纯地由教学内容决定的，同一教学内容可以有不同的总结方式，而不同的总结方式会对学生产生不同的影响. 所以，总结技能的运用很重要，要上好一堂课，给一堂优秀的课堂一个“凤尾”需要每个教师掌握良好的总结方法.

18.2 课堂总结介绍

18.2.1 课堂总结的内容

课堂总结又称课堂结课或结尾，是课堂教学任务的终结环节，是任何类型的课堂教学都必不可少的组成部分. 一直以来，课堂总结是一项饱含“技术”的课堂教学环节，该环节师生共同对课堂所涉及的知识与技能、过程与方法、情感态度与价值观进行总结. 好的课堂总结，能使学生对本课学习产生余音绕梁般的感觉. 课堂总结的时间一般为 3～5 分钟.

根据布鲁姆的教育目标分类理论，结合我国的教育教学实际，《标准（2011）》将课程（教学）目标分为知识与技能、过程与方法、情感态度与价值观三个维度. 那么，课堂总结应该与教学目标对应起来. 因此，在进行课堂总结时，不能仅仅关注知识与技能目标，还要关注知识与技能获得过程中所感悟的数学思想方法和解决问题的策略思路，以及在学习过程中所形成的情感体验，如数学在现实生活中的广泛应用、不同领域知识之间的关联性，等等.

以下案例就呈现了某一教学内容的教学目标和课堂总结部分.

案例 18-3 直线与平面垂直（教案）.

教学目标

（1）通过对图片、实例的观察，抽象概括出直线与平面垂直的定义，能正确理解直线与平面垂直的定义，并能简单地运用定义.

（2）通过类比联想，直观感知，操作确认，归纳出直线与平面垂直判定的定理，并能运用判定定理证明一些简单的命题.

（3）亲身经历数学研究的过程，体验探索的乐趣，增强学习数学的兴趣，培养主动探究的习惯，并渗透事物间相互转化和理论联系实际的辩证唯物主义观点.

归纳总结，反思升华：这节课，我们有哪些收获？

知识方面：线面垂直的定义、线面垂直的判定定理、线面垂直的性质定理.

方法方面：掌握了立体几何中研究线面位置关系的思路与方法.

数学思想：转化思想（空间→平面、无限→有限、线面垂直⇌线线垂直、平行⇌垂直）.

情感体验：感受数学的发现源于生活，数学的结论应用于生活.

在这一案例中，教学目标分为知识、方法和情感三个维度，课堂总结部分也分为三个维度，这样的课堂总结能够让学生梳理数学知识结构、强化掌握思想方法、增加学习兴趣.

除此之外，有的老师会通过以下四个问题来进行总结：

（1）这节课你学到了什么？

（2）你是如何学到这一内容的？

（3）这一内容背后的思想、本质是什么？

（4）你觉得你学得怎么样？（还有什么没有掌握的？）

课堂总结一般包括以下内容.

（1）简单回忆：对整个教学内容进行简单回顾，整理认识的思路.

比如在学习浙教版七年级下册“二元一次方程”时，可以通过“这节课我们主要学习了什么”等提问来帮助学生对整个教学内容形成“这节课主要学习了二元一次方程的定义、二元一次方程的解”的整体认识. 除了建构知识结构，还需要学生对具体的内容有大致的了解，比如二元一次方程的定义是什么，二元一次方程的解又是什么，教师可以通过总结二元一次方程概念的要素“二元一次方程的未知数有几个？”“未知数的次数都为一次，还是含有未知数的项的次数为一次？”“二元一次方程是整式、等式还是方程？”等引导学生说出二元一次方程是“有两个未知数，且含有未知数的项的次数为一次的方程”，通过说出二元一次方程解的定义的前几个字，引导学生将二元一次方程解的定义“使二元一次方程两边相等的一对未知数的解是二元一次方程的一个解”复述出来.

（2）提示要点：指出教学内容的重点、难点、关键点，必要时可进行巩固和强化.

课堂教学知识有易有难，学生的接受能力也参差不齐，并不是每一个学生都能够对所学内容有一个完整的建构. 即使有的学生有了清晰的知识结构，他们也不一定能完整地表述出来. 这就要求教师在对课堂进行总结时，要提示要点，以引导学生找出教学内容的重点、难点和关键点. 还是以“二元一次方程”为例，学生很容易总结出这节课的主要内容是二元一次方程的定义和解，但二元一次方程的定义是什么？什么是二元一次方程的解？如果进一步追问“二元一次方程的解有几个”“如何求出二元一次方程的解”等重点、难点问题，很多学生就回答不出来. 这就需要教师提示二元一次方程的解有无数个，但在具体问题情境下，可能有有限个. 至于“如何求出二元一次方程的解”就更加需要教师的引导与提示，因为这是本节课的难点. 教师可以通过与学生一起回忆求解二元一次方程解的过程，来帮助学生回忆起“将二元一次方程中的一个未知数用另一个未知数表示”可以帮助我们求二元一次方程的解.

（3）提出问题：检验学习结果.

学生有没有切实地掌握所学的内容，仅仅通过口头提问有时是不够的，这就需要教师采用一些别的形式来对学生的学习效果进行检验. 继续以“二元一次方程”为例，追问“我们知道了二元一次方程的定义有什么用？”学生有可能感到“莫名其妙”，其实这个问题不仅是对学生知识理解程度的考察，还有助于学生建立数学有用的思想观念.

（4）巩固应用：引导学生把所学知识应用到新的情境中去，在应用中解决新的问题、巩固知识，并进一步激发思维.

再次以“二元一次方程”为例，对于大多数学生而言，比较容易掌握；而对于学习能力中上游的学生而言，简单的回忆性、复述性内容显然不能引起他们认知的冲突，更不能激发他们解决难题的热情，这就需要教师引导他们把所学的知识应用到新的情境中，在应用中解决新的问题、巩固知识. 教师可以设置如下的变式问题：

如果$\begin{cases}x=2\\y=4\end{cases}$是方程$ax-3y=2$的一个解，则$a=$______.

如果$\begin{cases}x=a\\y=4\end{cases}$是方程$2x-3y=2$的一个解，则$a=$______.

以此来激发中上游学生的学习热情，并通过讲解帮助学习能力一般的学生解决这些问题.

（5）拓展延伸：有时为了拓展学生的思路、开阔学生的视野，常把前后知识联系起来，形成数学的学科知识系统，在总结时需要对教学内容进行必要的扩展和延伸.

数学知识并不是孤立存在的，而是与众多内容紧密地联系在一起，这就需要我们拓展延伸，拓展学生的思路、开阔学生的视野. 在进行“二元一次方程”这一课的总结时，我们不仅可以将其与已经学过的一元一次方程联系起来，比如，请学生说出两者的联系与区别；还可以为所要学习的内容做好铺垫，比如，“将二元一次方程中的一个未知数用另一个未知数表示出来”，它除了能帮助我们求二元一次方程的解，还可以帮助我们解决特殊情境下的数学问题，那么在这样的背景下“现在已知苹果 10 元/kg，橙子 8 元/kg，试问 100 元能买到的苹果与橙子的重量？”在这里，求 x，y 的整数解，如果将 x 用 y 表示出来，或者将 y 用 x 表示出来，会方便我们求出 x 与 y 的整数解. 此外，“将二元一次方程中的一个未知数用另一个未知数表示出来”是我们将要学习的用代入法求二元一次方程组的基础.

18.2.2　课堂总结的方法

课堂总结形式不拘一格，好的课堂总结形式能使教学效果提升，也能激发学生的兴趣. 因此，教师可以根据不同的教学内容、不同年龄阶段的学生、不同学习水平的学生，有针对性地设计总结方式，演好课堂教学的“收场戏”，取得课“虽尽而趣无穷、思未尽”的效果. 梳理概括式总结可以使学生形成系统的知识网络；知识比较式总结可以避免学生新旧知识的混淆，能在比较中掌握知识，清晰地获得知识的性质和特点；自我评价式总结可以测试学生对知识的掌握程度；设置悬念式总结可以激起学生的求知欲，也能为下一堂课埋下伏笔；课外拓展式总结能将学生带入实际生活中去寻找具体的模型，对知识有更深入的理解和应用.

1. 梳理概括式

梳理概括式也可以说是归纳式，即在课堂结束时，在短时间内将本节课的知识内容及思想方法等以表格或图示的方法加以概括. 这种方法可以将所有的知识和思想方法进行浓缩并突出要点，不仅能提高学生的概括能力，而且能使学生对本节课所学的知识一目了然，在头脑中形成一个系统的知识网络. 以“等腰三角形复习”一课为例，如图 18-1 所示.

（四）反思再认成果

四大视角：
- 边　两腰长相等（等角对等边）
- 角　两底角相等（等边对等角）
- 内部　三线合一
- 整体　轴对称图形（对称轴是直线）

四大注意：
- 同一三角形是必须
- 等腰三角形是前提
- 等边三角形是特殊
- “角平分、线平行、形等腰”是必然

四种体验：
- 分类性　规律性
- 特殊性　实践性

图 18-1

教师将本节课所讲的知识和用到的思想方法以图示的形式加以浓缩概括，清楚明了地告诉学生等腰三角形的性质是什么，在做题中有哪些注意点等. 梳理概括式的优点在于可以用简单而富有意义的词语（如“四大视角”“四点注意”“四种体验”等）进行归纳，学生便可以在短时间内对所学的知识进行复习和回顾，甚至能达到理解和记忆水平.

2. 知识比较式

知识是相互联系的. 知识比较式就是将新老知识中并列概念和对立概念或者容易混淆的概念进行对比，可以使概念的性质、特征加以突出，并能使学生在容易混淆的地方引起注意，从而加深对概念的理解，同时也能对旧知识加以回顾. 在进行对比的过程中，提高学生辨别相近概念的能力，提高学生认识事物本质的能力. 比较的形式主要是表格比较法，可以将被比较的对象及其特点和性质在一张表格内清晰地呈现出来. 以“等边三角形的性质探究”为例，见表 18-1.

表 18-1　等腰、等边三角形性质对比

名称	图形	边	角	重要线段	对称性
等腰三角形	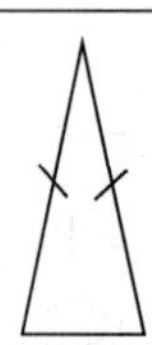	两腰相等	两底角相等	顶角平分线、底边上的中线、底边上的高线互相重合	轴对称图形有一条对称轴
等边三角形	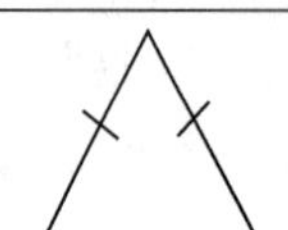	三边相等	三角相等且为 60°	每条边上的中线、高线和它对应角的角平分线互相重合	轴对称图形有三条对称轴

教师在课堂总结中以表格比较式呈现等边三角形的性质特点，能够使学生清楚地认识到等边三角形是特殊的等腰三角形，即具备所有等腰三角形的共性，又具有自身独特的性质.

3. 自我评价式

自我评价式具体可分为两种：一是在课堂结束后让学生谈谈自己的收获——谈收获式；二是以问题的形式对学生进行测验——问题回答式. 这样教师可以从学生的回答和测验中了解到学生对本节课知识的掌握情况，这种总结方式能让教师接收到学生的学习反馈. 谈收获式以《面积证法与勾股定理》为例，见图 18-2.

《标准（2011）》指出：学生的数学学习和活动应当是一个主动和具有个性的过程. 在该例中，教师设置的题目是开放式的，能够关注到学生在学习过程中的体验和感受，激发学生的思考；学生也能够充分阐述自己的想法.

问题回答式以“合并同类项”为例，见图 18-3.

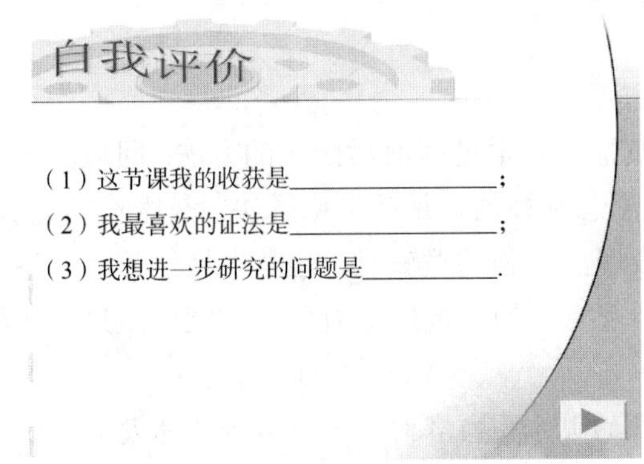

图 18-2

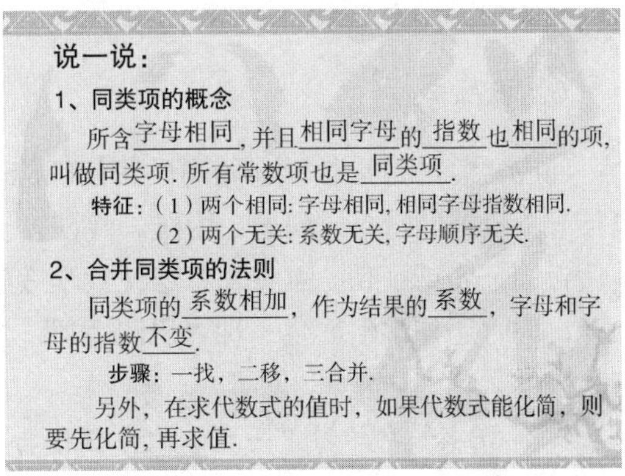

图 18-3

这种自我评价法，是在教师引导下，学生进行测验. 这种方法可以让学生在回答过程中对所学知识点再回顾、再思考，对概念进行进一步深入的理解，并且能间接地对知识进行归纳和概括.

4. 设置悬念式

在听评书的过程中，经常会听见评书人在最后留给听众的是“且听下回分解”，这样一来能够激起听众的好奇心，吸引听众下次继续入场听评书. 在课堂总结中也可以这样处理，在课堂结尾处，以预设问题的形式激发学生探求新知识的欲望. 设置悬念式的课堂总结不仅能激发学生的求知欲，而且也能为下一节课的讲解埋下伏笔. 以“异面直线”一课为例，教师在讲完异面直线概念后，以用距离来衡量一对平行线间的位置关系和用夹角来衡量一对相交直线间的位置关系来提问学生，该用什么量来衡量一对异面直线间的位置关系，为下一节课“异面直线的夹角”设下了埋伏，也使得学生对异面直线间的位置关系产生求知欲.

问题是数学的核心，一节好的数学课常常是从问题开始，再由问题结束，数学教学应始终处于对数学问题的不懈追求中.

5. 课外拓展式

《标准（2011）》明确指出，学生的数学学习内容应当是现实的、有意义的、富有挑战性的. 它强调从学生已有的生活经验出发，让学生亲身经历将实际问题抽象成数学模型并进行解释与应用的过程；强调学生用数学的眼光从生活中捕捉数学问题，主动地运用数学知识分析生活现象，自主地解决生活中的实际问题. 因此，在数学教学中应重视学生的生活体验，把数学教学与学生的生活体验相联系，把数学问题与生活情境相结合，让数学生活化，生活数学化.

课外拓展式总结就是让学生在已学知识的基础上，把知识点进行延伸和拓展，拓展到实际生活当中. 这种形式的总结能够拓宽学生的视野和思维，使学生更深刻地理解知识和应用知识，并能在实际生活中找到具体的模型. 比如，在学习几何图形，掌握几何图形的特征后，可以让学生举例生活中存在的几何图形. 通过这样的方式，能够让学生对知识进行进一步的巩固和应用，拓宽学生的视野和思维.

6. 回应式

回应式总结是指教学起始与结束相呼应，使整个教学过程前后照应的方法. 回应的内容包括开头设置的悬念、问题、困难、假设等. 是悬念则释消，是问题则解决，是困难则克服，是假设则证实或证伪. 回应式总结使数学教学表现出更强的逻辑性. 让学生豁然开朗，茅塞顿开，同时还使学生产生一种“思路适遥，惊回起点”的喜悦感，有助于增强学生进一步学习的兴趣.

案例 18-4 在学习“一元二次方程根与系数的关系”内容时，一位教师在课题引入时采用“提出问题，巧设悬念”，先出示小黑板：弟弟解一元二次方程 ，得出两个根为 20 和 5. 姐姐走过来，刚看了一眼就说：“你做错了. ”姐姐是怎样看出来的?

有的学生脱口而出：“验根. ”

教师强调：由题意可知，姐姐是在一瞬间做出判断的，不可能是利用代入原方程验根的方法. [学生点头]

在完成这节课的教学后，教师重新出示小黑板，让学生再次思考小黑板上提出的问题，学生恍然大悟，齐答：“是利用了韦达定理. ”

除了上述方法之外，还有活动操作法、设疑启发法等，这里不再一一列举. 课堂总结的方法虽然很多，但归纳起来主要有两类，即封闭型课堂总结和开放型课堂总结. 封闭型课堂总结的目的是巩固学生所学的知识，把学生的注意力集中到教学内容的要点上. 这种方法是对教学内容的归纳总结，对结论和要点进行进一步明确和强调，并尽可能地引出新问题，把学生学到的知识应用到解决新问题中去. 开放型课堂总结是在一个与其他学科、生活现象或后续课程联系比较密切的教学内容完成后，总结不仅限于对教学内容要点的复习和巩固，而是把所学的知识向其他方面延伸，以拓宽学生的知识面，引起更浓厚的学习兴趣，或把前后知识联系起来，使学生的知识系统化. 在实际教学中具体采用什么方式进行课堂总结，要根据教学内容的性质和学生的年龄特点等灵活应用.

18.2.3 课堂总结的注意点

一堂课除了“引入”和“总结”环节外，还有其他教学环节，课堂中教师的重点还是在传授新知识、讲解新知识上面，进而分配到课堂总结上的时间也就仅仅几分钟而已. 因此，课堂总结是简明扼要的，是有目的性的. 简明扼要指课堂总结是抓住最本质、最主要的内容加以归纳的，其语言精练简单. 目的性指课堂总结主要是把整堂课的重难点呈现出来，是具有一定目标的. 课堂总结除了简明扼要和具有目的性这两个特点外，还具有引导性的特点. 引导性指课堂总结还是以学生为主体的，不是教师一个人在那里做总结，而是引导学生主动去总结，去发现学习过程中存在的问题. 所以，针对课堂总结本身的特点，教师应该注意以下五点.

(1) 课堂总结要有目标性. 总结是为实现课堂教学目标服务的，所以课堂总结要紧紧围绕着教学目标进行，做到有的放矢.

(2) 课堂总结要有引导性. 课堂总结不能仅有教师一人完成，学生是教学活动的主体，教师应引导学生积极参与课堂总结，展现学生获取知识的过程，引导学生积极思考问题，发挥学生的主体性，使学生主动领悟其中的思想方法，养成良好的学习习惯.

(3) 课堂总结要有针对性. 课堂总结要针对教学内容和学生的特点进行，教师应对教学过程中的重点、难点和关键点进行总结，减少学生学习过程中遇到的困难.

(4) 课堂总结要有简洁性. 课堂上没有太多的时间给教师进行长篇大论式的总结，因此，教师应该要用有特色的总结方式，简明扼要地在有限的时间内对本堂课的知识进行总结，并以最大的努力使学生达到理解和记忆的效果. 抓住一堂课中最本质、最核心的内容，提纲挈领地概括出本堂课的学习内容、新旧知识之间的联系、学生需要掌握的数学解题技巧和方法.

(5) 课堂总结不仅仅是总结本课所学知识，教师还要想方设法引导学生将学到的知识应用到实际生活中去，唤起学生的思考，拓展学生的思维，激发学生探索知识的兴趣.

18.3 总结技能实训

【训练内容】

自选一个感兴趣的课题，为这个课题（或一节课）设计一个较为理想的结束方式，然后加以实践演练.

【训练目标】

(1) 在实践中加深对不同数学课堂总结方式的理解，明白在教学中应当根据教学内容和教学对象的不同选取恰当的课堂总结方式；

(2) 通过总结技能训练，提升数学课堂的总结的能力.

【训练程序】

1) 在设计的时候应考虑以下几个问题，这也是评价个人结束技能的标准

(1) 结束时，你是否感到使学生很有收获?

(2) 结束时，你是否强化了学生的学习？

(3) 你选的结束方式，是否恰当；学生是否感到有兴趣?

（4）你的结束与课的主要内容之间的关系，对学生来说是否能一目了然？

（5）结束时，你感到达到教学目的了吗？

2）对这一设计加以实践演练，并使用表 18-2 加以评价

表 18-2　结束技能评价内容和标准

评价内容	权重	评价标准		
		优	中	差
结束的目的明确	0.20			
结束方式与内容相适应	0.20			
使学生感到有新收获	0.15			
强化了学生对课程的理解	0.15			
使学生的知识得到系统化	0.15			
检查学习，强化学习	0.15			

您还有什么意见和建议？

得分（百分制）

3）从以下几方面加以反思

（1）你每上完一节课，都对所教内容进行概括与总结吗？

（2）你有对每一天的工作都总结、回顾的习惯吗？

（3）你认为工作总结都是走形式，走过场吗？

（4）你认为总结只总结经验与成绩就够了吗？

（5）你认为总结最重要的是要有明确的教育理论作为指导思想吗？

（6）你认为实事求是的科学态度对总结来说是至关重要的吗？

（7）总结一定要找出规律性的东西吗？

（8）教育实验的总结应采用科学的检验方法吗？

（9）你认为总结要抓住事物的本质进行吗？

（10）你认为用综合分析方法进行总结可以成为教师总结的常用方法吗？

4）使用以下教案（结束部分）加以实践训练，并应用上文中“结束技能评价内容和标准”加以评价

表 18-3　课题　一次函数图象和性质的结束部分

教学目标：巩固一次函数图象画法；函数与图象关系；如何根据图象上的点给出函数表达式				
时间安排	教师教学行为（讲解、提问等）	应用的教学技能	学生的学习行为（预想的问答等）	视听教具板书等
2′	为总结这节课学过的知识，请同学们考虑下面几个问题. 1. 怎么画一次函数图象? 2. 一次函数和正比例函数图象的区别? [学生回答之后]教师给出正确回答[不论学生回答正确与否]	结束技能 （心理准备） 提问技能 （探查）（回忆） 板书技能 （主板书） 结束技能 （沟通知识） （学生比较）	观察主板书，思考. 由函数找两点，过这两点画直线. 正比例函数 $y=kx$ 图象向上移 $\|b\|(>0)$ 个单位，或向下移 $\|b\|(<0)$ 个单位，得一次函数 $y=kx+b$	

续表

教学目标：巩固一次函数图象画法；函数与图象关系；如何根据图象上的点给出函数表达式				
时间安排	教师教学行为 （讲解、提问等）	应用的教学技能	学生的学习行为 （预想的问答等）	视听教具板书等
4′	3. 一次函数的特点 （用前面板书图象）教师给以正确回答，或重复学生的回答[手指一次函数前面板书上的图象与语言配合]	板书技能 （主板书） 结束技能 （概括要点） （学生总结） 变化技能 （教态）	①图象是直线，过点（0，b）； ② $k>0$, y随x增大而增大； ③ $k<0$, y随x增大而减少	
6′	4. 知道哪些条件可以确定一次函数？ 主要有①过已知两点，求一次函数，用待定系数法 ②已知 x 的系数 k，图象过点（a，b） ③可把①②的条件变为其他条件代替	提问技能 （探查） （回忆，总结） 结束技能 （概括要点） （学生总结）	①已知直线过的两点，用待定系数法； ②可能有的学生想已知 k，图象过点（a，b）	
7′	5. 留作业 ①书上 P113，习题 13.5 1.（1）（2），2.（3）（4），4，5 观察分析课上例题，书上的例题，练习，体会解题方法及根据	结束技能 （布置作业）	记笔记	

第 19 章　教 学 板 书

学习目标

（1）了解教学板书的特点以及教学板书在教学过程中的重要性；

（2）学会各种形式的教学板书的使用，在今后的教学中能够根据课堂需求、教材内容等设计适合的教学板书形式；

（3）通过技能训练，提升教学板书设计的能力.

教学板书是教师在教学过程中，配合语言、媒体等，运用文字、符号、图表向学生传播信息的教学行为方式. 板书板画是课堂教学的一个重要环节，能够直接影响课堂教学效果. 一幅好的板书，不仅有助于学生对教材的理解和对知识的巩固，而且对启发学生思维、发展智力、指导学法都起到画龙点睛的作用. 有人说，教学板书是反映教学内容的“镜子”，展示作品的“屏幕”，是教学引人入胜的“导游图”，是每一节课的“眼睛”. 高超精湛的板书艺术是打开学生智慧之门的钥匙，是教师教学风格的凝练和浓缩. 尽管随着科学技术的发展，现代教育技术在教学中得到了较好的应用，但板书的简便性、灵活性、针对性和普及性等优势，是其他直观手段所无法替代的. 教学板书是教师必备的基本教学技能.

19.1　教学板书案例呈现

好的教学板书是这样的：内容编排详略得当，重难点突出；版面布局合理；科学规范，合理准确；构图、色彩和指示线条具有美感；书写规范，字迹清晰. 斯霞曾深有体会地说：“好的板书，对于提纲挈领地了解教材内容，对于把握住课文的关键问题，起着很大作用. 老师必须慎重考虑，精心设计. 板书的原则是简单扼要，眉目清楚.”本节先呈现一个教学板书案例，并作为后面阐述的媒介，如图 19-1 所示.

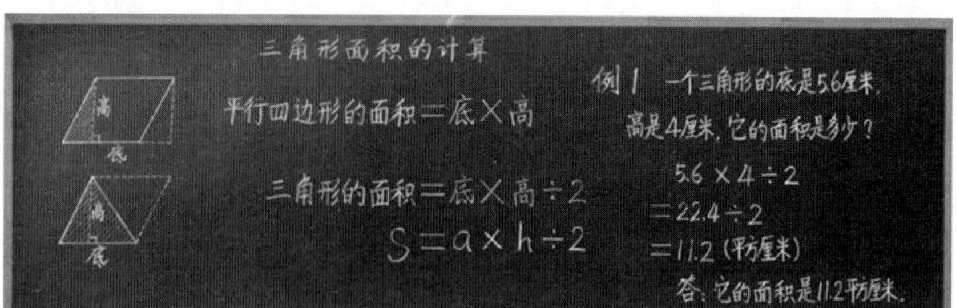

图 19-1

【评价】　此教学板书将重要知识点写在最左边，且用彩色粉笔显示出重要的内容. 重点突出，且有条理. 字体工整，布局合理，有层次性.

19.2　何谓教学板书

19.2.1　教学板书的概念及其特点

教学板书有板书、板演、板画三种形式. 板书是指教师写在黑板上的文字，是各科教学普遍采用的一种形式；板演是指教师在黑板上推导公式、演算例题或书写方程式等；板画是指教师在黑板上画的各种图形、符号和表格等（漫画）. 无论是哪种形式的教学板书，都主要有如下特点.

（1）直观性. 科学研究表明人们对眼睛暗示的注意力是对耳朵暗示的 25 倍；同时实践证明视觉不仅是人类获得外界信息的重要手段，而且通过视觉获得的信息又最容易被人们接受和理解，印象也较为深刻. 教学板书把抽象的、复杂的内容以具象性的信息直观地展示在学生面前，弥补了语言表达的不足.

（2）简洁性. 精心提炼的板书语言和精当节省的符号与图象体现了板书的简洁性，这也深刻地体现出了教学内容的本质. 如果整个黑板上写得密密麻麻，形若蛛网，那么在学生头脑中留下的只能是模糊一片，而不会有清晰的印象，因此好的教学板书是简洁的，以少胜多、简处求丰.

（3）启发性. 教师设计板书时每一个文字、符号和图片都具有一定的启发性、诱导性，通过知识归类、内容串联、区别对比、发现联想等方式引起学生对知识的联想，唤起想象和记忆，帮助理解，启发思考，调动探求知识的积极性.

（4）灵活性和趣味性. 新课程丰富的教学内容，要求形式多样的板书与之相适应，不同的教学内容，就有不同的板书设计. 教学板书的形式是富有变化的、活泼多样的、不拘一格的，可以是文字形式，也可以是图文、表格等形式. 而正是因为教学板书“以变应变”的灵活性体现出了板书的趣味性.

（5）示范性. 教师在板书时的字形字迹、书写笔顺、态度作风、习惯动作与语言等，往往会成为学生模仿的对象，留下深刻入微的影响. 全国著名特级教师斯霞说：“教师一定得有扎实的书写基本功. 我在当堂板书时，就有意把一笔一画写得慢一些，……并力求把字写得方正、匀称. 如果是课前板书，写得不满意时就擦了重写，一遍两遍，不厌其烦. 教师做出了榜样，学生就受到熏陶. 一般说，经过一段时间的培养，学生大多能养成写字端正匀称、清楚整洁的良好习惯.”

19.2.2　教学板书的使用

1. 板书在教学中的作用

板书虽然是“微型教案”，但它却展现出了一个宏观世界；板书虽然是“微量元素”，但它却储积了无穷的能量. 人们形象地把板书视为洞察教材的“窗口”，开启思路的“钥匙”，排疑解难的“桥梁”，实施教学的“蓝图”. 板书在实际教学中非常普遍，以至于常常受到忽视. 实际上，板书对于教学有着非常重要的作用.

（1）实现教学目的，体现教学意图. 教学目的的落实和教学意图的实现，除了师生双边的口头活动外，还要积极借助于板书. 一幅优秀的板书，高度浓缩了教学内容，可使学生见微知著，帮助教师实现教学目的.

（2）突出重点难点，形成知识结构. 每门学科的知识，都不是杂乱无章的，知识与知识之间都有内在联系，形成一个知识结构. 这个知识结构体系，用语言表达不容易全面把握. 一幅好的板书能对教学内容删繁就简，抓主剔次，把教学重点、难点和关键点，串珠成线，结线成网，形成结构，让学生一目了然.

（3）引导学习思路，便于探求新知. 教学中，教师一般首先板书课题，然后再展开对事物的描述. 教师一边讲解和描述，一边作扼要的板书，可以使学生定向思考，引导和控制学生的思路，便于学生分析探求，获得新知.

（4）强化直观形象，增强教学效果. 心理学实验表明，外界进入人脑的信息，有 90% 以上来自眼睛，伴随着口头讲述，板书以形象的结构造型，简要的语言信息，多样的符号参与，不同的色彩标志和各种字体的编配，给学生感官以强烈的、多方面的刺激，强化了直观形象，弥补了语言表达的不足，由此产生了积极的教学效果.

（5）激发学习兴趣，集中学生精力. 教学板书由于利用了板书板画中具象组合以及呈现时间、颜色差异等独特的吸引力，可给学生以极大的感染力，使学生对所学知识产生浓厚的兴趣，使学生注意力高度集中.

（6）建立信息系统，易于巩固记忆. 板书是把文字呈现在黑板上，它能弥补声音转瞬即逝的缺陷，有利于学生的记忆. 另一方面，板书用经过浓缩的文字、符号、线条、图形来反映教学的主要内容，形成了具有逻辑联系、简明扼要而又符合学生认知特点的信息系统，把教材的多项内容容纳其中，有利于学生保持记忆，防止遗忘.

(7)培养思维品质，训练思维能力. 培养学生优良的思维品质，是各科教学均应重视的. 如果教师在板书设计时，注重板书内容、思路和结构的灵活性，对培养学生思维灵活性大有裨益；如果教师有意识、有计划地在板书设计过程中渗透思维训练内容，有助于培养学生思维的深刻性.

2. 成功利用板书的典范：沙塔洛夫教学法

苏联 20 世纪 80 年代进行了一次成功的教学改革，那就是苏联教育家沙塔洛夫创造的“纲要信号”教学法. 在这个教学法中，“纲要信号”就是指表现出需要掌握的重点知识的数字、字母或其他信号. 这些信号是经过缜密思考，反复设计，最后达到最大限度的精炼，使之形象、科学而又严谨. 但实际上，“纲要信号”的呈现就是板书. 沙塔洛夫教学法是以“纲要信号”为核心的一整套教学体系，它在实践中的成功运用，和这套教学法注重教与学的统一是分不开的，即不仅在课堂教学中运用“纲要信号”的方式传授知识，还要求学生利用“纲要信号”进行知识的复习，即教师指导学生进行多次复习和进行大量练习. 沙塔洛夫教学法是板书在教学中成功运用的典范.

19.2.3　主要形式

1. 板书的主要形式

1）文字式

为了揭示教材的精华，突出教学的重点，常用文字式. 比如在解题过程中，可以呈现如图 19-2 所示的板书.

设去掉的正方形边长为xcm. 则

$$
\begin{aligned}
V&=(80-2x)(50-2x)\cdot x\\
&=\frac{1}{4}(80-2x)(50-2x)\cdot(4x)\\
&\leqslant\frac{1}{4}\left(\frac{80-2x+50-2x+4x}{3}\right)^3\\
&=\frac{1}{4}\left(\frac{130}{3}\right)^3
\end{aligned}
$$

图 19-2

此板书是一道问题的解答过程，问题出示在 PPT 中，解答过程教师书写在黑板上. 文字式书写的板书一般要求能够揭示其中的数学逻辑关系，便于学生理解和模仿.

2）树图式

为了便于知识的分类和系统，常用树图式. 比如，为展现数的概念的发展，可以呈现如图 19-3 所示的板书.

$$
\begin{matrix}\text{复数}\\(a+bi)\end{matrix}\begin{cases}\begin{matrix}\text{实数}\\(b=0)\end{matrix}\begin{cases}\text{有理数}\begin{cases}\text{整数}\\\text{分数}\end{cases}\\\text{无理数}\end{cases}\\\begin{matrix}\text{虚数}\text{——}\text{纯虚数}\\b\neq0\quad(a=0,b\neq0)\end{matrix}\end{cases}\qquad(a,b,\in,\mathbf{R})
$$

图 19-3

这是教师在教学复数这一内容时给出的板书，树图式的板书不仅能够展示所有的知识内容，而且能清楚地展示这些知识之间的联系与区别，有助于学生系统地认识这些数、构建有联系的认知结构.

3）条幅式

为了揭示知识的内在联系，常用条幅式. 如在建立“曲线和方程”概念时，板书如图 19-4 所示.

$$
\text{形}\left\{\begin{matrix}\text{曲线}\leftrightarrow\text{方程}F(x,y)=0\\\updownarrow\\\text{点集}\leftrightarrow\text{解集}\{(x,y)|F(x,y)=0\}\end{matrix}\right\}\text{数}
$$

图 19-4

这是教师在“曲线与方程”一课中的板书，这样的板书揭示了两个问题：曲线与方程是等价的、可以互化的，曲线、点集体现的是形，而方程、解集体现的是数，沟通了形与数之间的关系.

4）列表式

为了便于知识之间的对比，常用列表式. 比如，为了比较底数 $a>1$ 和 $0<a<1$ 两类对数函数的共性与差异，可以采用列表式的板书，如表 19-1 所示.

表 19-1

	$a>1$	$0<a<1$
图象	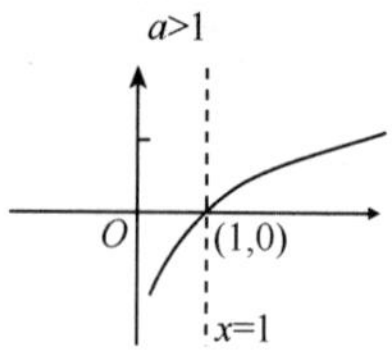	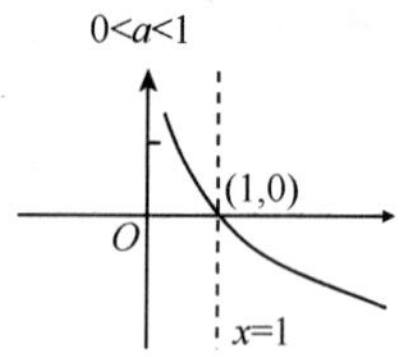
性质	定义域：$(0,+\infty)$	
	值域：$(-\infty,+\infty)$	
	过点（1，0），即当 $x=1$ 时，$y=0$	
	$x\in(0,1)\Rightarrow y<0$ $x\in(1,+\infty)\Rightarrow y>0$	$x\in(0,1)\Rightarrow y>0$ $x\in(1,+\infty)\Rightarrow y<0$
	在 $(0,+\infty)$ 上是增函数	在 $(0,+\infty)$ 上是减函数

这样的板书书写方式，可以一目了然地比较两类对数函数的共性与差异，且在比较的过程中，有助于学生构建良好的认知结构.

5）平列式

为了便于发现规律，常用平列法. 如为了得出常用对数的性质，板书可以写成

$$\lg 3.408 = 0.5325;$$

$$\lg 34.08 = \lg(10\times 3.408) = \lg 10 + \lg 3.408 = 1.5325;$$

$$\lg 340.8 = \lg(100\times 3.408) = \lg 100 + \lg 3.408 = 2.5325.$$

相比于连写式的书写方式，通过比较各个式子中的第一项与最后的结果，有利于发现其中的规律.

2. 板画的主要形式

数学教师离不开作图. 从画的媒介看，有的图画在纸上，但更多的图画在黑板上；从图形的维度看，有平面图形，也有立体图形；从图形的线型看，有直线形，也有曲线形；从作图使用的工具看，有时需要尺规作图，有的却只能徒手作图.

19.3　教学板书的设计

在教学过程中，教师既是设计者又是实施者，所以教师要既会设计板书板画，又会运用

板书板画. 设计侧重于内隐的技能，运用侧重于外显的技能，设计是基础，没有好的设计，课堂上临时发挥很难写出好的板书板画. 另外，相对来说，板画对教师来说更加不利，因此在本部分内容中简要地介绍了一些常见板画的技巧.

19.3.1 板书板画的设计和运用

板书板画的设计和运用主要有以下几个构成要素.

（1）内容编排. 课堂教学的板书内容要与讲授的内容一致，要详略得当，主次分明，重点突出，难点突破. 板书不宜过繁或过简，因为过于详细，则使重点不够突出，不利于学生集中注意力，同时也会因教师书写板书而影响主要内容的讲解和其他教学手段、技能的运用；过于简略，则不能起到提纲挈领、揭示新知识等主要内容的作用，对学生理解、掌握学科思维方法也不利. 好的板书应当能够科学、系统、概括地反映教学内容的知识结构. 教师应当从板书标题的确定、各部分内容的出现顺序、相互之间的呼应和联系、文字详略等方面设计编排好板书的内容.

（2）板面布局. 板面的布局是指板书板画的各部分内容在板面上的排列和分布，主、副板书的安排，以及黑板板书与挂图、投影屏幕的合理配置，板面的布局也应在备课时设计好. 合理的板书布局有利于教师的讲解，有利于学生思考和领会知识. 板面的布局要讲求创造性，它是一种创造性劳动，常常不拘一格，千变万化，最能显示一名教师的教学艺术才能.

（3）科学准确. 教师的书写、绘画必须正确无误. 课堂教学的重要任务之一是传递知识信息，其基本要求是科学、准确. 板书板画作为一种基本的信息传递方式，首先应做到科学规范，以保证学生接受信息的科学性. 具体来讲，要注意以下几个方面：字母、符号使用正确、规范；作图尽量用尺规迅速完成；解题格式要规范，过程要详略得当，关键步骤要完整、准确；板书内容不能出现科学性的错误.

（4）艺术美观. 教学实践表明，富有艺术性的板书，可以唤起学生内心美的感受，形成积极愉悦的情感体验，提高学习兴趣，促进学习效果. 教师的板书应根据学生对新异事物敏感、好奇的心理特征，做到形式多样化、内容系列化、结构整体化，使板书既庄重端正、整齐划一、错落有致，又布局得当、色彩鲜明、科学合理. 板书的艺术性包括：

构图的造型美. 图形的功能在于它能将课文的抽象文字变为形象的直观物，能给人以恍然大悟的美感. 有些教学内容学生难以理解，用图形把它们标示、对比、陈列出来，能收到很好的效果；有些教学概念的建立、分析问题的思路、推理过程的阐述都必须借助图形.

色彩的清丽美. 在板书的某些关键之处，点缀鲜明的色彩，能引起学生的注意，激发探究的好奇心. 鲜明色彩的标示在板书中具有鹤立鸡群的地位，能产生主次分明、一目了然的美感. 板书要处理好底色与显色的关系，使底色衬托显色，使显色变成整幅板书的点睛之笔.

线条的清晰美. 线条有实线、虚线、曲线等，使用恰如其分，不但能达到指示明确、条理清楚的效果，而且给人一种虚实相应、变化多端的美感.

（5）书写规范. 板书上的文字书写要规范，遵循汉字的书写规律，注意笔顺、不倒插笔，不自造简化字；一行字要写平直，不可越写越歪. 粉笔不同于毛笔和其他硬笔，自身是笔杆又是笔头，而且板书是立式书写，手腕、手臂均要悬起，因此执粉笔的方法也不同于其他笔类的执法. 通常采用“三指法”，即拇指、食指、中指三者齐力握笔，其中拇指、中指对应相抵，食指在前控制行笔方向，其余二指（无名指和小指）自然弯曲相依即可. 在前的食指距离粉笔头约 1.5 厘米，这样书写起来既着力又灵活，如果离粉笔头太近，执笔的手指某部位会靠在黑板上来回摩擦，影响书写的流利；如果离笔头太远，无力控制行笔，写出的笔画会太轻而不清晰，影响观者的视觉效果. 执粉笔时还要指实掌虚，“指实”即手指执笔要紧而有力量，写出的字才能刚劲有力；“掌虚”就是手心不能握拳，而要留有一定的空间，使运笔灵活，这样写出的字则流利而不呆板. 图 19-1 是一幅非常漂亮的粉笔板书. 课堂板书经常是边讲边写，配合要自然、灵活. 为了不挡住学生视线，还要学会侧面写（面向学生，背靠黑板）、举手写（写在黑板上沿）、躬身写（写在黑板下沿）. 这些姿势的运用要自然、灵活，姿势要庄重.

（6）时间的掌握. 板书作为书面语言，是对教学口头语言的补充. 教师板书时间的掌握是指书写板书必须与讲解协调一致，与其他教学活动配合. 板书的书写、投影片的展示，要把握好时机，力求顺理成章，避免随心所欲，茫无头绪，扰乱教学的进程. 一般来说，全课的标题在复习提问及新课开始前书写，各部分的标题则依具体情况而定，一般演绎法先写后讲；归纳法、发现法则先讲后写板书，因为写出了板书也就知道了结论，不利于学生思考.

19.3.2 板画的操作要点

1. 图线线型

根据中学数学作图的现实需要，可以分别采取表 19-2 所示图线线型.

表 19-2 图线线型

图线名称	图线线型	图线宽度
粗实线	——————	b=1mm
细实线	——————	$b/3$
虚　线	- - - - - - - - -	$b/3$
点划线	-·-·-·-·-·-·-	$b/3$

其中，粗实线用于数学图形中由已知条件作出的直线与曲线；立体图形中看得见的线条及物体的轮廓线、射影线和轨迹线. 细实线用在绘制尺寸线、尺寸界线、标角线、坐标轴线及立体图形中的剖面线. 虚线用在绘制立体图形中看不见的线条及解数学题时所加的辅助线、延长线. 点划线用在绘制轴线、中心线、对称线.

2. 明确作图顺序

一般来说，根据命题条件，结论的顺序可绘出有关图形. 但有时为了确保图形的准确，需要重新确定作图的顺序.

“已知圆内接四边形对角线互相垂直，试证从圆心到一边的距离等于该边对边边长的一半”，作图顺序如图19-5所示. 若先画圆内接四边形，就很难达到快、准、美的要求.

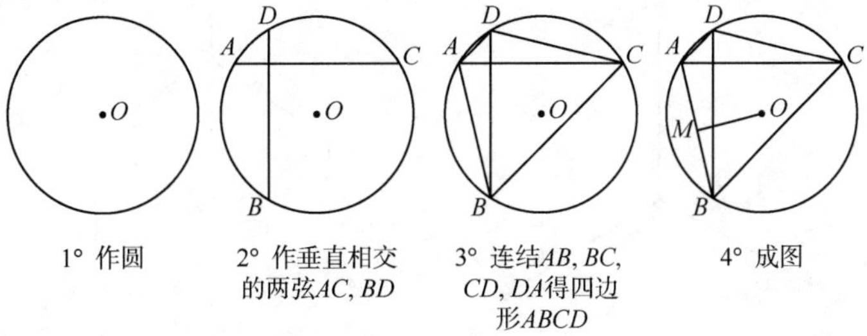

图 19-5

3. 精心设计图的大小与位置

画图前要周密思考，精心设计、安排. 除了要确定画图顺序外，还要考虑到图势的发展与位置. 既要防止图形画得太小，影响学生观察；又要防止图形画得太大，使得有些点、线跑到黑板边缘或外面去.

“已知 $ABCD$ 是圆 O 的内接四边形，AB，DC 的延长线相交于 E，BC，AD 的延长线相交于 F，求证 $EF^2=OE^2+OF^2-2R^2$，（R 为圆 O 的半径）”. 按照命题的条件顺序是可以画出它的图形的，但关键是控制 E，F 的位置，不然的话，E，F 可能距圆周太远，给证题中的四点共圆带来很大的困难. 为此一定要先设计好 AB，BC，CD，DA 的长短，使它们有一定的间距，见图19-6.

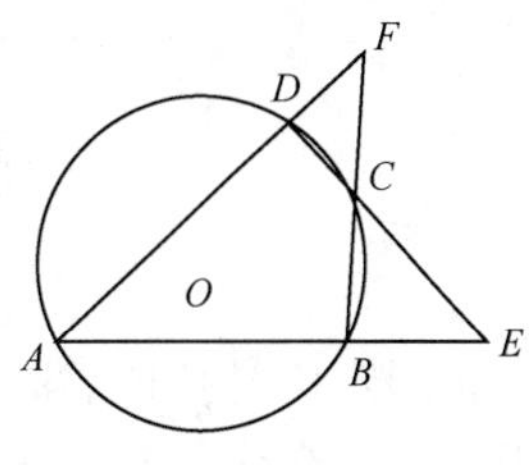

图 19-6

4. 直观图要直观，需要建立合理的坐标系

中学立体几何课本大都采用“斜二轴测”和“正等轴测”两种轴测投影.

利用斜二轴测投影画图. 轴间角为90°，135°，135°. 轴间变形系数为 $x:y:z=1:\dfrac{1}{2}:1$，即在画图时凡与 X 轴、Z 轴平行的线段的投影取实长，而与 Y 轴平行线段的投影取实长的一半. 斜二轴测法具有立体感强、作图方法简便的特点，所以适合于直线形空间形体，如棱柱、棱锥、棱台等，见图19-7.

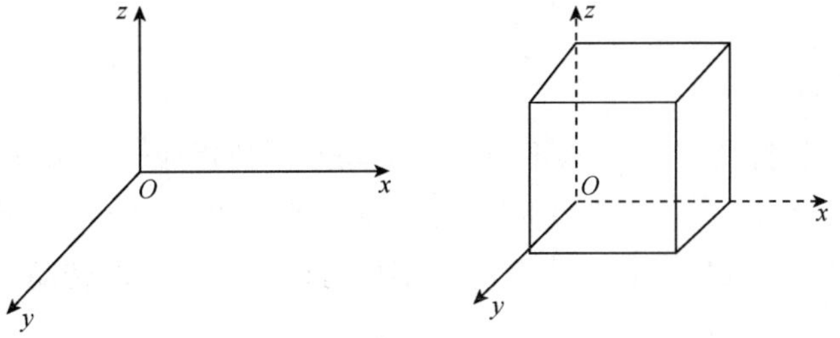

图 19-7

利用正等轴测投影画图. 其轴间均角为120°，作图时的线段均取实长. 由于正等轴测法在坐标平面上画圆的投影比较方便，所以适用于圆柱、圆锥、圆台等空间形体的作图，见图 19-8.

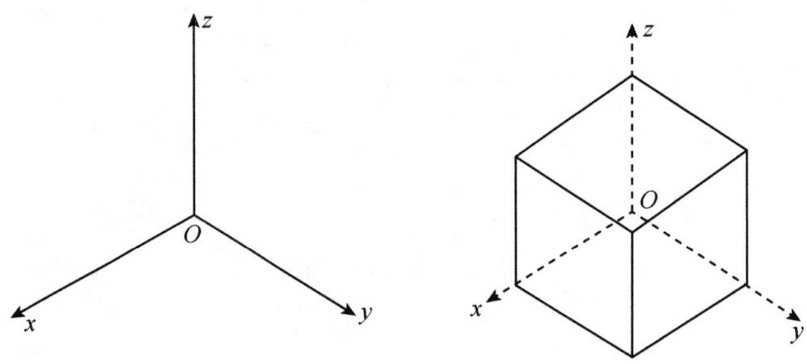

图 19-8

5. 徒手作图的操作要领

1）目测比例，仿形定位

目测比例是指凭眼力判断线段的长度比例. 如会等分一条线段；会作长、宽的比等于定比的矩形；会作三边之比等于定比的三角形，见图 19-9.

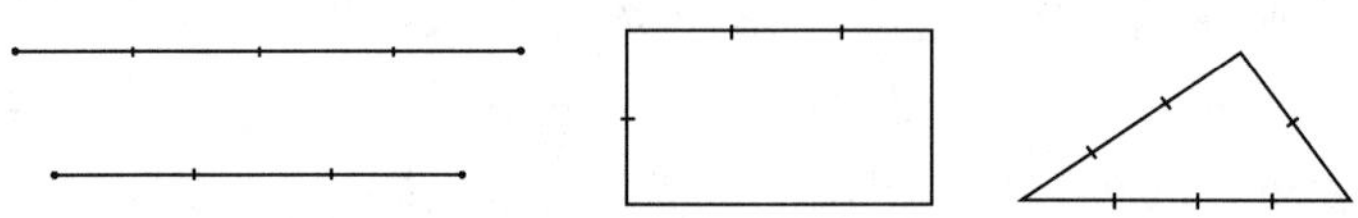

图 19-9

仿形定位是指依靠眼力判断构成图形的线条方向与位置、结构. 如会判断线和线的平行，作平行线；会作 30°，45°，60°，90°，120° 的角；已知△*ABC*，会作一个相似三角形，见图 19-10.

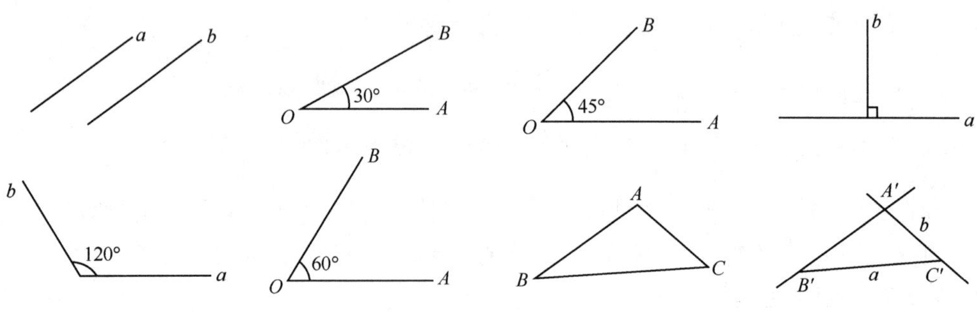

图 19-10

2）注意运笔的方法

首先，在画水平线时，粉笔置于水平位置或略与水平位置成一小角度，自左向右运动. 其次，画垂直线时，粉笔置于竖直位置或略与竖直成一小角度，自上而下运动. 最后，画其他位置线条时，要按照“笔顺”进行，作图时，要尽可能利用身躯的转动，以求顺手.

3）画圆

案例 19-1 画圆时，宜一挥而就，操作时可从 270° 处起笔，沿顺时针方向画. 作图时，可把臂当圆规，以腕关节为圆心画小圆；以肘关节为圆心画中圆；将手臂伸直，身体侧对黑板，以肩关节为圆心画大圆，见图 19-11.

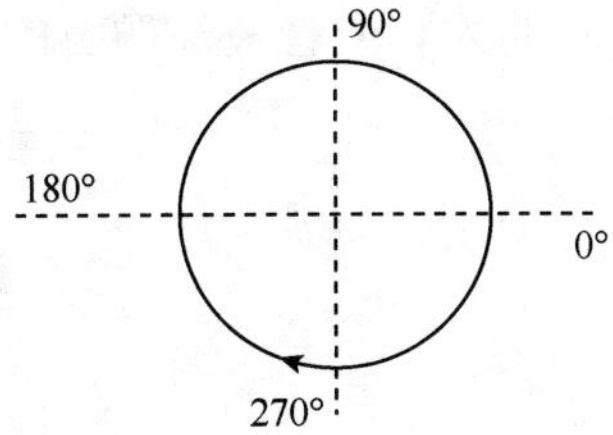

图 19-11

案例 19-2　先画十字线，用目测比例在十字线上定出四个等距离的点 1，2，3，4，再在 45° 方向上定出四个等距离的点 5，6，7，8，徒手连成圆，见图 19-12.

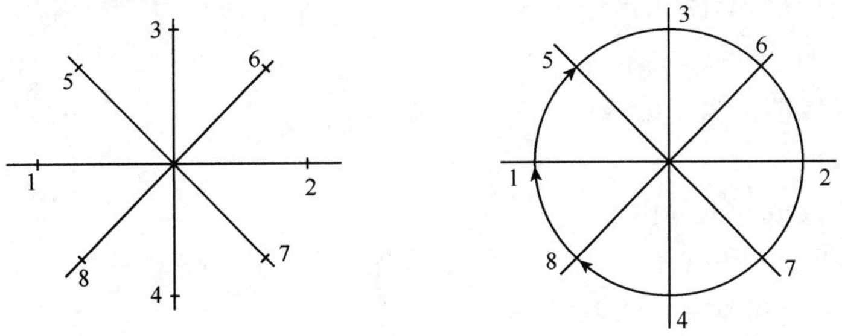

图 19-12

案例 19-2 的延伸：作椭圆.

先画十字线，在长短轴上定出四个顶点 1，2，3，4，目测三等分长短半轴，过 2/3 分点处作两条水平线、两条垂直线交于 5，6，7，8 四点，用光滑曲线连接成图，见图 19-13.

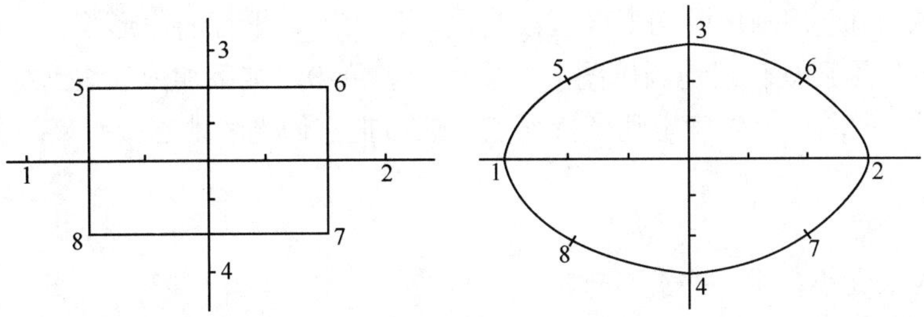

图 19-13

19.4　教学板书的技能实训

1. 实训 1：练习粉笔字

【内容】根据实际情况，选择数学教材中的一个片段或者一个例题进行板演.

【要求】

（1）单个字练，要求字要端正、速度要快；

（2）书写一段既有文字又有符号的内容或者板演题目的解答（求证）过程，要求字的大小合适、间隔合理、速度快等.

2. 实训 2：作图训练

【内容一】成法作图训练.

（1）作一条线段等于已知线段；

（2）作一个角等于已知角；

（3）已知条件（三边，或两边及夹角，或两角及其夹边），作三角形；

（4）过已知点作已知直线的垂线；

（5）过已知点作已知直线的平分线；

（6）作已知角的平分线；

（7）作已知线段的垂直平分线；

（8）平分一条已知弧；

（9）分一条线段成若干等份；

（10）作已知线段的和或差；

（11）作已知角的和或差；

（12）已知弓形及其内接角作弓形弧；

（13）内分或外分一条线段成已知比例.

【内容二】命题作图训练.

根据命题的条件和结论，徒手绘制几何图形. 如利用两块三角板画已知直线的平行线、垂线；利用三角板与圆规连接直线和圆弧等.

（1）描红法. 用尺规画出的图形（直线、圆、三角形、平行四边形等），以此为例练徒手画；在黑板上先用尺规轻淡地画出图形，然后用彩色粉笔徒手加浓，达到练习的目的.

（2）定点法. 在图形上先确定几个特征点，然后把它们光滑地连接起来的练习. 如直线、圆、椭圆的练习.

【要求】

（1）板画要求大小适中，布局合理；

（2）画图规范，且能体现出过程性.

3. 实训 3：整体板书

【内容】选择中学数学中的任一课题内容进行整体板书设计.

【要求】

（1）版面布局合理；

（2）板书清晰，且保证一定的速度；

（3）设计美观；

（4）重点突出，且具有启发性.

参 考 文 献

曹才翰，蔡金法. 1989. 数学教育学论[M]. 南京：江苏教育出版社.

曹才翰，章建跃. 2006. 数学教育心理学[M]. 北京：北京师范大学出版社.

曹一鸣. 2001. 关于数学课堂教学目标设计的几点思考[J]. 数学教育学报，(3)：28-31.

曹一鸣. 2012. 十三国数学课程标准评介（小学、初中卷）[M]. 北京：北京师范大学出版社.

陈江. 2007. 浅谈数学中等于不等的和谐美[J]. 黑龙江科技信息，(09)：10-13.

陈婷. 2004. 国际数学课程发展的趋势与启示[J]. 天水师范学院学报，24（5）：11-12.

陈艳丽. 2007. 板书设计面面观[J]. 科教文汇（中旬刊），(7)：46.

储冬生. 2010. 从“双基”走向“四基”[J]. 江西教育，(6)：33-34.

戴风明. 2011. 数学教学技能与训练[M]. 南京：南京大学出版社.

范良火，黄毅英，蔡金法，等. 2005. 华人如何学习数学（中文版）[M]. 南京：江苏教育出版社.

方广新. 1992. 数学技能及其形成过程探讨[J]. 信阳师范学院学报（自然科学版），(4)：381-387.

方厚石，韩修芳. 2012. 数学课堂中学生有效互动的研究[J]. 中学数学月刊，(3)：21-23.

弗赖登塔尔. 1995. 作为教育任务的数学[M]. 陈昌平，唐瑞芬，译. 上海：上海教育出版社.

顾继玲，张新华. 2012. 初中数学教材探究活动设计的思考[J]. 数学教育学报，(3)：63-66.

顾沛. 2012. 数学基础教育中的“双基”如何发展为“四基”[J]. 数学教育学报，21（1）：14-16.

郭飞. 2016. 说题：一种可推广的教研活动[J]. 中学数学教学参考，(4)：59-60.

郭立昌，范永利. 2001. 初中数学探究性活动的内容、形式及教学设计[J]. 中学数学教学参考，2001，(1-2)：11.

郭淑红. 2009. 巧设悬念式的课堂总结[J]. 中学教学参考，(17)：24.

郭玉峰，史宁中. 2012. “数学基本活动经验”研究：内涵与维度划分[J]. 教育学报，8（5）：23-28.

韩晓聪. 2011. 对数学概念讲解的认识[J]. 考试周刊，(19)：71-73.

何裙裙. 2010. 小学数学课堂提问教学策略研究[D]. 天津：天津师范大学.

何水波. 2014. 关于高中数学板书设计的探讨[J]. 学周刊，(5)：189.

何小亚，姚静. 2012. 中学数学教学设计[M]. 2 版. 北京：科学出版社.

胡勇健. 2001. 高中数学学法指导的几点思考[J]. 江西教育科研，(3)：43-44.

黄荣金，李业平. 2010. 数学课堂教学研究[M]. 上海：上海教育出版社.

黄翔. 2012. 数学课程标准中的十个核心概念[J]. 数学教育学报，21（4）：16-19.

黄翔，童莉. 2008. 获得数学活动经验应成为数学课堂教学关注的目标[J]. 课程・教材・教法，(1)：40-43.

黄翔，童莉，沈林. 2012. 数学课程基本理念的丰富与发展——从义务教育数学课程标准的修订看数学课程理念的新变化[J]. 中国教育学刊（课程与教学），(8)：47-50.

黄毅英，林智中，黄家鸣，等. 2006. 传统数学评价之“缺憾”——以一个租船问题为例[J]. 数学教育学报，15（3）：8-15. http：//www. 360doc. com/content/09/0410/21/129620_3088072. shtml.

加涅 R M，韦杰 W W，戈勒斯 K C，等. 2007. 教学设计原理[M]. 王小明，庞晓园，陈保华，等译. 上海：华东师范大学出版社.

江华. 2013. 义务教育数学课程标准新旧版本比较研究——以第三学段为例[D]. 福州：福建师范大学.

江玉安. 2007. 评课的三个基本问题：内容、标准与思路[J]. 课程・教材・教法，(3)：25-28；33.

蒋宗尧，汪玉轸，等. 2001. 评课艺术[M]. 北京：中国林业出版社.

教育部. 2003. 普通高中数学课程标准[M]. 北京：人民教育出版社.

教育部教师工作司组. 2013. 中学教师专业标准解读[M]. 北京：北京师范大学出版社.

雷玲. 2004. 听名师讲课（数学卷）[M]. 南宁：广西教育出版社.

李道路. 2005. 数学课程改革与发展的趋势[J]. 科学教育，(3)：9-10.

李国强，黄芹. 2014. 实现“数学基本活动经验”的案例解读[J]. 初中数学教与学，（2）：3-4，22-23.
李如密，宋立华. 2009. 课堂教学倾听艺术探微[J]. 课程·教材·教法，（11）：30-34.
李善良. 2002a. 人本主义学习理论及其对数学教学的影响[J]. 中学数学教学参考：教师版，（4）：1-3.
李善良. 2002b. 数学概念学习中的错误分析[J]. 数学教育学报，11（3）：6-11.
李善良. 2005. 关于数学概念表征层次的研究[J]. 数学教育学报，（4）：35.
李铁安. 2012. 义务教育课程标准（2011 版）案例式解读（初中数学）[M]. 北京：教育科学出版社.
李兴梅，曹学林. 2009. 谈中学数学课堂教学中的师生互动[J]. 数学通报，48（4）：29-31.
李勇，徐祥瑞. 2007. 不同认知学习理论在教学中的层次体现[J]. 成功（教育），（6）：113-114.
梁贯成. 2001. 北京、香港和伦敦三地教师对数学及数学教学的态度[J]. 数学通报，（8）：1-4.
梁平. 2010. 国际数学课程改革发展的趋势与启示[J]. 中学教学参考，（10）：56.
廖运章. 2013. TIMSS2011 数学学业成就及其影响因素分析[J]. 外国中小学教育，（7）：48-54.
凌玲. 2011. 高中数学情境创设策略的研究与实践[D]. 桂林：广西师范大学.
刘永旺. 2010. 简洁是智慧的灵魂——例谈数学解题的简单化思想[J]. 宁德师专学报，（05）：45-50.
鲁献蓉. 2003. 新课程改革理念下的说课[J]. 课程·教材·教法，（7）：25-30.
陆璟. 2015. 基于 PISA 数据评价上海学生的 21 世纪能力[J]. 上海教育科研，（2）：5-10.
罗素. 1922. 罗素数理哲学[M]. 傅仲孙，张邦铭，译. 北京：商务印书馆.
吕世虎. 2007. 20 世纪中国中学数学课程的发展（1950—2000）[J]. 数学通报，46（7）：8-15.
吕世虎. 2009. 中国当代中学数学课程发展的历程及其启示[D]. 长春：东北师范大学.
马力平. 2011. 小学数学的掌握和教学[M]. 李士锜，吴颖康，等译. 上海：华东师范大学出版社.
马秋英. 2007. 中学数学指导学生合作学习的教学技能研究[D]. 济南：山东师范大学.
马云鹏. 2001. 义务教育阶段数学课程改革的背景、理念与目标[J]. 现代中小学教育，（11）：11-14.
马忠林. 2001. 数学教育史[M]. 南宁：广西教育出版社.
孟祥国. 2010. 小学数学自主、互助教学模式的探究[D]. 延吉：延边大学.
穆青田. 1962. 论数学的特点和本质[J]. 河南师范大学学报（自然科学版），（4）：3-10.
潘国辉. 2009. 数学课堂总结的“保鲜”艺术[J]. 新课程（教研版），（9）：19-20.
皮连生. 2003. 学与教的心理学[M]. 上海：华东师范大学出版社.
皮连生. 2009. 面向 21 世纪课程教材•教学设计[M]. 2 版. 北京：高等教育出版社.
濮安山. 2006. 新高中课程标准下数学课堂教学目标的设计[J]. 数学教育学报，15（1）：92-94.
钱佩玲，邵光华. 1999. 数学思想方法与中学数学[M]. 北京：北京师范大学出版社.
邱婧玲. 2006. 行为主义学习理论对现代学习的启示与指导[J]. 软件导刊，（16）：6-7.
邵利，罗世敏. 2011. 中学数学课堂教学技能实训教程[M]. 北京：科学出版社.
沈小燕，雷海鹏. 2006. 行为主义学习理论与建构主义学习理论[J]. 大学英语（学术版），（1）：100-101.
沈毅，崔允漷. 2008. 课堂观察：走向专业的听评课[M]. 上海：华东师范大学出版社.
盛群力. 2004. 教学设计[M]. 北京：科学出版社.
盛群力. 2006. 教学设计的基本模式及其特点[J]. 广州大学学报（社会科学版），5（7）：32-37.
盛群力. 2010. 现代教学设计论[M]. 杭州：浙江教育出版社.
施良方. 1994. 学习论[M]. 北京：人民教育出版社.
史保怀. 2000. 例谈数学中对称美之应用[J]. 陕西教育学院学报，（05）：15-20.
史宁中. 2006. 教育与数学教育（史宁中教授教育研究录）[M]. 长春：东北师范大学出版社.
史宁中. 2007. 《数学课程标准》的若干思考[J]. 数学通报，46（5）：1-5.
史宁中. 2011.《中学教师专业标准》说明[N]. 中国教育报，（3）：12-14.
史宁中，饱从满. 2012. 今天我们怎样做教师[J]. 中国教工，（7）：7-9.
史宁中，吕世虎. 2006. 对数感及其教学的思考[J]. 数学教育学报，15（2）：9-11.
史宁中，马云鹏，刘晓玫. 2012a. 义务教育数学课程标准修订过程与主要内容[J]. 课程·教材·教法，32（3）：

50-56.
史宁中，马云鹏，刘晓玫. 2012b. 义务教育数学课程标准修订过程与主要内容[J]. 课程·教材·教法，(3)：50-56.
史宁中，陶剑，秦德生，等. 2010. 中学概率与微积分研究[M]. 北京：高等教育出版社.
数学课程标准研制组. 2002. 数学课程标准解读[M]. 北京：北京师范大学出版社.
宋玉伟. 2013. 激发个体见解碰撞，彰显课堂教学交响——浅谈课堂教学提问的策略[J]. 教师，(30)：33.
苏飞. 2011. 谈谈课堂总结在数学教学中的运用[J]. 广西教育，(26)：52-53.
孙连众. 1999. 中学数学微格教学教程[M]. 北京：科学出版社.
汤波. 2002. 谈谈数学的奇异美[J]. 济南职业学院学报，(2)：56-57.
汤胜. 2014. “问”出课堂的精彩——课堂教学提问活动述评[J]. 中学课程辅导·教师通讯，(5)：3-4.
唐瑞芬. 2001. 数学教学理论选讲[M]. 上海：华东师范大学出版社.
童永芳. 2009. 不曾预设的精彩——浅谈初中数学课堂生成性资源的利用[J]. 中学数学，(22)：5-6.
王成兵. 2003. 浅谈数学学法指导[J]. 宜春学院学报，25(6)：36-37.
王光明，康玥媛. 2014. 小学数学教学设计[M]. 北京：教育科学出版社.
王汉岭. 2005. 数学课堂教学评价体系的建构[J]. 中学数学杂志，(1)：9-10.
王建磐. 2009. 中国数学教育：传统与现实[M]. 南京：江苏教育出版社.
王丽华. 2003. 系统教学设计理论和模式研究[D]. 金华：浙江师范大学.
王新民，王富英，王亚雄，等. 2008. 数学“四基”中“基本活动经验”的认识与思考[J]. 数学教育学报，(3)：17-20.
王雪娇，景敏. 2012. 义务教育数学课程标准“前言部分”的对比分析[J]. 中国数学教育（教学研究），(7-8)：44-46.
王雪梅. 2006. 课堂提问的有效性及其策略研究[D]. 兰州：西北师范大学.
韦兰英. 2014. 数学系师范生说课技能培养探索[J]. 教育探索，(3)：69-70.
沃苏青，张金飞. 2007. 新课程初中数学评课稿精选[M]. 宁波：宁波出版社.
吴群志. 2004. 数学课程改革中的过程性目标及其实践问题[J]. 数学教育学报，13(1)：52-55.
希尔伯特 D，阿克曼 W. 1958. 数理逻辑基础[M]. 莫绍揆，译. 北京：科学出版社.
奚定华. 2001. 数学教学设计[M]. 上海：华东师范大学出版社.
肖川. 2012. 义务教育初中数学课程标准（2011 年版）解读[M]. 武汉：湖北教育出版社.
邢向东. 2011. 基于过程性目标的数学课堂教学设计研究[D]. 重庆：重庆师范大学，20-22.
熊远程. 2002. 我国中学数学课程改革的回顾与展望[J]. 中学数学，(1)：4-6.
徐利治，张鸿庆. 1985. 数学抽象度概念与抽象度分析法[J]. 数学研究与评论，(2)：133-140.
徐文彬. 2004. “数学概念学习中的错误分析”之分析[J]. 数学教育学报，13(1)：45-47.
徐文彬. 2013. 如何在算术教学中也教授代数思维[J]. 江苏教育（小学教学版），(9)：16-17.
薛石锋. 2012. 小学数学难点教学技巧与案例[M]. 北京：中国林业出版社.
阳红. 1996. 行为主义学习理论与认知学习理论比较[J]. 贵阳师专学报（社会科学版），(3)：68-71.
杨钦芬. 2008. 教学即倾听：意蕴与可能[J]. 教育理论与实践，(35)：49-51.
杨玉东，巩子坤. 2011. 小学数学教师专业能力必修[M]. 重庆：西南师范大学出版社.
杨志杰. 2016. 数学课堂教学中情景创设的研究[J]. 课程教育研究，(7)：157-158.
叶启秋. 模拟上课撷谈. http：//www. docin. com/p-585167623. html.
叶雪梅. 2008. 数学微格教学[M]. 厦门：厦门大学出版社.
伊恩·麦凯. 2006. 倾听技能[M]. 周志平，译. 上海：上海人民出版社.
殷伟康. 2011. “数学说题”教学的原则与教研功能[J]. 教育理论与实践，(5)：54-55.
俞求是. 2009. 数学科学的特点与中学数学教学[J]. 中学数学杂志，(1)：1-4.
喻平，张英伯. 2001. 数学教学心理学[M]. 北京：北京师范大学出版社.

曾小平，刘长红. 2013. TIMSS2011 数学评价：“框架”“结果”与“启示”[J]. 数学教育学报，22（6）：79-84.
张存山. 2010. 课堂总结的几种形式[J]. 课程教材教学研究（中教研究），（Z5）：1.
张大捷，Glaser R. 1997. 现代教学心理学认知学习理论及教育环境设计[J]. 心理科学，（3）：268-271.
张奠宙. 2006. 中国数学双基教学理论框架[J]. 数学教育学报，15（3）：1-3.
张奠宙，宋乃庆. 2004. 数学教育概论[M]. 北京：高等教育出版社.
张奠宙，唐彩斌. 2009. 关于小学“数学本质”的对话[J]. 人民教育，（2）：48-51.
张奠宙，于波. 2013. 数学教育的“中国道路”[M]. 上海：上海教育出版社.
张定强，杨红. 2009. 论数学倾听的基本内涵及其教育价值[J]. 数学教育概论，（3）：10-13.
张磊，张君敏. 2014. 数学教学技能与案例设计研究[M]. 广州：暨南大学出版社.
张民选，黄华. 2016. 自信 •自省 •自觉——PISA2012 数学测试与上海数学教育特点[J]. 教育研究，（1）：35-46.
张民选，闫温乐. 2015. 英国教师眼中的中国数学教育秘密[J]. 外国中小学教育，（1）：1-4.
张维忠. 2005. 文化传统与数学教育现代化[J]. 教育研究，（8）：36-41.
张晓东. 2015. 说题与数学青年教师的专业成长[J]. 中学数学教学参考，（3）：67-70.
张延才. 2009. 板书设计之我见[J]. 中国教育技术装备，（5）：103.
张英伯，曹一鸣. 2013. 中学数学教学案例研究[M]. 北京：北京师范大学出版社.
张雨薇. 2012. 论新课程改革下的数学课堂总结[J]. 现代教育科学（小学教师），（5）：123-124.
张卓. 2006. 高中数学教学策略变革研究[D]. 长春：东北师范大学.
章飞. 2008. 将数学知识系统的建构纳为学习对象[J]. 数学教育学报，17（5）：65.
章建跃. 2006. 数学课堂教学设计研究[J]. 数学通报，45（7）：20-24.
章勤琼，方均斌. 2013. 2013 年“国际视野下中国特色的数学教师 MPCK 研究”专题国际数学教育研讨会会议纪要[J]. 数学教育学报，23（4）：101-102.
章勤琼，谭莉. 2013a. 小学阶段统计课程理念与教学主张[J]. 江苏教育（小学教学版），（5）：23-25.
章勤琼，谭莉. 2013b. 早期代数思维的培养：小学阶段计算教学的应有之义[J]. 江苏教育（小学教学版），（9）：7-9.
章勤琼，徐文彬，Stephens M. 2011. 新课程改革背景下中澳两国数学教师教学能力的比较研究——以加强数与代数学习之间的衔接为例[J]. 课程 • 教材 • 教法，31（11）：59-65.
赵兴杰，翁小勇. 2014. 关于中学数学说课的评价[J]. 数学教育学报，（1）：96-99.
郑毓信. 2001. 中国学习者的悖论[J]. 数学教育学报，10（1）：6-10.
郑毓信. 2003. 数学教育的国际进展及其启示[J]. 全球教育展望，（7）：60-65.
郑毓信，吴晓红. 2005. 数学探究学习之省思[J]. 中学数学月刊，（2）：2.
中华人民共和国教育部. 2001. 全日制义务教育数学课程标准（实验稿）[M]. 北京：北京师范大学出版社.
中华人民共和国教育部. 2003. 普通高中数学课程标准[M]. 北京：人民教育出版社.
中华人民共和国教育部. 2012. 义务教育数学课程标准（2011 年版）[M]. 北京：北京师范大学出版社.
钟建新. 2013. 论数学互动式课堂的教学策略[J]. 数学教学通讯，（15）：8-9.
仲秀英. 2010. 学生数学活动经验的内涵探究[J]. 课程 • 教材 • 教法，（10）：52-56.
周秀峰. 2008. 初中数学课堂情境创设及教学效果的研究[D]. 长沙：湖南师范大学.
周志远. 2008. 数学情境教学中的情境创设方法及实践[D]. 武汉：华中师范大学.
朱龙，胡典顺. 2013. 中美数学基础教育的比较及启示[J]. 数学教育学报，22（6）：53-56.
Ertmer P A，Newby T J. 2008. Behaviorism，cognitivism，constructivism：Comparing critical features from an instructional design perspective[J]. Performance Improvement Quarterly，6（4）：50-72.
Halford G S. 1995. Mathematics Education Models and Processes. Mahwah: Lawrence Erlbaum Associates.
Rosser J B. 1953. Logic for Mathematiciationo[M]. Cambridge：Cambridge Press.